Tesoro de contemplación

Otros libros en español de Gueshe Kelsang Gyatso

Caminos y planos tántricos
Compasión universal
Comprensión de la mente
Corazón de la sabiduría
El camino gozoso de buena fortuna
El voto del Bodhisatva
Esencia del vajrayana
Gema del corazón
Guía del Paraíso de las Dakinis
Introducción al budismo
Manual de meditación
Ocho pasos hacia la felicidad
Transforma tu vida

Editorial Tharpa es una de las editoriales más importantes sobre budismo que existen en España y su colección de libros constituye la presentación más completa del camino budista hacia la iluminación disponible en una lengua occidental. En ella se pueden encontrar desde introducciones básicas al budismo y la meditación hasta lúcidas y detalladas exposiciones sobre la filosofía budista y las prácticas tántricas. La dirección de su página web es: http://www.tharpa-es.com.

GUESHE KELSANG GYATSO

Tesoro de contemplación

EL MODO DE VIDA
DEL BODHISATVA

EDITORIAL THARPA
Vejer de la Frontera

Título original:
Meaningful to Behold

Editado por primera vez en 1980 por:

Tharpa Publications,
15 Bendemeer Road
London SW15 1JX

© 1980, 1985, 1986, 1989, 1994, 1998, 1999
Geshe Kelsang Gyatso y Manjushri Mahayana Buddhist Centre

Edita:
Editorial Tharpa
C/ Molinero nº10, bajo
11150 Vejer de la Frontera (Cádiz)
Tel.: 95 6451528
E-mail: annatkins@terra.es
Web: http://www.tharpa-es.com

© 2003 Editorial Tharpa

Traducción:
© 2003 Mariana Líbano Torróntegui
y New Kadampa Tradition

Pintura de la cubierta: Chating Jamyang Lama,
reproducido por cortesía de Tharpa Publications
Diseño de la cubierta: New Kadampa Tradition,
adaptado a la edición española por Javier Calduch
Fotografía de la cubierta posterior: Kathia Rabelo
Dibujos interiores: Ani Kelsang Wangchen
Composición gráfica del texto: Javier Calduch

ISBN 84-933148-0-3- Rústica:
Depósito legal: B-19654-2003

Impreso en España/Printed in Spain
Industrias Gráficas Peralta, Barcelona
Impreso en papel permanente sin elementos ácidos
Todos los derechos reservados

Índice general

Ilustraciones	vi
Budismo kadampa	vii
Nota de la traductora	viii
Prólogo	x
Introducción	1
Beneficios de la bodhichita	10
Confesión	45
Aceptación de la bodhichita	82
Recta conducta	107
Vigilancia mental	137
Paciencia	173
Esfuerzo	208
Concentración	231
Sabiduría	293
Dedicación	375
Conclusión	385
Apéndice 1 - Significado conciso del comentario	387
Glosario de términos	409
Lecturas recomendadas	421
Programas de estudio	429
Índice analítico	435

v

Ilustraciones

Buda Shakyamuni	2
Manyhushri	44
Shantideva	108
Atisha	138
Yhe Tsongkhapa	174
Kyabyhe Pabongka Rimpoché	232
Yongdzsin Triyhang Rimpoché	294
Gueshe Kelsang Gyatso Rimpoché	376

Budismo kadampa

El budismo *kadampa* es la unión de todas las enseñanzas de Buda integradas en el *Lamrim*, texto de instrucciones y prácticas especiales compuesto por el gran maestro budista Atisha en el que se presentan las etapas completas del camino hacia la iluminación. La práctica de esta clase de budismo, caracterizada por su sencillez, profundidad y gran pureza espiritual, constituye un método muy eficaz para solucionar los problemas humanos y es aplicable a todos los aspectos de la vida en la sociedad actual.

- NTK -

Nota de la traductora

Deseo señalar que a lo largo del texto los nombres propios en tibetano se han escrito según un sistema fonético básico. Debido a que en la lengua tibetana hay muchos sonidos que no existen en español, la introducción de estos fonemas es ineludible. Por ejemplo, en tibetano hay una consonante que se pronuncia *ya* y otra *yha*, como la *j* inglesa. Así, en Manyhushri, Yhe Tsongkhapa, etcétera, la *yha* ha de pronunciarse como la *j* inglesa.

Para representar los términos sánscritos se ha seguido un sistema simple de transliteración, porque evoca la pureza de la lengua original de la que proceden. Así, se ha escrito *Dharma* y no Darma, *Sangha* y no Sanga, etcétera. No obstante, se ha optado por castellanizar algunos términos y sus derivados, como Buda, budismo, Budeidad, etcétera, por estar más asimilados a nuestra lengua. *Tantra* y *Sutra* con mayúscula se refieren a los textos de Buda Shakyamuni en los que se muestran estos senderos, y con minúscula, a los caminos espirituales propiamente dichos.

Las palabras extranjeras se han escrito en cursiva solo la primera vez que aparecen en el texto. La enumeración entre corchetes indica la estrofa del texto raíz a la que se refiere el comentario; cada estrofa está compuesta de cuatro versos y cuando se ha requerido indicarlos se han alfabetizado entre corchetes. Así, [29ab] indica que el comentario se refiere a los versos primero y segundo de la estrofa 29 del capítulo que se esté tratando.

En ocasiones, la versión española de esta obra difiere de la inglesa porque se ha modificado ligeramente el texto o se ha añadido alguna frase para facilitar su comprensión, que se ha puesto entre corchetes. También se ha procurado en lo posible uniformizar el lenguaje según otras obras del mismo autor. Por ejemplo, se han enumerado los dones y libertades de la preciosa existencia humana siguiendo la traducción de *El camino gozoso de buena fortuna*. Todas estas modificaciones se han realizado por sugerencia del autor o en consulta con él y con su aprobación, y muchas de ellas se incorporarán en la próxima edición de la versión inglesa.

De nuevo, con este precioso texto, deseo expresar mi más sincera gratitud a Javier Calduch por su ayuda indispensable. Con paciencia ha revisado la redacción y, sin lugar a dudas, la ha enriquecido con numerosas y apropiadas sugerencias. También ha trabajado con gran precisión y esfuerzo en la confección del índice alfabético, en la composición gráfica del texto y en la adaptación a la edición española del diseño de la cubierta. Gracias a su dedicación, la colección en español de los libros de Gueshe Kelsang saldrá a la luz sin demoras.

Gracias también a Ana Mª García Atkins, directora de la Editorial Tharpa, que trabaja con profesionalidad y dedicación para difundir estos preciosos libros en los países hispanohablantes.

Prólogo

por Yongdzsin Triyhang Rimpoché

El excelente expositor y gran maestro espiritual Gueshe Kelsang Gyatso ha estudiado innumerables escrituras en el famoso colegio de Yhe de Tegchen Ling, la gran universidad monástica de Sera, ha practicado las enseñanzas que ha recibido y se ha convertido en un cualificado, erudito y realizado maestro. De la lluvia del profundo y extenso Dharma que ha impartido a sus afortunados discípulos, destacan las exhaustivas enseñanzas sobre el gran texto *Bodhisatvacharyavatara* (*Guía de las obras del Bodhisatva*) que ha ofrecido recientemente. Este comentario se publica ahora en inglés con el título *Meaningful to Behold* [traducido al español como *Tesoro de contemplación*], que en tibetano sería *Tong pa don den*.

Esta obra contiene la esencia del corazón de todos los *Sugatas* de los tres tiempos y es la práctica espiritual insuperable de los grandes Hijos de los Conquistadores. En ella se expone con claridad cómo generar la mente de *bodhichita* igualándonos con los demás y cambiándonos por ellos, el fundamento del modo de vida del *Bodhisatva*. También se muestran los beneficios de esta mente *mahayana*, cómo protegerla y cómo navegar por el mar de las seis perfecciones tras haber cultivado la preciosa mente de bodhichita. Puesto que es un excelente compendio de los caminos de la tradición mahayana, merece numerosas ofrendas de flores de alabanza, que otorgo con aprecio.

Rezo para que todos los seres sintientes puedan practicar las instrucciones que se presentan en esta obra y que, como resultado, logren sin esfuerzo los dos objetivos, el propio y el de los demás. Que realizando todas las etapas de los caminos y planos espirituales, alcancen con rapidez el estado iluminado de los cuatro cuerpos de un Buda.

Yongdzsin Triyhang Rimpoché

Introducción

Este texto es un comentario a la *Guía de las obras del Bodhisatva* (sáns. *Bodhisatvacharyavatara*), de Shantideva, y se presenta en tres partes:

1. Las cualidades especiales del autor.
2. Introducción al texto.
3. Comentario del texto.

LAS CUALIDADES ESPECIALES DEL AUTOR

Al principio de esta clase de comentarios es costumbre presentar una biografía del autor, en este caso, el gran *pandita* (maestro) indio Shantideva (687-763). A continuación, se ofrece un breve relato de su vida extraído de fuentes tradicionales.

Shantideva nació en el seno de la familia real del reino de Guyharat, en la parte occidental de la India, y era el príncipe heredero. Su padre era el rey Kushalavarmana (Armadura de Virtud), y su madre, una emanación reconocida de la Deidad tántrica Vajrayoguini. Al nacer, le pusieron el nombre de Shantivarmana (Armadura de Paz).

Desde muy temprana edad, Shantivarmana mostró una excepcional habilidad en materias espirituales y a los siete años ya dominaba con destreza la ciencia interna de la religión. Su maestro principal por aquel entonces era un gran *yogui* que poseía la realización de la penetrante sabiduría superior y de quien se decía que había alcanzado la unión con Manyhushri, la personificación de la sabiduría de todos los seres iluminados. En uno de sus retiros, Shantivarmana también tuvo una visión directa de Manyhushri y recibió numerosos presagios y buenos augurios.

Poco después, el rey Kushalavarmana falleció dejando al príncipe Shantivarmana como sucesor. La noche anterior a su coronación, Manyhushri se le apareció en sueños y le aconsejó

Buda Shakyamuni

INTRODUCCIÓN

que renunciara a su reino y se ordenara monje. Al día siguiente, Shantivarmana abandonó el palacio y se fue al bosque a practicar la meditación. Entonces, se le apareció de nuevo Manyhushri, pero esta vez le ofreció una espada de madera y al tomarla Shantivarmana alcanzó ocho realizaciones perfectas. Después se trasladó a la gran universidad monástica de Nalanda, donde el abad Yhayadeva (Dios de la Victoria) le confirió la ordenación monástica y le dio el nombre de Shantideva (Dios de la Paz). En Nalanda, Shantideva progresaba espiritualmente con rapidez gracias a su adiestramiento en los profundos métodos del *tantra*. No obstante, como realizaba todas sus prácticas en secreto por la noche y dormía durante el día, los demás monjes pensaban que solo realizaba tres actividades: comer, dormir y defecar, y por ello lo llamaban *El de las Tres Realizaciones*. Pensando que era irresponsable y perezoso, y también una deshonra para su célebre universidad, elaboraron un plan para expulsarlo. Creyendo, sin razón, que Shantideva era incapaz de meditar y que desconocía la filosofía de las diversas escuelas budistas, lo invitaron a pronunciar un discurso ante todos los monjes del monasterio con la intención de humillarlo, haciendo pública su ignorancia, y de avergonzarlo tanto que decidiera marcharse.

Cuando llegó el día señalado, Shantideva subió al trono y, ante la sorpresa de todos, impartió unas inspiradoras enseñanzas que más tarde se publicaron con el título *Guía de las obras del Bodhisatva* (sáns. *Bodhisatvacharyavatara*), y que hasta hoy se consideran las instrucciones más completas sobre cómo practicar el camino del Bodhisatva, el ser que desea de manera espontánea alcanzar la iluminación por el beneficio de los demás. Cuando llegó al capítulo noveno, relativo a la sabiduría que aprehende la verdadera naturaleza de la realidad, dijo: «Todo es semejante al espacio», se elevó hacia el cielo y continuó volando cada vez más alto hasta que se perdió de vista, aunque su voz seguía oyéndose con la misma claridad. Desde allí, demostrando sus poderes sobrenaturales, terminó de impartir el capítulo noveno y enseñó también el décimo.

Finalmente, en lugar de regresar a Nalanda, Shantideva decidió trasladarse al sur de la India. Por supuesto, los monjes quedaron impresionados y perplejos con las enseñanzas de Shantideva y sus poderes sobrenaturales. Poco después comenzó una discusión acerca de estas enseñanzas. Los panditas de

3

Cachemira aseguraban que Shantideva había enseñado nueve capítulos, mientras que los eruditos de Magadha, famosos por su capacidad de memorización, sostenían que habían sido diez. Se decidió que el único modo de resolver el debate era escuchar de nuevo las enseñanzas, por lo que varios monjes de Nalanda fueron en busca de quien antes habían despreciado y le rogaron que volviera a impartir las mismas instrucciones. Shantideva así lo hizo y además les regaló un texto compuesto por él, titulado *Compendio de adiestramientos* (sáns. *Shikshamuchaya*), en el que también se exponen las prácticas del Bodhisatva. A partir de entonces, el estudio y la práctica de las obras de Shantideva florecieron por toda la India y otros lugares en los que se practicaba el budismo mahayana.

Como la fama de Shantideva se iba extendiendo, los seguidores de otras creencias empezaron a albergar celos. Uno de los más venerados maestros, Shankadeva, desafió a Shantideva a entablar un debate con la condición de que quien perdiese abandonaría su doctrina por la del ganador. Con sus poderes sobrenaturales y una lógica irrefutable, Shantideva venció, por lo que Shankadeva y sus seguidores se convirtieron al budismo.

En otra ocasión, cuando el hambre asolaba el sur de la India, Shantideva proclamó que daría de comer a todo el que lo deseara. Al día siguiente, una gran multitud se congregó con gran expectación y, ante el asombro de todos, de un pequeño cuenco distribuyó arroz a todos los presentes, que saciaron su hambre agradecidos. Como consecuencia de este milagroso acto de generosidad, los habitantes de aquel lugar generaron una fe profunda en Shantideva y adoptaron el modo de vida budista.

Aquí termina esta breve biografía del gran Bodhisatva Shantideva, que dedicó su vida a difundir el Dharma y a ayudar a los seres sintientes. Incluso hoy día, los que tienen la buena fortuna de leer y estudiar sus grandes obras y de meditar en ellas, encontrarán una fuente inagotable de sabiduría y recibirán innumerables beneficios.

INTRODUCCIÓN

INTRODUCCIÓN AL TEXTO

¿Cómo se recopiló la *Guía de las obras del Bodhisatva*, de Shantideva, y qué enseñanzas contiene? Esta obra consta de diez capítulos y debemos intentar comprender y asimilar el significado de sus instrucciones, ya que de lo contrario seremos como el necio al que envían a una tienda para averiguar los productos que hay expuestos y al regresar, cuando le preguntan qué había en la tienda, responde que no lo sabe o que lo ha olvidado. Del mismo modo, sería una lástima si al terminar la lectura de este libro no pudiéramos recordar lo que se enseña en cada capítulo. Para que la lectura de esta obra sea provechosa, no solo debemos leer las palabras, sino también esforzarnos por entender correctamente su significado.

A continuación, se presenta una breve descripción del contenido de cada uno de los diez capítulos del texto raíz.

Capítulo primero

La meta última del adiestramiento espiritual budista es el logro de la iluminación, el estado del despertar total. Cualquier persona que elimine las obstrucciones burdas y sutiles que nublan su mente y desarrolle por completo el potencial de sus cualidades mentales virtuosas, alcanzará este estado de perfección, conocido como *iluminación*, *Budeidad* o *nirvana superior*. No obstante, es imposible lograrlo sin generar antes la preciosa bodhichita, la mente que desea alcanzar la iluminación. ¿Qué es la bodhichita? La mente espontánea que aspira sin descanso a alcanzar la iluminación por el beneficio de todos los seres sintientes. Como se expondrá más adelante, para cultivar la bodhichita debemos adiestrarnos en la meditación de las siete causas y efecto (basada en el agradecimiento por el amor materno) o en la de cambiarse uno mismo por los demás.

Para generar la mente de bodhichita, debemos pensar con detenimiento sobre sus numerosos beneficios. El hombre de negocios que sabe con seguridad que va a obtener ganancias con una transacción, hará lo posible por realizarla. Del mismo modo, si conocemos los beneficios de generar la mente de bodhichita, nos esforzaremos en todo momento por cultivarla. Por esta razón, en el capítulo primero se describen con detalle los beneficios de generar la preciosa mente de bodhichita.

Capítulo segundo

Para cultivar la bodhichita, debemos eliminar los obstáculos que interfieren con su desarrollo y reunir las condiciones favorables para su crecimiento. El obstáculo principal para el desarrollo de la bodhichita son las acciones perjudiciales, que tienen el potencial de producir sufrimiento. Como resultado de las tendencias negativas acumuladas al cometer malas acciones en el pasado, nos resulta difícil generar la preciosa y virtuosa mente de bodhichita.

Al igual que en la tierra donde abundan las malas hierbas no puede brotar una planta medicinal, en una mente llena de faltas tampoco puede surgir el pensamiento virtuoso que aspira a alcanzar la iluminación. Por lo tanto, en el segundo capítulo de esta *Guía*, Shantideva muestra cómo preparar la mente para cultivar la suprema actitud altruista eliminando todo aquello que dificulte su crecimiento. Esta purificación del *karma* negativo se logra confesando nuestras acciones perjudiciales con la aplicación de los cuatro poderes oponentes que se exponen en el capítulo segundo.

Capítulo tercero

Sin embargo, no es suficiente con purificar el karma negativo, sino que además tenemos que acumular méritos con la práctica de la virtud. Al igual que la casa sucia y ruinosa de un mendigo no es un lugar apropiado para alojar a un monarca, la mente que carece de méritos tampoco es la más adecuada para que surja la preciosa bodhichita, la soberana y reina de los pensamientos supremos. Aquellos que deseen invitar a este honorable huésped, primero deben acumular méritos y virtud en abundancia. De este modo, podrán generar y mantener la mente que desea alcanzar la iluminación por el beneficio de todos los seres sintientes. Por lo tanto, en el capítulo tercero, Shantideva expone cómo generar y mantener la mente de bodhichita.

Capítulo cuarto

Tras haber generado la preciosa bodhichita, debemos impedir que degenere. Para ello, hemos de mantener una recta conducta observando nuestras acciones físicas, verbales y mentales. La recta conducta es el tema del capítulo cuarto.

INTRODUCCIÓN

Capítulo quinto

Después de estabilizar la bodhichita por medio de la recta conducta, debemos esforzarnos por alcanzar el resultado último: la iluminación total. Para ello, hemos de tomar los votos del Bodhisatva y adiestrarnos en las seis perfecciones. Por lo general, la primera perfección que se menciona es la generosidad, pero en el presente texto, Shantideva la pospone al capítulo décimo, titulado «Dedicación», porque la práctica de dar está contenida en la dedicación general en la que se desea que todos los seres sintientes disfruten de la riqueza y el bienestar que tanto desean. Por consiguiente, Shantideva comienza las instrucciones de las seis perfecciones con la segunda de ellas, la disciplina moral, en el capítulo quinto, titulado «Vigilancia mental».

Capítulos sexto al décimo

Cada uno de estos capítulos está dedicado a una de las perfecciones. Los capítulos sexto, séptimo, octavo y noveno tratan de la paciencia, el esfuerzo, la concentración y la sabiduría, respectivamente. Como se mencionó con anterioridad, en el capítulo décimo se expone la perfección de la generosidad, así como la dedicación de los méritos. El desarrollo de la bodhichita consta de tres etapas, que se describen a lo largo de los diez capítulos del texto raíz de Shantideva y que se resumen en la siguiente breve oración que a menudo se recita para generar esta mente:

Que la preciosa bodhichita suprema
surja en quienes aún no haya nacido;
y en quienes ha nacido que no degenere,
sino que aumente sin cesar.

En los dos primeros versos rezamos para que los seres sintientes, incluidos nosotros mismos, que aún no han generado la mente de bodhichita, lo hagan con rapidez, y en el siguiente, para que aquellos que la poseen, la mantengan sin que degenere. En el último verso rezamos para que aquellos que han cultivado y estabilizado la bodhichita, logren con rapidez el gran fruto de la iluminación. Siguiendo este mismo orden, el método para generar la bodhichita se expone en los tres primeros capítulos del presente comentario, el modo de estabilizarla, en el cuarto, y en los capítulos quinto al décimo se describen los métodos para incrementar la bodhichita hasta que alcancemos la iluminación.

Si practicamos las instrucciones contenidas en los diez capítulos del *Bodhisatvacharyavatara*, alcanzaremos el estado excelso de la gran iluminación, la realización última de la Budeidad, y tras haber desarrollado por completo nuestro potencial humano, podremos beneficiar a los demás de la mejor manera posible.

COMENTARIO DEL TEXTO

Este comentario se divide en cuatro partes:
1. El significado del título.
2. Homenaje de los traductores.
3. El significado del texto.
4. El significado de la conclusión.

EL SIGNIFICADO DEL TÍTULO

El título original en sánscrito de este texto es *Bodhisatvacharyavatara*, que se tradujo al tibetano como *Yang chub sems dpai spyod pa la yhugpa*, y al español como *Guía de las obras del Bodhisatva*.

Según la tradición, en los textos que se tradujeron del sánscrito al tibetano, primero se escribía el título en la lengua original. Se estableció esta costumbre por dos razones: primero, porque se considera que el sánscrito es la lengua suprema, la utilizada por Buda para impartir sus enseñanzas, y que, por lo tanto, la mera lectura del título en esta lengua graba impresiones virtuosas en nuestra mente. En segundo lugar, para recordar la gran bondad de los traductores del texto sánscrito al tibetano, puesto que gracias a sus esfuerzos compasivos, los tibetanos, y más recientemente los occidentales, tenemos la oportunidad de estudiar las enseñanzas contenidas en estas escrituras sagradas, de meditar en ellas y de practicarlas.

HOMENAJE DE LOS TRADUCTORES

Antes de comenzar la traducción del texto raíz, los traductores tibetanos tenían la costumbre de rendir homenaje y ofrecer sus respetos a todos los Budas y Bodhisatvas para eliminar los posibles obstáculos y poder completar su trabajo.

Los grandes reyes del Tíbet que difundían el Dharma establecieron la costumbre de que el homenaje de los traductores

INTRODUCCIÓN

indicase la colección (sáns. *pitaka*) de las enseñanzas de Buda a la que pertenece el texto sánscrito original. Así pues, si el texto pertenece a la colección de la disciplina moral (sáns. *Vinaya*), que trata del adiestramiento en la disciplina superior, se debe rendir homenaje a la mente omnisciente; si pertenece a la colección de los discursos (sáns. *Sutranta*), que trata del adiestramiento en la concentración superior, se dedica el homenaje a los Budas y Bodhisatvas; y en tercer lugar, si pertenece a la colección de la sabiduría (sáns. *Abhidharma*), que trata del adiestramiento en la sabiduría superior, se rinde homenaje al joven Manyhugosha, la personificación de la sabiduría iluminada. De este modo, con solo leer el homenaje podemos saber a qué colección pertenece el texto. En este caso, como se rinde homenaje a los Budas y Bodhisatvas, podemos deducir que el texto *Bodhisatvacharyavatara* pertenece a la colección de los discursos, *Sutranta*, que trata principalmente sobre el adiestramiento en la concentración meditativa superior.

Beneficios de la bodhichita

EL SIGNIFICADO DEL TEXTO

Este comentario se presenta en dos apartados:
1. Preliminares de la composición.
2. Etapas del camino hacia la iluminación.

PRELIMINARES DE LA COMPOSICIÓN

Se presenta en tres partes:
1. Muestra de veneración.
2. Promesa de componer el texto.
3. Razones para componer el texto.

MUESTRA DE VENERACIÓN

[1a] Shantideva comienza su obra rindiendo homenaje a los Budas (literalmente los *Sugatas* 'aquellos que han alcanzado el estado de gozo') al postrarse ante ellos, sus nobles Hijos y los demás objetos de veneración. De este modo, Shantideva ofrece sus respetos a las Tres Joyas del refugio budista: Buda, el Dharma y la Sangha, cuyas cualidades se expondrán con detalle en el capítulo tercero. De momento, es suficiente con saber que un Buda es un ser totalmente despierto o realizado; que el Dharma son las enseñanzas espirituales que este imparte a los seres para que se liberen del sufrimiento y la insatisfacción, disfruten de bienestar temporal y alcancen la felicidad última; y que la Sangha es la comunidad de los que practican estas enseñanzas.

¿Por qué hemos de refugiarnos en las Tres Joyas? Si una persona enferma confía en un buen médico, dispone de las medicinas adecuadas y recibe cuidados de las enfermeras, es muy posible que se recupere. Del mismo modo, los seres sintientes, atrapados en el círculo vicioso de la existencia cíclica (sáns.

BENEFICIOS DE LA BODHICHITA

samsara), están afligidos por las enfermedades de sus perturbaciones mentales y no logran encontrar refugio verdadero, pero si confían en Buda, toman la medicina suprema del Dharma y reciben la ayuda de la Sangha, también podrán curarse. Para eliminar el sufrimiento y la insatisfacción, debemos confiar en las Tres Joyas.

Al principio de la primera estrofa, Shantideva rinde homenaje a las Tres Joyas para eliminar los obstáculos que puedan surgir durante la composición del texto. Primero se postra ante los Sugatas o Budas, que han alcanzado el Cuerpo de la Verdad (sáns. *Dharmakaya*) y poseen todas las realizaciones de Dharma. Luego, lo hace ante la Sangha, los nobles Hijos e Hijas de los Budas, y finalmente ofrece sus respetos a los abades y preceptores, y a todos los demás seres dignos de veneración. Así concluye su muestra de veneración.

PROMESA DE COMPONER EL TEXTO

[1b] En la segunda parte de la primera estrofa, Shantideva hace la promesa tradicional de componer el texto. En aquellos tiempos se tenía la costumbre de que al comenzar un texto, el autor prometiese completarlo e indicase a modo de introducción cuál iba a ser su contenido. Shantideva manifiesta su deseo de presentar una síntesis de todos los caminos que conducen al logro de la iluminación total, la gran realización de la Budeidad. Este es el contenido del *Bodhisatvacharyavatara*, pues solo adiestrándonos en el modo de vida del Bodhisatva, es decir, realizando las actividades de los Hijos de los Sugatas, alcanzaremos la meta suprema.

Al estudiar esta escritura recibiremos dos beneficios principales. El beneficio temporal consiste en que comprenderemos con claridad el camino completo que nos conduce a la iluminación y con este conocimiento podremos recorrerlo. El beneficio último es que, practicando las enseñanzas contenidas en este texto, alcanzaremos la realización suprema de la Budeidad.

El beneficio último depende del temporal, este lo hace del significado del texto, que a su vez depende del texto propiamente dicho. Esta interdependencia se conoce como *relación del texto*. En la promesa de componer el texto, que Shantideva hace en la primera estrofa, indica que su obra estará basada en las escrituras de Buda y que, por lo tanto, poseerá los cuatro atributos: significado, beneficio temporal, beneficio último y relación.

RAZONES PARA COMPONER EL TEXTO

[2] A continuación, Shantideva menciona sus razones para componer esta obra. Admite que no contendrá nada nuevo y que, dado que no es un experto en el arte de la retórica ni de la poesía, su propósito no es beneficiar a los que ya conocen las enseñanzas de Buda, sino aumentar sus propias virtudes, mejorar su comprensión de las escrituras y familiarizarse con ellas.

[3] Continúa diciendo que gracias a su fe, sabiduría y dedicación, aclarará el significado de las escrituras y, de este modo, sus propias realizaciones aumentarán. También espera que si alguien tan afortunado como él contempla el significado de esta obra, obtenga los mismos beneficios.

Aquí concluyen los preliminares de la composición. En la cuarta estrofa, Shantideva comienza su presentación del camino que han de seguir los que desean adoptar el modo de vida del Bodhisatva.

ETAPAS DEL CAMINO HACIA LA ILUMINACIÓN

Consta de dos apartados:

1. Consejos para comprender el significado de nuestra preciosa existencia humana.
2. Método para llenar de significado nuestra preciosa existencia humana.

CONSEJOS PARA COMPRENDER EL SIGNIFICADO DE NUESTRA PRECIOSA EXISTENCIA HUMANA

[4] En la cuarta estrofa, Shantideva comienza recordándonos lo afortunados que somos al poseer la riqueza más valiosa y difícil de encontrar: un renacimiento humano perfectamente dotado. A diferencia de los demás seres sintientes del universo, incluida la mayoría de los humanos, ahora disponemos de la gran oportunidad de llenar de significado nuestra vida. Tenemos ciertas libertades especiales y disfrutamos de las condiciones necesarias para alcanzar metas inaccesibles para otros seres, y si no aprovechamos bien nuestra vida, nos resultará difícil vol-

ver a obtener en el futuro otro renacimiento humano como el que tenemos ahora. Para comprender mejor esta afirmación, realicemos el siguiente razonamiento.

En primer lugar, ¿por qué se considera que la clase de existencia que ahora tenemos es tan valiosa y difícil de encontrar? Porque un renacimiento humano no se obtiene por casualidad. Cada efecto tiene una causa y nuestra existencia humana perfectamente dotada es el resultado de una serie de causas que no son fáciles de reunir. Por lo general, las causas para renacer como un ser humano son observar la disciplina moral y practicar la generosidad, pero cada aspecto particular de nuestra existencia humana perfectamente dotada también tiene su propia causa. El hecho de que hayamos obtenido esta existencia humana indica que en el pasado hemos rezado para lograr un vehículo físico con el que disponer de libertad y tiempo para desarrollar nuestra mente con enseñanzas espirituales y prácticas de Dharma. Para que nuestras oraciones den resultado, hemos de realizarlas sin apego a la felicidad y bienestar temporales. Puesto que resulta difícil crear una sola de estas causas, el fruto también es difícil de conseguir.

Para poder apreciar nuestra situación actual, contemplemos la siguiente analogía. Si alguien encuentra una pepita de oro, pero no sabe lo que es, puede que la tire a la basura. Del mismo modo, ahora poseemos una preciosa existencia humana más valiosa que todo el oro del mundo, pero si no nos damos cuenta de ello, la desperdiciaremos tratando de alcanzar objetivos absurdos. Por lo tanto, es importante reconocer las ocho libertades y los diez dones de que está dotada nuestra preciosa existencia humana y la oportunidad excepcional que nos ofrece.

Las ocho libertades se refieren a no padecer ninguno de los ocho estados de cautiverio, cuatro de los cuales pueden ocurrir incluso tras haber obtenido un renacimiento humano. Las cuatro libertades del cautiverio que constituyen las existencias no humanas son:

1) No haber nacido en los infiernos.
2) No haber nacido como un espíritu ávido.
3) No haber nacido como un animal.
4) No haber nacido como un dios de larga vida (sáns. *Deva*).

Las cuatro restantes son libertades de obstáculos que pueden encontrarse durante la existencia humana, y son:

5) No haber nacido ni permanecer en un país donde no hay religión.
6) No haber nacido ni permanecer en un país donde no hay *Budadharma*.
7) No haber nacido ni permanecer con deficiencias físicas o mentales.
8) No sostener creencias erróneas que rechacen el Dharma.

¿Por qué se denominan *ocho libertades*? Porque estos ocho estados están libres de los obstáculos que nos impiden de manera parcial o total practicar el Dharma.

De los diez dones, cinco son personales, y los otros cinco, circunstanciales. Los cinco dones personales son:

1) Haber nacido como un ser humano.
2) Haber nacido y permanecer en un país donde florece el Dharma.
3) Haber nacido y permanecer con los poderes sensoriales completos, sin deficiencias físicas ni mentales.
4) No haber cometido ninguna de las cinco acciones atroces de pena inmediata.
5) Tener fe en las tres clases de enseñanzas de Buda.

Los cinco dones circunstanciales son características especiales del mundo donde nacemos. Estos son:

6) Haber obtenido un renacimiento humano en un mundo donde Buda ha aparecido.
7) Haber obtenido un renacimiento humano en un mundo donde Buda ha enseñado el Dharma.
8) Haber obtenido un renacimiento humano en un mundo donde todavía se enseña el Dharma puro.
9) Haber obtenido un renacimiento humano en un mundo donde hay personas que practican el Dharma puro.
10) Haber obtenido un renacimiento humano en un mundo donde hay benefactores y donantes que ayudan a los practicantes de Dharma.

Se denominan *dones* porque son condiciones necesarias para la práctica de Dharma.

Gracias al karma virtuoso que acumulamos en el pasado, ahora disponemos de una preciosa existencia humana dotada de estos dieciocho atributos. Por lo tanto, debemos alegrarnos de nuestra buena fortuna. ¿Cuál es el sentido de esta preciosa existencia humana y por qué se considera tan valiosa? Su valor está en que nos brinda la oportunidad de alcanzar una de las tres grandes metas. La meta más elevada es el logro de la iluminación, el estado de Budeidad, el despertar completo y perfecto de un Buda; la meta mediana es el logro de la liberación personal del samsara o ciclo continuo de nacimientos y muertes en el que solo se experimenta sufrimiento e insatisfacción; y la meta inferior es obtener un renacimiento afortunado, como el de un dios o un ser humano.

Por lo general, no apreciamos el valor de nuestra vida humana ni la preciosa oportunidad que tenemos ahora de alcanzar una de estas tres metas. Además, perdemos el tiempo y desperdiciamos esta gran oportunidad buscando los placeres temporales de esta vida. Si reconociéramos el verdadero valor y potencial de nuestra preciosa existencia humana, la aprovecharíamos para estudiar el Dharma y esforzarnos por alcanzar una de las tres metas. Como dice Shantideva: «Si ahora no llenamos de significado nuestra preciosa existencia humana, ¿cuándo vamos a obtener otra vez un renacimiento perfectamente dotado?».

Ilustremos la importancia de aprovechar nuestra preciosa existencia humana con el siguiente relato. En un pueblo remoto del Tíbet vivía un hombre al que le faltaba una pierna. Un día, mientras caminaba por el campo con la ayuda de su bastón, resbaló y se cayó por un precipicio. Afortunadamente, debajo había un caballo pastando y cayó sobre su lomo. El caballo se asustó y salió galopando, y el pobre hombre se agarró a él con todas sus fuerzas. Al cabo de unas horas, ante el asombro de los presentes, el hombre seguía feliz cabalgando. «¿Por qué no bajas del caballo?», le gritaron, pero él respondió: «¡De ninguna manera! Es la primera vez en mi vida que monto a caballo, ¿cuándo tendré otra oportunidad como esta? ¡Voy a aprovecharla mientras pueda!». Y así continuó cabalgando agarrado a su montura. Al igual que este hombre aprovechó su inesperada fortuna lo mejor que pudo, nosotros también deberíamos hacer el mejor uso de nuestro renacimiento humano perfectamente dotado practicando el Dharma en todo momento.

MÉTODO PARA LLENAR DE SIGNIFICADO NUESTRA PRECIOSA EXISTENCIA HUMANA

Se presenta en dos apartados:
1. Contemplación de los beneficios de la mente de bodhichita.
2. Cómo practicar las seis perfecciones tras haber generado la mente de bodhichita.

CONTEMPLACIÓN DE LOS BENEFICIOS DE LA MENTE DE BODHICHITA

Este apartado tiene cuatro partes:
1. Los beneficios de la bodhichita.
2. La mente de bodhichita.
3. Razones por las que recibimos los beneficios de la mente de bodhichita.
4. Alabanza a quien genera la mente de bodhichita.

LOS BENEFICIOS DE LA BODHICHITA

Como se mencionó con anterioridad, el método supremo para llenar de significado nuestra preciosa existencia humana es utilizarla como vehículo para alcanzar la gran iluminación. Aspirar a metas inferiores sería desperdiciar esta gran oportunidad. Puesto que para alcanzar la iluminación hemos de poseer la mente de bodhichita, la motivación de alcanzar el estado de la Budeidad para poder ayudar a los demás seres a liberarse de su sufrimiento, Shantideva nos anima a generar esta preciosa mente describiendo los innumerables beneficios que recibiremos al hacerlo, y que pueden resumirse en diez:

1) Venceremos las fuerzas del mal.
2) Alcanzaremos la felicidad suprema.
3) Colmaremos todos nuestros deseos.
4) Recibiremos un nombre especial y seremos respetados.
5) Transformaremos lo inferior en supremo.

BENEFICIOS DE LA BODHICHITA

6) Poseeremos el valor de la preciosa mente de bodhichita, tan difícil de encontrar.
7) Recibiremos los frutos de la bodhichita, que se multiplican y son inagotables.
8) Nos protege de todos los temores.
9) Destruye el mal con facilidad y rapidez.
10) Citas textuales acerca de los beneficios de la bodhichita.

1) Venceremos las fuerzas del mal

[5] Al igual que el repentino resplandor de un relámpago en la noche ilumina durante un instante el lugar donde nos encontramos, gracias a las bendiciones de Buda, los seres mundanos generan, aunque de forma breve, la intención de practicar la virtud.

[6] Por lo general, la virtud en los seres mundanos es débil, mientras que los instintos que los empujan a hacer el mal son muy poderosos. Por lo tanto, debemos esforzarnos por eliminar nuestras actitudes negativas y sustituirlas por una intensa práctica de la virtud. De lo contrario, si no hacemos nada por cambiar nuestra situación, no experimentaremos más que los sufrimientos de la existencia cíclica. ¿Cuál es el mejor método para abandonar las malas acciones y cultivar la virtud? La mente de bodhichita, porque es la única que puede derrotar al mal y aumentar nuestras virtudes en abundancia. ¿Qué otra virtud además de la suprema mente de bodhichita puede contrarrestar el poder de nuestras perturbaciones mentales? Si reflexionamos de este modo, comprenderemos la importancia de generar esta preciosa mente.

2) Alcanzaremos la felicidad suprema

[7] Por lo general, se puede beneficiar a los seres sintientes de diversas maneras, pero los Budas, que durante eones han investigado cuál es el mejor método para hacerlo, afirman que es cultivar la mente de bodhichita. ¿Por qué? Porque si generamos la bodhichita, no solo alcanzaremos la felicidad suprema de la Budeidad, sino que podremos conducir a innumerables seres sintientes al incomparable gozo de este estado supremo. Reconociendo los beneficios y las ventajas que aporta esta mente

tanto a nosotros mismos como a los demás, debemos esforzarnos por cultivarla.

3) Colmaremos todos nuestros deseos

[8] Otro beneficio de generar la mente de bodhichita es que colmaremos todos nuestros deseos. Si deseamos liberarnos del samsara y eliminar el sufrimiento de los demás, podemos lograrlo con la bodhichita. Además, esta mente también colma el deseo de todos aquellos, incluidos nosotros mismos, que aspiran a lograr la felicidad última. Por lo tanto, como la bodhichita colma todos los deseos, Shantideva nos aconseja que reflexionemos sobre sus beneficios y nos esforcemos siempre por conseguirla.

4) Recibiremos un nombre especial y seremos respetados

[9] Shantideva afirma que quien genere la bodhichita se convertirá en ese mismo instante en un Hijo o Hija de los Budas (literalmente, un Hijo de los Sugatas, aquellos que han trascendido al estado de gozo). A partir de entonces será venerado y respetado por los dioses mundanos, como Brahma e Indra, y por todos los humanos, incluyendo los monarcas más poderosos. No importa si la persona que cultiva la bodhichita es pobre o viste con harapos como un mendigo, en cuanto genere esta mente, se convertirá en objeto de veneración.

Es importante recordar que para generar la bodhichita no es imprescindible ser monjes ni aristócratas, ni tan siquiera hombres. Aunque Shantideva utiliza el título *Hijos de los Budas*, en realidad incluye también a las mujeres. Cuando una mujer genera la mente de bodhichita, se convierte en una Hija de los Budas y en un objeto de veneración y respeto para dioses y humanos.

¿Por qué merecen tanto respeto quienes generan la bodhichita? Porque los Budas, los seres totalmente realizados y fuente de toda felicidad, nacen de los Bodhisatvas, que reciben este nombre por poseer la bodhichita, la intención de alcanzar la iluminación por el beneficio de todos los seres. Por lo tanto, los Budas nacen de los Bodhisatvas, y estos, de la bodhichita.

Para subrayar el valor de la preciosa mente de bodhichita, Buda Shakyamuni afirmó que generarla es incluso más importante que hacer postraciones ante los seres iluminados. Para ilustrarlo, utilizó el ejemplo de la Luna creciente. Si alguien se postra ante la luna creciente, es igual que si lo hiciera ante cada una de sus fases, desde la luna nueva hasta la llena. ¿Por qué? Porque al mostrar respeto por la causa, lo hace también de manera implícita por su resultado. Por lo tanto, si nos postramos ante el Bodhisatva, también lo hacemos ante sus futuros estados de realización espiritual, incluida la Budeidad. Así pues, la bodhichita es un preciado tesoro, y quien la posee es digno de suprema veneración.

El gran pandita indio Atisha tuvo numerosos maestros y recibió diversas instrucciones sobre cómo cultivar la bodhichita. Insatisfecho con sus conocimientos, emprendió un largo y peligroso viaje a lo que hoy día es Indonesia para recibir enseñanzas del famoso Guru Serlingpa (Suvarnadvipa). Después de viajar durante trece meses, Atisha encontró a Serlingpa y de él recibió las instrucciones completas sobre cómo cultivar la mente de bodhichita.

Aunque Atisha tenía más de ciento cincuenta maestros, siempre se refería a Serlingpa como su *Guru raíz*. Incluso muchos años después, cuando fue al Tíbet, cada vez que oía el nombre de su Guru raíz, se levantaba y se postraba ante él. Los tibetanos se dieron cuenta de que no reaccionaba del mismo modo al oír el nombre de sus otros maestros y le preguntaron cuál era el motivo. Atisha respondió que gracias a las enseñanzas de Serlingpa había aprendido a cultivar la preciosa mente de bodhichita. Atisha, corona de los eruditos, consideraba que las enseñanzas sobre cómo cultivar la bodhichita eran supremas y por ello veneraba a Serlingpa de manera especial.

5) Transformaremos lo inferior en supremo

[10] Los alquimistas aseguran poseer un elixir especial con el que pueden transformar los metales básicos en oro. Si cultivamos la mente de bodhichita, nuestro cuerpo impuro finalmente se convertirá en la incomparable gema del sagrado cuerpo de un Buda.

Meditamos sobre ello del siguiente modo. Primero recordamos los sufrimientos que padeceremos si tenemos que renacer una y otra vez con un cuerpo humano tan burdo e impuro. Debemos abandonar el apego a nuestro cuerpo ordinario y contemplar las cualidades del cuerpo de un Buda. A continuación, generamos con intensidad el deseo de alcanzar este sagrado cuerpo y contemplamos las causas necesarias para conseguirlo. Entonces, reconocemos que la única manera de hacerlo es cultivando la bodhichita. De este modo, generamos la mente de bodhichita e intentamos mantenerla en todo momento.

6) Poseeremos el valor de la preciosa mente de bodhichita, tan difícil de encontrar

[11] De todas las joyas que existen, la legendaria gema que colma todos los deseos es la más valiosa y extraordinaria porque elimina la pobreza. De igual manera, de todas las virtudes, la más preciada es la bodhichita porque enriquece a los que son espiritualmente pobres. Los que deseen liberarse de los sufrimientos del samsara deben mantener con firmeza la mente de bodhichita.

Buda, que posee infinita compasión y todas las realizaciones del método, es como un barquero que transporta a los seres sintientes en su balsa de la bodhichita y los ayuda a cruzar el océano del samsara hasta llegar a la preciosa isla de la iluminación. Si reflexionamos sobre esta analogía con detenimiento, comprobaremos que la mente de bodhichita es el método supremo para disfrutar de felicidad.

7) Recibiremos los frutos de la bodhichita, que se multiplican y son inagotables

[12] Todas las virtudes excepto la Bodhichita son similares a un árbol bananero, que solo produce un número limitado de frutos y se agotan con rapidez. Por ejemplo, una persona puede enriquecerse como resultado de haber practicado la generosidad en una vida anterior, pero tarde o temprano consumirá los frutos de su virtud, sus riquezas se acabarán y no podrá conseguir más.

En cambio, los frutos virtuosos del árbol celestial de la bodhichita son inagotables. Son como una gota de lluvia que cae en la inmensidad del océano: mientras este no se evapore, aquella tampoco lo hará. Aunque, por lo general, nuestras virtudes son débiles, si las realizamos con la motivación de bodhichita, sus frutos no se extinguirán hasta el logro del despertar total. ¿Por qué son ilimitados los frutos de las acciones motivadas por la bodhichita? Por dos razones. En primer lugar, porque como el Bodhisatva ayuda a un número incontable de seres sintientes, los méritos que acumula al beneficiarlos son también innumerables; y en segundo lugar, porque el Bodhisatva dedica todos sus méritos para alcanzar la iluminación y, por lo tanto, perdurarán hasta que lo consiga.

Incluso dar un solo trozo de pan a un mendigo con la motivación de bodhichita produce méritos inagotables. Si carecemos de bodhichita, por mucho oro y plata que ofrezcamos a un gran número de seres, obtendremos pocos resultados y estos se agotarán con rapidez. Cuando nos demos cuenta de lo abundantes que son los frutos de las acciones realizadas con la motivación de bodhichita, nos convenceremos de que no hay tarea más importante que cultivar esta preciosa mente.

8) Nos protege de todos los temores

[13] Si un hombre viaja por una zona donde hay bandidos y animales salvajes, tendrá miedo, pero si confía en un buen guía, sus temores desaparecerán. Del mismo modo, los humanos, como resultado de las acciones perjudiciales que hemos cometido en el pasado, estamos expuestos a renacer en los reinos inferiores, ya sea en un infierno, como un espíritu ávido o como un animal. Incluso cuando renacemos como seres humanos, tenemos que experimentar los sufrimientos del nacimiento, las enfermedades, la pérdida de nuestros seres queridos, la violencia, el envejecimiento, la muerte y otros resultados desfavorables de nuestras malas acciones. ¿Quién tiene el poder de disipar todos estos temores? Solo la preciosa mente de bodhichita. Por lo tanto, la persona que se considere inteligente debería cultivar esta suprema virtud.

9) Destruye el mal con facilidad y rapidez

[14ab] El mundo en que vivimos sufre grandes ciclos de creación, evolución y destrucción. Cuando finalice el gran eón en el que estamos, este universo será destruido por un fuego mucho más intenso que el ordinario y no quedarán ni los rastros de sus cenizas. Se dice que la mente de bodhichita es tan poderosa

como este fuego y que consume en un instante el karma negativo que hayamos acumulado durante todas nuestras vidas.

10) Citas textuales acerca de los beneficios de la bodhichita

[14cd] En el *Sutra del ramo de tallos* (sáns. *Gandavyuhasutra*), Maitreya explica a Sudhana los inmensos beneficios de cultivar la bodhichita. Shantideva, al final de su decimocuarta estrofa, aconseja a los que deseen conocer estos beneficios que consulten este famoso texto mahayana.

Para adiestrarnos en la bodhichita necesitamos una intensa motivación, que solo lograremos reflexionando sobre los inmensos beneficios de generar esta mente. Si admiramos a un monarca porque posee conocimientos, poder y riquezas, es posible que pensemos: «¡Qué maravilloso sería estar en su lugar!». Como resultado de apreciar sus cualidades, generamos el deseo de ser como él. De igual manera, si conocemos las buenas cualidades de la bodhichita, pensaremos: «¡Qué maravilloso sería poseer esta preciosa mente!».

Si alguien nos preguntase qué preferimos, si generar la mente de bodhichita o recibir unas pepitas de oro, lo más probable es que eligiéramos estas últimas porque conocemos su valor e ignoramos las incomparables cualidades de la bodhichita. Si comprendiésemos los beneficios de generar esta mente, nuestra elección sería distinta: el oro es fácil de conseguir, pero la bodhichita no se puede comprar ni vender. La única manera de poseerla es cultivándola por medio de la meditación.

Debemos contemplar con detenimiento los beneficios de la bodhichita hasta que despertemos el deseo espontáneo y continuo de generarla. De los diez beneficios que menciona Shantideva, podemos elegir el que nos produzca una mayor impresión y meditar sobre él. Para que esta meditación sea eficaz, hemos de evitar las distracciones y realizarla con buena concentración. Al final de la sesión, debemos repetir la oración original que se cita y comenta en la introducción del presente comentario:

Que la preciosa bodhichita suprema
surja en quienes aún no haya nacido;
y en quienes ha nacido que no degenere,
sino que aumente sin cesar.

BENEFICIOS DE LA BODHICHITA

Si recitamos esta oración, intensificaremos nuestro deseo de generar la mente de bodhichita lo antes posible. También es conveniente recitar esta oración al finalizar cualquier acción virtuosa.

No debemos olvidar que sin la mente de bodhichita, los poderes sobrenaturales no proporcionan verdaderos beneficios. Por ejemplo, algunos yoguis pueden volar por el cielo, pero ¿qué valor tiene esto si hasta las aves pueden hacerlo? En numerosas vidas pasadas hemos adquirido poderes sobrenaturales y clarividencia, pero tampoco nos sirvió de nada. Ahora es el momento de controlar nuestra mente con la bodhichita, porque gracias a ella disfrutaremos de paz, colmaremos nuestros deseos y cada día estaremos más cerca de alcanzar la iluminación.

Es importante recordar que la única manera de alcanzar la iluminación es familiarizarnos con los métodos para generar la bodhichita hasta adquirir destreza en ellos. Hemos de animarnos a cultivar esta preciosa mente y adiestrarnos en estos métodos con perseverancia. Hoy día, con tantos problemas como hay en el mundo, estas prácticas espirituales no deben considerarse acervo exclusivo del mundo oriental, ya que para sobrevivir globalmente en estos tiempos de incertidumbre, es necesario que también los occidentales cultiven la preciosa mente de bodhichita, se conviertan en Bodhisatvas y ayuden en todos los países.

Para generar la bodhichita hemos de realizar cuatro preparativos especiales, pues de este modo nos resultará más fácil cultivar esta virtud. Los cuatro preparativos son: conocer los beneficios de la bodhichita, acumular méritos, purificar nuestras faltas y comprender los métodos para generar la bodhichita. Este último preparativo se expone con detalle a continuación.

LA MENTE DE BODHICHITA

Este apartado consta de tres partes:

1. Clases de bodhichita.
2. Beneficios de la bodhichita aspirante.
3. Beneficios de la bodhichita comprometida.

CLASES DE BODHICHITA

Para tener éxito en la meditación de la bodhichita, debemos comprender con exactitud la naturaleza de esta preciosa mente. Como ya se ha mencionado, la bodhichita es la mente espontánea y continua que desea alcanzar la iluminación por el beneficio de todos los seres sintientes. Shantideva dice que hay dos clases de bodhichita: [15] la aspirante y la comprometida. Para comprender en qué consisten y cuáles son sus diferencias, veamos los métodos tradicionales que se utilizan para cultivarlas.

Hay dos métodos para cultivar la bodhichita: el de las siete causas y efecto, y el de cambiarse uno mismo por los demás. El origen del primero se remonta a Buda Shakyamuni, quien lo transmitió a Maitreya, este a Asanga, y de él fue pasando a través de un linaje ininterrumpido de maestros realizados hasta llegar a Serlingpa y Atisha. El segundo método, el de cambiarse uno mismo por los demás, es más apropiado para los practicantes de mayor inteligencia. Su origen también se remonta a Buda Shakyamuni, quien lo transmitió a Manyhushri, y de él fue pasando a través un linaje ininterrumpido de maestros indios realizados hasta llegar a Shantideva. Ambos linajes han sobrevivido hasta la actualidad y hay numerosos lamas y maestros cualificados en las cuatro tradiciones del budismo mahayana tibetano que los poseen y pueden transmitirlos.

El método de cambiarse uno mismo por los demás se expone en el capítulo octavo. A continuación, se presenta el método para cultivar la bodhichita meditando en las siete causas y efecto. Este método floreció en la India y el Tíbet, y al estudiarlo comprenderemos que la bodhichita no es una mente que se pueda generar en un instante, sino que requiere un adiestramiento gradual.

El adiestramiento en las siete causas y efecto consiste en cultivar las siete realizaciones siguientes:

1) Reconocimiento de que todos los seres son nuestras madres.
2) Aprecio de la bondad de todos los seres.
3) Deseo de corresponder a la bondad de todos los maternales seres.
4) Amor afectivo.

BENEFICIOS DE LA BODHICHITA

5) Gran compasión.
6) Intención superior.
7) Bodhichita.

Este método se denomina *siete causas y efecto* porque la realización de cada etapa es la causa para generar la siguiente y el logro de la bodhichita es el resultado final. Por ejemplo, la realización del amor afectivo es la causa para cultivar la gran compasión. Antes de comenzar la meditación sobre las siete causas y efecto es conveniente meditar en la ecuanimidad. De momento, nuestra mente no juzga ni procede con imparcialidad, y en lugar de tener una actitud compasiva y ecuánime hacia todos los seres, nos sentimos cercanos a unos y distantes, e incluso rivales, de otros. Mientras mantengamos una actitud parcial, nos resultará difícil reconocer a todos los seres como nuestras madres, la primera de las siete causas. Por lo tanto, para tener éxito en este adiestramiento, debemos eliminar nuestros prejuicios cultivando una actitud ecuánime hacia los demás.

Para cultivar la ecuanimidad, comenzamos recordando a las personas que consideramos nuestros enemigos, amigos o desconocidos, y a continuación nos preguntamos por qué los clasificamos de esta manera. Tras reflexionar sobre ello, descubriremos que a la persona que nos causó algún daño, ya sea grande o pequeño, físico o mental, real o imaginario, la consideramos nuestro enemigo. Sin embargo, también ha habido ocasiones en que esa misma persona nos trató con bondad, y si pudiésemos recordar nuestras vidas pasadas (tema que se expondrá más adelante), descubriríamos que en muchas de ellas este presunto enemigo fue nuestra bondadosa y amorosa madre, que nos alimentó y protegió de peligros y temores. Incluso si pensamos solo en esta vida, podemos comprobar que los enemigos son temporales y en cualquier momento pueden convertirse en amigos. Si recibiéramos una ayuda inesperada, una alabanza o unas palabras amables de la persona que nos desagrada, ¿seguiríamos considerándola nuestro enemigo?

Estos mismos razonamientos podemos aplicarlos a las personas que consideramos nuestros amigos. Aunque el mero recuerdo de nuestro amigo nos complazca, nuestra opinión de él no siempre ha sido tan favorable. En ciertas ocasiones, ya sea en esta vida o en las anteriores, este querido amigo ha sido nuestro peor enemigo y nos ha causado inmenso dolor. Una palabra inoportuna, un descuido o una divergencia de opiniones puede alejarnos de esta persona a quien tanto estimamos y hasta enemistarnos con ella.

Asimismo, el desconocido no siempre ha sido objeto de nuestra indiferencia ni seguirá siéndolo siempre. En algunas ocasiones, esta persona cuya presencia ni siquiera notamos, fue nuestro peor enemigo o asesino, y en otras, nuestro querido amigo y protector.

Si tenemos en cuenta nuestra propia experiencia y la de los demás, y utilizamos diferentes razonamientos, comprenderemos que no es realista pensar que una persona pueda ser nuestro amigo, enemigo o desconocido de manera permanente e inherente. Si estas tres condiciones son temporales y variables, ¿quién es el objeto de nuestro odio o apego? Si creemos que tenemos razones justificadas para odiar a nuestro enemigo, deberíamos extender este odio a todas las demás personas porque en algún momento también las hemos considerado nuestros enemigos. Si pensamos que es correcto tener apego a nuestros amigos porque recientemente nos han beneficiado, deberíamos sentir lo mismo por todos los demás seres porque en el pasado también fueron bondadosos con nosotros y han sido nuestras madres.

Si meditamos una y otra vez utilizando este razonamiento e intentamos cambiar nuestro modo de considerar a los demás, comprenderemos lo absurdo de ser amables con unas personas y hostiles o indiferentes con otras. En lugar de discriminar, como hacemos ahora, entre amigos, enemigos y desconocidos, y de juzgarlos con parcialidad, debemos generar verdadera ecuanimidad, la base para cultivar el amor y la compasión necesarios para que surja la preciosa bodhichita y finalmente alcancemos la iluminación. Como es tan importante lograr esta meta, no debemos seguir actuando según nuestros prejuicios sin examinarlos con ojo crítico de la manera descrita.

Puede ocurrir que tengamos dudas acerca de esta meditación. Puesto que se ha dicho que el objetivo de cultivar la ecuanimidad es prepararnos para reconocer que todos los seres son nuestras madres, es posible que pensemos: «Si es válido considerar que todos los seres son mis madres porque se supone que lo han sido en el pasado, ¿no sería también correcto considerarlos mis enemigos porque también lo han sido?». Para comprender que esta conclusión es incorrecta, debemos reconocer que cuando clasificamos a alguien como nuestro enemigo, lo hacemos basándonos en razonamientos incorrectos y como resultado de una percepción ilusoria. El hábito de culpar a los demás, a los supuestos enemigos, de nuestros problemas y dificultades, es una manera errónea de pensar, basada en el desconocimiento de que el origen de nuestro sufrimiento no está en las circunstancias externas, sino en nuestra propia mente.

La decisión de considerar a alguien como nuestro enemigo se basa en una falsa proyección mental y en una percepción errónea de la realidad. Olvidando la bondad y el cuidado maternal que hemos recibido de esta persona, y sin darnos cuenta de que los únicos responsables de nuestro sufrimiento somos nosotros mismos, consideramos que el daño que hemos recibido de ella es una justificación válida para considerarla nuestro enemigo y tratarla con hostilidad. Aunque siempre nos comportamos de este modo, esta actitud es incorrecta y repudiable. En cambio, como se demostrará en el siguiente apartado, es correcto considerar que todos los seres son nuestras madres. Esta creencia, cuya validez se puede probar, es muy beneficiosa porque nos abre la puerta del desarrollo espiritual y nos proporciona una experiencia inmediata de bienestar y felicidad.

El objetivo de la meditación de la ecuanimidad es eliminar las actitudes parciales y considerar que todos los seres, sin excepción, son nuestras madres. Esto, a su vez, generará en nosotros el deseo de corresponder a su infinita bondad. Si, como resultado de esta meditación, podemos reconocer que hasta nuestro más odiado enemigo es nuestra bondadosa madre, estaremos preparados para lograr la realización de la primera etapa de las siete causas y efecto que nos conducen al logro de la bodhichita.

1) Reconocimiento de que todos los seres son nuestras madres

Cuando tengamos una actitud imparcial hacia todos los seres, estaremos preparados para reconocer que han sido nuestras madres, el fundamento para cultivar la suprema mente altruista de la iluminación. ¿Cómo podemos reconocer que todos los seres han sido nuestras madres? ¿En qué razonamientos nos basamos para creer que hemos compartido esta íntima relación con ellos?

Para responder a estas preguntas, utilicemos el siguiente argumento. La mujer que ahora reconocemos como nuestra madre lo es porque hemos nacido de su seno, pero esta no es la primera ni la única vez que hemos nacido. El continuo de nuestra consciencia no tiene principio, por lo que hemos renacido innumerables veces y tenido tantas madres como renacimientos. Por lo tanto, se puede afirmar que no hay ni un solo ser que no haya sido nuestra madre. Aunque el aspecto de las personas que vemos a diario ha cambiado y no podemos recordar nuestras vidas pasadas, con la ayuda de este razonamiento podemos sentir por todos los seres el mismo amor que por nuestra madre actual.

Aunque este argumento está basado en una lógica coherente, no nos convencerá hasta que aceptemos, aunque no lo comprendamos bien, la existencia de vidas pasadas y futuras. Mientras rechacemos esta posibilidad y pensemos que nuestro nacimiento y muerte son el principio y el fin de nuestra existencia, no podremos reconocer que todos los seres son nuestras madres. Para comprender otras enseñanzas budistas, como la ley de causa y efecto, también es necesario aceptar la existencia de vidas pasadas y futuras. Aunque este tema suele resultar difícil de entender para algunos occidentales, es importante analizarlo con una mente receptiva y abandonando cualquier idea preconcebida.

Es importante que conozcamos la naturaleza de nuestra mente, porque si comprendemos que es un continuo inmaterial que carece de principio, aceptaremos la existencia de vidas pasadas. Para ello, podemos realizar la siguiente meditación. Primero observamos nuestros pensamientos, sensaciones y emociones, y recordamos su momento anterior, después el de hace un minuto, el de hace una hora, dos horas, etcétera. Luego seguimos retrocediendo en el tiempo hasta ayer, la semana pasada y el año pasado. Si tenemos buena memoria, podemos retroceder año tras año hasta llegar a nuestro nacimiento e incluso hasta el momento de nuestra concepción, cuando entramos en el seno de nuestra madre. Con esta meditación descubriremos que es imposible señalar un momento determinado y afirmar: «En este preciso instante comenzó a existir mi mente».

En realidad, algunas personas que practican esta meditación consiguen ir más allá del momento de la concepción y recuerdan su vida pasada. No obstante, como esta experiencia es poco común y hay personas que no creen en ella, no se utiliza como prueba para demostrar que la mente es un continuo sin principio. Por ello, lo mejor es familiarizarnos con la mente y analizar nuestras opiniones acerca de su naturaleza y origen.

Para realizar este análisis, podemos reflexionar del siguiente modo. Cuando nos preguntamos cómo se ha producido nuestro cuerpo, respondemos que a partir de la unión del espermatozoide y el óvulo de nuestros padres ¿Puede ser este también el origen de nuestra mente? Si respondemos de manera afirmativa, aparecen numerosas contradicciones. ¿Cómo podemos explicar las diferencias entre nuestra mente y la de nuestros padres o hermanos? Si nuestra mente comienza con la unión del espermatozoide y el óvulo de nuestros padres, ¿qué relación hay entre estas células y la mente de ellos? ¿La mente puede tener una causa física? Si es un fenómeno inmaterial, ¿no debería tener también una causa inmaterial propia y distinta de la del cuerpo físico?

Algunas personas afirman que cuando nacemos, la mente es comparable a una hoja en blanco en la que solo hay grabadas algunas impresiones prenatales. Para ellos, la mente no es más que una serie de pautas de comportamiento que aprendemos con el paso del tiempo. ¿Es esta teoría verosímil? ¿Cómo explica las diferencias de personalidad, por ejemplo, entre recién nacidos de una misma familia? ¿Tiene en cuenta la complejidad del comportamiento de los niños o las habilidades excepcionales de algunos jóvenes?

Si deseamos comprender la naturaleza de la mente y descubrir si es un continuo sin principio o no, debemos hacernos estas preguntas y reflexionar sobre ellas con detenimiento. Lo cierto es que la mayoría de las personas, incluidos los intelectuales y psicólogos, poseen un conocimiento limitado de la mente. Si nosotros tampoco podemos explicar de manera coherente la relación entre los fenómenos materiales y la mente inmaterial, es un error rechazar a priori una teoría basada en la lógica, la observación, la experiencia y el testimonio de los seres iluminados. Por lo menos, deberíamos analizarla con una actitud imparcial y una mente abierta.

Según la filosofía budista, nuestro continuo mental carece de principio y, por lo tanto, ya existía cuando estábamos en el seno de nuestra madre. En el momento de la concepción, nuestra mente entró en la célula embrionaria formada por el espermatozoide del padre y el óvulo de la madre, pero antes de hacerlo, su continuo ya existía en la vida anterior. La mente de esa vida surgió de la mente de su vida anterior, esta de la previa y así sucesivamente. Ni siquiera Buda Shakyamuni, con su mente omnisciente, podía ver el principio de este proceso. Por lo tanto, si el continuo de la mente carece de principio, se deduce que hemos renacido innumerables veces y tenido incontables madres, por lo que no hay ni un solo ser sintiente que en algún momento no haya sido una de ellas.

Sin embargo, ¿por qué no podemos reconocer a los seres que han sido nuestra madre? Porque, como consecuencia de los traumas que acompañan a la muerte y al renacimiento, hemos perdido la memoria, y también porque los seres cambian de aspecto de vida en vida. Por ejemplo, si nuestra madre actual muriese y luego renaciese como un perro, no podríamos reconocerla aunque fuéramos sus dueños. Por lo tanto, estamos rodeados de innumerables seres que, aunque hayan cambiado de apariencia, han sido nuestra madre.

Es importante señalar que no todos los seres son incapaces de recordar sus vidas pasadas. Como fruto de sus prácticas de meditación, algunos yoguis han debilitado sus obstrucciones mentales burdas y adquirido habilidad para recordar sus vidas pasadas. Incluso algunas personas corrientes, en especial los niños, debido a las claras e intensas impresiones que tienen grabadas en su mente, a menudo tienen recuerdos de sus vidas pasadas. Es normal que la mayoría de nosotros no recordemos nuestras vidas pasadas, puesto que los problemas diarios y la falta de claridad mental nos impide recordar incluso las experiencias de nuestra niñez y del tiempo en que permanecimos en el seno de nuestra madre.

La meditación analítica consiste en aplicar estos razonamientos, comprobar si son lógicos, si carecen de contradicciones y si son válidos y se corresponden con nuestra experiencia. Al finalizar este proceso, debemos llegar a una conclusión, en este caso, el reconocimiento de que todos los seres han sido nuestras madres. A continuación, realizamos la meditación de emplazamiento: nos concentramos de manera convergente en este reconocimiento con la ayuda de la memoria retentiva. Si practicamos con perseverancia la meditación de emplazamiento, alcanzaremos verdaderas realizaciones espirituales. Cuando nos hayamos convencido de que todos los seres han sido nuestras madres, habremos alcanzado la realización de la primera de las siete etapas de meditación para generar la mente de bodhichita.

2) Aprecio de la bondad de todos los seres

Si todos los seres han sido nuestras madres, ¿cómo debemos recordar su bondad? Nuestra madre actual nos llevó en su seno durante nueve meses y en todo ese tiempo, hiciese lo que hiciese, andar, comer, estar sentada o incluso dormir, nunca nos olvidó. Nos consideraba su más preciado tesoro y nuestro bienestar era lo más importante para ella. Al dar a luz, padeció intensos dolores, pero aún así solo pensaba en nosotros.

De niños, cuando éramos una pobre criatura indefensa, incapaz de discernir entre lo beneficioso y lo perjudicial, nuestra madre nos cuidó y alimentó con su propia leche. Cuando teníamos miedo, nos amparaba con el calor de su cuerpo y nos acunaba en sus amorosos brazos. Incluso vestía ropas suaves para no irritar nuestra delicada piel.

Siempre nos llevaba con ella. Nos lavaba, nos bañaba, nos peinaba y nos sonaba la nariz. Cuando jugaba con nosotros, nos cantaba dulces canciones con amor y repetía nuestro nombre con especial ternura. Nos protegía siempre de todo peligro, del fuego y de posibles accidentes; de no ser por sus constantes cuidados, hoy no estaríamos vivos. Ahora disfrutamos de nuestras posesiones gracias a la bondad de nuestra madre. Se alegraba cuando éramos felices y compartía nuestro sufrimiento, se preocupaba de nuestro bienestar e incluso estaba dispuesta a dar su vida por nosotros. Con paciencia y amor nos enseñó a andar, a hablar, a leer y a escribir, se sacrificó para darnos siempre lo mejor y asegurarnos una buena educación.

Las madres aman de manera incondicional a sus hijos, con profunda ternura y devoción, desde el momento en que los conciben hasta la muerte. Recordar la gran bondad de nuestra madre actual nos ayuda a apreciar el amor infinito que hemos recibido de todas nuestras madres desde tiempo sin principio. ¡Qué bondadosos han sido conmigo todos los seres!

3) *Deseo de corresponder a la bondad de todos los maternales seres*

No es suficiente con apreciar la bondad de todos los maternales seres, debemos corresponderles de alguna manera. Solo una persona cruel y desagradecida se negaría a corresponder a la bondad de sus madres. Para hacerlo, podríamos proporcionarles objetos materiales, disfrutes y otros placeres, pero lo mejor que podemos hacer por ellos es conducirlos a la felicidad de la iluminación.

4) *Amor afectivo*

La siguiente etapa para cultivar la bodhichita es generar amor afectivo hacia todos los seres. Este estado mental surgirá de manera natural como resultado de meditar en las tres etapas anteriores.

Por lo general, cuando vemos a nuestro hijo, marido, mujer, padre o madre, sentimos afecto por ellos de manera natural y los consideramos nuestros seres queridos, pero no sentimos lo mismo por otras personas, en particular por aquellas que nos desagradan. Si deseamos generar la mente de bodhichita, nuestro afecto debe abarcar a todos los seres. Si como resultado de perseverar en esta meditación nos acostumbramos a sentir afecto por todos los seres, habremos alcanzado la cuarta etapa para generar la bodhichita.

5) *Gran compasión*

La gran compasión es un estado mental que desea que todos los seres se liberen del sufrimiento. Si hemos generado amor afectivo hacia todos los seres, cuando meditemos en sus sufrimientos, sentiremos con facilidad una profunda compasión por ellos. La causa principal de la gran compasión es el amor afectivo.

La mente de gran compasión abarca a todos los seres sin excepción. De momento, no soportamos nuestro propio sufrimiento porque nos estimamos con intensidad, y tampoco nos gusta ver sufrir a nuestros familiares y amigos porque también los queremos. No obstante, cuando vemos a nuestros enemigos sufriendo, nos alegramos. ¿Por qué? Porque no los estimamos: esta es la mente que tenemos que cambiar. Para ello, hemos de familiarizarnos con las cuatro etapas ya descritas hasta que consideremos de manera espontánea que todos los seres son nuestras

BENEFICIOS DE LA BODHICHITA

bondadosas madres. A partir de ese momento, si recordamos su sufrimiento e insatisfacción, generaremos la mente de gran compasión con facilidad. Cuando al encontrarnos con alguien a quien considerábamos nuestro enemigo deseemos de manera espontánea que se libere de su sufrimiento, habremos alcanzado la realización de la gran compasión. Mientras no sintamos amor afectivo por todos los seres, no podremos sentir compasión por ellos.

Hay dos maneras de generar amor afectivo. Según la tradición de maestros como Chandragomin y Chandrakirti, el amor afectivo se logra practicando las tres primeras etapas de las siete causas y efecto, pero según la tradición de Shantideva, se cultiva con el método de cambiarse uno mismo por los demás, que se expondrá más adelante.

Como se ha mencionado con anterioridad, si después de generar amor afectivo, el cálido sentimiento de amor hacia todos los seres sintientes, meditamos en los sufrimientos que han de padecer, generaremos la mente de gran compasión, que desea que se liberen de sus sufrimientos. Si consideramos que carecen de felicidad pura y no disfrutan de verdadero bienestar, nuestro amor afectivo se convertirá en el amor que desea que no sean desposeídos de la felicidad y de sus causas.

6) Intención superior

Tras haber generado la mente de gran compasión, pensaremos: «Voy a liberar a todos los seres sintientes del sufrimiento». Tomar esta responsabilidad es lo que se conoce como *intención superior*. Ilustrémoslo con un ejemplo. Si un niño se está ahogando en un río, los que están en la orilla desearán que alguien lo rescate, pero si el padre se encuentra entre ellos, no se contentará con desearlo, sino que decidirá rescatarlo él mismo y pensará: «Voy a salvarlo enseguida». La mente de los observadores es similar a la gran compasión, y la del padre, a la intención superior.

La persona que genera la intención superior, aunque desea con sinceridad liberar a todos los seres sintientes, no puede hacer realidad su deseo altruista, como el padre inválido que es incapaz de rescatar a su hijo. El reconocimiento de que no podemos lograr nuestro deseo nos conduce al resultado de esta meditación: la bodhichita.

7) Bodhichita

En realidad, tras un análisis nos daremos cuenta de que solo un ser totalmente realizado, aquel que ha despertado del sueño de la ignorancia, es decir, un Buda, puede liberar a los seres del sufrimiento. Si conocemos las cualidades necesarias para hacerlo, lo veremos con claridad. Para poder realmente liberar a todos los seres del sufrimiento, se requieren las cuatro cualidades siguientes de un ser iluminado:

1) Haber eliminado las obstrucciones a la liberación y a la omnisciencia.
2) Poseer destreza para liberar a todos los seres sintientes del sufrimiento.
3) Sentir compasión ecuánime por todos los seres.
4) Beneficiar a todos los seres con imparcialidad.

Ninguna persona corriente posee estas cualidades, solo ciertos seres especiales, que los budistas llamamos *Budas*, las han logrado. En el pasado, numerosos orientales se adiestraron en el camino mahayana, adquirieron estas cualidades supremas y alcanzaron la Budeidad, y ahora tengo la esperanza de que los occidentales hagan lo mismo.

Cuando alcanzamos la sexta realización, la intención superior, y comprendemos que solo un Buda, dotado con las cuatro cualidades mencionadas, puede colmar este deseo altruista, logramos el objetivo de esta meditación. A partir de entonces, tendremos de manera continua y espontánea el deseo de alcanzar la gran iluminación o Budeidad para poder beneficiar a todos los maternales seres sintientes y liberarlos del sufrimiento. Esta es la mente de la iluminación o bodhichita, y quien la genera se convierte en un Bodhisatva.

Como Shantideva afirma en su primera estrofa, hay numerosas clases de bodhichita, pero todas se incluyen en dos: la aspirante y la comprometida. [16] La primera puede compararse con el deseo de ir a un determinado lugar, y la segunda, con recorrer el camino que nos conduce a él. Mientras no lleguemos a nuestro destino, seguiremos teniendo el deseo de alcanzarlo. De igual manera, la bodhichita aspirante continúa deseando alcanzar la iluminación por el beneficio de todos los seres sintientes

BENEFICIOS DE LA BODHICHITA

hasta que logra su meta. La bodhichita comprometida nace cuando el practicante toma los votos del Bodhisatva, porque en ese momento emprende las prácticas que lo conducen a la iluminación, como las seis perfecciones y otras virtudes.

Para estabilizar estas dos clases de bodhichita, debemos guardar ciertos preceptos. Primero, en presencia de un preceptor o ante la asamblea visualizada de los Budas, nos comprometemos a cultivar la bodhichita aspirante, hacemos la promesa de no abandonarla nunca y de mantenerla hasta que alcancemos nuestra meta. A continuación, tomamos ocho preceptos para impedir que esta mente aspirante degenere en esta vida y en las futuras. Para que no degenere en esta vida, tomamos los cuatro preceptos siguientes:

1) Recordar los beneficios de la bodhichita seis veces al día.
2) Generar la bodhichita seis veces al día.
3) No abandonar a ningún ser sintiente.
4) Acumular méritos y sabiduría.

Y para que no degenere en vidas futuras, tomamos los cuatro preceptos siguientes:

5) No mentir ni engañar a nuestros maestros o Guías Espirituales.
6) No criticar a aquellos que han entrado en el mahayana.
7) No hacer que otros se arrepientan de sus acciones virtuosas.
8) No fingir que poseemos buenas cualidades ni ocultar nuestros defectos sin una intención pura y especial.

Cuando nuestra bodhichita aspirante sea firme y estable, desearemos practicar las seis perfecciones: las acciones puras del Bodhisatva. Para ello, hemos de tomar los votos en presencia de un preceptor o ante la asamblea visualizada de los Budas, y comprometernos a guardar los incontables preceptos contenidos en la práctica de las seis perfecciones. La ceremonia para tomar los votos del Bodhisatva se describe en el capítulo tercero, y las seis perfecciones se exponen con detalle a lo largo de todo el presente libro.

Cuando tomamos los votos del Bodhisatva, la bodhichita aspirante se convierte en comprometida. Si mantenemos los votos con pureza, cada día nos iremos acercando más al logro de la iluminación suprema, pero si no los guardamos, los rompemos o los abandonamos, nos alejaremos de nuestra meta. Para una detallada exposición de los dieciocho votos raíz y los cuarenta y seis votos secundarios del Bodhisatva, véanse *Los planos del Bodhisatva* (sáns. *Bodhisatvabhumi*), de Arya Asanga, y *El camino principal hacia la iluminación* (sáns. *Yhangchub shunglam*), de Yhe Tsongkhapa.

BENEFICIOS DE LA BODHICHITA ASPIRANTE

Si ofreciéramos a los Budas un universo lleno de joyas, crearíamos innumerables méritos, pero Buda Shakyamuni dijo que se acumulan muchos más al generar la mente que desea la iluminación por el beneficio de los demás. Esta mente altruista vence las dificultades y los obstáculos de la existencia cíclica y es superior a las cualidades de otros practicantes espirituales que solo buscan su propia liberación, como los Oyentes y los Conquistadores Solitarios. [17] Sin embargo, por muy grandes que sean estos beneficios, de la bodhichita aspirante no brota el mismo torrente incesante de méritos que de la bodhichita comprometida.

BENEFICIOS DE LA BODHICHITA COMPROMETIDA

[18-19] A partir del momento en que tomamos los votos del Bodhisatva con la mente valerosa que nunca abandona la tarea de liberar a todos los seres sintientes del sufrimiento y conducirlos hacia la iluminación, acumulamos méritos inimaginables. Estos son mayores que los que proceden de la mente aspirante de bodhichita, y el Bodhisatva los acumula incluso cuando duerme, está distraído o aparentemente embriagado. Además, cualquier acción física, verbal o mental que realiza se convierte en causa para alcanzar el logro supremo de la gran iluminación.

RAZONES POR LAS QUE RECIBIMOS LOS BENEFICIOS DE LA MENTE DE BODHICHITA

Para conocer los beneficios de la preciosa mente de bodhichita, podemos referirnos a las escrituras o aplicar razonamientos lógicos. Por ejemplo, [20] en el *Sutra rogado por Subahu* (sáns.

Subahupariprachsutra), Buda menciona los numerosos beneficios de generar la mente de bodhichita. ¿Por qué razón impartió estas enseñanzas? Para animar a los que sienten inclinación por el sendero hinayana, que solo conduce a la liberación del propio sufrimiento, a que entren en el camino mahayana y alcancen la iluminación total para poder beneficiar a todos los seres. El razonamiento lógico para demostrar los beneficios de la bodhichita está basado en que hay diversas clases de intenciones beneficiosas. Por ejemplo, una madre puede tener la intención de beneficiar a su hijo, y nosotros, la de ayudar a los pobres y necesitados, pero la intención beneficiosa del Bodhisatva, cuya gran compasión abarca a todos los seres sintientes, es superior. La diferencia entre la intención virtuosa de un ser ordinario y la de un Bodhisatva es comparable a la de una mota de polvo y el espacio infinito.

Los extensos beneficios de generar la preciosa mente de bodhichita quedan ilustrados con el siguiente relato. Se cuenta que Buda Shakyamuni acumuló gran cantidad de karma negativo en una de sus vidas anteriores al discutir con su madre y pisarle la cabeza cuando ella se tumbó en el suelo delante de la puerta de su casa para impedir que la abandonara. Como resultado de esta grave acción perjudicial, renació en un infierno donde le aplastaban la cabeza, y allí permaneció durante mucho tiempo rodeado de otros seres que sufrían torturas similares. Al contemplar a estos atormentados seres, maduró en su mente una impresión kármica fruto de una intención virtuosa generada en el pasado y rezó: «¡Qué maravilloso sería si ningún ser sintiente tuviera dolores de cabeza! ¡Que todo su sufrimiento madure en mí!». Generó este deseo con tanta intensidad que purificó todo el karma negativo que había acumulado al hacerle daño a su madre y renació en el reino de los dioses.

[21] Shantideva utiliza el ejemplo de los numerosos méritos que se acumulan con el mero deseo virtuoso de que alguien deje de tener dolor de cabeza. Si con esta pequeña acción se acumulan tantos méritos, [22] es evidente que los creados por el Bodhisatva son infinitos porque su intención, que proviene de su motivación de bodhichita, es liberar a todos los seres del sufrimiento y conducirlos al estado supremo de la iluminación. El Bodhisatva no solo trabaja para hacerlos felices de manera

temporal, sino también para conducirlos a la felicidad última de la Budeidad.

[23] ¿Tienen nuestros padres esta beneficiosa intención con respecto a nosotros? ¿La tienen los sabios o incluso los grandes dioses, como Brahma e Indra? La respuesta es no. Aunque es cierto que nuestros bondadosos padres desean que no tengamos dificultades y seamos felices, no aspiran a que alcancemos el estado de gozo supremo de la gran iluminación, la cesación completa del sufrimiento.

Por lo general, aunque los seres ordinarios estamos motivados por el egoísmo, solo buscamos la felicidad temporal de esta vida. No aspiramos a alcanzar el estado supremo de la iluminación ni a disfrutar de felicidad en las vidas futuras ni a liberarnos del sufrimiento de los infiernos o del resto del samsara. [24] Si no deseamos la liberación del sufrimiento ni el logro de la iluminación para nosotros mismos, ni siquiera en sueños, ¿cómo vamos a desearlo para los demás? Si no tenemos la intención de liberarnos nosotros mismos del samsara, ¿cómo vamos a desear que lo hagan los demás?

Si meditamos con detenimiento sobre el constante sufrimiento al que estamos sometidos, generaremos la llamada *mente de renuncia*, el deseo de liberarnos de renacer en el samsara; y si reflexionamos sobre los sufrimientos de aquellos que están en la misma situación que nosotros, y reconocemos que todos los seres en el samsara están sufriendo, desearemos que ellos también sean liberados. Esta mente es verdadera compasión y la base para cultivar la preciosa mente de bodhichita.

[25] La mente de bodhichita es la fuente de felicidad para todos los seres sintientes y la panacea universal que los libera del sufrimiento. [26] ¿Es posible calcular los innumerables méritos de esta mente similar a una gema preciosa? ¿Hay alguna maravilla que pueda igualarse al nacimiento de la preciosa bodhichita en nuestra mente?

Beneficiar a otro ser es una buena práctica, pero para que nuestra intención virtuosa sea pura, no debe estar mezclada con perturbaciones mentales como el apego. Solo así acumularemos gran cantidad de méritos. [27] Y si, como suele decirse, la intención pura de beneficiar a un solo ser sintiente es superior a hacer abundantes ofrendas a innumerables Budas, es evidente que la motivación altruista del Bodhisatva lo es aún más. Como ya se ha mencionado, la mente pura de bodhichita desea liberar a todos los seres sintientes del sufrimiento y conducirlos a la felicidad permanente de la insuperable iluminación. Para comprender el poder de las actividades del Bodhisatva y los resultados de su motivación suprema, pensemos en lo siguiente. Si tenemos una motivación beneficiosa hacia cien seres, acumularemos, por ejemplo, cien méritos; si la dirigimos hacia miles de seres, miles de méritos; y si lo hacemos hacia innumerables seres, los méritos serán incontables. Por lo tanto, los frutos de la mente de bodhichita son infinitos. ¿Por qué? Porque el objeto de esta preciosa mente son los innumerables seres sintientes que habitan el universo.

[28] Es posible que pensemos que no es necesario que el Bodhisatva libere a los seres sintientes de sus sufrimientos y los conduzca hacia la felicidad porque pueden hacerlo ellos mismos, pero en realidad no es así porque la mayoría de los seres no conoce la ley de causa y efecto. Por lo tanto, aunque desean liberarse del sufrimiento, crean sin cesar las causas para incrementarlo al no dejar de cometer acciones perjudiciales, y aunque solo desean la felicidad, destruyen con ahínco su raíz, la virtud, como si fuera su peor enemigo.

[29] En resumen, los seres sintientes desconocen el método para alcanzar la liberación del sufrimiento, carecen de felicidad y están siempre afligidos por el dolor y las dificultades. Es el Bodhisatva quien, gracias a su bodhichita, elimina su sufrimiento y los conduce hacia la felicidad. [30] Por lo tanto, ¿qué otra virtud puede compararse con la bodhichita, la mente de la iluminación, que disipa la confusión de los seres sintientes, elimina su sufrimiento y les proporciona gozos inagotables? ¿Dónde podemos encontrar otro amigo como la preciosa mente de bodhichita, que nos beneficia y nos protege del mal? ¿Es posible acumular tantos méritos de alguna otra manera?

ALABANZA A QUIEN GENERA LA MENTE DE BODHICHITA

[31] En este mundo, por lo general, consideramos que la persona que corresponde a la bondad de los demás es digna de respeto y de alabanza. Por lo tanto, ¡cuánto más deberíamos respetar y alabar al Bodhisatva, la persona compasiva que ayuda a todos los seres sin tener en cuenta si le han beneficiado o no!

Motivado por su gran compasión, el Bodhisatva beneficia de manera incondicional a todos los seres sintientes liberándolos del sufrimiento y conduciéndolos a la felicidad de diferentes formas. ¿Acaso es necesario mencionar las alabanzas y el respeto que merece un ser tan glorioso?

[32] Si alguien ofrece comida a unos mendigos para que dejen de tener hambre durante unas horas, aunque lo haga con desprecio o a disgusto, ¿qué pensarán de él los demás? Los mendigos se lo agradecerán y otras personas lo alabarán, diciendo: «Es muy generoso y con esta acción acumula muchos méritos». [33] Por lo tanto, ¿es necesario mencionar las alabanzas y el respeto que merece el Bodhisatva? Mientras exista el samsara, este incomparable benefactor seguirá esforzándose sin descanso no solo por satisfacer los deseos temporales de los innumerables seres sintientes, sino también por alcanzar la meta última y poder proporcionarles los insuperables deleites de los seres iluminados. Cuando comprendamos esto, sentiremos un profundo respeto por los Bodhisatvas, y con solo alegrarnos de sus acciones virtuosas acumularemos innumerables méritos.

Algunos pueden preguntarse cómo practica el Bodhisatva la generosidad temporal y última con los demás. Puesto que siempre actúa de acuerdo con las necesidades de cada ser, lo hace de diferentes maneras. En ciertas ocasiones beneficiará a alguien impartiéndole enseñanzas, y cuando sea apropiado lo hará ofreciéndole objetos materiales o protegiéndolo de peligros y temores. Los Bodhisatvas avanzados pueden manifestarse bajo diferentes aspectos según las necesidades de los demás: como un amigo, un ayudante o incluso como un objeto inanimado. No obstante, la mejor manera en que el Bodhisatva beneficia a los seres sintientes es enseñándoles el Dharma porque es el único método que puede liberarlos del sufrimiento del samsara y conducirlos al estado supremo de la gran iluminación. Si estos carecen de interés por el adiestramiento espiritual, no podrá ayudarlos con sus enseñanzas, pero lo hará de cualquier otro modo que sea apropiado.

Es posible que esta descripción de las obras del Bodhisatva nos parezca inverosímil y de momento no podamos aceptarla, pero si nos familiarizamos con el Dharma mahayana, la comprenderemos. A medida que escuchemos y comprendamos las enseñanzas de Buda, apreciaremos sus buenas cualidades.

BENEFICIOS DE LA BODHICHITA

En el Tíbet había un lama llamado Purchok Yhampa Rimpoché que tenía un discípulo llamado Kachen Yeshe Gyaltsen. Este vivía debajo de la cueva de su maestro y algunas veces no tenía ropa ni alimentos. Un día, un aristócrata fue a visitar a Yeshe Gyaltsen y le ofreció mantequilla y un saco de *tsampa* (harina tostada de cebada), por lo que el discípulo pensó: «Debo de ser alguien muy especial para que una persona tan importante me haga estas ofrendas».

Al día siguiente, mientras Yhampa Rimpoché impartía enseñanzas, dijo: «Uno de mis estudiantes no se da cuenta de que un lama puede manifestarse como tsampa y mantequilla», y mirando a Yeshe Gyaltsen, continuó: «Y además piensa que ha recibido estas provisiones por sus propios méritos». Yeshe Gyaltsen comprendió entonces que el aristócrata y las ofrendas eran manifestaciones de su Guru, y generó una profunda fe en él.

Algunas personas encuentran estos relatos difíciles de creer. Sin embargo, al igual que para saber si un alimento tiene buen sabor, primero debemos probarlo, la única manera de comprender las cualidades de las enseñanzas de Buda es practicándolas. De momento, no conocemos el Dharma mahayana y, por lo tanto, es normal que nos resulte difícil aceptarlo, pero cuando lo pongamos en práctica, apreciaremos su valor.

El objetivo último del Bodhisatva es conducir a todos los seres sintientes al logro de la iluminación, y para ello ha de realizar ciertos preliminares. Si invitáramos a un monarca o alto dignatario a nuestra casa, haríamos ciertos preparativos. De igual manera, puesto que el Bodhisatva desea invitar a sus huéspedes, los innumerables y maternales seres sintientes, al banquete de la Budeidad suprema, se prepara esforzándose por alcanzar él mismo la iluminación. Cuando lo consiga, podrá liberar a todos los seres sintientes del sufrimiento y conducirlos al gozoso estado de la iluminación. Por lo tanto, el Bodhisatva es el benefactor más bondadoso porque desea colmar tanto nuestros deseos temporales como los últimos.

Es posible que nos preguntemos que si un Buda puede liberar a todos los seres sintientes del sufrimiento, ¿por qué los incontables Budas del pasado no han conseguido todavía conducirlos a la iluminación? La respuesta es que aunque los Budas han eliminado todas sus obstrucciones y limitaciones, y por lo tanto poseen la sabiduría, compasión y destreza necesarias para conducir a los seres sintientes a la Budeidad, estos últimos deben esforzarse por seguir el camino que aquellos les muestran, puesto que de lo contrario continuarán atrapados en el samsara. Como suele decirse, un Buda no puede eliminar el sufrimiento ni las perturbaciones mentales de los seres sintientes como si les quitara una espina con la mano. No basta con confiar en un ser iluminado, también es necesario poner esfuerzo.

Shantideva continúa aconsejándonos cómo comportarnos con un Bodhisatva. [34] Cita a Buda Shakyamuni cuando dice que si alguien se enfada con un Bodhisatva, el incomparable benefactor de todos los seres sintientes, su mente se llenará de impresiones negativas y, como resultado, padecerá terribles sufrimientos en los infiernos durante tantos eones como momentos haya durado su enfado. [35] No obstante, si generamos una mente virtuosa, como la fe, hacia un Bodhisatva, los frutos de esta acción serán más abundantes que los malos resultados que produce el enfado. Al igual que el odio hacia un Bodhisatva es miles de veces más perjudicial que el que dirigimos hacia un ser ordinario, si tenemos fe en aquel, también acumularemos más méritos que si confiamos en este último.

La bodhichita tiene tantas cualidades virtuosas y produce tantos resultados beneficiosos, que el mismo cuerpo de la persona que la genera se hace merecedor de postraciones. En una de las vidas anteriores de Buda Shakyamuni en la que todavía era un Bodhisatva, renació como el rey Maitribala, un monarca sabio y bondadoso que era amado por sus súbditos. Poco a poco su popularidad se propagó por todo el reino y llegó a oídos de cinco demonios caníbales. Estos espíritus sintieron celos del rey y decidieron matarlo. Como sabían que tenía buen corazón y era muy generoso, se manifestaron ante él como mendigos. El rey les dio oro y plata en abundancia, pero en lugar de aceptarlo, respondieron: «Estos obsequios no nos complacen, somos caníbales y queremos tu carne y tu sangre». El rey accedió a este ruego y mientras bebían su sangre, rezó: «Ahora los satisfago de manera temporal con mi propia sangre, pero espero que en el futuro pueda beneficiarlos de verdad enseñándoles el Dharma». Cuando el rey renació como Buda Shakyamuni, estos cinco demonios fueron sus cinco primeros discípulos, y al escuchar el discurso que Buda impartió en Sarnath al girar por primera vez la rueda del Dharma, alcanzaron la liberación del sufrimiento y se convirtieron en *Arjats*. [36] Así pues, el Bodhisatva beneficia y proporciona gozos temporales y últimos incluso a aquellos que lo perjudican. Puesto que los Bodhisatvas son una fuente de felicidad para todos los seres sintientes, podemos refugiarnos en ellos.

Aunque hay numerosas prácticas mahayanas, tanto del sutra como del tantra, la más importante es el adiestramiento en la bodhichita. Por ejemplo, siguiendo el camino del tantra es posible alcanzar la iluminación en esta vida tan breve, pero si no generamos la mente de bodhichita, por mucho que lo practiquemos durante años, no alcanzaremos la Budeidad. Es un error pensar que como el tantra es el camino rápido hacia la iluminación, debemos empezar a practicarlo lo antes posible y olvidarnos de la bodhichita, porque si lo hacemos de este modo, no obtendremos ningún resultado.

Es necesario recorrer el camino espiritual de manera correcta y gradual sin omitir ninguna etapa. Para ello debemos seguir el ejemplo de grandes practicantes, como Milarepa, que alcanzaron la iluminación en una sola vida. Este gran yogui dijo: «Primero temí a los ocho estados de cautiverio, medité en la impermanencia, en la muerte y en los sufrimientos del samsara, observé con cuidado la ley de las acciones y sus efectos, y me refugié solo en las Tres Joyas. Durante mucho tiempo practiqué los dos métodos para generar la bodhichita. Más tarde comprendí que todo lo que aparece en mi mente carece de existencia propia y es ilusorio. Ahora ya no tengo miedo a los renacimientos en los reinos inferiores». Deberíamos adiestrarnos de este modo en el camino del Bodhisatva.

Aquí concluye los «Beneficios de la bodhichita», el capítulo primero del libro *Tesoro de contemplación*, comentario a la *Guía de las obras del Bodhisatva*, de Shantideva.

Manyhushri

Confesión

En el capítulo primero de la *Guía de las obras del Bodhisatva*, Shantideva describe los beneficios de generar la preciosa mente de bodhichita. En el segundo capítulo, nos muestra cómo eliminar los obstáculos que nos impiden generar esta motivación suprema. Por lo tanto, el comentario continúa del siguiente modo:

CÓMO PRACTICAR LAS SEIS PERFECCIONES TRAS HABER GENERADO LA MENTE DE BODHICHITA

1. Cómo mantener la bodhichita.
2. Cómo practicar las seis perfecciones.

CÓMO MANTENER LA BODHICHITA

Este apartado consta de dos partes, que se corresponden con los capítulos tercero y cuarto del comentario:

1. Cómo eliminar los obstáculos y purificar las faltas.
2. Cómo aceptar y mantener la verdadera bodhichita.

CÓMO ELIMINAR LOS OBSTÁCULOS Y PURIFICAR LAS FALTAS

Como ya se ha mencionado, el obstáculo principal para cultivar la mente de bodhichita es nuestro karma negativo. Si deseamos generar estados mentales virtuosos, como la bodhichita, debemos purificar nuestras faltas y acumular méritos. El método para completar esta doble tarea se divide en dos partes:

1. Prácticas preliminares.
2. Confesión.

PRÁCTICAS PRELIMINARES

Consta de tres partes:
1. Ofrendas.
2. Postraciones.
3. Refugio en las Tres Joyas.

OFRENDAS

La primera práctica preliminar es hacer ofrendas y Shantideva la expone en dos partes:
1. Finalidad de las ofrendas y sus receptores.
2. Ofrendas.

FINALIDAD DE LAS OFRENDAS Y SUS RECEPTORES

En el capítulo segundo, Shantideva adopta el papel de quien desea purificar sus faltas y declara la necesidad de realizar las prácticas preliminares como sigue:
Para mantener y completar la preciosa mente de bodhichita, fuente de felicidad para todos los seres, voy a hacer ofrendas a los siguientes objetos de devoción: los Tathagatas (los Budas), la Joya del Dharma y los Hijos de los Budas, como Manyhugosha y Avalokiteshvara, entre otros, que poseen océanos de excelentes virtudes. [1]

OFRENDAS

A continuación, Shantideva realiza una extensa lista de ofrendas para los tres objetos sublimes: Buda, el Dharma y la Sangha. Hay tres clases de ofrendas:
1. Ofrendas sin dueño.
2. Ofrenda de nuestro cuerpo.
3. Ofrendas visualizadas.

OFRENDAS SIN DUEÑO

«Os presento las siguientes ofrendas. Las flores más bellas, frutos y hierbas medicinales, innumerables gemas, ríos y lagos de agua pura y fresca, montañas engastadas con joyas preciosas, hermosos bosques, lugares plácidos y alegres,

CONFESIÓN

árboles celestiales en flor y otros cuyas ramas se doblan por el peso de sus deliciosos frutos.

»Exquisitos aromas de los reinos celestiales, incienso, árboles que colman todos los deseos, árboles de joyas, cosechas que no necesitan cultivo y todos los ornamentos dignos de ofrecerse. Lagos y lagunas embellecidos con magníficas flores de loto y el melodioso sonido de los gansos salvajes.

»Desde lo más profundo de mi corazón, ofrezco a los Budas supremos y a sus Hijos estos obsequios sin dueño que surgen de las infinitas esferas del espacio, junto con todo aquello digno de ofrecerse. ¡Oh, seres compasivos!, pensad en mí con bondad y aceptad estas ofrendas. No poseo méritos ni otros objetos bellos o valiosos que ofrecer. Con vuestro poder, ¡oh, Protectores!, vosotros que os preocupáis por los demás, por favor, aceptad por mi bien estas ofrendas.» [2-7]

Entre los hermosos objetos que ofrece Shantideva, hay algunos que pueden parecernos sorprendentes, como montañas engastadas con joyas preciosas y árboles que colman todos los deseos. ¿Dónde están estas montañas?, ¿qué es un árbol que colma todos los deseos y dónde podemos encontrarlo? Para responder a estas preguntas, debemos conocer algunos detalles de la cosmología budista. Puesto que la manera en que el budismo concibe el universo no se corresponde con las teorías científicas actuales, puede resultarnos difícil de aceptar si lo interpretamos literalmente. No obstante, si conocemos el verdadero propósito de esta cosmología –visualizar el universo entero como ofrenda a los seres iluminados–, nuestro rechazo desaparecerá.

Buda dijo que existen incontables mundos en el universo, algunos similares al nuestro y otros muy diferentes. Nuestro mundo o universo local está compuesto de cuatro «continentes», situados en los cuatro puntos cardinales, y el del sur es en el que habitamos. En el centro se encuentra el Monte Meru, una montaña gigantesca de cuatro caras, cada una compuesta de un mineral precioso. El color del firmamento en cada continente depende de la luz que refleja esa cara de la montaña. La cara sur del Monte Meru es de lapislázuli y, por lo tanto, el cielo que cubre el continente sur es de color azul; la cara del este es de cristal y refleja luz blanca sobre el continente que se encuentra en esta dirección; la cara occidental es de rubí y la luz es roja; y la del norte es de oro y la luz es amarilla.

Los minerales, la flora y la fauna de estos continentes son diferentes y en cada uno hay un objeto especial que lo caracteriza. En el continente del este hay una montaña preciosa, en el del sur, un árbol que colma todos los deseos, en el del oeste, una vaca que colma todos los deseos, y en el del norte, una cosecha que no necesita cultivo. Estos cuatro objetos poseen un valor incalculable y por ello se ofrecen a los Budas. Son símbolo de lo más preciado y hermoso del universo, y se visualizan junto con el sol, la luna y otros objetos especiales para presentar el ofrecimiento del *mandala* a los Budas, el Dharma y la Sangha. Debido a la grandiosidad de esta ofrenda, si la realizamos con sinceridad, producirá un efecto extraordinario en nuestra mente y acumularemos méritos en abundancia.

Hacer ofrendas a las Tres Joyas –Buda, el Dharma y la Sangha– es principalmente una acción mental. Puesto que no se requieren obsequios materiales, con una motivación pura y una visualización clara hasta la persona más pobre puede hacer espléndidas ofrendas. Esta práctica nos ayuda a reducir la avaricia, y si la realizamos con sinceridad, recibiremos grandes beneficios. Se cuenta el relato de un niño que deseaba hacer una ofrenda especial a Buda. Como era pobre y no tenía pertenencias, llenó un cuenco de arena y lo ofreció imaginando que era oro puro y resplandeciente. Debido a la intensidad y pureza de su motivación, con esta acción acumuló innumerables méritos. Más tarde renació como el gran rey y benefactor Ashoka, y durante su reinado trabajó de manera infatigable para difundir el Dharma por la India y Ceilán. En un solo día mandó construir un millón de monumentos religiosos, algunos de los cuales aún pueden verse en la actualidad.

Si reconocemos que los Budas han eliminado todos los obstáculos y poseen las cualidades supremas, nuestra práctica de hacerles ofrendas nos acercará a la iluminación. Para alcanzar esta meta suprema, debemos lograr de manera gradual las realizaciones del camino espiritual, para lo cual necesitamos méritos en abundancia. Los discípulos contemporáneos de Buda Shakyamuni poseían grandes reservas de méritos y muchos de ellos alcanzaron la iluminación al escuchar tan solo una palabra de sus enseñanzas. Por ejemplo, durante el primer giro de la

CONFESIÓN

rueda del Dharma, Buda enseñó las cuatro nobles verdades (los sufrimientos verdaderos, los orígenes verdaderos, las cesaciones verdaderas y los caminos verdaderos) y muchos de sus discípulos lograron una comprensión directa de la vacuidad, la realidad suprema, y otros incluso la liberación personal del sufrimiento o nirvana. Si el Dharma que se enseña hoy día es el mismo que Buda mostró y los maestros que lo imparten pueden compararse con él, ¿por qué no alcanzamos realizaciones aunque recibamos enseñanzas durante meses? Por la simple razón de que carecemos de méritos. Por lo tanto, si deseamos alcanzar realizaciones, debemos acumular una gran cantidad de méritos y uno de los métodos principales para conseguirlo es hacer ofrendas a los seres iluminados.

Numerosos meditadores del pasado recibieron los beneficios de realizar ofrendas a las Tres Joyas. Se cuenta el relato de una monja que logró ver directamente a Avalokiteshvara, el Buda de la compasión, como resultado de sus ofrecimientos del mandala. El gran lama Yhe Tsongkhapa también realizó numerosos mandalas para alcanzar una realización directa de la vacuidad. En las cuatro tradiciones de budismo tibetano se considera que esta práctica es muy especial y los lamas la recomiendan a sus discípulos.

OFRENDA DE NUESTRO CUERPO

«En todas mis vidas ofreceré mi cuerpo a los Budas y a sus Hijos. Aceptadme, por favor, ¡oh, nobles guerreros!, puesto que con devoción me ofrezco como vuestro siervo y sigo vuestros consejos. Estando bajo vuestra protección, no temeré a los sufrimientos del samsara y beneficiaré a los demás, purificaré las faltas del pasado y no las volveré a repetir.» [8-9]

Si ofrecemos nuestro cuerpo a los seres iluminados, acumularemos méritos, purificaremos los efectos de nuestras malas acciones y dejaremos de cometerlas. ¿Por qué? Las innumerables acciones perjudiciales que hemos cometido desde tiempo sin principio son el resultado de nuestra estimación propia. Por egoísmo y apego a nuestro cuerpo hemos cometido innumerables acciones perjudiciales, procurando siempre y a toda costa obtener lo mejor para nosotros. Si ofrecemos nuestro cuerpo a los seres iluminados, despojaremos a nuestro egoísmo de su objeto principal y dejaremos de cometer acciones perjudiciales.

Si podemos eliminar el egoísmo y la avaricia ofreciéndonos mentalmente a los Budas como sus siervos, recibiremos grandes beneficios; y si meditamos de este modo con perseverancia, nos estaremos preparando para convertirnos de verdad en sus siervos. Los incomparables beneficios que se reciben con esta acción quedan ilustrados en la biografía del gran yogui tibetano Milarepa. Este meditador se ofreció como siervo a su maestro Marpa y, como resultado de su intensa devoción a su Guru, alcanzó la iluminación en esa misma vida.

Si además de nuestro cuerpo presente ofrecemos a los Budas nuestros cuerpos futuros, nos liberaremos de los temores del samsara. Cuando alguien ofrece sus servicios a un rey, recibe protección real y los demás evitan perjudicarlo. Del mismo modo, si ofrecemos nuestro cuerpo a los Budas, nos convertiremos en sus siervos y ningún ser, humano o no humano, nos podrá causar daño.

OFRENDAS VISUALIZADAS

Pueden ser de dos clases:

1. Ofrendas ordinarias.
2. Ofrendas sublimes.

OFRENDAS ORDINARIAS

A continuación, Shantideva nos describe la visualización de una elaborada ceremonia en la que presentamos a los Budas las siguientes doce ofrendas imaginadas: agua perfumada para bañar a los Budas, atuendos divinos, ornamentos de joyas, aceites para ungir el cuerpo sagrado de los Budas, flores, incienso, manjares, lámparas preciosas, palacios, parasoles, música y la oración para que caiga una lluvia continua de ofrendas. Cuando realicemos esta visualización, debemos recordar que los seres iluminados carecen de impurezas físicas o mentales y no necesitan abluciones ni purificaciones, pero para que nosotros podamos alcanzar el estado supremo de la Budeidad, externamente hemos de abandonar nuestra forma impura, e internamente, nuestras faltas y obstrucciones mentales. Así pues, en realidad

CONFESIÓN

realizamos estas abluciones y purificación por nuestro propio beneficio. [10] Primero visualizamos la sala de abluciones en que vamos a realizar la purificación. El suelo es de cristal reluciente y una dulce fragancia de perfume de sándalo impregna el lugar. En cada uno de los puntos cardinales hay una columna engastada con joyas y piedras preciosas, y del techo cuelgan dos preciosos doseles decorados con perlas. En el centro de la sala de abluciones hay una piscina llena de agua perfumada, y para bajar a ella hay escaleras de tres peldaños resplandecientes con joyas preciosas en tres de los cuatro puntos cardinales.

[11] Tras haber visualizado esta hermosa sala, invitamos a los Tathagatas y Bodhisatvas a que acudan a este lugar y acepten esta ablución como ofrenda. Al verlos llegar, emanamos de nuestro corazón numerosas Diosas, una para cada uno de los Budas y Bodhisatvas. Acompañadas de cantos y música, unas ayudan a los seres iluminados y a sus Hijos a quitarse sus vestimentas, y otras los bañan con agua perfumada que vierten de hermosas vasijas engastadas con joyas preciosas.

[12] A continuación, visualizamos que las Diosas secan los cuerpos sagrados de nuestros invitados con los mejores paños. [13] Luego, ofrecemos a los magníficos Seres Superiores, como Samantabhadra, Manyhushri, Avalokiteshvara y demás, atuendos fragantes de magníficos colores y adornos de joyas. [14] Como si lustráramos oro puro refinado, ungimos los cuerpos radiantes de los Budas y Bodhisatvas con fragancias sublimes cuyo aroma impregna millones de universos.

Después, visualizamos a estos seres sagrados en el espacio ante nosotros y emanamos hermosas Diosas, cada una con una ofrenda diferente. [15] Las Diosas presentan a estos seres gloriosos nuestros obsequios: guirnaldas aromáticas de flores de loto, de *mandaravas*, de *upalas* y de otras flores exquisitas; [16] nubes de delicadas fragancias, deliciosos manjares y bebidas; [17] lámparas preciosas dispuestas en flores doradas y capullos de loto, cuya luz disipa la ignorancia de los habitantes de millones de universos; [18] y un palacio celestial de perlas y gemas preciosas cuyo infinito esplendor ilumina el espacio. El suelo es transparente y está cubierto de flores, y en las paredes hay colgantes de perlas preciosas y otros ornamentos. Por toda la morada celestial hay numerosas Diosas que entonan cantos de alabanza a los Budas. [19] En diversos lugares del palacio hay elegantes sombrillas de gran tamaño, adornadas con joyas de agradables formas y un mango de oro cuyo borde está embellecido con hermosos ornamentos. [20] Todas estas ofrendas se presentan al son de melodías divinas que alivian el sufrimiento de todos los seres.

[21] Por último, recitamos una oración para que mientras continúe el samsara, caiga sin interrupción una lluvia de flores, joyas preciosas y demás ofrendas sobre las estatuas e imágenes de los Budas y Bodhisatvas, el Dharma sagrado y las *estupas*.

OFRENDAS SUBLIMES

Las ofrendas sublimes son más puras que las ordinarias que hemos visualizado hasta ahora, y son realmente emanadas por los Seres Superiores. Para emular a estos seres, Shantideva reza como sigue:

«Al igual que Manyhugosha y Samantabhadra presentaron numerosas ofrendas a los Budas y Bodhisatvas, yo también hago ofrecimientos a los Protectores y a sus Hijos». [22]

Los grandes seres, como Manyhugosha y Samantabhadra, gracias a sus poderosas realizaciones espirituales, poseían la habilidad especial de emanar ofrendas como las descritas. De momento, nosotros solo podemos visualizar esta clase de ofrendas, pero los Bodhisatvas Superiores, que poseen la mente espontánea de bodhichita y una realización directa de la vacuidad, pueden emanarlas para que los seres iluminados disfruten de ellas. Incluso los seres ordinarios pueden disfrutar de estos objetos emanados.

Estos poderes de emanación eran bastante comunes en la India y en el Tíbet. En el texto *Las cien mil canciones de Milarepa* (tib. *Milarepei gurbum*) se cuenta la historia de la llegada al Tíbet del gran *pandita* indio Padampa Sangye. Milarepa quería comprobar si este pandita poseía poderes sobrenaturales y se fue volando a una montaña por donde iba a pasar. Mientras esperaba su llegada, Milarepa se transformó en una flor a un lado del camino. Cuando Padampa Sangye se acercó, pasó de largo sin fijarse en la flor, como si no hubiera reconocido a Milarepa, y este pensó que el yogui indio carecía de clarividencia. Entonces,

CONFESIÓN

el pandita indio se detuvo, dio media vuelta y se dirigió hacia la flor. Dando una patada en el suelo, dijo: «¡Milarepa, levántate!». El gran yogui tibetano recuperó al instante su forma humana y saludó al pandita, diciendo: «¡Bienvenido al Tíbet! Sin lugar a dudas, eres un gran maestro». Y Padampa Sangye respondió: «En la India tú también tienes fama de ser un gran yogui». El relato de la competición que mantuvieron estos dos grandes yoguis para demostrar quién poseía mayores poderes sobrenaturales, y las canciones que Milarepa compuso acerca de sus realizaciones espirituales, pueden encontrarse en varias biografías traducidas al inglés.

Si hacemos a menudo las doce clases de ofrendas ordinarias visualizadas que se han descrito, grabaremos en nuestra mente impresiones virtuosas que finalmente se convertirán en la verdadera habilidad para realizar las ofrendas sublimes de los Bodhisatvas Superiores. No obstante, hay una ofrenda sublime que podemos hacer ahora mismo: practicar las enseñanzas que hemos recibido de nuestro Guía Espiritual. Si nuestro Guru nos da instrucciones sobre cómo abandonar las acciones perjudiciales y cómo practicar las virtudes, y las seguimos con sinceridad, esta es la mejor ofrenda sublime que podemos hacerle. Milarepa dijo a su maestro que aunque carecía de objetos materiales que ofrecerle, correspondería a su bondad dedicando su vida y cuerpo, palabra y mente a la práctica de Dharma. Puesto que un buen maestro solo desea el bien para sus discípulos, esta clase de ofrenda le complace más que cualquier objeto material. Otra manera de hacer ofrendas sublimes es transformar los méritos que creamos al realizar acciones virtuosas en ofrecimientos para los seres iluminados y para los ordinarios.

POSTRACIONES

La segunda práctica preliminar es ofrecer homenaje y postraciones a los seres sagrados. Se trata de una práctica extensa y Shantideva la resume del siguiente modo:

«Con innumerables versos de armoniosas alabanzas, glorifico a los Budas y Bodhisatvas, que poseen océanos de excelencias. Que nubes de dulces canciones de alabanza que ensalzan sus buenas cualidades asciendan sin cesar hacia la asamblea de los Seres Superiores.

Con tantos cuerpos como átomos existen en las moradas de los Budas, me postro ante los seres iluminados de los tres tiempos, ante el Dharma y la comunidad suprema de la Sangha.

Me postro también ante las semillas de la bodhichita, ante las estupas que contienen reliquias sagradas, ante todos los sabios abades y preceptores, y ante los practicantes que han entrado en el camino que conduce a la liberación».

[23-25]

Shantideva menciona dos clases de postraciones: verbal y física. En otros textos se expone también una tercera, la postración mental, que se refiere a adoptar una actitud de fe y respeto hacia los objetos dignos de veneración. Las alabanzas que dirigimos a los Budas, Bodhisatvas y demás seres sagrados son las postraciones verbales, y las físicas pueden realizarse de diversas formas. La manera más completa de postrarnos es hacer las tres clases de postraciones a la vez.

Hay dos métodos principales de hacer postraciones físicas. El primero consiste en hacer postraciones parciales, y para ello tocamos el suelo con las manos, las rodillas y la frente. La segunda manera es hacer postraciones completas tumbándonos en el suelo boca abajo. Buda Shakyamuni impartió instrucciones detalladas sobre los beneficios de estas prácticas y cómo realizarlas, y más tarde varios panditas escribieron comentarios al respecto. En el *Sutra del ramo de tallos* (sáns. *Gandavyuhasutra*), se puede encontrar una descripción sobre cómo hacer postraciones completas. La ofrenda de postraciones fue una de las prácticas principales de muchos de los grandes panditas indios. El famoso maestro Naropa, el Guru principal de Marpa y difusor de profundos métodos de yoga que aún se practican en la actualidad, utilizó las postraciones como su principal método externo para acumular méritos.

La práctica de las postraciones es muy eficaz para purificar las faltas y acumular méritos, pero debemos hacerlas con una buena actitud. Si la realizamos con una motivación pura deseando superar nuestro orgullo y familiarizarnos con las cualidades de las Tres Joyas supremas, sin duda obtendremos grandes beneficios. Se dice que como resultado de esta práctica, renaceremos en una buena familia, tendremos un cuerpo sano y esbelto, y seremos respetados. Además, en ciertas tradiciones se considera que al postrarnos acumulamos tantos méritos como átomos hay en el suelo que cubrimos con nuestro cuerpo.

¿Cómo debemos hacer las postraciones? Existen varias maneras, incluso dentro las diferentes escuelas de budismo tibetano. Según una de las más populares, primero colocamos las manos juntas a la altura del corazón, con los pulgares tocándose y metidos dentro de las palmas para simbolizar una gema que colma todos los deseos. (Si no deseamos postrarnos de la forma tradicional, es suficiente con poner las manos juntas o inclinar ligeramente la cabeza en señal de respeto.) Luego, con las manos juntas de esta forma, tocamos cuatro lugares de nuestro cuerpo para sembrar las semillas de las cualidades de un ser iluminado. Primero tocamos nuestra coronilla para alcanzar el *ushnisha* de un Buda o protuberancia que tiene en este lugar, que obtuvo como resultado de respetar a su Guía Espiritual, y que simboliza sus realizaciones espirituales. Luego, tocamos la frente, la garganta y el corazón para alcanzar el pequeño rizo que Buda tiene en la frente (señal de sabiduría) y sus poderes verbales y mentales. Si tenemos una buena motivación y fe firme, con estas prácticas grabaremos poderosas impresiones en nuestro continuo mental, que contribuirán a que en el futuro alcancemos el cuerpo, la palabra y la mente sagrados de un Buda. A continuación, nos inclinamos y hacemos una postración parcial o completa, y luego nos levantamos. Para terminar, volvemos a tocar con las manos juntas la coronilla, la frente, la garganta y el corazón. Repetimos esta postración al menos tres veces.

La ofrenda de las postraciones era una práctica muy extendida en el Tíbet. El gran lama Yhe Tsongkhapa resaltó su importancia y durante un retiro que realizó con sus discípulos más cercanos hizo medio millón de postraciones completas. Yhampa Rimpoché, otro gran maestro y manifestación de Buda Maitreya, solía decir que los métodos externos que utilizaba a diario para acumular méritos consistían simplemente en ofrecer cien boles de agua y hacer cien postraciones, prácticas que mantuvo incluso durante su vejez. Como era muy alto y podía cubrir una amplia porción de suelo con su cuerpo, se decía que acumulaba muchos méritos. Un día dijo riéndose: «¡Qué maravilloso sería si fuera más alto para poder acumular más méritos!».

En el Tíbet, las postraciones eran una práctica muy popular también entre los laicos y muchos de ellos soportaban grandes penalidades para realizarla. Algunos tibetanos circunvalaban Lhasa, la capital del Tíbet, haciendo postraciones. Otros caminaban haciendo postraciones completas desde sus hogares en el este del Tíbet hasta el monte Kailash, la montaña sagrada que se encuentra en el oeste, viaje que tarda en recorrerse unos seis meses a pie.

Aunque las postraciones que se han descrito son una práctica física, al igual que ocurre con todos los ejercicios de Dharma, su verdadero valor depende de nuestra actitud mental. Por lo tanto, si imaginamos que emanamos numerosos cuerpos que se postran ante incontables Budas y Bodhisatvas, recibiremos tantos beneficios como extensa sea nuestra visualización.

En su *Guía de las obras del Bodhisatva*, Shantideva se postra ante las causas de la mente de bodhichita. Esta preciosa mente depende de tres factores fundamentales: el Dharma mahayana, que describe las técnicas para generar la bodhichita y sus beneficios, el Guía Espiritual mahayana, que nos imparte las instrucciones, y el lugar donde generamos esta preciosa mente. La mente de bodhichita tiene un valor incalculable y por ello incluso el lugar donde se ha generado se convierte en un objeto sagrado de veneración. En la India hay numerosos lugares de peregrinaje donde famosos meditadores alcanzaron grandes realizaciones espirituales. Bodh Gaya, en particular, donde Buda Shakyamuni demostró la manera de alcanzar la iluminación, se considera un lugar especial para hacer postraciones. También Lumbini, donde Buda nació, Sarnath, donde giró la rueda del Dharma por primera vez, y Kushinagar, donde falleció, son lugares que los peregrinos eligen para realizar postraciones.

REFUGIO EN LAS TRES JOYAS

La tercera práctica preliminar para purificar las faltas y acumular méritos es buscar protección en las fuentes últimas de refugio. Shantideva dice:

«Desde este momento hasta que alcance la esencia de la gran iluminación, me refugio en Buda, en el Dharma y en la asamblea suprema de los Bodhisatvas Superiores». [26]

CONFESIÓN

La práctica de refugio se presenta en cinco apartados:
1. Las causas del refugio.
2. Los objetos de refugio.
3. La señal de haber practicado el refugio de manera correcta.
4. Los compromisos del refugio.
5. Los beneficios del refugio.

Si no sabemos cuáles son las causas del refugio, no tendremos motivación para comenzar esta práctica; y si desconocemos cuáles son los objetos últimos de refugio, ¿dónde buscaremos protección? Si no reconocemos la señal de que hemos practicado el refugio de manera correcta, no sabremos cómo completar este adiestramiento; y si ignoramos cuáles son los compromisos del refugio, no podremos alcanzar el objetivo de esta práctica. Por último, si desconocemos los beneficios del refugio, no tendremos la inspiración necesaria para realizar esta práctica con sinceridad y perseverancia.

LAS CAUSAS DEL REFUGIO

La práctica de refugio es uno de los fundamentos principales del camino budista. Consiste en tomar la determinación de abandonar el ciclo interminable de confusión e insatisfacción, que hasta ahora ha dominado nuestras existencias, y adoptar una forma de vida más provechosa y virtuosa. Como ya se ha mencionado, las acciones físicas, verbales y mentales perjudiciales que hemos cometido en el pasado son las responsables de la confusión e infelicidad que padecemos a diario y también de nuestras dificultades para alcanzar realizaciones espirituales. Si no hacemos nada por cambiar estas pautas de comportamiento, solo nos esperará más sufrimiento en el futuro. Para refugiarnos en Buda, el Dharma y la Sangha, debemos establecer dos causas. La primera es tener miedo a los estados desafortunados del samsara a los que nos arrojan nuestras acciones físicas, verbales y mentales incontroladas. Según la cosmología budista, debemos tener miedo a los sufrimientos de los tres reinos inferiores del samsara o, mejor aún, a la naturaleza insatisfactoria de todos los estados de existencia condicionados por la ignorancia. Además de este temor sincero, debemos poseer una convicción y fe firmes en las Tres Joyas unidas a la comprensión de que pueden protegernos de todos los sufrimientos. Con fe basada en un razonamiento sólido, en textos de autoridad y sobre todo en la propia experiencia, nos refugiamos en las Tres Joyas reconociendo que son las únicas que pueden mostrarnos el camino para liberarnos de los temores y la insatisfacción, y conducirnos a la paz mental.

Las enseñanzas budistas describen tres niveles progresivos de práctica espiritual, y las dos causas para tomar refugio que se han descrito son diferentes en cada uno de ellos. La persona que posee la motivación del primer nivel reconoce que su mente está contaminada por intensas perturbaciones mentales, como el odio, los celos, el apego, etcétera, y tiene miedo de no poder controlarla y tener que padecer los terribles sufrimientos de los seres en los tres reinos inferiores: el de los infiernos, el de los espíritus ávidos y el de los animales, que son el resultado de haber cometido graves acciones perjudiciales con el cuerpo, palabra y mente. Esta persona genera fe y convicción en el poder de las Tres Joyas para protegerla de estos sufrimientos.

Cuando generamos la motivación del nivel medio comprendemos con claridad que tanto en los reinos inferiores del samsara como en los superiores solo se experimenta sufrimiento e insatisfacción. Cansados de dar vueltas sin cesar en este ciclo de existencias condicionadas, nos refugiamos en las Tres Joyas para liberarnos por completo de ellas.

La motivación superior del practicante espiritual es la gran compasión. Con ella superamos el egoísmo y reconocemos que los demás seres también vagan por el samsara ofuscados por la ignorancia y crean sin cesar las causas para experimentar más sufrimiento. Con el sincero e intenso deseo de ayudar a nuestras queridas madres, nos refugiamos en las Tres Joyas, convencidos de que solo ellas pueden conducirnos a la iluminación, el estado de perfección en que podemos beneficiar a todos los seres.

LOS OBJETOS DE REFUGIO

Es muy importante reconocer con claridad cuáles son los objetos de refugio. En el budismo se conocen como las *Tres Joyas* supremas: Buda, el Dharma y la Sangha. En el capítulo primero se ofreció una descripción general de ellas cuando se dijo que

CONFESIÓN

Buda es un ser iluminado (el médico), el *Dharma* son sus enseñanzas (la medicina) y la *Sangha* es la comunidad espiritual de los que practican su doctrina (las enfermeras). Al refugiarnos en las Tres Joyas, lo hacemos como un paciente que acude al médico para curarse, toma la medicina que le prescribe y recibe ayuda de las enfermeras.

A medida que crezca nuestro interés por el camino espiritual, necesitaremos tener un conocimiento más profundo de las Tres Joyas. Para comprender cuáles son los verdaderos objetos de refugio último, debemos familiarizarnos con los caminos mahayanas, los estados mentales que nos conducen a la iluminación completa.

Cuando generamos la mente de bodhichita, entramos en el primero de los cinco caminos que nos conducen de manera progresiva al logro de la Budeidad. A lo largo de estos caminos vamos eliminando todas las obstrucciones que oscurecen nuestra mente e impiden que descubramos su naturaleza pura y esencial. Estas se denominan *obstrucciones a la liberación* y *obstrucciones al conocimiento*. Para eliminarlas, necesitamos sabiduría y, en particular, una comprensión directa no conceptual de la naturaleza verdadera de la realidad. Con esta sabiduría iremos eliminando la ignorancia, desde la burda hasta la muy sutil, hasta que se manifieste en su totalidad la naturaleza de luz clara de nuestra mente.

En los dos primeros de los cinco caminos nos adiestramos para comprender la realidad de una forma más precisa y profunda adquiriendo una poderosa concentración y la realización de la visión superior, tal y como se describe en los capítulos octavo y noveno del presente comentario. Finalmente, como resultado de este adiestramiento y de los méritos acumulados, adquirimos un entendimiento directo y no conceptual. En ese momento entramos en el tercer camino, el de la visión, en el que eliminamos las perturbaciones mentales adquiridas intelectualmente y nos convertimos en un Ser Superior, un noble Hijo de los Budas. Durante el resto de nuestro adiestramiento, eliminamos de manera gradual, a lo largo del cuarto camino, las perturbaciones mentales innatas y sus impresiones, que aún oscurecen nuestra mente. Cuando lo logramos y ni la más sutil de las obstrucciones oscurece la naturaleza de luz clara de nuestra mente, alcanzamos el quinto y último camino, la gran iluminación o Budeidad. A partir de entonces, realizamos todas nuestras acciones físicas, verbales y mentales de manera espontánea y sin esfuerzo para beneficiar a los demás, impulsados por la motivación de bodhichita a conducir a todos los seres hacia los estados gozosos de la liberación y la iluminación.

Ahora que tenemos un conocimiento general del camino mahayana, podemos continuar con la presentación de los objetos de refugio y describir con mayor precisión lo que se entiende por *Buda, Dharma* y *Sangha*. La Joya de Buda es un ser que ha completado el camino mahayana y que, por lo tanto, está dotado de las cuatro cualidades siguientes: haber eliminado las obstrucciones a la liberación y a la omnisciencia, poseer destreza para liberar a todos los seres sintientes del sufrimiento, sentir compasión ecuánime por todos los seres y beneficiar a todos los seres con imparcialidad. La Joya del Dharma se refiere a la segunda de las dos nobles verdades, denominada *camino verdadero*, que es un tipo de sabiduría que nos libera para siempre de las obstrucciones a la liberación y a la omnisciencia, o a las cesaciones verdaderas, la liberación de cualquier obstrucción que se alcanza siguiendo estos caminos. Por último, la Joya de la Sangha se refiere a los seres que poseen la Joya del Dharma, es decir, los Bodhisatvas Superiores, aquellos nobles practicantes que han alcanzado el camino de la visión y que, por lo tanto, poseen una comprensión directa de la naturaleza verdadera de la realidad.

LA SEÑAL DE HABER PRACTICADO EL REFUGIO DE MANERA CORRECTA

Para realizar la práctica de refugio con sinceridad, hemos de establecer las causas descritas anteriormente. Cuando temamos a las diversas formas de sufrimiento en el samsara y comprendamos que solo las Tres Joyas pueden protegernos, nos refugiaremos desde lo más profundo de nuestro corazón y con firmeza en Buda, el Dharma y la Sangha. Para recordar nuestro refugio y consolidarlo, podemos recitar las siguiente oración: «Yo y todos los seres sintientes nos refugiamos en Buda, el Dharma y la Sangha hasta que alcancemos la iluminación».

CONFESIÓN

LOS COMPROMISOS DEL REFUGIO

Después de haber decidido protegernos en las Tres Joyas, debemos guardar con pureza los compromisos del refugio. Todos ellos se incluyen en tres acciones que hemos de abandonar, otras tres que hemos de practicar y seis compromisos generales. A continuación, se describen brevemente bajo los tres apartados siguientes:

1. Tres abandonos.
2. Tres reconocimientos.
3. Seis compromisos generales.

TRES ABANDONOS

Al refugiarnos en la Joya de Buda, nos comprometemos a dejar de buscar protección última en maestros que contradicen las enseñanzas de Buda o en dioses y espíritus mundanos; al refugiarnos en la Joya del Dharma, prometemos no perjudicar a los demás; y al hacerlo en la Joya de la Sangha, prometemos no dejarnos influir por personas que rechazan las enseñanzas de Buda.

TRES RECONOCIMIENTOS

Al refugiarnos en la Joya del Buda, debemos considerar todas las imágenes de Buda como verdaderos Budas, sin tener en cuenta el material del que estén hechas o si son nuevas o viejas. Al refugiarnos en el Dharma, nos comprometemos a considerar todas las escrituras budistas como la verdadera palabra de Buda. Por lo tanto, no debemos maltratarlas, ponerlas en el suelo o pisarlas. Por último, al refugiarnos en la Sangha, debemos considerar a los que visten los hábitos de ordenación monástica como si fueran una verdadera Joya de la Sangha.

SEIS COMPROMISOS GENERALES

Hay seis compromisos que debemos guardar siempre. Cada uno de ellos nos ayuda a adquirir ciertas buenas cualidades y a ser conscientes de la práctica de refugio. Son los siguientes:

1) Refugiarnos en las Tres Joyas una y otra vez recordando sus excelentes cualidades y las diferencias entre ellas.

2) Ofrecer a las Tres Joyas la primera porción de nuestros alimentos mientras recordamos su benevolencia.
3) Con compasión, alentar a los demás a que se refugien en las Tres Joyas.
4) Refugiarnos en las Tres Joyas al menos tres veces por la mañana y tres veces por la noche recordando los beneficios que esto conlleva.
5) Realizar cada acción con total confianza en las Tres Joyas.
6) No abandonar a las Tres Joyas aunque la propia vida peligre, ni siquiera en broma.

La práctica de refugio es muy extensa y profunda. Todas las prácticas de los vehículos budistas inferiores y superiores están incluidas en la del refugio que realizan los seres de los distintos niveles de motivación. Cuando el gran maestro indio Atisha llegó por primera vez al Tíbet, enseñó con detalle la práctica de refugio, y por ello los tibetanos lo llamaban *el lama del refugio*. Cuando Atisha lo supo, se alegró y quedó muy complacido.

LOS BENEFICIOS DEL REFUGIO

Si practicamos el refugio, recibiremos los ocho beneficios siguientes:

1) Nos convertiremos en un budista puro.
2) Estableceremos el fundamento para tomar todos los demás votos, como los del practicante laico, los de ordenación monástica, los del Bodhisatva y los tántricos.
3) Purificaremos el karma negativo que hayamos acumulado en el pasado.
4) Cada día acumularemos gran cantidad de méritos.
5) No volveremos a renacer en los reinos inferiores.
6) Estaremos protegidos de los daños infligidos por los seres humanos y otros seres.
7) Se cumplirán todos nuestros deseos temporales y últimos.
8) Alcanzaremos la iluminación con rapidez.

CONFESIÓN

Las tres ramas de ofrendas, postraciones y refugio son las prácticas preliminares que nos preparan para realizar la práctica principal que se describe en el presente capítulo: la confesión de las acciones perjudiciales que hemos cometido. Si confesamos nuestras malas acciones, podremos contrarrestar los resultados adversos que en caso contrario producirán. Para completar esta práctica correctamente, debemos aplicar los cuatro poderes oponentes que se describen a continuación:

1. El poder del arrepentimiento.
2. El poder de la dependencia.
3. El poder de la fuerza oponente.
4. El poder de la promesa.

Si aplicamos estos cuatro poderes oponentes de la manera apropiada y con una comprensión correcta de su profundo significado, sin lugar a dudas purificaremos por completo todas las acciones perjudiciales que hayamos cometido.

EL PODER DEL ARREPENTIMIENTO

El primer paso para purificar los efectos de nuestras malas acciones es reconocer que estas son negativas y perjudiciales. Al admitir con sinceridad el daño que nos hemos causado tanto a nosotros mismos como a los demás comenzamos la purificación de nuestras faltas. Así pues, es importante que primero nos arrepintamos de todas las acciones indebidas que hayamos cometido bajo la influencia de las perturbaciones mentales. En los siguientes versos de la *Guía de las obras del Bodhisatva*, Shantideva adopta el papel del practicante espiritual que reconoce la gravedad de sus malas acciones.

«Con un profundo arrepentimiento por las acciones perjudiciales que he cometido en el pasado, y con las palmas de las manos juntas, imploro a los seres que poseen gran compasión: los Budas y Bodhisatvas Superiores, que moran en las diez direcciones. Desde tiempo sin principio, en esta vida y en las pasadas, ignorante de la ley de las acciones y sus efectos, he cometido innumerables acciones perjudiciales y he animado a otros a seguir mi ejemplo. Confundido por la ignorancia, incluso me he alegrado del mal comportamiento de los demás, pero ahora reconozco que todas estas acciones son incorrectas y las declaro con sinceridad en vuestra presencia, ¡oh, Protectores! [27-29]

»Hoy confieso abiertamente ante los liberadores del mundo todas las acciones físicas, verbales y mentales perjudiciales que he cometido, dominado por mi mente perturbada por los engaños, contra el campo de méritos, las Tres Joyas, mis padres, mi Guía Espiritual y demás seres, y también las malas intenciones de mi mente contaminada. [31]

»Si me muero sin haber purificado estas faltas graves, sin lugar a dudas padeceré sufrimientos inimaginables. Os ruego que me protejáis sin dilación de estos temores. Además, hay otros motivos por los que necesito vuestro amparo. La duración de mi vida es incierta y al imprevisible Señor de la Muerte no le importa si muero confesado o no. Sin esperar a que termine mis tareas y sin preocuparse de si estoy sano o enfermo, descenderá sobre mí de manera imprevista. ¡Oh, Protectores!, liberadme, por favor, de los temores de la muerte. [32-33]

»Durante mi vida no he comprendido que tendré que separarme de mi cuerpo, mis familiares, riquezas, posesiones y todo lo demás, y que partiré solo hacia la próxima vida. Por ignorancia he cometido muchas acciones perjudiciales para eliminar a mis enemigos. Ahora me doy cuenta de que he sido un necio y me arrepiento con sinceridad de mis malas acciones. Sé que tanto mis enemigos, familiares y amigos, como yo mismo, nos moriremos y nuestro cuerpo se descompondrá. Del mismo modo, mi riqueza, mis posesiones y todo lo demás también desaparecerán. Al igual que los placeres y la felicidad de que disfruto en un sueño no son más que un vago recuerdo al despertarme, los disfrutes de esta vida solo existirán en mi memoria cuando muera. Nunca volveré a presenciar ni a experimentar lo que haya acontecido. [34-36]

»Aunque en el breve transcurso de esta vida muchos de mis amigos y enemigos han fallecido y no los volveré a ver, ahora tengo que enfrentarme al resultado insoportable de las malas acciones que he cometido en favor o en contra de ellos. Sin comprender que no me queda más remedio

CONFESIÓN

que morir, que el momento de mi muerte es incierto y que solo el Dharma me podrá ayudar, y motivado por la ignorancia, el apego y el odio, he causado inmenso sufrimiento. Arrepentido de corazón, lo confieso ante vosotros. [37-38]
»Día y noche, a cada minuto, mientras descanso, camino, como o mantengo una conversación, mi vida se va acortando. Es imposible detener este proceso y mi vida no puede prolongarse. Si esto es así, ¿hay alguna razón para pensar que no me voy a morir? ¿Cómo será mi muerte? [39]
»Sin haber confesado mis malas acciones ni haber practicado el Dharma, el Señor de la Muerte se abalanzará sobre mí de manera inesperada. En mi lecho de muerte, aunque esté rodeado de familiares y amigos, solo yo padeceré intensos sufrimientos y mi vida llegará a su fin. Cuando esté atrapado entre las garras de los horribles mensajeros del Señor de la Muerte, ¿cómo me podrán ayudar mis amigos y familiares? Si hubiera acumulado méritos, practicado el refugio, mantenido disciplina moral y cultivado otras virtudes, estaría protegido, pero he ignorado estas prácticas y ahora siento un profundo temor y arrepentimiento. ¡Oh, Protectores!, olvidando los sufrimientos de los tres reinos inferiores he acumulado maldad en abundancia por causa de esta vida pasajera. Mi arrepentimiento es sincero. [40-42]
»Cuando alguien es detenido por las autoridades y ordenan su tortura, siente pánico, se le seca la boca y se pone pálido, se le salen los ojos de las órbitas y queda transfigurado. Si tenemos tanto miedo a los dolores infligidos por los humanos, ¿cómo será el que sintamos cuando los mensajeros no humanos me apresen y quede paralizado por el pánico a la muerte? Sintiéndome indefenso, mi desconsuelo será tremendo. [43-44]
»Con solo ver a los verdugos del Señor de la Muerte, me horrorizaré y lloraré angustiado. Abriré bien los ojos para buscar por todos lados a alguien que pueda ampararme, pero al no encontrarlo, me hundiré desesperado en las tinieblas. Sin protección alguna y expuesto a los más terribles sufrimientos, ¿qué podré hacer? De ahora en adelante voy a dejar de crear las causas para padecer estas experiencias infernales». [45-46]

Si no sentimos un profundo arrepentimiento como el que describe Shantideva, no podremos purificar las acciones perjudiciales que hayamos cometido. Por lo general, no nos arrepentimos de nuestras malas acciones. ¿Por qué? Porque no comprendemos que sus resultados solo producirán sufrimiento. Mientras ignoremos la relación causal que existe entre las acciones perjudiciales y sus desafortunados resultados, no nos arrepentiremos de nuestro mal comportamiento ni lo abandonaremos. No solo no purificaremos los efectos de nuestras malas acciones, sino que seguiremos creando las causas para padecer más sufrimiento en el futuro.

Para poder arrepentirnos, primero debemos reconocer la relación que existe entre el daño que causamos y el que recibimos. También es importante comprender correctamente qué es el arrepentimiento. No debemos pensar que nuestro sufrimiento es un castigo que nos merecemos por nuestros pecados, ni sentirnos culpables por haber ofendido a algún ser superior que ahora se venga de nosotros. El verdadero arrepentimiento no está relacionado con esta clase de actitudes.

Ilustremos con el siguiente ejemplo la diferencia entre un modo de pensar correcto y uno exagerado. Si un niño se quema por no hacer caso de los consejos y advertencias de su madre de que no juegue con el fuego o con cerillas, puede reaccionar de distintas maneras. La mejor forma de hacerlo sería aprender de esta experiencia, arrepentirse de sus acciones y evitar correr esta clase de riesgos en el futuro. Una reacción exagerada sería pensar que el haberse quemado es un castigo que ha recibido por desobedecer a su madre. Esta manera supersticiosa de pensar solo causa confusión y sentimiento de culpabilidad, que en lugar de incrementar su destreza para superar una situación peligrosa en el futuro, la reduce.

Volviendo a la aplicación de los cuatro poderes oponentes, debemos cultivar un arrepentimiento por nuestras acciones indebidas que no esté basado en un sentimiento de culpabilidad, sino en una comprensión clara de que las acciones perjudiciales producen malos resultados. Los seres iluminados han identificado ciertas acciones como negativas por el sufrimiento que producen. Cuando nos demos cuenta de que hemos cometido estas acciones que causan sufrimiento y de que seguimos cometiéndolas, generaremos un arrepentimiento sincero de manera natural.

CONFESIÓN

¿Por qué las acciones perjudiciales producen resultados desfavorables? Porque graban impresiones en nuestra mente que se convierten en el potencial de nuestro sufrimiento futuro. Por ejemplo, la persona que mata a alguien, siembra con esta acción una impresión o semilla muy negativa en su mente, que conlleva el potencial de producir sufrimiento. Mientras no purifiquemos esa impresión, continuará latente, es decir, inactiva pero con su poder intacto. Cuando se reúnan las circunstancias apropiadas, se activará el poder potencial de esta semilla y madurará como una experiencia de profundo sufrimiento, como, por ejemplo, un renacimiento en un infierno creado por el karma.

La situación es comparable a la de un terreno árido en el que se han plantado unas semillas: mientras estas no se deterioren, su potencial de maduración seguirá existiendo, y si se riega este terreno, las semillas madurarán. Del mismo modo, las acciones plantan semillas en el campo de nuestra consciencia, y cuando se reúnan las condiciones necesarias, madurarán y producirán sus frutos kármicos.

Cuando cometemos malas acciones y no las purificamos, sembramos en nuestra mente incontables semillas de karma negativo, cuya maduración no se limita a la experiencia de renacer en uno de los reinos inferiores. Por ejemplo, como resultado de haber perjudicado a los demás en vidas pasadas, es posible que en esta padezcamos enfermedades. El sufrimiento mental y la infelicidad que ahora experimentamos puede ser el resultado de haber hecho sufrir a los demás en el pasado. De igual manera, la pobreza es el resultado kármico de la avaricia, y tener un cuerpo desfigurado o poco atractivo lo es del odio. Tampoco tenemos que esperar a las vidas futuras para experimentar los malos resultados de las acciones perjudiciales que cometemos ahora, todos sabemos por experiencia propia que el odio y la codicia nos producen de inmediato malestar e infelicidad.

Las acciones perjudiciales, como robar, criticar a los demás o tener malas intenciones, tienen a otros seres como sus objetos o víctimas. Sin embargo, hay ciertas acciones mentales que afectan a su autor de manera directa, pertenecen a la categoría de sostener creencias erróneas y son las más graves. Por ejemplo, si pensamos que no hay nada que pueda protegernos del sufrimiento mundano, o si tenemos fe en un objeto de refugio inapropiado, como nuestras perturbaciones mentales, o insistimos en negar la existencia de una relación causal entre las acciones y sus efectos, nuestra mente se desviará del buen camino y no podremos tener una visión correcta de la realidad. Como resultado, nuestra ignorancia seguirá aumentando y cometeremos más acciones físicas, verbales y mentales perjudiciales. Si nos aferramos a estas creencias erróneas, que niegan la verdad, sembrarán poderosas semillas negativas en nuestra mente. Uno de sus efectos puede ser que nos resulte difícil estudiar las enseñanzas de Dharma y meditar en ellas.

Algunas personas no tienen interés en el Dharma y rechazan por completo cualquier adiestramiento espiritual. Esta actitud también es el resultado de haber sostenido creencias erróneas en vidas pasadas. Además, hay países en los que no es posible difundir el Dharma como resultado colectivo de las malas acciones que cometieron en el pasado los seres que viven en ellos. Así pues, las desgracias y la infelicidad, ya se experimenten de manera individual o colectiva, son el resultado de predisposiciones mentales negativas.

Todas las malas acciones, tanto si están dirigidas hacia el interior como hacia el exterior, contaminan nuestra mente. Por lo tanto, si deseamos alcanzar realizaciones de Dharma, hemos de purificarlas. Antes de tomar una bebida debemos limpiar el vaso en el que la vayamos a servir o de lo contrario tendrá mal sabor e incluso puede sentarnos mal. Del mismo modo, si no purificamos la mente de sus obstrucciones, el sol de la bodhichita nunca amanecerá en ella. En cambio, si purificamos nuestras faltas y acumulamos méritos, alcanzaremos elevadas realizaciones, incluso de temas tan difíciles como la visión profunda de la realidad, que se tratará en el capítulo noveno, sin necesidad de recibir enseñanzas detalladas sobre ellos.

Las acciones perjudiciales tienen distintos niveles de gravedad. Algunas personas piensan que matar un insecto es menos perjudicial que sacrificar un animal más grande, pero el tamaño de la víctima no siempre es el factor más importante para determinar la gravedad de una acción. Esta la determinan los cuatro factores siguientes: el objeto, el tiempo, la acción y la mente. El karma negativo más grave es el que se comete contra un objeto sagrado o digno de respeto o veneración, como los Budas, los Bodhisatvas, los Arjats (aquellos que ha alcanzado la liberación personal), los miembros de la Sangha, los maestros y nuestros padres. Desde el punto de vista del tiempo, la gravedad de las acciones perjudiciales se incrementa si se cometen en días de especial significado religioso u observancia espiritual o cuando se han tomado ciertos votos. La manera en que se realiza la acción también contribuye a su gravedad. Por ejemplo, matar a alguien lentamente y causándole un intenso sufrimiento es más grave que hacerlo con rapidez y sin dolor. Por último, el estado mental que tenemos al realizar una mala acción también determina la gravedad de sus resultados. La mente que siente odio y se alegra de acciones que perjudican a los demás es muy dañina y el karma negativo que se acumula con ella es mucho mayor. Cuanto más desfavorables sean estos cuatro factores, peor será el mal que se acumula.

Como se mencionó con anterioridad, las acciones son perjudiciales porque causan sufrimiento. Toda acción perjudicial produce tres clases de efectos. El primero, el efecto de maduración, es el renacimiento que obtenemos cuando madura la semilla de la acción perjudicial. Por ejemplo, si matamos a alguien y las cuatro condiciones de objeto, tiempo, acción y mente son lo suficientemente graves, es posible que renazcamos en uno de los infiernos. Cuanto menos graves sean estas condiciones, menos desfavorable será el reino en que renazcamos. El segundo resultado de una acción perjudicial es el efecto semejante a su causa. Los sufrimientos particulares de una vida llena de enfermedades y las tendencias innatas de un niño a la crueldad son ejemplos de esta segunda clase de efecto que produce la acción de matar. Por último, hay un tercer efecto que es el circunstancial. El lugar donde vivimos, ya sea en uno de los reinos inferiores o incluso si volvemos a renacer como un ser humano, será inhóspito, árido y peligroso como resultado de las impresiones negativas que la acción de matar sembró en nuestra mente. Las demás acciones perjudiciales también producen estas tres clases de efectos.

Como Shantideva señaló en los versos anteriores, la miseria y frustración que experimentamos en los diversos reinos de existencia son el producto de nuestras malas acciones. Si, como resultado de ellas, renacemos como un perro, ¿qué haremos? Al pescador no le preocupa la vida de los peces, pero ¿qué hará cuando él mismo renazca como uno de ellos? El renacimiento humano de que ahora disponemos no es permanente y no sabemos cuándo moriremos, tal vez sea hoy mismo. Arrepentirnos de nuestras malas acciones es el antídoto para contrarrestar este veneno mortal, por lo que deberíamos confesarlas lo antes posible.

No debemos pensar que podemos dejar para más adelante la purificación de nuestras faltas. No es posible predecir cuándo nos vamos a morir y el Señor de la Muerte no espera a que su víctima purifique sus acciones perjudiciales. Nadie puede convencerlo para que se retrase y no acepta excusas. Cuando nos llegue la muerte, no nos servirá de nada implorarle diciendo: «Ven más tarde, tengo que mantener a mi familia» o «Soy muy joven, déjame vivir unos cuantos años más» o «Apiádate de mí y déjame vivir, por favor». Todas estas súplicas serán inútiles, porque el Señor de la Muerte no transige.

Una suave brisa puede apagar una gran vela que de lo contrario tardaría horas en consumirse. Un anciano puede vivir durante mucho tiempo mientras que otras personas más jóvenes van muriéndose antes que él. Puesto que todos vamos a morir, ¿quién puede garantizarnos que la muerte no nos visitará mañana o incluso hoy mismo?

En el Tíbet había un astrólogo famoso por su habilidad de predecir el futuro. Un día decidió averiguar cuándo se iba a morir. Para ello, realizó ciertos cálculos y ante su asombro descubrió que iba a morirse aquel mismo día. «¡Qué raro!», se dijo a sí mismo. «Lo más probable es que me haya equivocado. Tengo buena salud y no creo que me vaya a morir hoy». Mientras pensaba de este modo, comenzó a limpiarse la cera de uno de sus oídos con una aguja. «He debido de equivocarme», pensaba mientras se limpiaba el oído con la aguja, cuando de repente una fuerte ráfaga de viento abrió una ventana golpeando su brazo con tanta fuerza que la aguja atravesó su oído y se clavó en su cerebro causándole la muerte de inmediato. ¿Quién tiene la seguridad de que no va a morir en cualquier momento?

Puesto que la muerte puede llegarnos de manera inesperada, es importante que purifiquemos nuestras faltas. Las circunstancias que pueden causarnos la muerte son más numerosas que las que mantienen nuestra vida. Muchas personas mueren a nuestro alrededor en accidentes, guerras, por enfermedades, etcétera. ¿Cómo podemos tener la seguridad de que nosotros no nos vamos a morir? Pensando en los ejemplos que vemos a

CONFESIÓN

diario en los periódicos, debemos meditar en que el momento de la muerte es incierto. Pensemos en nuestros familiares, amigos y vecinos. ¿Quién seguirá vivo dentro de cien años? Si todos ellos van a morir tarde o temprano, ¿por qué cometemos tantas malas acciones en relación con ellos? Hemos cometido innumerables acciones perjudiciales y si deseamos asegurarnos un futuro agradable, debemos purificarlas lo antes posible. Arrepentirnos de nuestras malas acciones es la base para hacerlo. Si reflexionamos sobre la impermanencia, la muerte y los resultados de nuestras acciones perjudiciales, nos arrepentiremos de ellas. Si tres personas toman un veneno sin darse cuenta, una de ellas muere y otra se pone enferma, ¿qué pensará la tercera? Lo más seguro es que se arrepienta de haberlo ingerido. Del mismo modo, debemos reflexionar sobre las personas que cometieron acciones perjudiciales, murieron y han renacido en uno de los reinos inferiores donde se encuentran atrapadas experimentando terribles sufrimientos, y recordar que nosotros también hemos actuado como ellas.

Con un intenso apego hemos mentido y robado para beneficiar a nuestros amigos, y con odio hemos perjudicado a nuestros enemigos. La causa principal de que cometamos estas acciones es desconocer la ley de las acciones y sus efectos. Al no comprender que el resultado de nuestras acciones será sufrimiento, seguimos comportándonos de modo inapropiado.

¿Es tan difícil de entender que nos estamos acercando a la muerte y que no podemos hacer nada para evitarlo? A cada momento que pasa nuestra vida se va acortando. A diferencia del dinero, que lo podemos ahorrar, nuestra vida se va consumiendo sin cesar. Por lo tanto, ahora es el momento de admitir nuestros errores y practicar la virtud.

Si no nos arrepentimos del daño que hemos infligido a los demás y no lo purificamos, y dirigimos nuestra vida de manera correcta, abriremos nuestro propio camino hacia los infiernos. Algunas personas no creen en estos reinos porque no pueden percibirlos, pero esta manera de pensar es absurda. Siguiendo el mismo razonamiento, también podríamos afirmar que como no podemos visitar las civilizaciones antiguas ni sabemos lo que va a ocurrir mañana, el pasado y el futuro no existen. No podemos estar seguros de que dentro de un mes vayamos a tener buena salud porque hoy no padezcamos ninguna enfermedad. Ni siquiera un erudito que vaya a morir en un accidente puede prever su muerte. Por lo tanto, no debemos dejarnos engañar por un razonamiento ilógico que asume de manera injustificada que lo que no podemos ver no existe.

Aunque cuestionemos la existencia de los reinos inferiores, todos conocemos experiencias horribles que solemos describir como infernales. Vivir durante meses padeciendo intensos dolores producidos por el cáncer, sufrir de paranoia o depresión con tendencias suicidas o morir atrapados en un incendio son sufrimientos que ocurren en el reino humano similares a los de los infiernos. Para no tener que padecerlos, debemos purificar las acciones perjudiciales que son su causa y abstenernos de repetirlas en el futuro.

Buda Shakyamuni y los panditas que siguieron su doctrina poseían grandes poderes de comprensión y clarividencia. Estos seres iluminados, basándose en su propia experiencia y en razonamientos lógicos, afirmaron que los infiernos y demás reinos inferiores existen. Aunque no podamos verlos con nuestros propios ojos, debemos aceptar la posibilidad de su existencia. De este modo, recibiremos innumerables beneficios y moriremos sin miedo. Si de verdad nos preocupa nuestro bienestar futuro, nos convendría reconocer la posibilidad de renacer en los infiernos y, temiendo los sufrimientos de estos reinos, practicar la virtud, purificar el karma negativo y entrar en el camino del Dharma.

Aunque en numerosas escrituras Buda describió con detalle los sufrimientos de los reinos inferiores, su intención no era atemorizarnos. Los Budas sienten gran compasión y amor por todos los seres sintientes y desean liberarlos del sufrimiento. Por este motivo, Buda Shakyamuni impartió enseñanzas sobre los reinos inferiores y mostró numerosos métodos para evitar renacer en ellos. No nos enseñó a abandonar el mal y a practicar la virtud simplemente para que lo obedezcamos, sino para que seamos felices.

Cuando una madre advierte a su hijo del peligro de jugar en una calle transitada por el tráfico, no lo hace para asustarlo, sino por compasión, porque comprende el riesgo que corre su hijo y se preocupa por su seguridad. Lo mismo ocurre con los consejos y enseñanzas de los Budas, puesto que ellos conocen los terribles resultados de cometer acciones perjudiciales y nos advierten de ellos para que actuemos con prudencia. Si no recibimos estos consejos, saltaremos directamente al fuego del sufrimiento. Por lo tanto, es importante recibir estas advertencias. Si no sabemos que un determinado animal es peligroso, cuando nos encontremos con él no tomaremos ninguna precaución, pero ¿quién jugaría con una serpiente sabiendo que su picadura es mortal?

Según la práctica de Dharma, es en vida cuando debemos tener miedo a renacer en los reinos inferiores y no al morir. El temor que ahora nos hace actuar de manera prudente es beneficioso, pero el que sentimos al morir no lo es. ¿Qué ganamos al arrepentirnos de nuestras malas acciones cuando estamos ante el Señor de la Muerte o cuando ya estamos sufriendo los tormentos de los infiernos? Lo que debemos hacer ahora es practicar los métodos que nos ayudan a prevenir estos sufrimientos en el futuro. Debemos purificar nuestra mente para impedir que maduren los frutos de nuestras malas acciones, porque cuando lo hagan será demasiado tarde y ni siquiera los Budas podrán ayudarnos. Los Budas protegen a los seres sintientes enseñándoles el Dharma y mostrándoles el camino que los aleja del sufrimiento y los conduce a la iluminación, pero no pueden liberarlos del sufrimiento que ellos mismos se causan. Si seguimos actuando de manera imprudente, ni siquiera los Budas podrán ayudarnos.

EL PODER DE LA DEPENDENCIA

En los siguientes versos, Shantideva, con un sincero arrepentimiento por sus acciones perjudiciales, busca refugio en las Tres Joyas para liberarse del sufrimiento:

«Me refugio en todos los Budas, que protegen a los seres de sus temores. Me refugio en la Joya del Dharma, que estos Budas poseen. Me refugio en la asamblea de los Bodhisatvas Superiores. En vosotros me refugio y os ruego que me protejáis del mal, la causa de los renacimientos en los infiernos.

»Te ofrezco mi cuerpo, Arya Samantabhadra, y ruego que me protejas de los temores de los infiernos. Me ofrezco como tu siervo, Arya Manyhushri, y te suplico que me liberes de estos temores. A ti, Sumo Avalokiteshvara, te imploro:

'Protégeme, por favor, porque he sido malvado'. Desde lo más profundo de mi corazón, ¡oh, seres compasivos!, Arya Akashagarbha, Arya Ksitigarbha, Arya Sarvanivaranaviskambini y Arya Maitreya, os ruego que me protejáis. En ti, Arya Vajrapani, que ahuyentas al Señor de la Muerte en las cuatro direcciones, me refugio.

»¡Oh, Budas!, no he seguido vuestros consejos y he cometido innumerables acciones perjudiciales, pero ahora me doy cuenta de sus resultados, los terribles tormentos de los infiernos, y en vosotros me refugio. Confiando en vosotros, que me libere de todos estos temores con rapidez».
[47-53]

En estos versos, Shantideva afirma que cometió acciones indebidas porque no supo seguir los consejos de los seres iluminados. Como la purificación de las faltas depende de poner en práctica estas instrucciones con sinceridad, Shantideva aplica el poder de la dependencia al refugiarse en Buda, el Dharma y la Sangha desde lo más profundo de su corazón.

En la tradición mahayana, el poder de la dependencia se refiere a refugiarse en las Tres Joyas y generar la mente de bodhichita. Para comprender por qué estas acciones se llaman *poder de la dependencia*, analicemos la siguiente analogía. Si resbalamos y nos caemos, para levantarnos debemos apoyarnos en el mismo suelo sobre el que hemos caído. Del mismo modo, si queremos purificar una mala acción, debemos hacerlo en relación con el objeto contra quien la hemos cometido. Desde el punto de vista del objeto, todas las acciones perjudiciales pueden dividirse en dos: las que se cometen contra las Tres Joyas y las que se cometen contra los seres sintientes. Por lo tanto, para purificar las acciones cometidas contra las Tres Joyas, hemos de refugiarnos en Buda, el Dharma y la Sangha, y para purificar las efectuadas contra los seres sintientes, debemos renovar la preciosa mente de bodhichita recordando que aspiramos a alcanzar la iluminación para beneficiar a los seres que, por desgracia, hemos perjudicado.

CONFESIÓN

EL PODER DE LA FUERZA OPONENTE

El tercer poder combinado con un arrepentimiento sincero es lo que en realidad purifica los efectos de nuestras acciones perjudiciales. Por lo general, hay seis actividades que se utilizan como oponentes para contrarrestar las fuerzas del mal, pero no son fórmulas mágicas, puesto que su eficacia depende de un arrepentimiento sincero y del deseo de purificar nuestras malas acciones. Estas actividades son: recitar los nombres de los Budas, recitar mantras, recitar las escrituras budistas de Dharma, meditar en la visión profunda de la realidad –la vacuidad–, hacer ofrendas y construir, pintar o reparar las imágenes del sagrado cuerpo, palabra y mente de Buda.

Si deseamos purificar nuestras faltas, podemos utilizar cualquier acción virtuosa como poder oponente. Incluso barrer un templo, si se realiza con un arrepentimiento sincero y la intención de purificar las acciones perjudiciales, puede ser un poderoso poder oponente. Para ilustrarlo, recordemos el famoso relato del monje Lam Chung, discípulo de Buda Shakyamuni. Antes de su ordenación ya tenía la reputación de ser estúpido y un mal estudiante. Fue a la escuela, pero enseguida lo expulsaron porque sus maestros se dieron cuenta de que era incapaz de recordar las lecciones. Más tarde, sus padres lo confiaron a un brahmán para que estudiase las escrituras védicas bajo su tutela, pero tampoco consiguió aprender nada de lo que le enseñaba y de nuevo fue rechazado.

Los padres de Lam Chung pensaron que la vida monástica podría beneficiarlo y le dejaron en manos de su hermano mayor, Arya Lam Chen, de quien recibió la ordenación monástica. Lam Chen se responsabilizó de la educación de su hermano menor y comenzó por enseñarle un solo verso de Dharma. Durante tres meses, Lam Chung intentó aprenderlo sin éxito: si lo memorizaba por la mañana, por la tarde ya lo había olvidado, y si lo hacía por la tarde, a la mañana siguiente tampoco podía recordarlo. Intentó estudiar al aire libre, pensando que una mente fresca y clara le facilitaría el aprendizaje, pero tampoco consiguió buenos resultados. Cuando estudiaba en las montañas repitió este verso tantas veces que hasta los pastores que cuidaban de las ovejas comprendieron su significado y lo aprendieron de memoria, pero el pobre Lam Chung no hacía el menor progreso. Incluso los pastores intentaron enseñárselo, pero seguía sin poder aprenderlo. Ante los pésimos resultados de Lam Chung, su hermano Lam Chen tuvo que pedirle que se marchara del monasterio.

Lam Chung, abatido y desolado, comenzó a andar lentamente por un camino y, mientras lloraba, pensó: «Ahora no soy ni monje ni laico. ¡Soy un miserable!». Con el poder de su clarividencia, Buda presenció lo que le había ocurrido al pobre Lam Chung y acudió a su encuentro. Le preguntó por el motivo de sus lamentos y Lam Chung contestó: «Soy tan necio que no puedo memorizar ni un solo verso de las escrituras. Hasta mi propio hermano me ha dado por imposible».

Buda le dijo que no se preocupara. Con el objeto de purificar las acciones perjudiciales que había cometido en el pasado, le enseñó dos palabras de Dharma y le asignó el trabajo de barrendero del templo. Lam Chung, contento con su nueva ocupación, barría el templo con dedicación al mismo tiempo que recitaba las dos palabras que Buda le había enseñado.

Barría y barría durante horas y horas, pero debido al poder de Buda, mientras limpiaba el lado derecho del templo, más polvo se acumulaba en el izquierdo, y cuando barría el lado izquierdo, el polvo aparecía en el derecho. A pesar de todo, siguió barriendo y purificando sus faltas como Buda le había aconsejado. Así fue pasando el tiempo hasta que un buen día Lam Chung se dio cuenta de que el polvo que iba barriendo carecía de existencia propia e independiente. Esto constituyó una profunda realización espiritual, gracias a la cual logró una comprensión directa de la vacuidad, la naturaleza última de la realidad. Perseverando en esta meditación en la vacuidad, alcanzó en poco tiempo la liberación total del sufrimiento y se convirtió en un glorioso Arjat.

Buda Shakyamuni comprobó que Lam Chung había conseguido muy buenos resultados con el método de purificación que le había enseñado y decidió que mostrara en público sus nuevas cualidades. Ordenó a Ananda que anunciara en uno de los conventos cercanos que a partir de entonces su nuevo Guía Espiritual iba a ser Lam Chung. Las monjas que allí vivían contestaron con indignación: «¿Cómo podemos aceptar como abad a un monje tan estúpido que no es capaz de recordar ni un solo verso de las enseñanzas después de haberlo estudiado durante meses?». Entonces, decidieron poner en evidencia la ineptitud de Lam Chung ante una gran congregación para no tener que aceptarlo como su maestro. Divulgaron por todo el pueblo la noticia de que un monje, tan sabio como el mismo Buda, iba a impartir enseñanzas y que todo el que las escuchara alcanzaría elevadas realizaciones. Para humillarlo aún más, las monjas dispusieron un alto y ostentoso trono al que le faltaban las escaleras para subir.

Cuando llegó el día señalado, Lam Chung acudió al convento, donde se habían congregado más de cien mil personas, unas con la intención de escucharle atentamente y otras para disfrutar viéndolo hacer el ridículo. Cuando vio el gran trono sin escaleras, Lam Chung se dio cuenta de que lo habían construido así para reírse de él. Sin vacilar, estiró la mano, que se alargó tanto como la trompa de un elefante, y con ella disminuyó el tamaño del trono hasta que lo redujo al de una partícula de polvo. A continuación, devolvió el trono a su tamaño original y, ante la sorpresa de todos, levitó y se sentó sobre él. Meditó durante un tiempo, se elevó hacia el cielo, giró volando alrededor de la congregación y volvió a sentarse en el trono. Entonces, dijo: «Escuchad con atención. Durante una semana voy a enseñaros el significado de un verso de Dharma. Se trata del verso que en el pasado no pude aprender ni recordar incluso después de haberlo intentado durante tres meses».

Al cabo de los siete días, miles de sus oyentes habían alcanzado una realización directa de la vacuidad y otros lograron los estados de El que ha Entrado en la Corriente, El que Regresa Una Vez, El que Nunca Regresa y el Destructor del Enemigo. Algunos consiguieron generar la preciosa mente de bodhichita y los que acudieron para ponerlo a prueba, generaron una fe profunda en las Tres Joyas. Más tarde, el mismo Buda profetizó que, de entre todos sus discípulos, Lam Chung sería el más hábil en subyugar las mentes de los demás. Hoy día aún podemos ver a Lam Chung representado en las *thangkas* (pinturas tradicionales) budistas como uno de los dieciséis Arjats.

Este relato muestra cómo cualquier práctica de Dharma, aunque no sea convencional, si se realiza con sinceridad y una buena motivación, puede servir de antídoto para purificar las acciones perjudiciales. No obstante, ningún remedio, por muy poderoso que sea, surtirá efecto si no lo aplicamos, para lo cual hemos de reconocer que necesitamos curarnos.

Una persona gravemente enferma que piensa que no va a vivir durante mucho tiempo seguirá el consejo de su médico porque tiene miedo a la muerte. [54] Si normalmente seguimos las recomendaciones del médico cuando estamos enfermos, cuánto más importante será escuchar los consejos espirituales del más diestro de los médicos: el Buda compasivo. Su poderosa medicina del Dharma puede curar las enfermedades que hemos padecido desde tiempo sin principio: los venenos mentales del apego, el odio y la ignorancia.

Para renacer en los infiernos no es necesario acumular muchas causas: si nos enfadamos durante un solo momento con un Bodhisatva y no purificamos esta acción, pronto nos encontraremos allí. ¡Así de poderosa es la enfermedad del odio! [55] Ni el enfado ni las demás perturbaciones mentales presentes en el mundo, como el apego, los celos, el orgullo, etcétera, pueden curarse siguiendo los consejos de un médico convencional ni tomando sus medicinas. Solo el gran médico Buda y su medicina del Dharma pueden curar estas enfermedades. [56] Si no tomamos el remedio que nos ofrece, ¿dónde vamos a encontrar alivio? Es de necios e ignorantes desear liberarnos del sufrimiento del samsara sin poner esfuezo en nuestro adiestramiento espiritual, la única manera eficaz de conseguirlo.

[57] Si normalmente tenemos cuidado al andar al borde de un precipicio, cuánto más prudentes deberemos ser al acercarnos al acantilado que conduce a las profundidades de los infiernos. Este es como un foso de miles de kilómetros de profundidad en el que al caer quedamos atrapados durante mucho tiempo como resultado de las maldades que hemos cometido.

Por lo tanto, debemos purificar nuestras faltas lo antes posible. [58] Es una insensatez pensar que podemos divertirnos convencidos de que hoy no nos vamos a morir. Nadie puede decir con seguridad: «Hoy no me voy a morir». Es inevitable que un día nos convirtamos en polvo. Entonces, los demás hablarán de nosotros igual que nosotros lo hacemos de los que han fallecido.

Shantideva concluye este apartado sobre el poder de la fuerza oponente con la siguiente pregunta:

«¿Quién puede decirme: "Aunque hayas cometido malas acciones, puedo protegerte"? Nadie. Al pensar que sin lugar a dudas voy a morir y que el momento de mi muerte es incierto, ¿cómo puedo liberarme de este intenso miedo que me sobrecoge? Si es inevitable que tarde o temprano desaparezca, ¿cómo puedo relajarme y seguir divirtiéndome de este modo?». [59]

La última línea de este párrafo no significa que no debamos relajarnos y disfrutar de la vida, sino que hemos de reconocer que ahora poseemos una preciosa existencia humana y que desperdiciar el tiempo preocupándonos solo por intereses mundanos, cometiendo acciones perjudiciales de manera irresponsable, es vivir como un animal estúpido. Si deseamos llenar de significado nuestra vida, debemos aprovechar esta preciosa oportunidad y protegernos en las vidas futuras practicando el Dharma según nuestra capacidad. Para ello, hemos de purificar los efectos de nuestras malas acciones aplicando los poderes oponentes apropiados.

EL PODER DE LA PROMESA

El último de los cuatro poderes en la práctica de la confesión de las acciones perjudiciales que hemos cometido es prometer no volverlas a repetir. Si aplicamos estos cuatro poderes de manera correcta, sin lugar a dudas purificaremos todas nuestras faltas por completo.

En vidas pasadas nacimos repetidas veces en buenas familias, alcanzamos elevadas posiciones sociales, tuvimos un cuerpo atractivo y grandes riquezas, y disfrutamos de los placeres y gozos del samsara, pero como dice Shantideva:

«¿Qué nos queda ahora de esas experiencias? De todas ellas no obtuvimos ningún beneficio, carecieron de valor. Hasta el hombre más opulento ha de abandonar todas sus riquezas al morir y partir solo hacia otros mundos. Cuando muramos solo nos llevaremos el fruto de nuestras acciones. Ahora nos entregamos a los placeres mundanos y los consideramos importantes, pero en realidad son insignificantes e ilusorios. Sin embargo, seguimos apegados a ellos y, por lo tanto, no tenemos en cuenta los consejos de nuestro Guía Espiritual. Puesto que al morir he de dejar atrás este cuerpo, mis posesiones, familia y amigos, y partir solo,

¿qué sentido tiene ponerme en peligro a causa de estos objetivos transitorios?». [60-61]

Shantideva hace hincapié en lo absurdo que es esforzarnos por experimentar los placeres temporales de este mundo y señala que no solo hemos disfrutado de ellos en innumerables ocasiones en el pasado, sino que para satisfacer nuestros deseos insaciables, hemos cometido acciones que solo nos van a producir más sufrimiento en el futuro.

Tenemos muchas otras creencias erróneas respecto a nuestro bienestar. Por ejemplo, normalmente pensamos que las posesiones y riquezas que poseemos son el resultado de nuestro esfuerzo por adquirirlas, y que nosotros nos proporcionamos felicidad mientras que son los demás los que nos causan sufrimiento, pero esto es incorrecto.

Debemos comprender que todas nuestras experiencias, ya sean de felicidad o de sufrimiento, tienen dos causas: la causa sustancial, que hemos creado con anterioridad en esta vida o en una pasada, y la circunstancial, que son las condiciones necesarias que se producen en esta vida para que la causa sustancial surta su efecto. Aunque es cierto que un hombre rico puede que haya trabajado duro en esta vida para ganar dinero, este trabajo no es más que la causa circunstancial de su riqueza. La causa sustancial es la generosidad que practicó en vidas anteriores. Buda mostró que la causa principal de la felicidad de esta vida es haber practicado la virtud en el pasado, al igual que el sufrimiento es el resultado de las malas acciones que hemos cometido.

La importancia de crear las causas sustanciales apropiadas puede comprenderse con el siguiente ejemplo. Dos hermanos deciden por separado emprender un negocio y, aunque han tenido los mismos padres, recibido la misma educación, elegido la misma clase de negocio e invertido el mismo capital, uno tiene éxito y el otro no. Este es un ejemplo sencillo, pero todos conocemos otros casos parecidos. ¿Por qué estos hermanos obtienen resultados tan diferentes? Los dos crearon las causas circunstanciales necesarias para enriquecerse, pero ¿por qué terminan de manera distinta? La razón es que la causa principal del éxito, en este caso la práctica de la generosidad, solo la creó uno de ellos. Si el otro no la ha creado o esta causa permanece en su consciencia como una semilla sin madurar, no conseguirá hacerse rico por mucho que lo intente.

CONFESIÓN

La experiencia de sufrimiento también tiene una causa sustancial y otra circunstancial. Por ejemplo, el dolor de estómago que tiene una persona que padece una enfermedad digestiva también es el resultado de estas dos causas. La causa circunstancial es que no digiere bien los alimentos, pero la sustancial es una acción perjudicial que cometió en el pasado. Esta mala acción sembró en su mente la semilla para experimentar este tipo de sufrimiento en cuanto aparezca la causa circunstancial. Si no hubiera cometido aquella acción perjudicial y, por lo tanto, no existiera la causa sustancial, aunque tomase un alimento que produjera indigestión a otras personas, a él no le afectaría. Sería como el pavo real que se alimenta de plantas venenosas y, en lugar de enfermar, crece con más vigor. Estos ejemplos, aunque sean simples, sirven para ilustrar que tanto nuestro sufrimiento como nuestra felicidad son el resultado de la combinación de las causas circunstanciales de esta vida y de las sustanciales creadas en vidas pasadas.

Shantideva resume el poder de la promesa y la práctica completa de la confesión en los siguientes versos:

«Todo el sufrimiento surge de las malas acciones, y la felicidad, de la virtud. Por lo tanto, a lo largo del día y de la noche voy a encontrar la manera de abandonar las acciones perjudiciales, el origen de todo el sufrimiento.

»Debido a mi ignorancia he cometido innumerables acciones perjudiciales, he roto mis votos y realizado actividades incorrectas por naturaleza. Confieso estas malas acciones en presencia de los Budas y Bodhisatvas. Con las palmas de las manos juntas me postro una y otra vez, os ruego que me liberéis del resultado de estas acciones, y os prometo que nunca más las volveré a repetir». [62-65]

Aquí concluye la «Confesión», el capítulo segundo del libro *Tesoro de contemplación*, comentario a la *Guía de las obras del Bodhisatva*, de Shantideva.

Aceptación de la bodhichita

CÓMO ACEPTAR Y MANTENER LA VERDADERA BODHICHITA

Para que nuestra mente pueda aceptar y mantener el precioso pensamiento de bodhichita, hemos de prepararla purificando sus faltas y fertilizándola con abundantes méritos. Este proceso es parecido a la manera en que un granjero prepara la tierra para sembrarla: primero quita las piedras y las malas hierbas, y luego la riega y abona para producir una buena cosecha. Solo cuando haya completado estos preparativos tendrá la seguridad de que las semillas que siembre madurarán y producirán los frutos deseados.

En la preparación de nuestra mente para generar la preciosa bodhichita hay ciertos métodos tradicionales que debemos utilizar para purificar nuestras acciones perjudiciales y acumular méritos. Estos métodos están contenidos en la práctica de las siete ramas o miembros. Las tres primeras ramas, es decir, las postraciones, las ofrendas y la confesión, se expusieron en el capítulo segundo. Shantideva presenta ahora las otras cuatro: regocijo en la virtud, súplica a los Budas y Guías Espirituales para que giren la rueda del Dharma, ruego a los Budas y Guías Espirituales para que permanezcan junto a nosotros y dedicación.

Cada una de las siete ramas es el oponente directo contra una perturbación mental determinada, pero además producen muchos otros resultados. Rendir homenaje o hacer postraciones a las Tres Joyas contrarresta la perturbación mental del orgullo y hacerles ofrendas nos ayuda a superar la avaricia. Confesar nuestras faltas y malas acciones aplicando los cuatro poderes oponentes contrarresta los tres venenos mentales del odio, el apego y, en particular, la ignorancia. Regocijarnos de las virtudes de los demás elimina los celos, y suplicar a los Budas y Guías Espirituales que giren la rueda del Dharma nos ayuda a purificar nuestras creencias erróneas y las acciones que hemos

ACEPTACIÓN DE LA BODHICHITA

cometido contra el Dharma. Al rogar a los Budas y Guías Espirituales que permanezcan junto a nosotros eliminamos los peligros y obstáculos contra nuestra propia vida y sembramos las semillas para lograr el cuerpo indestructible de un Buda. Por último, con la dedicación de los méritos para el beneficio de todos los seres sintientes destruimos el demonio de la estimación propia.

En el presente capítulo, Shantideva explica cómo la práctica de las siete ramas, en particular las cuatro últimas, nos prepara para aceptar la mente de bodhichita y tomar el voto de mantenerla, y consta de tres apartados:

1. Las prácticas preparatorias para acumular méritos.
2. Aceptación de la bodhichita.
3. Conclusión.

LAS PRÁCTICAS PREPARATORIAS PARA ACUMULAR MÉRITOS

Como se indicó con anterioridad, en este apartado se describen las cuatro últimas prácticas preparatorias, pero además se añade una sección dedicada al adiestramiento de la mente en la práctica de la generosidad. Por lo tanto, consta de las cinco partes siguientes:

1. Regocijo en la virtud.
2. Súplica a los Budas y Guías Espirituales para que giren la rueda del Dharma.
3. Ruego a los Budas y Guías Espirituales para que permanezcan junto a nosotros.
4. Dedicación.
5. Adiestramiento de la mente en la práctica de la generosidad.

REGOCIJO EN LA VIRTUD

El regocijo es una mente feliz, libre de celos y orgullo, que se alegra de las virtudes de los demás o incluso de las propias. Al regocijarnos de nuestras virtudes acumulamos gran cantidad de méritos, pero al hacerlo en las de los demás, los incrementamos de manera extraordinaria. Se dice que regocijarse es una de las prácticas principales del Bodhisatva y, aunque nuestro regocijo no sea tan profundo como el de un ser tan elevado, podemos generarlo de manera similar. Esta práctica es muy extensa y eficaz para subyugar al elefante salvaje de nuestra mente. En realidad, podríamos dedicar toda nuestra vida a ella. Los celos son lo opuesto al regocijo. Por lo general, el objeto de los celos es alguien con mayor fortuna o inteligencia que nosotros. Mientras que la mente de regocijo nos proporciona felicidad y otros beneficios, los celos solo nos perjudican. Si nos alegramos con sinceridad de las virtudes de los demás, recibiremos dos beneficios principales: sembraremos las semillas para adquirir sus mismas cualidades y eliminaremos el veneno mental de los celos. Este logro es muy importante y necesario, pues los celos no solo destruyen nuestras virtudes y nos causan sufrimiento, sino que además nos impiden generar la mente de bodhichita.

Cuando nos regocijamos de la felicidad y el bienestar de los demás, creamos la causa para disfrutar nosotros también de experiencias similares. Por el contrario, si sentimos celos, no solo sufriremos en esos momentos, sino también en el futuro. ¡Qué maravilloso sería liberarnos de esta venenosa mente para siempre! Carece de toda cualidad y es la responsable de la mayoría de los conflictos y disputas que suceden en el mundo. A menudo, los celos son la causa no solo de las pequeñas peleas domésticas entre vecinos, sino también de las grandes guerras entre naciones.

¿Cómo podemos eliminar los celos? Al igual que ocurre con las demás perturbaciones mentales, la solución definitiva es comprender que su raíz es nuestra mente ignorante de aferramiento propio. Solo con la realización de la vacuidad, la comprensión directa de que todos los fenómenos carecen de existencia inherente o propia, lograremos erradicar la raíz de la ignorancia. Sin embargo, antes de poder aplicar la solución última, debemos utilizar los oponentes temporales que se presentan en las enseñanzas de Dharma. Así pues, del mismo modo que contrarrestamos el odio adiestrándonos en las virtudes del amor y la paciencia, y reducimos el apego contemplando las características repulsivas de los objetos de deseo, también podemos eliminar los celos regocijándonos de las virtudes de los demás. Si debilitamos nuestras perturbaciones mentales y finalmente las eliminamos, conseguiremos liberarnos por completo del sufrimiento.

La persona que se libera del sufrimiento recibe el nombre de *Arjat* en sánscrito. Sin embargo, aunque ha eliminado las perturbaciones mentales, sus impresiones aún permanecen grabadas

ACEPTACIÓN DE LA BODHICHITA

en su mente. Estas se denominan *obstrucciones a la omnisciencia* porque impiden que la mente perciba de manera ininterrumpida la verdadera naturaleza de todos los fenómenos. Con el desarrollo de la bodhichita y la práctica de las enseñanzas mahayanas, lograremos erradicar incluso las obstrucciones sutiles a la omnisciencia y nos convertiremos en un Buda, un ser totalmente despierto o iluminado. Eliminar las perturbaciones mentales es similar a vaciar una caja de almizcle, y suprimir las impresiones que nos impiden alcanzar la iluminación, a eliminar el olor que queda en ella.

El camino que nos conduce al logro de la iluminación consiste en desarrollar de manera gradual nuestras cualidades mentales; con cada paso que avanzamos en nuestro adiestramiento espiritual, nos acercamos un poco más a nuestra meta. De todas las prácticas de Dharma, la más sencilla y eficaz es regocijarnos de las virtudes de los demás. Como el gran meditador Gungtang Yhampel dijo: «Si deseas acumular méritos en abundancia, regocíjate de las virtudes de los demás en todo momento, incluso cuando estés descansando». Cuando el rey Prasenayhit preguntó a Buda Shakyamuni qué práctica espiritual podía realizar sin tener que abandonar a su familia o su reinado, le contestó que se regocijara de sus virtudes y de las de los demás, que cultivase la mente de bodhichita y dedicase sus méritos. Incluso la persona que está muy ocupada con asuntos mundanos puede realizar estas tres prácticas en cualquier momento y acumular abundantes méritos.

La habilidad para regocijarse con sinceridad de las acciones virtuosas propias y ajenas se basa en nuestro conocimiento de los resultados favorables de estas acciones. Cuanto mejor comprendamos que una determinada práctica nos va a proporcionar felicidad, mayor será nuestro regocijo. En su *Guía de las obras del Bodhisatva*, Shantideva señala que podemos regocijarnos de las acciones virtuosas que son la causa para obtener los siguientes logros: un renacimiento afortunado como un ser humano o un dios, la liberación completa del sufrimiento o el estado de un Buda. El primero, disfrutar de felicidad en vidas futuras, es una consecuencia temporal del adiestramiento espiritual y por ello se denomina *resultado temporal*. El resultado último de este adiestramiento se conoce como el *bienestar definitivo* y comprende el logro de la liberación personal, para el practicante que se preocupa por su propio bienestar, y el de la iluminación total, para el que desea el bienestar de los demás. Estos tres estados de realización se caracterizan por niveles cada vez más profundos de felicidad y paz, y son, por lo tanto, objetos apropiados de nuestro regocijo.

[1] Shantideva comienza este apartado regocijándose de las causas y efectos virtuosos de los estados de existencia afortunados. Las causas para renacer en uno de estos reinos, como el de un ser humano o un dios, son practicar la disciplina moral, la generosidad y la oración. Si practicamos la generosidad de manera altruista, mantenemos una disciplina moral pura, cultivamos la paciencia, hacemos oraciones apropiadas, etcétera, evitaremos renacer en uno de los tres reinos de existencia inferiores y obtendremos un renacimiento superior. Además, si nos alegramos cuando los demás realizan estas prácticas puras, acumularemos abundantes méritos y obtendremos mayores beneficios.

Se cuenta el relato del rey Prasenayhit, que invitó a Buda y a su séquito a un gran banquete en su palacio. Un vagabundo que estaba en la puerta se regocijó de la generosidad del rey y se lamentó de no poder realizar esta clase de acciones virtuosas, puesto que carecía de recursos. Al finalizar el banquete, Buda, que podía leer la mente de los presentes, no dedicó los méritos al anfitrión como era la costumbre, sino al vagabundo. El rey, sorprendido, le preguntó cuál era el motivo de su acción, y Buda contestó: «En esta ocasión, el vagabundo ha sido más virtuoso que tú. El orgullo y el deseo de mejorar tu reputación han contaminado tu acto de generosidad, mientras que el vagabundo se regocijó de forma pura y sincera, y por ello le he dedicado los méritos a él».

[2] A continuación, Shantideva se regocija de las enseñanzas que liberan a los seres sintientes de los sufrimientos del samsara y los conducen a la paz y a la dicha de la liberación. Hay numerosos caminos que conducen al logro de la liberación, pero todos están incluidos en los tres adiestramientos superiores de la disciplina moral, la concentración y la sabiduría. La disciplina moral ordinaria, es decir, el abandono de las diez acciones perjudiciales, puede conducirnos a un renacimiento como el de un ser humano o un dios, pero esto no es suficiente para alcanzar el logro de la liberación, puesto que para ello debemos practicar la

ACEPTACIÓN DE LA BODHICHITA

disciplina moral de la renuncia, cultivando el deseo de liberarnos de todo el samsara. Cuando la disciplina moral está motivada por el pensamiento de renuncia, se convierte en lo que se llama *disciplina moral superior*. De igual manera, si las prácticas de la concentración y la visión de la verdadera naturaleza de la realidad están basadas en la mente de renuncia, se convierten en los adiestramientos superiores de la concentración y la sabiduría, respectivamente. Cuando estos tres adiestramientos superiores se completan, el practicante alcanza la liberación.

Después de regocijarse de las causas de los renacimientos superiores y la liberación, Shantideva lo hace de las que nos conducen a la iluminación total o Budeidad:

«Me regocijo de la gran iluminación de los Budas y de su causa, los diez planos espirituales del camino del Bodhisatva. Con alegría me regocijo de las virtudes que se obtienen al cultivar la bodhichita, la mente del Bodhisatva que desea que todos los seres sean felices y los beneficia según su capacidad e inclinaciones». [3-4]

Si nos regocijamos de las virtudes de los demás y rezamos con sinceridad para poder practicarlas del mismo modo, recibiremos grandes beneficios. Reconociendo que los Bodhisatvas ayudan de manera incomparable a los seres sintientes, si nos alegramos de sus méritos y rezamos con fervor para poder llegar a ser como ellos, sin lugar a dudas lo conseguiremos. Esto será el resultado natural de las causas que hemos creado, es decir, de la práctica del regocijo y de nuestras oraciones.

¿Cuáles son las causas virtuosas y los efectos de la gran iluminación? Como ya se ha mencionado, la causa principal es la preciosa mente de bodhichita. La persona que genera esta mente se convierte en un Bodhisatva y entra en el primero de los cinco caminos mahayanas: el camino de la acumulación. Gracias al poder de su concentración convergente, el Bodhisatva medita en la visión profunda de la vacuidad, y cuando alcanza la visión superior que la observa, entra en el segundo camino mahayana, el de la preparación. Entonces, continúa meditando en la vacuidad hasta que alcanza una realización directa y, como resultado de este gran logro, se convierte en un Bodhisatva Superior y entra en el camino de la visión y en el primero de los diez planos del Bodhisatva Superior.

En el tercer camino, el de la visión, el Bodhisatva abandona el aferramiento propio adquirido intelectualmente. No obstante, todavía tiene que eliminar el aferramiento propio innato, que consta de nueve grados, desde el mayor del mayor hasta el menor del menor. El Bodhisatva Superior sigue familiarizando su mente con la meditación en la vacuidad y de este modo abandona estas formas innatas de aferramiento propio, desde la más burda hasta la más sutil, y va avanzando a lo largo de las diversas fases del cuarto camino, el de la meditación. Cuando alcanza el octavo plano espiritual del cuarto camino mahayana, el Bodhisatva Superior ha abandonado todas las perturbaciones mentales. Sin embargo, sus impresiones, las obstrucciones al conocimiento, aún permanecen grabadas en su mente, pero las elimina en los planos espirituales octavo, noveno y décimo en una meditación continua en la vacuidad. Cuando, finalmente, logra eliminar todo rastro de las impresiones de las perturbaciones mentales, el Bodhisatva Superior entra en el quinto camino, el estado de la iluminación total y perfecta, y se convierte en un Buda.

Es conveniente conocer al menos esta breve descripción del camino del Bodhisatva para poder regocijarnos de las causas y los efectos de su práctica. Cuanto más profunda sea nuestra comprensión del camino espiritual del Bodhisatva, mejor podremos regocijarnos de sus realizaciones, y al hacerlo sembraremos las semillas para poder recorrer nosotros mismos estos planos y finalmente alcanzar la iluminación total o Budeidad.

SÚPLICA A LOS BUDAS Y GUÍAS ESPIRITUALES
PARA QUE GIREN LA RUEDA DEL DHARMA

A continuación, Shantideva reza como sigue:

«Con las palmas de las manos juntas en señal de respeto y devoción, ruego a los Budas que residen en todas las direcciones que me escuchéis. Por el beneficio de todos los seres sintientes que sufren sin cesar en la oscuridad de la ignorancia, encended, por favor, la lámpara del Dharma». [5]

Suplicar a los Budas que giren la rueda del Dharma o, como dice Shantideva, enciendan la lámpara del Dharma, es una práctica muy importante. Si lo hacemos durante toda la vida, y

ACEPTACIÓN DE LA BODHICHITA

también al morir, sembraremos poderosas semillas en nuestra consciencia que serán la causa de que nos encontremos con un ser iluminado en el futuro y recibamos sus enseñanzas. Incluso si no llegamos a conocer a un verdadero Buda, tendremos la buena fortuna de encontrar un buen maestro mahayana que nos muestre el camino hacia la iluminación.

Aunque ahora no nos aferremos a las creencias erróneas, las impresiones de haberlo hecho en el pasado son tan intensas que interfieren sin cesar en nuestra práctica. Puede que aceptemos las enseñanzas hasta cierto punto, pero seguimos teniendo dudas acerca de la existencia de vidas pasadas y futuras, de los reinos inferiores o incluso de la Budeidad. Cuando intentamos meditar en temas como las cuatro nobles verdades, los doce vínculos de relación dependiente o la visión profunda de la vacuidad, nuestra mente queda sumida en la confusión. ¿Quién puede disipar esta oscuridad? Solo el Guía Espiritual que enciende la lámpara del Dharma puede disipar de nuestra mente la oscuridad de la ignorancia. Por lo tanto, debemos suplicar a todos los Budas y Guías Espirituales que enciendan la lámpara del Dharma por el beneficio de todos lo seres que, como nosotros, siguen vagando cegados por la ignorancia.

RUEGO A LOS BUDAS Y GUÍAS ESPIRITUALES PARA QUE PERMANEZCAN JUNTO A NOSOTROS

«Con las palmas de las manos juntas en señal de respeto y devoción, ruego a los Budas que desean fallecer y entrar en el *paranirvana* que permanezcan durante incontables eones por el beneficio de los seres sintientes que vagan aturdidos como hombres ciegos sin guía.» [6]

El Cuerpo de la Verdad de un Buda no muere porque está libre del ciclo de muertes y renacimientos. Entonces, ¿por qué debemos rogar a los seres iluminados que no fallezcan? Para comprenderlo, debemos conocer qué son los cuatro cuerpos de un Buda.

Cuando eliminamos todas las perturbaciones mentales, así como sus impresiones, y desarrollamos todas las cualidades virtuosas, logramos el estado totalmente puro de la Budeidad y alcanzamos los cuatro cuerpos de un Buda: el Cuerpo de la Sabiduría de la Verdad, el Cuerpo de Entidad [o de la Naturaleza], el Cuerpo de Deleite y el Cuerpo de Emanación. El Cuerpo de la Sabiduría de la Verdad y el de Entidad son la mente omnisciente de un Buda y su vacuidad, respectivamente, y juntos se conocen como el *Cuerpo de la Verdad* (sáns. *Dharmakaya*). Tanto este como el Cuerpo completamente purificado de la Forma o el Cuerpo de completo Deleite (sáns. *Sambhogakaya*) son indestructibles, y por ello constituyen lo que se conoce como el *cuerpo vajra*. Solo los Budas pueden percibir el Dharmakaya, y únicamente ellos y los Bodhisatvas Superiores pueden ver el Sambhogakaya. Por lo tanto, para poder beneficiar a los seres sintientes ordinarios, los Budas manifiestan diversas emanaciones (sáns. *Nirmanakaya*). El objetivo de emanar estos cuerpos es beneficiar a los demás y por ello adquieren estas formas. Por ejemplo, para beneficiar a los seres humanos, un Buda puede manifestarse como uno de ellos, y si fuera beneficioso, también puede hacerlo como un dios, un animal o incluso un objeto inanimado. Los Budas pueden manifestarse de cualquier forma si con ello pueden ayudar a los seres sintientes. Esta clase de Cuerpo de Emanación, que no parece ser distinto de nuestro propio cuerpo, es el que aparentemente fallece cuando un Buda pasa al paranirvana, y puesto que es el único con el que podemos relacionarnos de momento, la práctica de rogar a los Budas que permanezcan junto a nosotros durante incontables eones hasta que alcancemos la iluminación es muy importante.

DEDICACIÓN

La dedicación es una oración que se recita al final de cada práctica espiritual o acción virtuosa para dirigir los méritos o energía virtuosa que acumulamos hacia un determinado objetivo. Estos méritos son como un caballo que nos lleva en la dirección que determine nuestra dedicación. Si dedicamos los méritos de una acción virtuosa para renacer como un ser humano o un dios, se convertirá en la causa para obtener estos renacimientos. De igual manera, si dedicamos nuestra práctica de la bodhichita o realización de la vacuidad para el logro de la liberación o la iluminación, estos serán los frutos que obtendremos. En el presente capítulo, los méritos acumulados con la práctica de las seis primeras ramas se dedican para beneficiar a todos los seres sintientes.

ACEPTACIÓN DE LA BODHICHITA

Cuando practicamos según la tradición mahayana, debemos acordarnos de dedicar los méritos para generar la mente de bodhichita. Este es el propósito de la oración de bodhichita que se mencionó anteriormente, con la que rogamos que esta mente surja en quienes aún no haya nacido y en quienes ha nacido que no degenere, sino que aumente sin cesar.

Cuando realicemos cualquier acción virtuosa, hay dos cosas importantes que debemos recordar, una al principio y otra al final. Si queremos que sea pura y eficaz, debemos asegurarnos de que nuestra motivación al comenzarla sea correcta y no esté contaminada por pensamientos egoístas. Al finalizar, debemos dedicar los méritos para obtener la meta que deseemos alcanzar. Cuando vayamos a meditar o hagamos un retiro, hemos de estar motivados al menos por la renuncia. La motivación pura nos impide utilizar nuestra práctica espiritual para lograr objetivos mundanos. Por último, al finalizar la sesión, debemos dedicar los méritos acumulados para alcanzar la iluminación y poder así beneficiar a los demás. Sin una buena motivación, nuestra meditación no será una práctica de Dharma pura, y sin dedicar los méritos correctamente, no lograremos el objetivo deseado.

Si deseamos con sinceridad generar la bodhichita y dirigimos nuestra motivación y dedicación para lograr este fin, cualquier acción que realicemos, como ofrecer flores o incienso a la imagen visualizada de un Buda, producirá grandes resultados y nos ayudará a generar con rapidez esta preciosa mente. Gracias a nuestras oraciones y las bendiciones de los Budas, sin lugar a dudas lograremos generar la bodhichita, conseguiremos una poderosa concentración y alcanzaremos una realización directa de la vacuidad.

Si no dedicamos los méritos de nuestras acciones virtuosas, tendremos numerosos obstáculos. Sería como dejar abierta la caja de nuestros méritos, invitando a que el ladrón del odio nos los robe. No obstante, si dedicamos los méritos de cualquier acción virtuosa para el logro de la bodhichita, el odio no podrá destruirlos. Por lo tanto, es muy importante concluir todas las acciones, en particular nuestras prácticas espirituales, con una dedicación sincera.

En la *Guía de las obras del Bodhisatva*, Shantideva menciona cuatro clases de dedicación:

1. Dedicación general.
2. Dedicación para los enfermos.
3. Dedicación para eliminar el hambre y la sed.
4. Dedicación para colmar los deseos de los seres sintientes.

DEDICACIÓN GENERAL

«Que gracias a los méritos que he acumulado con mis postraciones, ofrendas y confesiones, cese el sufrimiento de todos los seres sintientes.» [7]

DEDICACIÓN PARA LOS ENFERMOS

«Que me convierta en el médico, la medicina y las enfermeras de todos lo seres sintientes que habitan el universo hasta que desaparezcan por completo las enfermedades.» [8]

Debemos rezar para tener la oportunidad de ofrecer a los enfermos lo que necesiten. Los Bodhisatvas avanzados, gracias a sus oraciones y su intensa concentración, pueden incluso manifestar medicinas. Aunque de momento carezcamos de estos poderes, debemos dedicar nuestros méritos para poder beneficiar a los demás tanto como nos sea posible. Para que nuestras oraciones sean profundas y eficaces, debemos contemplar los dolores y sufrimientos de los enfermos. Entonces, pensamos en las personas hospitalizadas, en los enfermos que están solos, en los que mueren sin tener amigos que cuiden de ellos y en los que lloran desconsolados. Con profunda compasión por todos ellos, rezamos para convertirnos en sus médicos, medicinas y enfermeras.

DEDICACIÓN PARA ELIMINAR EL HAMBRE Y LA SED

«Que una lluvia de alimentos y bebidas calme el sufrimiento de los que padecen de hambre y sed. Que me convierta en alimento y bebida para todos los seres durante el eón de hambre severa.» [9]

Si dedicamos los méritos de este modo, crearemos la causa para convertirnos en el futuro en benefactores de todos los seres sintientes. De momento, el hambre y la sed que padecen

ACEPTACIÓN DE LA BODHICHITA

los seres de este mundo son insignificantes en comparación con los que experimentarán en el futuro, cuando se extiendan por todo el universo. Después de ese desafortunado eón, vendrá una época de guerras, peleas y muertes, y cuando esta termine, un fuego insaciable consumirá el universo hasta que desaparezca por completo. Renacer como ser humano durante el eón de hambre severa será como hacerlo en el reino de los espíritus ávidos, y los que lo hagan en las siguientes eras de destrucción sufrirán como en los infiernos. Por lo tanto, para ayudar tanto a los que sufren ahora como a los que lo harán en el futuro, debemos rezar como lo hace Shantideva.

DEDICACIÓN PARA COLMAR LOS DESEOS DE LOS SERES SINTIENTES

Al igual que una madre, con todo su amor y compasión por sus hijos, reza siempre por su bienestar, éxito y prosperidad, nosotros también debemos hacerlo para convertirnos en todo aquello que los seres sintientes necesiten:

«Que me convierta en un tesoro inagotable para los pobres y destituidos. Según las necesidades de los seres sintientes, que me transforme en todo lo que deseen y esté siempre a su disposición». [10]

De este modo concluyen las cuatro primeras de las cinco prácticas preparatorias para acumular méritos. A continuación, se presenta el adiestramiento en la extensa práctica de la generosidad altruista.

ADIESTRAMIENTO DE LA MENTE EN LA PRÁCTICA DE LA GENEROSIDAD

Shantideva dice:

«Sin sentido de pérdida daré mi cuerpo, posesiones y virtudes del pasado, presente y futuro por el beneficio de todos los seres sintientes». [11]

De momento no somos capaces de hacer esta clase de promesas, pero si nos adiestramos bien, podremos practicar la generosidad de este modo en el futuro. Si logramos destruir el apego que tenemos a nuestro cuerpo y posesiones reconociendo que carecen de esencia y meditando en sus faltas, y pensamos en los beneficios de practicar la generosidad, llegará un momento en que podremos realizar obras semejantes a las de los Bodhisatvas. Cuando lo consigamos, será como lo describe Shantideva:

«Trascenderé el dolor y obtendré el cuerpo y las cualidades supremas de un Buda». [12ab]

Es importante adiestrarnos mentalmente en dar nuestro cuerpo y posesiones, porque, [12cd] como dice Shantideva a continuación, al morir no nos quedará más remedio que abandonar nuestras pertenencias. Si a lo largo de esta vida nos aferramos con intensidad a nuestro cuerpo y posesiones, padeceremos tremendos sufrimientos y sembraremos las semillas para renacer en los reinos inferiores. Por lo tanto, antes de que la muerte nos despoje de todo, es mejor que nos familiaricemos con la idea de ofrecer nuestro cuerpo y posesiones a los demás, ya que es la mejor manera de darles un sentido.

¿Qué significa dar nuestro cuerpo a los demás? Algunos seres elevados que se han adiestrado en superar el apego y la estimación propia, y que han meditado en la gran compasión y en la profunda visión de la vacuidad, son capaces de ofrecer su cuerpo a los demás si fuera necesario. Realizan esta práctica sin ningún sentimiento de pérdida y pueden considerar su cuerpo como un objeto insignificante. No obstante, a nosotros nos resultaría muy difícil practicar del mismo modo. Mientras nos domine la estimación propia, no sería propicio sacrificar algo tan valioso como nuestro cuerpo; en realidad, sería un error hacerlo a menos que fuera absolutamente necesario. Sin embargo, es importante que nos regocijemos de las acciones de los Bodhisatvas, que son capaces de dar su cuerpo y posesiones a los demás, y rezar para que algún día nosotros también podamos hacerlo.

En los últimos capítulos del *Sutra de la perfección de la sabiduría* (sáns. *Prajnaparamitasutra*), Buda Shakyamuni relata la historia del Bodhisatva Sadaprarudita, que perfeccionó la práctica altruista de la generosidad como parte de su camino espiritual. Sadaprarudita era un practicante sincero que, como un hombre sediento en busca de agua, deseaba encontrar a un maestro que le mostrara la visión profunda de la vacuidad. Un día oyó una voz procedente del cielo que le aconsejó viajar hacia el este, donde vivía el Bodhisatva Dharmodgata, el gran maestro que

ACEPTACIÓN DE LA BODHICHITA

buscaba. Sadaprarudita se llenó de alegría al pensar que pronto recibiría enseñanzas. En señal de devoción y respeto, pensó en presentar a Dharmodgata una ofrenda de oro y plata, pero era tan pobre que ni siquiera tenía recursos para comprar un pequeño regalo.

Entonces, se le ocurrió la siguiente idea: «El único objeto de valor que poseo es mi cuerpo. Si lo vendo, podré comprar espléndidas ofrendas para mi maestro». A continuación, se fue a la aldea más cercana, se puso en medio de la calle y gritó: «Se vende un cuerpo humano. ¿Quién quiere comprar mi cuerpo? Se lo vendo a quien lo desee», pero a pesar de sus reiterados llamamientos, nadie le prestaba atención. Desalentado y entristecido porque no conseguía reunir dinero para comprar las ofrendas, se sentó en el suelo y comenzó a llorar.

Desde los reinos celestiales, el gran Señor Indra, el dios supremo, contempló lo que ocurría y decidió poner a prueba al joven Bodhisatva. Indra se manifestó como un brahmán de casta alta y le preguntó por el motivo de sus lamentos. Cuando el Bodhisatva le explicó para qué quería el dinero, el brahmán le dijo: «Por lo general, no utilizo sangre ni carne humana para mis ofrendas, pero precisamente hoy voy a realizar un sacrificio especial y necesito ciertos ingredientes. Puedo pagarte bien por tu carne». Sadaprarudita, contento de haber encontrado por fin a alguien que quisiese comprar su cuerpo, comenzó a cortar pedazos de carne de su muslo derecho y luego cogió una piedra para romper los huesos de su pierna.

La hija de un mercader, que vivía en los alrededores, presenció desde su casa esta asombrosa escena y salió rápidamente a la calle para preguntarle a Sadaprarudita por qué se mutilaba de manera tan cruel. El Bodhisatva le dijo que estaba vendiendo su carne para hacer ofrendas al gran Bodhisatva Dharmodgata con el fin de que le impartiese enseñanzas acerca de la perfección de la sabiduría. «¿Son tantos los beneficios de escuchar esas enseñanzas que estás dispuesto a despedazar tu cuerpo por ello?», preguntó la hija del mercader, y Sadaprarudita le contestó que meditando en las enseñanzas sobre la vacuidad se puede alcanzar la gran iluminación de la Budeidad. La muchacha le preguntó qué era la Budeidad, y tras escuchar su discurso sobre las excelentes cualidades de un Buda, generó una fe sincera en las Tres Joyas: Buda, el Dharma y la Sangha. Le imploró a Sadaprarudita que no se infligiera más daño, y le dijo: «Mi padre es muy rico y te puede dar el dinero que necesitas para comprar una hermosa ofrenda para Dharmodgata».

Al comprobar que el Bodhisatva estaba dispuesto a hacer estos sacrificios y tras escuchar la conversación que mantuvo con la muchacha, Indra recuperó su apariencia y dijo: «Todos los Budas del pasado alcanzaron la iluminación gracias a que adiestraron su mente y practicaron con tanto esfuerzo como tú. Es alentador ver que por amor al Dharma estás dispuesto a sacrificar tu cuerpo. Dime si hay algo en el universo que pueda ofrecerte». El Bodhisatva respondió: «Lo único que deseo es conocer el camino que conduce a la iluminación», pero Indra le dijo que solo un Buda podía complacer su petición. Entonces, el Bodhisatva rezó como sigue: «Si he realizado esta ofrenda con sinceridad por amor al Dharma, que por el poder de esta acción virtuosa mi cuerpo se recupere por completo». Al recitar esta oración, su cuerpo se regeneró de manera instantánea.

A continuación, la muchacha condujo al Bodhisatva a su casa y le pidió a su padre que le diera oro y plata para ofrecer a su maestro. Cuando el mercader escuchó el relato de Sadaprarudita, sintió una gran devoción y le ofreció quinientas carretas llenas de oro, plata y deliciosos manjares. Entonces, el Bodhisatva y la muchacha, junto con un séquito de quinientos sirvientes, se fueron a visitar al gran maestro Dharmodgata. Cuando llegaron, le presentaron sus ofrendas y este les impartió enseñanzas sobre la perfección de la sabiduría. Tras escucharlas, Sadaprarudita alcanzó una realización directa de la vacuidad.

A continuación, Dharmodgata entró en una concentración convergente en la que permaneció absorto durante siete años. Durante este tiempo, Sadaprarudita no pensaba en comer ni en beber, solo esperaba con paciencia para poder recibir más enseñanzas. Cuando por fin Dharmodgata emergió de su profunda meditación, Sadaprarudita le rogó que le diera instrucciones detalladas sobre la vacuidad, y comenzó a preparar un lugar adecuado para hacer ofrendas, pero había mucho polvo y no encontraba agua para limpiarlo. Sin desanimarse, el Bodhisatva se hizo un corte y derramó su propia sangre para limpiar el polvo, y lo mismo hicieron la muchacha y los quinientos sirvientes. Su sangre se transformó en agua perfumada con sándalo e Indra apareció y les ofreció flores celestiales para que las esparcieran

ACEPTACIÓN DE LA BODHICHITA

por el suelo. Sadaprarudita construyó un gran trono con un hermoso dosel y decoró el lugar con joyas, objetos religiosos y ornamentos preciosos.

Al día siguiente, Dharmodgata impartió enseñanzas sobre la perfección de la sabiduría a miles de personas. Durante el discurso se produjo un temblor de tierra, cayó una lluvia de flores y ocurrieron otros acontecimientos extraordinarios. La muchacha y los quinientos sirvientes meditaron en la vacuidad de manera convergente y, como resultado, lograron elevadas realizaciones del camino mahayana, y Sadaprarudita alcanzó el octavo de los diez planos espirituales del Bodhisatva. Sadaprarudita voló hacia donde estaba su maestro y le preguntó por el significado de estos milagros. Dharmodgata contestó que eran buenos augurios de los beneficios que habían recibido al escuchar estas preciosas enseñanzas. Gracias a la súplica de Sadaprarudita y a las instrucciones de Dharmodgata, miles de personas comprendieron la visión correcta de la vacuidad y generaron la preciosa mente de bodhichita.

Este relato ilustra el poder que tienen los Bodhisatvas elevados de ofrecer su cuerpo por el beneficio de los demás. Como dice Shantideva:

«Si doy mi cuerpo sin sentimiento de pérdida, no debe importarme lo que hagan con él los seres sintientes. Puesto que he ofrecido mi cuerpo a los demás para que lo disfruten, dejemos que jueguen con él, lo pongan en ridículo, lo maltraten o incluso lo despedacen si lo desean. Puesto que lo he ofrecido, ¿qué sentido tiene que me siga aferrando a él?». [13-14]

Buda Shakyamuni dijo que si alcanzamos la realización de la vacuidad –que todos los fenómenos carecen de existencia propia, verdadera e independiente–, nos resultará fácil ofrecer nuestro cuerpo, y aún más nuestras posesiones. Shantideva continúa como sigue:

«Doy mi cuerpo a los seres sintientes sin perjudicar a nadie ni causar daño alguno, solo para practicar la virtud. Que siempre que me encuentre con alguien pueda beneficiarlo, y tanto si me odia como si tiene fe en mí, se cumplan todos sus deseos». [15-16]

De momento, no podemos tener la misma opinión de un amigo que de un enemigo. Si alguien nos perjudica, nos enfadamos, y si nos alaba, nos alegramos, pero el Bodhisatva no se conmueve ni por alabanzas ni por insultos. Si se sentase entre dos personas y una de ellas lo mutilase con un cuchillo mientras que la otra le ungiese el cuerpo con perfume, el Bodhisatva sentiría el mismo amor y compasión por las dos.

Shantideva continúa sus oraciones para beneficiar a los demás del siguiente modo:

«Sin importar si los demás me dañan físicamente o me insultan, que todas sus acciones se conviertan en la causa de su iluminación.

»Que en todas mis vidas sea el protector de los que necesitan amparo. Que sirva de guía a los que viajan, que me convierta en un barco o en un puente para los que deseen cruzar las aguas. Que me transforme en una isla para los que están en peligro y en una lámpara para los que viajan en la oscuridad. Que sea morada y lecho para los que necesiten descansar y un esclavo para quienes lo deseen.

»Que me convierta en la gema que colma todos los deseos, en una vasija de la buena fortuna, en poderosos mantras y en medicinas curativas. Que durante todas mis vidas me transforme en el árbol y la vaca inagotable que colman todos los deseos.

»Al igual que los elementos tierra, agua, etcétera, mantienen la vida de los seres sintientes, que yo también sirva de base y sustento para todos. Que me convierta en aquello que beneficie a los seres sintientes de todos los reinos que llegan hasta los confines del espacio hasta que alcancen la insuperable iluminación». [17-22]

¿Por qué debemos rezar de este modo? Si deseamos generar la preciosa mente de bodhichita, hemos de tener buenas intenciones hacia todos los seres sintientes. Para conseguirlo, debemos contemplar las circunstancias en que se encuentran, y cuando veamos a un ser que está sufriendo, pensar: «¿Qué puedo hacer para mejorar su situación y hacerlo feliz?». Debemos adiestrar nuestra mente para pensar siempre de este modo.

De momento no podemos ayudar de manera ilimitada a todos los seres, pero si dedicamos nuestros méritos para beneficiarlos, como se ha mencionado con anterioridad, sembraremos las semillas para lograr esta meta altruista en el futuro. Si dedicamos los méritos, rogamos a nuestro Guía Espiritual por aquellos que no han encontrado a un buen maestro o rezamos para convertirnos en benefactores de los pobres y necesitados, sin lugar a dudas se cumplirán nuestros deseos.

En esta ocasión hemos nacido como un ser humano y tenemos la preciosa oportunidad de seguir un camino espiritual. Si no lo hacemos y continuamos teniendo pensamientos egoístas, no seremos mejores que un animal. Incluso los pájaros e insectos se desplazan de un lugar a otro buscando bienestar y aliviar su sufrimiento. Si deseamos llenar nuestra vida de significado, debemos superar el egoísmo. Las enseñanzas de Shantideva sobre el adiestramiento de la mente son un poderoso método para conseguirlo.

ACEPTACIÓN DE LA BODHICHITA

En el capítulo primero se expuso el método de las siete causas y efecto para generar la preciosa mente de bodhichita, y también los ocho preceptos de la bodhichita aspirante. Cuando hayamos preparado nuestra mente para practicar las seis perfecciones que nos conducen a la iluminación, podremos tomar los votos del Bodhisatva. El propósito de tomar estos votos es cumplir con la aspiración del Bodhisatva, es decir, alcanzar la iluminación por el beneficio de los maternales seres sintientes. Sin embargo, no basta con desearlo, debemos tomar los votos apropiados y adiestrarnos en ciertas prácticas espirituales.

Cuando comprendamos el compromiso que supone tomar los votos del Bodhisatva y nos sintamos capaces de mantenerlos, podremos emprender el camino del Bodhisatva. En esto consiste aceptar por completo la mente de bodhichita.

La ceremonia para tomar los votos del Bodhisatva se realiza de la siguiente manera. Si vamos a recibirlos de nuestro Guía Espiritual, primero debemos presentar hermosas y abundantes ofrendas y preparar el lugar donde se vaya a celebrar el ritual. Cuando llegue nuestro maestro, recitamos la oración de las siete ramas, que resume las siete prácticas preliminares mencionadas, y ofrecemos un mandala presentando los objetos más preciosos del universo para generar la mente de bodhichita.

Tras haber realizado estos preparativos, rogamos a nuestro Guía Espiritual que nos conceda los votos del Bodhisatva.

Comenzamos con la siguiente súplica: «¡Oh, Preceptor!, por favor, escúchame» (si la ceremonia se realiza en presencia de los Budas y Bodhisatvas visualizados, lo hacemos como sigue: «¡Oh, Budas y Bodhisatvas!, por favor, escuchad lo que os voy a decir»), y continuamos con la recitación de los siguientes versos de la *Guía de las obras del Bodhisatva*, de Shantideva:

«Al igual que los Sugatas del pasado generaron la mente de la iluminación y realizaron todas las etapas del adiestramiento del Bodhisatva, del mismo modo, por el beneficio de todos los seres, voy a generar la mente de la iluminación y a realizar todas las etapas del adiestramiento del Bodhisatva». [23-24]

Recitamos estos versos tres veces y en la última recitación recibimos la ordenación del Bodhisatva.

¿Qué significan estos versos? Todos los Budas del pasado alcanzaron su estado excelso adiestrándose en las prácticas del Bodhisatva. Motivados por el deseo de ayudar a todos los seres sintientes, generaron la preciosa mente de bodhichita, tomaron los votos del Bodhisatva, recorrieron el camino gradual de las seis perfecciones y realizaron innumerables acciones virtuosas. Puesto que nosotros también deseamos alcanzar la iluminación por el beneficio de los demás, prometemos adiestrarnos en estas prácticas al igual que lo hicieron ellos.

Hacemos estas promesas a nuestro Guía Espiritual o a la asamblea visualizada de los Budas y Bodhisatvas. El Guía de quien recibimos estos votos ha de ser cualificado, debe haberlos tomado él mismo y tener la habilidad de explicar cada uno de ellos. También debe saber cómo otorgarlos e impartir con destreza las enseñanzas sobre las seis perfecciones.

Por nuestra parte, si ya poseemos la bodhichita aspirante, al recibir los votos del Bodhisatva generamos la comprometida. A partir de ese momento, debemos abstenernos de cometer las dieciocho caídas morales raíz y las cuarenta y seis caídas secundarias. No obstante, en la práctica, el Bodhisatva adopta innumerables preceptos morales y éticos, y trabaja con alegría para beneficiar a los seres sintientes. Después de haber tomado estos sesenta y cuatro votos en presencia de nuestro maestro, podemos

ACEPTACIÓN DE LA BODHICHITA

hacerlo ante la asamblea visualizada de Budas y Bodhisatvas. Si rompemos cualquiera de nuestros votos, podemos volverlos a tomar en otra ceremonia similar. Participando en estas ceremonias y realizando las prácticas del Bodhisatva, aceptaremos y fortaleceremos la preciosa mente de bodhichita.

CONCLUSIÓN

Hasta ahora, Shantideva ha descrito las diversas prácticas preparatorias que sirven para acumular méritos y la ceremonia para aceptar la mente de bodhichita. Las actividades que sellan y concluyen nuestra aceptación completa de la mente de bodhichita pueden dividirse en tres:

1. Meditación sobre la alegría de satisfacer nuestros propios deseos.
2. Meditación sobre la alegría de beneficiar a los demás y satisfacer sus deseos.
3. Invitación a meditar en la vacuidad.

MEDITACIÓN SOBRE LA ALEGRÍA DE SATISFACER NUESTROS PROPIOS DESEOS

Después de generar la preciosa mente de bodhichita, hemos de reconocer nuestra buena fortuna y regocijarnos de ella. [25] Para mejorar las cualidades de nuestra bodhichita, debemos estar alegres y contentos, [26] pensar en lo privilegiados que somos al haber tomado los votos del Bodhisatva y reconocer que con esta acción llenamos nuestra vida de significado. Si pensamos de este modo, sentiremos un profundo gozo.

Si estudiamos el Dharma mahayana, meditamos en él y generamos la mente de bodhichita, descubriremos aspectos de la vida que las personas corrientes no conocen. No hay muchas personas en este mundo que hayan cultivado esta preciosa mente. Aunque los eruditos se esfuerzan por completar sus estudios y reciben doctorados y otros títulos, sus conocimientos no pueden compararse con la bodhichita. Por lo tanto, la persona que ha generado esta mente tiene numerosas razones para estar contenta y feliz. Debemos pensar del siguiente modo:

«Hoy he nacido en el linaje de Buda y me he convertido en un Hijo de Buda. De ahora en adelante voy a realizar todas mis acciones conforme a este noble linaje y jamás voy a deshonrar las inmaculadas prácticas del Bodhisatva». [27]

[28] Es difícil encontrar una joya en un basurero y más aún que lo haga un ciego. Si esto último ocurriera, ¡qué contento se pondría! De igual manera, resulta difícil conocer a una persona que esté interesada en generar la mente de bodhichita y mucho más a alguien que la posea. Si generásemos esta preciosa mente, ¡qué felices seríamos! No hay mayor logro en la vida que generar la bodhichita comprometida.

En cierta ocasión, alguien preguntó a un gueshe kadampa, uno de los grandes maestros del pasado: «¿Qué es mejor, conseguir clarividencia y poderes sobrenaturales, tener visiones de la Deidad personal o generar la mente de bodhichita?», y el gueshe respondió que la bodhichita es un logro miles de veces superior a cualquier otro. ¿Por qué? Porque los poderes sobrenaturales, como volar por el cielo, ya los adquirimos en muchas de nuestras vidas pasadas. Durante el primer eón de esta era todos los seres poseíamos clarividencia y cuerpos de luz, pero ¿de qué nos sirvieron? Ahora todo ha cambiado y seguimos atrapados en la prisión del samsara, insatisfechos y padeciendo sufrimiento sin cesar. En cambio, si hubiéramos generado la mente de bodhichita y adoptado el modo de vida del Bodhisatva, es posible que ya nos hubiéramos liberado de los sufrimientos del samsara y alcanzado la iluminación.

Generar la mente de bodhichita es más importante que tener visiones de nuestra Deidad personal y realizar prácticas tántricas. Si meditamos en nuestro cuerpo sutil, podemos encender el fuego interno con la ayuda de nuestras energías y fluidos vitales, e incluso levitar, pero sin la bodhichita todo esto carece de sentido. Si poseemos la mente de bodhichita y una buena comprensión de la vacuidad, las prácticas tántricas son muy poderosas para aumentar nuestras realizaciones, pero sin una base adecuada no es posible practicar el camino del tantra. Numerosas personas se sienten atraídas por el tantra porque creen que es un atajo para alcanzar la iluminación o un método rápido para conseguir poderes sobrenaturales, pero no saben que la renuncia, la bodhichita y la comprensión de la vacuidad son necesarias para avanzar por este camino. Si practicamos el tantra solo para obtener beneficios en esta vida, esperando obtener una buena reputación o poderes especiales, no haremos

ACEPTACIÓN DE LA BODHICHITA

más que sembrar las semillas para padecer terribles sufrimientos en el futuro. Quien practica con esta intención es como el necio que utiliza madera de sándalo para hacer una hoguera, billetes de diez euros para encender cigarrillos o un Rolls Royce para cargar basura. La bodhichita es imprescindible para adiestrarnos en el tantra de manera correcta y con significado.

MEDITACIÓN SOBRE LA ALEGRÍA DE BENEFICIAR A LOS DEMÁS Y SATISFACER SUS DESEOS

En este apartado se incluyen las meditaciones sobre la alegría de poder realizar las tres actividades siguientes:

1. Liberar a los demás de su sufrimiento.
2. Eliminar las dos obstrucciones.
3. Proporcionar grandes beneficios y felicidad a los demás.

LIBERAR A LOS DEMÁS DE SU SUFRIMIENTO

Cuando generemos la mente de bodhichita, podremos ayudar a los demás de diversas maneras. En esta sección, Shantideva compara la bodhichita con néctar, con un tesoro inagotable, con medicina, con la sombra de un árbol celestial y con un puente.

[29ab] En primer lugar, la bodhichita es como el néctar supremo que acaba con el sufrimiento de la muerte conduciendo a todos los seres sintientes al estado permanente e insuperable de la Budeidad. [29cd] La bodhichita es como un tesoro inagotable que elimina la pobreza de los seres sintientes cumpliendo todos sus deseos. ¿Cómo eliminan la pobreza los Budas y Bodhisatvas, los grandes seres que poseen la bodhichita? Al ofrecernos posesiones y enseñanzas inagotables de Dharma, satisfacen nuestras necesidades físicas y espirituales. Además, al conducirnos al estado de la felicidad imperecedera de la iluminación total, nos liberan para siempre de la pobreza. Por ello, se dice que la bodhichita es como un tesoro de inagotables riquezas.

Si la bodhichita posee estos poderes, ¿por qué hay tantos seres en este y en otros reinos viviendo en la pobreza? El poder de los seres iluminados es como un gancho, pero para poder agarrarnos a él necesitamos la argolla de nuestra fe. Para que las Tres Joyas puedan ayudarnos, debemos confiar con sinceridad en ellas. Hasta ahora no hemos reunido las causas para alcanzar la liberación del samsara, y si esperamos con los brazos cruzados a que alguien venga a salvarnos sin esforzarnos por desarrollar nuestra mente, seguiremos sufriendo.

Volviendo a las analogías de Shantideva, [30ab] la bodhichita es como la medicina suprema que puede aliviar las enfermedades físicas y mentales de todos los seres sintientes. Cuando tomemos la medicina de la bodhichita, nos curaremos de todas nuestras enfermedades. La mente del Bodhisatva es inmune al sufrimiento porque posee la medicina de la bodhichita.

[30cd] Al igual que la sombra de un árbol refresca al caminante cansado, la bodhichita consuela a los seres sintientes que vagan por los caminos del samsara. [31] Por último, la bodhichita es el puente universal que libera a los seres de los sufrimientos de los infiernos y los conduce a la felicidad de los reinos superiores y, finalmente, a la de la Budeidad.

ELIMINAR LAS DOS OBSTRUCCIONES

Como se ha mencionado con anterioridad, hay dos clases de obstrucciones mentales: las obstrucciones de las perturbaciones mentales (o a la liberación) y las obstrucciones al conocimiento (o a la omnisciencia), y la bodhichita elimina las dos. Es como una luna que alivia el sufrimiento que producen las perturbaciones mentales en los seres sintientes, y de este modo elimina las obstrucciones a la liberación. Además, [32ab] es como un sol que disipa la oscuridad de las impresiones grabadas por la ignorancia, eliminando también las obstrucciones a la omnisciencia.

Si generamos la preciosa mente de bodhichita y cultivamos las dos alas del método y la sabiduría, podremos superar todos los obstáculos y volar a la ciudad suprema de la iluminación. La bodhichita es como la mano que sostiene el hacha de la sabiduría: con la realización de la vacuidad cortamos la raíz de las impresiones del aferramiento propio y alcanzamos la omnisciencia.

[32cd] En resumen, al batir la leche del Dharma con la sabiduría, obtenemos la mantequilla de la preciosa bodhichita.

ACEPTACIÓN DE LA BODHICHITA

PROPORCIONAR GRANDES BENEFICIOS Y FELICIDAD A LOS DEMÁS

[33] La bodhichita es como el anfitrión que invita a los seres sintientes al banquete de los renacimientos superiores, la liberación y el deleite insuperable de la iluminación. Gracias al poder de la bodhichita, el Bodhisatva conduce a los demás al estado de felicidad y satisfacción. Todos los seres están perdidos en el desierto del samsara sedientos de felicidad, ¿quién puede liberarlos? Solo aquellos que poseen la preciosa mente de bodhichita.

INVITACIÓN A MEDITAR EN LA VACUIDAD

Shantideva resume de la siguiente manera la tercera actividad de la conclusión después de aceptar por completo la bodhichita:

«Hoy, en presencia de los Protectores, invito a todos los seres sintientes al banquete del deleite insuperable. Que todos los que apreciáis el Dharma, los dioses, los semidioses, los *nagas* y los humanos, os alegréis y seáis felices».
[34]

Hasta ahora, Shantideva ha presentado de manera extensa los métodos que se revelan en el Dharma, pero ¿cómo se ponen en práctica? Debemos concentrarnos en las enseñanzas que hemos recibido realizando meditaciones analíticas y de emplazamiento. Primero hemos de analizar el tema que hayamos elegido con ojo crítico, intentando comprender su significado e importancia en nuestras vidas. Cuando juzgamos, examinamos e intentamos comprender las enseñanzas de este modo, estamos realizando una meditación analítica. Después de realizar esta contemplación, cuando lleguemos a algunas conclusiones respecto al objeto en que estemos meditando, debemos concentrarnos en ellas de manera convergente. Esto es lo que se llama *meditación formal* o *de emplazamiento*. Si pensamos que meditar consiste en sentarse y vaciar la mente de pensamientos, no recibiremos beneficios por mucho que lo hagamos.

El objeto de la meditación puede ser un aspecto particular de las enseñanzas, como los beneficios de la bodhichita, la forma de nuestra Deidad personal o incluso la respiración. Cualquiera que sea el objeto que elijamos, debemos examinarlo con detalle para.obtener una idea clara de él. Por ejemplo, para cultivar la concentración, podemos meditar en la forma visualizada de un

Buda, puesto que simboliza todos los aspectos de la sabiduría y el método del camino espiritual. Podemos elegir una imagen o estatua que la represente con claridad y contemplarla con detenimiento, fijándonos en todos sus detalles, desde la coronilla hasta los pies, y viceversa. Si realizamos esta contemplación de manera correcta, obtendremos al menos una imagen general del cuerpo de un Buda. Este cuerpo visualizado es el objeto de nuestra meditación. Cuando nos sentemos en silencio para practicar la meditación de emplazamiento, intentamos percibir esta imagen con el ojo interno de la mente y mantenerlo con el poder de la retentiva y vigilancia mental.

Este proceso puede compararse con los preparativos para emprender un viaje. Si deseamos ir a Madrid, primero debemos conocer la carretera que conduce a esta ciudad o de lo contrario es posible que terminemos en Burgos. Del mismo modo, si deseamos adiestrarnos en la meditación de emplazamiento y concentrarnos en un objeto de manera convergente, primero hemos de comprenderlo por medio de la meditación analítica o nuestros esfuerzos serán en vano. También es importante saber que meditar en la nada es un gran error. Si tenemos un objeto correcto de meditación, alcanzaremos las nueve etapas de concentración y la permanencia apacible, pero sin él, aunque meditemos durante miles de años, no obtendremos resultados.

Tanto las enseñanzas que se han expuesto hasta ahora como las que se muestran en los próximos capítulos pueden tomarse como objeto de meditación. En este texto de Shantideva no hay ni una sola enseñanza que no sea para meditar. Por lo tanto, es importante aprender el arte de la meditación y aplicarlo en la vida diaria.

Aquí concluye la «Aceptación de la bodhichita», el capítulo tercero del libro *Tesoro de contemplación*, comentario a la *Guía de las obras del Bodhisatva*, de Shantideva.

Recta conducta

CÓMO PRACTICAR LAS SEIS PERFECCIONES

Tras describir los beneficios de la mente de bodhichita, la manera de purificar las faltas que impiden su desarrollo y cómo aceptarla por completo, Shantideva nos muestra el modo de evitar que degenere y cómo cultivarla con la práctica de las seis perfecciones. El resto del comentario se divide en cuatro partes:

1. Adiestramiento en la recta conducta para que no degeneren la práctica de la bodhichita ni sus compromisos.
2. Aplicación de la retentiva y la vigilancia mental en la práctica de la disciplina moral.
3. Las cuatro perfecciones restantes: paciencia, esfuerzo, concentración y sabiduría.
4. Dedicación y práctica de la generosidad para beneficiar a todos los seres sintientes.

ADIESTRAMIENTO EN LA RECTA CONDUCTA PARA QUE NO DEGENEREN LA PRÁCTICA DE LA BODHICHITA NI SUS COMPROMISOS

Hasta ahora se ha expuesto cómo el practicante genera la mente de bodhichita, toma los votos del Bodhisatva y se adiestra para alcanzar la iluminación por el beneficio de los demás. No obstante, si el Bodhisatva no cuida su conducta física, verbal y mental, no podrá continuar sus prácticas ni guardar sus votos con pureza. Por lo tanto, para que no degenere nuestra preciosa mente de bodhichita, Shantideva nos enseña cómo aplicar la recta conducta, el factor mental que protege la mente de las perturbaciones mentales e impide que nos distraigamos con actividades físicas, verbales y mentales que carecen de sentido. Su opuesto es la actitud imprudente de despreocupación

Shantideva

que nos hace comportarnos de manera perjudicial, crear karma negativo y degenerar nuestros votos y compromisos.

Podemos ser imprudentes con cualquiera de nuestras tres puertas, el cuerpo, la palabra o la mente. Lo somos con el cuerpo cuando realizamos acciones físicas perjudiciales, como matar, robar, mantener una conducta sexual incorrecta, tomar intoxicantes o aficionarnos al juego; lo somos con la palabra cuando mentimos, causamos desunión con la palabra, pronunciamos palabras ofensivas o chismorreamos; y lo somos con la mente cuando tenemos pensamientos incorrectos, como la codicia, la malicia o las creencias erróneas.

Si somos conscientes de nuestro comportamiento, aumentarán nuestra comprensión y realizaciones de Dharma y dejaremos de cometer acciones perjudiciales con nuestro cuerpo, palabra y mente. La recta conducta es imprescindible para mantener con pureza la disciplina moral. Por lo general, cuando habla una persona prudente, lo hace con consideración, sus palabras benefician tanto a ella misma como a los demás e incorpora el Dharma en su conversación. En cambio, el insensato se expresa con malos modales y lo que dice es desagradable incluso para él mismo.

Al ser prudentes con el cuerpo, palabra y mente, nos aseguramos de que nuestras cualidades virtuosas, incluyendo la mente de bodhichita, se estabilicen y aumenten. Si deseamos practicar el Dharma correctamente, debemos aplicar la recta conducta. En las comunidades de Dharma se establecen ciertas normas de comportamiento y se ruega a sus miembros que se abstengan de realizar algunas acciones, como fumar, beber alcohol, pelearse, aficionarse al juego, etcétera. ¿Por qué es importante mantener esta disciplina? Aunque algunos lo consideren un castigo para los practicantes, en realidad es una manera de ayudarlos a que se familiaricen con la recta conducta. Nuestro Guía Espiritual nos recuerda una y otra vez que debemos abandonar las acciones perjudiciales y liberarnos de la influencia de las perturbaciones mentales, y lo hace para que nuestras acciones físicas, verbales y mentales sean puras y recibamos los frutos de nuestro adiestramiento espiritual.

Todos los votos y preceptos tienen la misma función: ayudar al practicante a avanzar por los caminos que lo conducen a la liberación y la iluminación. Buda Shakyamuni estableció que los monjes con la ordenación completa guardaran doscientos cincuenta y tres votos. Estos votos no son un castigo, sino una ayuda para ellos. Además, el Bodhisatva mantiene otros votos, que también lo ayudan a obtener resultados en su camino espiritual.

Se cuenta la historia de un monje que vivía en una cueva, donde practicaba la meditación y la disciplina moral. Una familia de la localidad lo mantenía y una de las hijas solía llevarle la comida todos los días. En realidad, la intención de la muchacha era seducir al monje, pero este ni siquiera se fijaba en ella. Un día, la muchacha le confesó sus sentimientos, pero el monje le dijo que no podía corresponderla porque no quería romper sus votos de celibato, y esta se marchó apesadumbrada.

Al cabo de un rato volvió a visitarlo, pero esta vez traía una gran vasija de vino y una cabra. Al llegar a la cueva, le dijo al monje: «Tengo tres deseos y si no me concedes al menos uno de ellos, me suicidaré. En primer lugar, lo que más deseo es que mantengamos relaciones sexuales». El monje la rechazó de nuevo y le explicó que sus votos no se lo permitían.

«De acuerdo –dijo la muchacha–. Si no me puedes conceder mi primer deseo, quiero que sacrifiques esta cabra y disfrutemos juntos de un banquete.» El monje respondió atónito: «Los budistas no matamos a ningún ser sintiente y, por lo tanto, tampoco puedo complacerte en esto».

«Como no me has concedido ninguno de mis dos primeros deseos, tienes que aceptar el último o me suicidaré –amenazó la muchacha–. Tienes que beber conmigo esta vasija de vino.» Durante unos momentos, el monje se quedó pensativo. «¡Qué situación tan difícil! Esta mujer está desesperada y si no complazco uno de sus deseos, es muy posible que se suicide. Tengo que elegir uno, pero ¿cuál? Está claro que no puedo romper mis votos de celibato, matar a este pobre animal va en contra de mis principios, y si bebo vino, también romperé mis votos. Sin embargo, creo que esto último será lo menos perjudicial.»

Tras esta reflexión, temeroso de que la muchacha se suicidase, el monje empezó a beber vino hasta que terminó totalmente embriagado. Bajo los efectos del alcohol, mantuvo relaciones sexuales con ella, y después sacrificó la cabra y se la comieron. Así pues, terminó cometiendo las tres acciones perjudiciales que quería evitar. Este ejemplo nos muestra las terribles consecuencias de perder el control.

RECTA CONDUCTA

Puesto que la persona que desea generar y mantener la mente de bodhichita debe ser consciente en todo momento de sus acciones físicas, verbales y mentales, Shantideva dedica el capítulo cuarto de su *Guía de las obras del Bodhisatva* a la recta conducta. Es muy beneficioso saber cómo practicar la recta conducta y enseñarlo a otros. Los practicantes que siguen estos consejos practican la virtud y alcanzan sus objetivos. En esta obra, la recta conducta se expone en tres apartados:

1. Breve descripción de la recta conducta.
2. Presentación extensa de la recta conducta.
3. Resumen.

BREVE DESCRIPCIÓN DE LA RECTA CONDUCTA

Shantideva introduce este tema con el siguiente verso:

«Después de aceptar la bodhichita aspirante y la comprometida como se ha descrito, el Bodhisatva practica las seis perfecciones y, aplicando la recta conducta, mantiene las prácticas y los preceptos de las dos bodhichitas». [1]

PRESENTACIÓN EXTENSA DE LA RECTA CONDUCTA

Este apartado, que constituye la parte principal del presente capítulo, tiene dos partes:

1. Meditación sobre la recta conducta con respecto a la bodhichita.
2. Meditación sobre la recta conducta con respecto a los preceptos.

MEDITACIÓN SOBRE LA RECTA CONDUCTA CON RESPECTO A LA BODHICHITA

Este apartado consta de dos partes:

1. Razones por las que no debe abandonarse la bodhichita.
2. Las malas consecuencias de abandonar la bodhichita.

RAZONES POR LAS QUE NO DEBE ABANDONARSE LA BODHICHITA

Si no mantenemos con firmeza nuestra bodhichita, es fácil que degenere. Por lo tanto, debemos evitar que esto ocurra.

Después de haberla generado, sería un gran error abandonarla. ¿Por qué? [2] En la vida cotidiana, en ocasiones, hacemos promesas sin reflexionar y sin saber si podremos realmente cumplirlas o no, y en consecuencia, las rompemos con facilidad. [3] Sin embargo, esto no debe suceder con nuestra aspiración y promesa de generar la mente de bodhichita. Para generar esta preciosa mente, primero hemos de contemplar con detenimiento sus beneficios y las ventajas de cultivarla. Cuando comprendamos la importancia de generar la mente de bodhichita, debemos hacer la solemne promesa de alcanzar la iluminación para beneficiar a todos los seres. Por lo tanto, sería incorrecto romper una promesa tan firme por descuidar nuestro adiestramiento en la bodhichita.

LAS MALAS CONSECUENCIAS DE ABANDONAR LA BODHICHITA

Este apartado se presenta en tres partes:
1. Renaceremos en los reinos inferiores.
2. Disminuirá nuestra capacidad para beneficiar a los demás.
3. Nos alejaremos de los planos del Bodhisatva.

RENACEREMOS EN LOS REINOS INFERIORES

Shantideva dice:

«Si después de prometer alcanzar la iluminación por el beneficio de todos los seres sintientes abandono mi práctica, los estaré engañando. ¿Existe, acaso, mayor deslealtad? ¿Dónde renaceré si no en los reinos inferiores?

»Buda dijo que la persona que tiene la intención de ofrecer un regalo, por muy pequeño e insignificante que sea, y luego se arrepiente motivada por la avaricia, renacerá como un espíritu ávido. En mi caso, he prometido invitar a todos los seres sintientes al insuperable y supremo banquete de la iluminación. Si no cumplo mi promesa, ¿cómo lograré renacer en los reinos superiores? Solo la mente omnisciente de un Buda puede comprender cómo es posible que alguien que abandona la bodhichita pueda liberarse del sufrimiento». [4-7]

La última frase se refiere al caso de Shariputra, uno de los discípulos más cercanos de Buda Shakyamuni, que a menudo se representa en las pinturas tradicionales a su derecha. Shariputra generó la mente de bodhichita y se convirtió en un Bodhisatva. Un día, para ponerlo a prueba, un demonio malvado le pidió que se cortara la mano derecha y se la diera. Sin pensarlo dos veces, Shariputra se la cortó y se la ofreció con la mano izquierda. El demonio, indignado, exclamó: «¿Cómo te atreves a darme algo con tu mano izquierda? ¿Es que no tienes educación?», y de este modo siguió insultándolo durante un rato hasta que se marchó. El nuevo Bodhisatva se sintió tan abatido al recibir un trato tan injusto y cruel, que pensó: «Si los seres sintientes se comportan de esta manera, ¿cómo voy a poder ayudarlos?». Entonces, decidió abandonar su mente de bodhichita y continuar con la práctica del camino espiritual que conduce a la liberación personal, y en esa misma vida alcanzó esta meta y se convirtió en un Arjat.

Si, como se ha mencionado, la persona que rechaza la bodhichita renace en uno de los tres reinos inferiores, ¿por qué a Shariputra no le sucedió lo mismo?, ¿cómo consiguió convertirse en un Arjat? Shantideva responde que solo una mente omnisciente, que conoce las complejas relaciones entre las acciones y sus efectos, puede entender cómo se libró de renacer en los reinos inferiores. Esto está más allá de nuestra limitada capacidad de comprensión. Sin embargo, es evidente que aunque Shariputra abandonó su motivación de bodhichita, siguió meditando sin descanso en la renuncia al samsara y en la sabiduría que comprende la vacuidad hasta que alcanzó el nirvana y se liberó por completo del sufrimiento.

DISMINUIRÁ NUESTRA CAPACIDAD PARA BENEFICIAR A LOS DEMÁS

Cuando tomamos los votos del Bodhisatva como se ha descrito en el capítulo tercero, prometemos mantener ciertas normas de conducta física, verbal y mental. [8] El compromiso más importante consiste en no abandonar nuestra motivación de bodhichita. Si lo hacemos debido a nuestra falta de recta conducta, romperemos nuestros votos y disminuirá nuestra capacidad para beneficiar a los demás. [9] Del mismo modo, si alguien impide que un Bodhisatva realice prácticas virtuosas, creará un karma negativo muy grave. ¿Por qué? Porque la motivación del Bodhisatva es beneficiar a los demás y, por lo tanto, si obstaculizamos su práctica, aunque solo sea durante unos minutos, estaremos perjudicando de manera indirecta a todos los seres sintientes. Como no podemos saber quién es un Bodhisatva y quién no lo es, debemos tener cuidado de no interrumpir a nadie que esté realizando acciones virtuosas.

Aunque esa persona solo sea un mero aspirante a practicar las enseñanzas mahayanas, al distraerlo creamos un grave karma negativo, puesto que de manera indirecta reduciremos la felicidad y el bienestar de todos los seres. [10] Si desposeer a un solo ser sintiente de felicidad produce malos resultados, ¿qué nos ocurrirá si perjudicamos a todos los seres sintientes, cuyo número es tan extenso como el espacio infinito? ¿Es posible imaginar el sufrimiento que experimentaremos como consecuencia de una acción tan desafortunada?

Aunque es importante generar la mente de bodhichita y practicar el Dharma mahayana, si de momento no somos capaces de hacerlo, al menos no debemos oponernos a que otros lo intenten. El Dharma mahayana no es una práctica exclusiva de los monjes, sino de todo aquel que desee generar la preciosa mente de bodhichita.

Existen otros malentendidos acerca de la práctica del Dharma mahayana. Hay quienes creen que los que solo aspiran a adiestrarse en este Dharma, en realidad, no lo practican porque parece que no benefician a nadie, pero esto es incorrecto. Es posible que el practicante mahayana no pueda servir de ayuda en ese preciso momento, pero se esté adiestrando para poder hacerlo en el futuro. Esta es una manera realista de actuar, puesto que mientras no controlemos nuestra mente, no podremos beneficiar de verdad a los demás. Aunque nuestro objetivo principal sea beneficiar a todos los seres sintientes tanto como podamos, primero debemos purificar nuestra mente porque está contaminada por las perturbaciones mentales del apego, el odio y la ignorancia. Esta ha de ser nuestra tarea principal.

Al igual que cuando sembramos un campo no podemos recoger la cosecha enseguida, tampoco debemos esperar grandes resultados de nuestra práctica espiritual en poco tiempo. Aunque resulta muy beneficioso adiestrar nuestra mente, hemos de saber que antes de recibir los resultados, tanto para nosotros mismos como para los demás, ha de transcurrir cierto tiempo. No

RECTA CONDUCTA

debemos tener la esperanza de lograr de inmediato resultados de nuestra meditación, porque para que esto ocurra hemos de meditar con frecuencia durante mucho tiempo. Guru Padmasambhava dijo: «Si meditamos y practicamos durante años, alcanzaremos realizaciones espirituales». Si deseamos con sinceridad alcanzar la iluminación por el beneficio de los demás, debemos seguir estos consejos y perseverar en nuestra práctica durante mucho tiempo.

NOS ALEJAREMOS DE LOS PLANOS DEL BODHISATVA

[11] Como se mencionó con anterioridad, si tomamos los votos del Bodhisatva y los rompemos, podemos volverlos a tomar en otra ceremonia. No obstante, si hacemos esto y los volvemos a romper una y otra vez, estaremos deteriorando nuestra práctica y, como dice Shantideva, no alcanzaremos los estados elevados del Bodhisatva: los diez planos que nos conducen a la iluminación.

Este consejo no solo es aplicable a la generación de la bodhichita, puesto que resulta difícil alcanzar cualquier realización si interrumpimos sin cesar nuestra práctica espiritual. Por ejemplo, si nos adiestramos en la concentración durante un mes, luego abandonamos la práctica y después la reanudamos de nuevo, nunca alcanzaremos la permanencia apacible, ni tan siquiera una buena concentración. Si practicamos de este modo, no obtendremos ningún resultado, al igual que no es posible hervir un cazo de agua si lo retiramos del fuego una y otra vez. Del mismo modo que debemos mantener el cazo de agua en el fuego, nuestra práctica de meditación también debe ser continua y estable.

¿Cómo alcanzaron realizaciones espirituales los grandes yoguis, como Milarepa, mientras permanecían en el samsara? Si nuestro cuerpo es similar al suyo y el Dharma mahayana es el mismo, ¿por qué nosotros no lo conseguimos? Porque no hemos creado las causas para que nuestra práctica produzca resultados. Quizás nuestra motivación no sea pura o no comprendamos bien los métodos que hemos aprendido, pero la razón principal es que no practicamos a diario y con perseverancia. Si deseamos alcanzar nuestros objetivos, debemos poner esfuerzo en nuestro adiestramiento espiritual.

Aquí concluye el apartado sobre cómo aplicar la recta conducta para mantener la bodhichita. A continuación, Shantideva muestra el modo de aplicar la recta conducta a las demás prácticas del Bodhisatva.

MEDITACIÓN SOBRE LA RECTA CONDUCTA CON RESPECTO A LOS PRECEPTOS

Aunque hay numerosos votos del Bodhisatva, todos ellos pueden incluirse en la práctica de las seis perfecciones y en las cuatro maneras de reunir discípulos. En el presente capítulo, Shantideva los divide en las tres prácticas siguientes:

1. Aplicación de la recta conducta para abandonar las acciones perjudiciales.
2. Aplicación de la recta conducta para meditar en la virtud.
3. Aplicación de la recta conducta para abandonar las perturbaciones mentales.

APLICACIÓN DE LA RECTA CONDUCTA PARA ABANDONAR LAS ACCIONES PERJUDICIALES

Durante la ceremonia en la que recibimos los votos del Bodhisatva en presencia de nuestro Guía Espiritual o ante la asamblea visualizada de los Budas y Bodhisatvas, prometemos alcanzar la iluminación por el beneficio de todos los seres sintientes. Shantideva nos recuerda [12] que debemos actuar con diligencia según nuestra promesa y nos advierte que si no nos esforzamos por mantener nuestros votos, renaceremos en los reinos inferiores. Algunos consideran que no es necesario mantener estos preceptos porque los compasivos Budas nos protegerán, pero esto no es cierto. Si cometemos graves acciones perjudiciales y no las purificamos ni acumulamos karma positivo, ni siquiera los Budas podrán rescatarnos del océano del samsara.

[13] En el pasado aparecieron incontables Budas, pero a causa de nuestras faltas e imperfecciones no estuvimos bajo su cuidado y no pudieron rescatarnos. ¿Por qué razón? Aunque Buda Shakyamuni alcanzó la iluminación bajo el árbol Bodhi en Bodh Gaya, giró la rueda del Dharma y condujo a innumerables seres sintientes a la liberación y la iluminación, nosotros seguimos vagando por el samsara. ¿Por qué? Los discípulos de Buda también condujeron a innumerables seres a la liberación del sufri-

miento, pero nosotros continuamos sumergidos en el cenagal de la existencia cíclica. ¿Por qué seguimos sufriendo? Cuando Buda Shakyamuni apareció en la India hace dos mil quinientos años, ¿no sabía que estábamos atrapados en el samsara? Por supuesto que sí. ¿No tenía suficiente compasión por nosotros y el poder de mostrarnos el camino hacia la liberación? Sin lugar a dudas, pero nosotros carecíamos de las causas secundarias necesarias para formar parte de su séquito y recibir sus enseñanzas. Como consecuencia de nuestras acciones perjudiciales, es posible que estuviésemos en uno de los tres reinos inferiores. Si tuvimos la fortuna de renacer como un ser humano, puede que viviésemos en un lugar donde no había Dharma ni se practicaba la disciplina moral, y si estábamos cerca de Buda Shakyamuni, quizá sostuviésemos creencias erróneas y rechazáramos sus enseñanzas. Como dice Shantideva, los Budas no pueden rescatarnos del océano del sufrimiento del samsara debido a nuestras faltas y malas acciones.

Mientras carezcamos de fe en los seres iluminados, dudemos de la ley de causa y efecto, no creamos que la mente es un continuo, neguemos la existencia de vidas pasadas y futuras, y rechacemos la práctica del Dharma, ni siquiera un Buda podrá ayudarnos. Los Budas no pueden liberarnos de las cadenas del sufrimiento que nosotros mismos nos hemos creado. Si seguimos confiando en nuestras creencias erróneas, no podremos practicar el Dharma con pureza ni beneficiarnos de las enseñanzas que los Budas nos ofrecen.

A continuación, Shantideva dice:

«Si continúo bajo la influencia de las creencias erróneas, después de morir me esperarán incontables renacimientos en los reinos inferiores y padeceré enfermedades, muerte, esclavitud, torturas y castigos». [14]

Buda dijo que mientras los seres sintientes estén cegados por la ignorancia, estarán sometidos a las siguientes cuatro leyes del samsara: el renacimiento conduce inevitablemente a la muerte, todo lo que se reúne ha de dispersarse, los que disfrutan de una posición elevada antes o después la perderán y todo encuentro termina en separación. Debemos examinar estas cuatro leyes con detenimiento. Quien disfruta de una posición elevada, fama o buena salud, al final la perderá. ¿Existe verdadero placer en estos logros? ¿Pueden ayudarnos en el momento de la muerte? ¿Pueden hacerlo nuestro marido, amigos o familiares, nuestras posesiones o el Gobierno de nuestro país? Pensar que vamos a vivir para siempre es engañarnos a nosotros mismos. Los habitantes de este mundo no permanecerán en él indefinidamente. De los millones de personas que viven ahora, ¿quién continuará aquí dentro de cien años? No somos más que viajeros de visita por este mundo y, como tales, debemos prepararnos bien para seguir nuestro viaje. Por lo tanto, ¿cuál ha de ser nuestro equipaje? Ninguno de los placeres temporales que se han mencionado van a ayudarnos en el momento de la muerte, solo nuestra práctica de Dharma –adiestrar la mente, controlarla y purificarla– nos protegerá del sufrimiento.

Hay quien reza para poder practicar el Dharma en su siguiente vida porque cree que en esta no tiene la oportunidad de hacerlo. ¡Qué estupidez! Ahora poseemos un renacimiento perfectamente dotado, hemos encontrado enseñanzas de Dharma y tenemos la oportunidad de practicarlas. [15] Si no aprovechamos ahora esta oportunidad, ¿cuándo volveremos a encontrar otro renacimiento humano como este? Resulta muy difícil que un Buda aparezca en este mundo, que obtengamos un renacimiento humano perfectamente dotado y generemos fe en un ser iluminado. Por lo tanto, como en este momento disfrutamos de todas estas condiciones, debemos comenzar a practicar el Dharma de inmediato.

No debemos desperdiciar esta existencia humana, que hemos obtenido con gran dificultad, interesándonos solo por los placeres mundanos, sino aprovechar esta preciosa oportunidad para generar la mente de bodhichita. De momento disfrutamos de buena vista y salud, y de una mente clara. Si no practicamos ahora el Dharma, cuando tengamos ochenta o noventa años será demasiado tarde. Aunque entonces deseemos hacerlo, nuestros sentidos habrán degenerado, estaremos enfermos y nuestra mente será débil. Hay un proverbio tibetano que dice: «Si no practicas el Dharma cuando eres joven, cuando seas un anciano te arrepentirás».

Gungtang Rimpoché, un gran meditador del pasado, describió la vejez como sigue:

«El cabello de los ancianos es blanco como una concha de mar, pero no porque hayan purificado las sombras de sus malas acciones, sino porque el Señor de la Muerte escupe sobre sus cabezas su esputo que parece escarcha. Las arrugas de su frente no son como los pliegues de la piel de un bebé rollizo, sino las líneas que marca el Mensajero del Tiempo al contar los años que han transcurrido».

Hay quien piensa en practicar el Dharma cuando haya terminado con sus ocupaciones mundanas, pero ese momento nunca llegará. El trabajo es como las olas que aparecen una detrás de otra en la superficie del mar. Nos cuesta dejar a un lado nuestras tareas y practicar el Dharma, y solo terminamos con ellas en el momento de la muerte.

[16] Aunque ahora somos jóvenes y disfrutamos de buena salud, tenemos buenos alimentos, vestimos ropa elegante y nuestras circunstancias son favorables, la vida puede cambiar en cualquier momento. Nuestro cuerpo es un objeto que hemos tomado prestado. Si deseamos generar la preciosa mente de bodhichita, debemos hacerlo en esta vida. Cada día, cada hora y cada minuto que transcurre, nuestra vida se va acortando, incluso mientras dormimos. Aunque la muerte puede sorprendernos de forma inesperada, solemos pensar: «Hoy no me voy a morir... y estoy seguro de que mañana tampoco». Ni siquiera cuando estamos enfermos dejamos de pensar de este modo, e incluso en nuestro mismo lecho de muerte, en lugar de reconocer que nuestra muerte es inminente, hacemos planes inútiles para un futuro que nunca llegaremos a ver. Antes o después, todos nos vamos a morir y, por lo tanto, la vida no es más que un engaño.

Si nuestro cuerpo nos perteneciera, nos lo podríamos llevar al morir, pero en el momento de la muerte tendremos que dejarlo atrás junto con el resto de nuestras posesiones. Entonces, ¿por qué aferrarnos a este cuerpo, que surgió de la unión del óvulo de nuestra madre y el espermatozoide de nuestro padre, como si en realidad nos perteneciera? Deberíamos considerar esta vida como una ilusión transitoria que se va consumiendo a cada segundo. Debemos darnos cuenta de que nuestra muerte es inevitable y puede sorprendernos en cualquier momento, y recordar que nuestro cuerpo es un objeto que hemos tomado prestado. Si comprendemos esto, nuestra forma de pensar cambiará, dejaremos de perder el tiempo y llenaremos nuestra vida de significado. De lo contrario, dejaremos pasar el tiempo hasta que nos sorprenda la muerte.

[17] Si no practicamos la virtud, desperdiciaremos esta preciosa existencia humana. Además, si cometemos acciones perjudiciales, no volveremos a renacer como un ser humano y caeremos en los reinos inferiores, donde estaremos dominados por la confusión y no podremos escuchar el Dharma ni adiestrarnos en él. [18] De momento, mientras disfrutamos de esta existencia humana, tenemos la preciosa oportunidad de practicar el Dharma y de comprender que si cultivamos la virtud, recibiremos beneficios, pero si cometemos acciones perjudiciales, experimentaremos sufrimiento. Si renacemos en los reinos inferiores, no podremos distinguir entre los efectos de la virtud y los de las acciones perjudiciales.

Shantideva dice:

«Si cometemos malas acciones y no realizamos ni una sola acción virtuosa, permaneceremos en los infiernos durante millones de eones, donde ni siquiera escucharemos las palabras *disfrutar de una vida feliz*». [19]

[20] Buda Shakyamuni dio el siguiente ejemplo para mostrarnos lo difícil que es renacer en los reinos superiores tras haber caído en uno de los inferiores. Imaginemos que sobre la superficie de un vasto océano flota una argolla de oro que se desplaza de un lado a otro a merced de las corrientes y el viento, y que en el fondo vive una tortuga ciega que sube a la superficie una vez cada cien años, para luego volver a descender. Se dice que es tan difícil que la tortuga ciega logre introducir su cabeza por la argolla como que nosotros renazcamos como un ser humano tras haber caído en uno de los reinos inferiores. Por lo tanto, si no practicamos ahora, ¿cuándo vamos a hacerlo?

APLICACIÓN DE LA RECTA CONDUCTA PARA MEDITAR EN LA VIRTUD

Consta de seis apartados:

1. Esforzarnos por abandonar las malas acciones que hemos cometido en vidas pasadas.
2. La mera experiencia de los reinos inferiores no nos libera.
3. Si no nos esforzamos por practicar la virtud ahora que poseemos una existencia humana, nos estamos engañando a nosotros mismos.

4. Si no practicamos la virtud ahora, experimentaremos sufrimiento en esta vida.
5. Si no practicamos la virtud ahora, renaceremos en los reinos inferiores.
6. Teniendo en cuenta todo lo anterior, lo más sensato es abandonar el mal y cultivar la virtud.

ESFORZARNOS POR ABANDONAR LAS MALAS ACCIONES
QUE HEMOS COMETIDO EN VIDAS PASADAS

Shantideva dice:

«Buda dijo que un solo momento de maldad nos hace renacer en el más profundo de los infiernos y permanecer en él durante eones. Si no aplicamos los cuatro poderes oponentes confesando las acciones perjudiciales que hemos cometido desde tiempo sin principio, ¿cómo podemos tener la esperanza de renacer en los reinos afortunados?». [21]

LA MERA EXPERIENCIA DE LOS REINOS INFERIORES NO NOS LIBERA

[22] Cuando maduren las semillas de nuestro karma negativo, renaceremos en uno de los reinos inferiores, donde permaneceremos atrapados hasta que su resultado se extinga. ¿Nos habremos liberado entonces del sufrimiento? No, porque aunque hayamos consumido los efectos de algunas de nuestras malas acciones, en los reinos inferiores cometeremos muchas más debido a nuestra ignorancia. Los seres que habitan en estos reinos no pueden practicar la virtud y cometen acciones perjudiciales durante toda su vida. Estas acciones siembran semillas en su mente que madurarán en forma de sufrimiento.

Mientras permanezcamos en el samsara y nuestra vida esté condicionada por la ignorancia, seguiremos sufriendo. Los seres afortunados que han alcanzado la liberación no lo han hecho esperando a que su karma negativo se extinguiera o a que cesaran sus desgracias, sino siguiendo el camino de la meditación y eliminando la causa del sufrimiento. Los presos salen de la cárcel cuando cumplen su condena, pero la liberación del samsara no se logra del mismo modo. La única manera de escapar de él es reconocer que la ignorancia es la raíz de nuestro sufrimiento y meditar en el camino de la sabiduría que la elimina.

En el samsara no existe verdadera felicidad. Quizás pensemos que los reyes y presidentes son más felices que los demás, pero ellos también tienen problemas. Desde el más pobre de los mendigos hasta el líder mundial más poderoso, todos los seres han de sufrir, ya sea mentalmente, no obteniendo lo que desean y enfrentándose con lo que no les gusta, o físicamente, padeciendo los dolores del nacimiento, las enfermedades, el envejecimiento y la muerte. No hay duda de que desde el llanto de un recién nacido hasta los lamentos del moribundo, en todo momento experimentamos insatisfacción y dolor. Cuando un bebé llora al nacer no lo hace porque esté feliz.

Si deseamos acabar con nuestro sufrimiento, debemos aprender cuáles son las causas del samsara y cómo liberarnos de él. Solo en las enseñanzas de Dharma se analizan estos temas con detenimiento. *Dharma* significa 'protección', y la clase de protección que recibamos dependerá de nuestra práctica. En el nivel de capacidad inicial, la práctica de Dharma nos protege de caer en los reinos inferiores; en el nivel de capacidad media, de renacer en el samsara; y en el de capacidad superior, el del practicante mahayana, de las malas consecuencias de la estimación propia, además de mostrarnos el camino hacia la iluminación. Todas las prácticas de Dharma se incluyen en estos tres niveles. Por lo tanto, si deseamos liberarnos del sufrimiento, debemos practicar el Dharma correctamente.

SI NO NOS ESFORZAMOS POR PRACTICAR LA VIRTUD AHORA QUE POSEEMOS UNA EXISTENCIA HUMANA, NOS ESTAREMOS ENGAÑANDO A NOSOTROS MISMOS

[23] Ahora que hemos obtenido una existencia humana perfectamente dotada con las ocho libertades y los diez dones ya mencionados, el peor engaño sería no esforzarnos por practicar el Dharma. Buda lo ilustró con el siguiente relato. Había un mercader que se embarcó en busca de joyas preciosas y, tras muchas dificultades, llegó a una isla. Ante su asombro, descubrió que estaba llena de joyas preciosas. Sin embargo, al poco tiempo se abandonó a la bebida y al juego, y terminó perdiendo toda su fortuna. Cuando regresó a su país natal, solo llevaba consigo un montón de deudas. ¿No es una gran necedad comportarse de este modo? Lo es, pero más necios son aquellos que

se dejan distraer por los placeres mundanos y no utilizan su preciosa existencia humana para alcanzar metas espirituales.

Si perdiésemos o derrochásemos ciento cincuenta euros, nos enfadaríamos, aunque con poco esfuerzo los podríamos recuperar; pero no parece que nos preocupe desperdiciar esta vida, aunque es imposible recuperarla por mucho oro y plata que tengamos. Cuando nos visite el Señor de la Muerte, no podremos escapar de sus garras contratando un guardaespaldas ni rebelarnos o suplicarle que tenga compasión por nosotros. Cuando el despiadado Señor de la Muerte nos anuncie que ha llegado la hora de irnos con él, no nos quedará otro remedio que separarnos de nuestros seres queridos, abandonar nuestras posesiones y partir con las manos vacías. Si no hemos practicado ninguno de los tres niveles de Dharma y caemos en uno de los reinos inferiores sin haber aprovechado nuestra existencia humana, nos habremos engañado a nosotros mismos.

SI NO PRACTICAMOS LA VIRTUD AHORA, EXPERIMENTAREMOS SUFRIMIENTO EN ESTA VIDA

Shantideva continúa diciendo:

«Esta existencia perfectamente dotada es muy difícil de encontrar. Si no tengo en cuenta la ley de las acciones y sus efectos, y descuido la práctica de la virtud, cuando me muera tendré que partir solo, sofocado por el arrepentimiento, la ansiedad y el pánico». [24]

En el Tíbet vivía un hombre llamado Mondrol Chodak. Como tenía grandes conocimientos y otras cualidades, a menudo los habitantes del lugar acudían a él para pedirle consejo. Era un líder indiscutible y todos lo respetaban. Siempre estaba ocupado, hasta que un día se puso enfermo con fiebre. Mientras descansaba tomando el sol, reflexionó sobre la manera en que había utilizado su vida y pensó: «He realizado toda clase de actividades mundanas, pero nunca he practicado el Dharma». Al darse cuenta de que al morir solo el Dharma podría ayudarlo, sintió un profundo arrepentimiento por no haberlo practicado y permaneció en aquel lugar temblando de miedo.

Su abuela, al verlo, le gritó: «¡No tomes tanto el sol que te vas a poner más enfermo!», pero estaba tan absorto en sus remordimientos que no la escuchó. Al cabo de un rato lo volvió a llamar, pero esta vez más preocupada: «¿Qué te ocurre? No es normal que te comportes así».

Mondrol Chodak la miró con tristeza y dijo: «Hoy me he dado cuenta de que todos me habéis engañado. Siempre decís que soy muy inteligente y que os sirvo de ayuda, pero ahora veo que todas mis acciones, sin excepción, han sido motivadas por intereses mundanos. Distraído por estas actividades y enorgullecido por vuestras alabanzas, he olvidado practicar el Dharma, lo único que hubiera podido protegerme. ¿Hay alguien tan necio como yo?». Mientras las lágrimas corrían por sus mejillas, se lamentó: «¡Cuánto daría por no ser quien soy!», y pronunciando estas palabras expiró.

Es muy común sentir un profundo arrepentimiento al morir. Si desperdiciamos nuestra vida en actividades mundanas, terminaremos como Mondrol Chodak. Antes o después, padeceremos alguna enfermedad o tendremos un accidente, y el Señor de la Muerte se abalanzará sobre nosotros. El médico vendrá a visitarnos, pero lo único que podrá hacer es informar a nuestros familiares de que nuestra enfermedad es incurable. Por mucho que recemos, no conseguiremos detener el proceso de la muerte. Nuestros familiares más cercanos acudirán a nuestro lecho de muerte con los ojos llenos de lágrimas, habiendo perdido toda esperanza en nuestra recuperación. Justo antes de morir les pediremos que se distribuyan nuestras posesiones y que se ocupen de los asuntos que no pudimos resolver. Luego se nos secará la boca, se nos hundirá la nariz, nuestros ojos permanecerán fijos mirando al vacío y nuestra respiración será irregular. Al pensar que no volveremos a ver a nuestros familiares y amigos, sentiremos un profundo dolor. Nos acordaremos de todas las acciones perjudiciales que cometimos durante la vida que estamos a punto de perder y nos llenaremos de arrepentimiento. Nuestros brazos y piernas comenzarán a temblar y nos resultará difícil abandonarlo todo y morir en paz. No podremos contener la orina ni los excrementos y tendremos visiones terroríficas como consecuencia del karma negativo que no hayamos purificado. Al final, espiraremos el aire por última vez y ya no volveremos a aspirarlo, y el temido e inexorable momento de la muerte nos habrá llegado.

Es importante contemplar cómo se nos acercará la muerte y reflexionar sobre las experiencias que tendremos al morir.

Debemos realizar esta contemplación una y otra vez hasta que tomemos la firme determinación de no desperdiciar ni un solo momento de esta frágil existencia humana. Para extraer su esencia, debemos reconocer nuestra mortalidad. Acordarnos de nuestra muerte es el mayor incentivo para practicar el Dharma correctamente.

SI NO PRACTICAMOS LA VIRTUD AHORA, RENACEREMOS EN LOS REINOS INFERIORES

A continuación, Shantideva dice:

«Ahora que he obtenido esta existencia humana, si no practico la virtud y solo cometo malas acciones, renaceré en los infiernos y mi cuerpo arderá durante tiempo indefinido. ¿Qué otro remedio le quedará a mi mente más que hundirse en un profundo arrepentimiento?». [25]

TENIENDO EN CUENTA TODO LO ANTERIOR, LO MÁS SENSATO ES ABANDONAR EL MAL Y CULTIVAR LA VIRTUD

Shantideva concluye este apartado del siguiente modo:

«Gracias a mi increíble buena fortuna he obtenido una forma humana perfectamente dotada con libertades muy difíciles de lograr. Si aún pudiendo discernir entre las desventajas de las acciones perjudiciales y los beneficios de practicar la virtud no evito caer en los reinos inferiores, es como si no poseyera una mente humana. Aturdido por un poderoso hechizo, no puedo pensar ni comprender el motivo de mi confusión. ¿Qué clase de ignorancia padezco?». [26-27]

Si aún pudiendo distinguir entre las buenas y las malas acciones, y comprender la relación entre las acciones y sus efectos, no mantenemos una vida pura, es porque nuestra mente está dominada por una profunda ignorancia.

Aquí concluye la presentación de la recta conducta en relación con la meditación sobre la importancia de practicar la virtud.

APLICACIÓN DE LA RECTA CONDUCTA PARA ABANDONAR LAS PERTURBACIONES MENTALES

Consta de tres partes:

1. Reflexión sobre las faltas de las perturbaciones mentales.
2. No debemos lamentarnos de las dificultades que tendremos para abandonar las perturbaciones mentales.
3. Alegrémonos de poder abandonar las perturbaciones mentales.

REFLEXIÓN SOBRE LAS FALTAS DE LAS PERTURBACIONES MENTALES

Shantideva expone las faltas de las perturbaciones mentales en seis apartados:

1. Las perturbaciones mentales nos privan de libertad.
2. Las perturbaciones mentales nos producen innumerables sufrimientos.
3. Las perturbaciones mentales nos perjudican durante mucho tiempo.
4. Es absurdo hacer amistad con las perturbaciones mentales.
5. No debemos ser pacientes con nuestras perturbaciones mentales.
6. Exhortación para eliminar las perturbaciones mentales.

LAS PERTURBACIONES MENTALES NOS PRIVAN DE LIBERTAD

Shantideva describe la influencia que las perturbaciones mentales ejercen sobre nosotros de la siguiente manera:

> «Aunque mis enemigos del odio, apego y otros engaños no van armados ni tienen piernas ni brazos, me dañan y torturan como si fuera un esclavo». [28]

Según el Dharma, las perturbaciones mentales, es decir, los factores mentales que interrumpen la paz interior, son nuestro peor enemigo. Si deseamos liberarnos del sufrimiento, debemos identificar las distintas perturbaciones mentales y comprender cómo nos perjudican. Por lo general, todos deseamos saber quiénes son nuestros enemigos externos, pero apenas nos fijamos en los enemigos internos que contaminan nuestra mente. Si no reconocemos nuestros engaños ni sabemos cómo nos perjudican, ¿cómo vamos a eliminar el sufrimiento? Buda identificó seis perturbaciones mentales raíz que envenenan nuestra mente: el apego, el odio, el orgullo, la ignorancia, la duda perturbadora y la creencia perturbadora. A continuación, se describen con detalle.

El apego es el factor mental que percibe un objeto, lo considera atractivo o agradable y desea obtenerlo, tocarlo, poseerlo y no separarse de él. El apego funciona de dos maneras: desea obtener un objeto hermoso que aún no posee, y cuando lo posee no quiere separarse nunca de él. En una relación de pareja podemos encontrar las dos clases de apego. Al principio, los dos miembros de la pareja sienten un fuerte deseo de estar juntos, y esta es la primera clase de apego. Al cabo de un tiempo, generan el deseo de no separarse jamás, y esta es la segunda clase de apego. También podemos tener apego a objetos materiales. Bajo la influencia de esta perturbación mental, nuestra mente se absorbe en el objeto de deseo del mismo modo que el aceite lo hace en un trozo de tela. Al igual que resulta difícil quitar una mancha de aceite de un trozo de tela, también lo es distanciar la mente de su objeto de apego.

Como consecuencia de nuestro apego, seguimos vagando por el samsara y experimentando infinitos sufrimientos. El requisito para alcanzar la liberación o la iluminación total, o incluso para recibir la ordenación monástica, es la mente de renuncia. El apego a los placeres transitorios de este mundo impide que generemos esta mente.

Desde tiempo sin principio hemos sido incapaces de liberarnos de la prisión del samsara, puesto que el apego nos ha mantenido atrapados en ella. Si tenemos un sincero deseo de practicar el Dharma, debemos renunciar a todo el samsara, y solo podremos hacerlo reduciendo nuestro apego.

Después de reconocer nuestro apego, hay dos maneras de abandonarlo. Si meditamos en las impurezas del objeto deseado y en sentir repugnancia por él, y reflexionamos sobre las numerosas faltas de este engaño, podemos eliminarlo de manera temporal. Si practicamos de este modo sin cesar, sin lugar a dudas lograremos reducirlo. Sin embargo, para eliminarlo por completo, debemos erradicar la causa subyacente no solo del apego, sino también de todas las demás perturbaciones mentales: el aferramiento propio. Solo meditando en la sabiduría que realiza la vacuidad (sáns. *shunyata*) podremos eliminar el aferramiento propio. Para liberarnos del sufrimiento, además de la realización de la vacuidad necesitamos la de la renuncia, la de la permanencia apacible y la de la visión superior. Shantideva presenta las meditaciones de la permanencia apacible y de la visión superior en los capítulos octavo y noveno, respectivamente.

La segunda perturbación mental raíz es el odio. Este factor mental exagera las características desagradables de un objeto y desea perjudicarlo. Como en el caso del apego, el odio puede estar dirigido hacia objetos animados o inanimados. ¿Cómo nos perjudica el odio? Buda dijo que el odio reduce o destruye por completo los méritos que hayamos acumulado y nos conduce a los infiernos. Por ejemplo, un momento de odio dirigido hacia un Bodhisatva puede destruir todos los méritos que hayamos acumulado para renacer en un reino afortunado.

El odio es como el fuego que consume la madera de la virtud. Se encuentra detrás de todas las disputas, ya sean peleas familiares entre marido y mujer o guerras entre naciones. Cuando nos domina, se nos enrojece el rostro y acabamos tanto con nuestra paz mental como con la de los que están a nuestro alrededor. En el capítulo sexto se describen con detalle las innumerables desventajas del odio y el método para impedir que surja.

El orgullo es el factor mental que nos hace sentir superiores a los demás. Podemos sentir orgullo incluso al estudiar el Dharma, pensando que lo comprendemos mejor que los demás. El orgullo es perjudicial porque nos impide aprender de un maestro cualificado. Al igual que en la cumbre de una montaña no se puede formar un lago, los conocimientos tampoco caben en la mente arrogante del orgulloso.

La cuarta perturbación mental es la ignorancia. Se refiere al desconocimiento y a la confusión, y se manifiesta principalmente como aferramiento propio. Si meditamos en la vacuidad de manera incorrecta y estamos confundidos, esto también es ignorancia. Los inconvenientes de la mente confusa e ignorante son numerosos. Incluso en los asuntos mundanos, si deseamos realizar nuestras actividades correctamente, debemos entender con claridad lo que estamos haciendo. De igual manera, si no conocemos los métodos para avanzar por el camino espiritual que nos conduce a la liberación y la iluminación, no podremos alcanzar estas metas. Todas las creencias erróneas, como negar la ley de causa y efecto o que la mente es un continuo sin forma, tienen su raíz en el factor mental de la ignorancia.

La duda perturbadora es el factor mental que obstaculiza nuestras creencias haciéndonos vacilar entre los extremos de lo que es cierto y lo que no lo es. Por ejemplo, puede ocurrir que no creamos en la ley del karma porque tengamos dudas y pensemos: «Es posible que sea cierto, pero igual no lo es».

Las dudas no nos permiten mantener una mente estable ni recorrer el camino hacia la liberación. Buda Shakyamuni resumió este camino en la práctica de las cuatro nobles verdades, pero mientras nuestra mente esté saturada por la duda perturbadora, nunca lograremos recorrerlo. Esta clase de duda nos impide practicar con sinceridad y recoger los frutos de nuestra práctica de meditación.

Hay dos maneras de disipar las dudas sobre un objeto determinado. La primera es analizarlo de forma lógica utilizando razonamientos. Buda Shakyamuni dijo que antes de aceptar sus enseñanzas debemos analizarlas. Sin embargo, hay ocasiones en las que no conseguimos llegar a una conclusión a pesar de nuestros razonamientos. Quizás no sepamos lo suficiente acerca del objeto para poder comprenderlo. En ese caso, debemos disipar nuestras dudas siguiendo las instrucciones de un Guía Espiritual cualificado en quien podamos confiar. Si no intentamos eliminar nuestras dudas de una de estas dos maneras, nunca progresaremos en nuestra práctica de Dharma.

La creencia perturbadora es la sexta perturbación mental raíz. Hay muchas clases de creencias perturbadoras, pero la principal es el aferramiento al yo como si tuviera existencia inherente. Esta creencia y su antídoto se exponen con detalle en el capítulo noveno. De momento, es suficiente con saber que esta creencia concibe al yo como si no estuviera relacionado ni con el cuerpo ni con la mente. Por ejemplo, cuando andamos cerca de un precipicio, no pensamos: «Mi cuerpo se puede caer» o «Mi mente se puede caer», sino: «Yo me puedo caer». El yo que percibimos en ese momento es independiente y no tiene relación con nuestro cuerpo ni con nuestra mente ni con el conjunto de los dos. Esta manera errónea de percibirnos es la cadena que nos ata al samsara y la raíz de todas nuestras perturbaciones mentales, y cuando la abandonemos, estas desaparecerán.

La creencia perturbadora que cree que los objetos son independientes y que existen de manera inherente es el origen de los demás engaños, como el apego, el odio y el orgullo. Estas perturbaciones mentales nos impulsan a cometer karma negativo, y debido a este renacemos una y otra vez en el samsara, donde padecemos los sufrimientos del nacimiento, el hambre, la sed, las enfermedades, el envejecimiento y finalmente la muerte. Todos estos sufrimientos tienen su origen en nuestra creencia errónea que concibe que los fenómenos existen de manera inherente. Si deseamos liberarnos del sufrimiento, debemos meditar a diario sobre las desventajas de sostener esta creencia perturbadora.

Ahora podemos entender por qué Shantideva dice que nuestras perturbaciones mentales son nuestro peor enemigo, que nos mantiene esclavizados en la prisión del samsara. ¿Qué es lo que nos empuja a vender nuestro tiempo, energía, sudor y vitalidad a cambio de un poco de dinero, algunas posesiones y una buena reputación? Actuamos impulsados por nuestras perturbaciones mentales, en particular el apego, aunque también somos esclavos del odio. ¿Qué es lo que nos incita a seguir luchando aunque pongamos en peligro nuestra vida, tengamos miedo y recibamos amenazas de muerte? Solo las perturbaciones mentales pueden perjudicarnos de esta manera.

LAS PERTURBACIONES MENTALES NOS PRODUCEN INNUMERABLES SUFRIMIENTOS

[29ab] Los enemigos externos pueden herir nuestro cuerpo, pero el enemigo interno de los engaños ha controlado nuestra mente desde tiempo sin principio y no ha dejado de perjudicarnos. Este enemigo está muy unido a nuestra mente y cuesta identificarlo. La única forma de hacerlo es estudiándolo.

Solemos decir que un buen médico puede diagnosticar enfermedades, pero en realidad esto no es tan difícil, puesto que en muchos casos puede hacerse incluso con la vista. No obstante, para distinguir una mente virtuosa de una perjudicial se requiere mucha más destreza y no puede hacerse de ese modo. ¿Cómo hemos de realizar este diagnóstico tan sutil? Primero debemos recibir enseñanzas sobre la naturaleza de la mente y luego examinarlas por medio de una meditación analítica. Este es el modo correcto de adiestrarnos en el Dharma.

De los numerosos estados mentales que existen, unos son virtuosos, otros perjudiciales y otros neutros. Si sabemos identificar las mentes perjudiciales y aplicar el antídoto apropiado para eliminarlas, estaremos practicando con destreza. Cuando reconozcamos nuestras perturbaciones mentales y comprendamos cómo nos perjudican, podremos esforzarnos por eliminarlas. Si en una organización hay una persona subversiva, cuando el resto sepa quién es y cuáles son sus intenciones, la expulsarán enseguida. Del mismo modo, si reconocemos que la perturbación mental raíz del aferramiento propio es nuestro peor enemigo, haremos lo posible para erradicarla de nuestra mente. No debemos ser complacientes con este enemigo y permitir que permanezca en nuestro interior.

Shantideva resume los riesgos a los que nos exponen las perturbaciones mentales de la siguiente manera:

«Tolerar el aferramiento propio es vergonzoso. ¡No hay tiempo para ser pacientes con él! Aunque todos los dioses, semidioses y demás seres sintientes del universo se sublevaran unidos contra mí, solo lograrían perjudicarme en esta vida. No podrían arrojarme a las llamas voraces del más profundo de los infiernos. Sin embargo, las perturbaciones mentales pueden arrojarme en un instante a esta hoguera capaz de reducir el Monte Meru a un montón de cenizas». [29cd-31]

LAS PERTURBACIONES MENTALES NOS PERJUDICAN DURANTE MUCHO TIEMPO

[32] Ninguno de nuestros enemigos externos lo será para siempre, pero el enemigo interno de las perturbaciones mentales nos ha perjudicado desde tiempo sin principio, y si no lo vencemos en esta vida, seguirá haciéndolo en las vidas futuras.

ES ABSURDO HACER AMISTAD CON LAS PERTURBACIONES MENTALES

[33] Es posible convertir un enemigo externo en nuestro amigo con solo darle la razón y confiar en él. De este modo, nos complacerá y dejará de perjudicarnos, pero si hacemos amistad con

el enemigo interno de las perturbaciones mentales y confiamos en él, nos causará sufrimiento sin cesar. Por lo tanto, no debemos ser amigos de las perturbaciones mentales.

NO DEBEMOS SER PACIENTES CON NUESTRAS PERTURBACIONES MENTALES

Shantideva continúa diciendo:

«Las perturbaciones mentales son mi peor enemigo y el más duradero, y también las causantes de que mis sufrimientos, temores y desgracias aumenten. Mientras este enemigo resida en mi corazón, ¿cómo voy a liberarme del miedo y vivir feliz en el samsara? Los engaños son los guardianes de la prisión del samsara, me arrojan a los infiernos y me torturan y descuartizan sin cesar. Mientras mi mente esté atrapada en la red de las perturbaciones mentales, ¿cómo lograré ser feliz?». [34-35]

EXHORTACIÓN PARA ELIMINAR LAS PERTURBACIONES MENTALES

Tras describir las faltas de las perturbaciones mentales, Shantideva nos anima a tomar con firmeza la resolución de luchar sin descanso contra ellas:

«En este mundo, el arrogante no concilia el sueño hasta que consigue derrotar a su enemigo externo, aunque apenas le haya causado daño y este haya durado poco tiempo. Se esfuerza sin descanso por eliminar a este insignificante enemigo. Siguiendo su ejemplo, yo tampoco dejaré de luchar hasta que mi enemigo interno se rinda ante mí». [36]

Aquí concluye la exposición de las faltas de las perturbaciones mentales, y en el siguiente apartado, Shantideva continúa describiendo la guerra que mantiene contra ellas.

NO DEBEMOS LAMENTARNOS DE LAS DIFICULTADES QUE TENDREMOS PARA ABANDONAR LAS PERTURBACIONES MENTALES

En realidad, no tiene sentido eliminar a nuestro enemigo externo, puesto que la muerte ya se encargará de hacerlo. Sin embargo, [37] los soldados luchan en sangrientas batallas aunque sus enemigos dispongan de mejor armamento. Sin tener en cuenta los sufrimientos que les esperan, luchan hasta conseguir la victoria. Si hay personas que se esfuerzan tanto por derrotar a su enemigo externo, [38] ¿por qué no nos esforzamos del mismo modo por destruir al peor de nuestros enemigos: las perturbaciones mentales, la causa de todo nuestro sufrimiento? Para eliminar a un enemigo tan poderoso vamos a tener grandes dificultades, pero no debemos desanimarnos, puesto que es necesario hacerlo.

[39] Los soldados que sufren heridas en el campo de batalla las muestran orgullosos como si fueran ornamentos. Por razones nimias soportan grandes sufrimientos y luego se enorgullecen de sus cicatrices. ¡Cuánto más encomiable es soportar los problemas que encontraremos al intentar alcanzar la meta suprema! Por lo tanto, debemos prepararnos para soportar todas las dificultades que nos encontremos en el camino espiritual.

[40] Los cazadores, pescadores y granjeros aguantan el frío y el calor para ganarse la vida. Si toleran estos sufrimientos por beneficio propio, nosotros deberíamos pensar: «¿Por qué no soy paciente con mi sufrimiento cuando trabajo por el beneficio de los demás? Sin lugar a dudas debo aceptar con alegría las dificultades que experimente al trabajar por mi propio bien y por el de los demás, las dos metas del camino mahayana».

Puede que nos preguntemos por qué debemos liberarnos de nuestras perturbaciones mentales para poder eliminar el sufrimiento de los demás, y Shantideva nos responde del siguiente modo:

> «Si no elimino mis perturbaciones mentales ni tengo control sobre mis futuros renacimientos en el samsara, mi promesa de liberar de sus engaños y sufrimientos a todos los seres sintientes de las diez direcciones no será realista. Por lo tanto, debo esforzarme por recorrer el camino del Dharma y eliminar mis perturbaciones mentales». [41-42]

Si erradicamos nuestros engaños, podremos liberar a todos los seres del sufrimiento. Nuestra meta última como practicantes del camino mahayana es beneficiar a los demás, pero para conseguirlo, debemos ser capaces de controlar nuestra propia mente, pues solo de este modo podremos ayudarlos de verdad. A continuación, Shantideva hace hincapié en la importancia de eliminar nuestras perturbaciones mentales volviendo a utilizar metáforas bélicas:

«¡Guardemos rencor a las propias perturbaciones mentales y que comience la batalla! No nos rindamos jamás ante ellas, puesto que su único objetivo es perjudicarnos. No es incorrecto aborrecerlas porque obstaculizan nuestra práctica de Dharma. Aunque este rencor parezca odio, en realidad no lo es. Sería mejor que alguien me quemara vivo o me decapitara que dejarme dominar por mis perturbaciones mentales». [43-44]

En el Tíbet vivía un famoso practicante llamado Gueshe Ben Gungyel. Uno de sus discípulos comprobó que por la noche no dormía ni recitaba oraciones, y decidió preguntarle qué prácticas realizaba. Ben Gungyel respondió: «Solo tengo dos prácticas: vigilar mi mente para ver cuándo aparecen las perturbaciones mentales y, cuando lo hacen, controlarlas. Solo hago esto. Si no tengo perturbaciones mentales, estoy tranquilo, pero si aparecen, intento reconocerlas y aplicar enseguida el antídoto adecuado. Mi práctica de Dharma no se reduce a meras palabras, sino que me esfuerzo por erradicar mis engaños». Los grandes maestros de su tiempo elogiaban su manera de practicar y nosotros deberíamos seguir su ejemplo.

ALEGRÉMONOS DE PODER ABANDONAR LAS PERTURBACIONES MENTALES

Este apartado, el tercer aspecto de practicar la recta conducta para abandonar las perturbaciones mentales, consta de tres partes:

1. A diferencia de los enemigos externos, cuando eliminamos las perturbaciones mentales por completo, no vuelven a surgir.
2. Puesto que la causa de las perturbaciones mentales son las creencias erróneas, si practicamos con perseverancia, las abandonaremos.
3. Por estas razones, debemos abandonar las perturbaciones mentales.

A DIFERENCIA DE LOS ENEMIGOS EXTERNOS, CUANDO ELIMINAMOS LAS PERTURBACIONES MENTALES POR COMPLETO, NO VUELVEN A SURGIR.

Shantideva dice:

«Cuando a un enemigo externo se le destierra de su país, puede buscar ayuda en el extranjero y regresar para vengarse, pero el enemigo interno de las perturbaciones mentales no puede hacerlo. Cuando eliminemos las perturbaciones mentales por completo, nunca más volverán a surgir». [45]

PUESTO QUE LA CAUSA DE LAS PERTURBACIONES MENTALES SON LAS CREENCIAS ERRÓNEAS, SI PRACTICAMOS CON PERSEVERANCIA, LAS ABANDONAREMOS

Puede que pensemos lo siguiente: «Entiendo que las perturbaciones mentales me perjudican, pero ¿es posible erradicarlas por completo? Sí. Cuando cortamos la raíz de las perturbaciones mentales, las eliminamos para siempre. El aferramiento propio es esta raíz, y las perturbaciones mentales, sus ramas. Si cortamos un árbol de raíz, sus ramas, frutos, flores y hojas se secarán y morirán. De igual manera, si erradicamos nuestro aferramiento propio, desaparecerán también las demás perturbaciones mentales. Si sabemos cómo hacerlo correctamente, no tendremos problemas en nuestra práctica. El arma que necesitamos para cortar el aferramiento propio es la espada de la sabiduría, la realización de la vacuidad. [46] Si poseemos el ojo de la sabiduría, podemos debilitar las perturbaciones mentales hasta eliminarlas por completo.

POR ESTAS RAZONES, DEBEMOS ABANDONAR LAS PERTURBACIONES MENTALES

Hay quien piensa que las perturbaciones mentales existen de manera inherente y que, por lo tanto, no pueden abandonarse, pero esto es incorrecto: no hay nada que exista por sí mismo, ni siquiera los engaños. Cuando los hayamos eliminado, dejarán de existir para siempre. Es imposible que se trasladen a otro lugar y vuelvan para perjudicarnos en el futuro. Aunque nuestra mente sea débil, si nos esforzamos con perseverancia, ¿qué nos impedirá destruirlas?

Si creemos que las perturbaciones mentales tienen existencia propia, deberíamos poder encontrarlas, [47ab] pero no están ni en el objeto ni en los órganos sensoriales ni en el conjunto de estos dos ni en ningún otro lugar. Entonces, ¿cómo surgen y dañan a los seres sintientes? ¿De dónde proceden? El no poder localizarlas indica que, aunque ejercen la función de perjudicarnos, no existen por sí mismas. El apego y las demás perturbaciones mentales son como una ilusión, y al reconocerlo, Shantideva se lamenta del siguiente modo:

«Si no hay una buena razón, ¿por qué he sufrido durante tanto tiempo en los infiernos? Ahora que lo comprendo, debo olvidarme de mis temores y esforzarme por abandonar todas las perturbaciones mentales por completo». [47cd]

RESUMEN

Shantideva termina su exposición acerca de la recta conducta como sigue:

«Voy a practicar la recta conducta y a integrar todos estos preceptos en mi práctica de Dharma tal y como se ha descrito, e intentaré guardarlos lo mejor que pueda. El paciente que no hace caso de los consejos de su médico nunca se curará. Del mismo modo, si no escucho ni practico las enseñanzas de Buda, ¿cómo voy a curarme de la enfermedad de las perturbaciones mentales?». [48]

Aquí concluye la «Recta conducta», el capítulo cuarto del libro *Tesoro de contemplación*, comentario a la *Guía de las obras del Bodhisatva*, de Shantideva.

Vigilancia mental

Una vez que hemos tomado los votos del Bodhisatva y comprendido la importancia de practicar la recta conducta, podemos aplicar el verdadero método para alcanzar la iluminación: la práctica de las seis perfecciones. Como se mencionó en la introducción, aunque por lo general la perfección de la generosidad suele presentarse primero, en el texto de Shantideva se comienza con la disciplina moral. Puesto que para tener disciplina es necesario cultivar la retentiva y la vigilancia mental, en el presente capítulo se tratarán estos dos factores mentales bajo los cinco apartados siguientes:

APLICACIÓN DE LA RETENTIVA Y LA VIGILANCIA MENTAL EN LA PRÁCTICA DE LA DISCIPLINA MORAL

1. El método para mantener nuestra práctica es proteger la mente.
2. El método para proteger nuestra mente es practicar la retentiva y la vigilancia mental.
3. Cómo mantener la disciplina moral con la ayuda de la retentiva y la vigilancia mental.
4. Cómo impedir que nuestra práctica degenere.
5. Conclusión: lo importante no son las palabras [de los textos de Dharma], sino su significado.

EL MÉTODO PARA MANTENER NUESTRA PRÁCTICA ES PROTEGER LA MENTE

[1] Para no caer bajo la influencia de los engaños, debemos controlar la mente y evitar las distracciones. No podemos mantener una disciplina moral pura con una mente desprotegida. Si aprendemos a distanciar nuestra mente de las perturbaciones mentales y a familiarizarla con la práctica de la virtud, nuestra disciplina moral irá mejorando y finalmente lograremos perfec-

Atisha

cionarla. Si no protegemos nuestra mente, tendremos muchos problemas.

[2] Un elefante salvaje puede provocar numerosos perjuicios, pero no tantos como nuestra mente incontrolada. Si no subyugamos al elefante salvaje de nuestra mente, no solo nos causará sufrimiento en esta vida, sino que además nos arrojará a los infiernos más profundos en vidas futuras. En realidad, si lo analizamos con detenimiento, nos daremos cuenta de que nuestra mente incontrolada es la responsable de todos nuestros sufrimientos tanto en esta vida como en las futuras. Es más importante controlar nuestra mente que domar un animal salvaje.

[3] Son muchos los beneficios que recibiremos si controlamos nuestra mente. Si atamos el elefante salvaje de nuestra mente al poste de la virtud con la soga de la retentiva mental, desaparecerán nuestros temores y alcanzaremos realizaciones espirituales con facilidad. Para mejorar nuestra mente, debemos fundirla con la práctica de la virtud aplicando en todo momento la retentiva mental. Esta es la esencia de la meditación.

Si no cultivamos la retentiva, nuestras meditaciones serán superficiales y no podremos impedir que el elefante salvaje de nuestra mente persiga sin control los objetos de apego, odio, celos y demás perturbaciones mentales. Cuando intentamos meditar, nuestra mente se distrae y viaja a ciudades lejanas, visita familiares y amigos, etcétera. Al igual que un alfarero necesita las dos manos para dar forma a sus vasijas, la retentiva y la vigilancia mental son imprescindibles para meditar de manera correcta y alcanzar realizaciones a lo largo del camino espiritual.

[4] Si aprendemos a controlar la mente, desaparecerán nuestros miedos. Nada podrá atemorizarnos, ni tigres ni elefantes ni leones ni gorilas ni serpientes ni enemigos ni guardianes de los infiernos ni espíritus malignos, ni tan siquiera caníbales. ¿Por qué? [5] Porque todos los temores proceden de nuestra mente incontrolada. Así pues, el Bodhisatva que adiestra su mente no tiene miedo a ninguna de estas criaturas porque está dispuesto a entregar su cuerpo y posesiones a los demás. En nuestro caso, como no controlamos nuestra estimación propia, tenemos miedo cuando nos enfrentamos con algo desconocido. La única manera de superarlo es controlar nuestra mente.

La historia de una de las vidas previas de Buda Shakyamuni nos enseña que tener una mente controlada es una verdadera protección. En aquel tiempo, Buda Shakyamuni renació como un rey indio llamado Chandra. Un día llegó a la comarca un niño caníbal sediento de sangre y todos huían de él despavoridos. Sin embargo, cuando el rey Chandra lo vio, se le acercó con tranquilidad y se presentó. El niño se abalanzó sobre él, pero el rey Chandra permaneció inmóvil. El niño caníbal le preguntó sorprendido: «¿No tienes miedo a la muerte?». El rey respondió que no, y que estaba dispuesto a sacrificar su cuerpo en ese mismo instante si era necesario.

El niño, asombrado de que alguien tan joven y apuesto como el rey no le tuviese miedo, pensó que el monarca debía de tener una mente muy poderosa, y le preguntó por qué era tan valiente. El rey Chandra le dijo: «Gracias a que he adiestrado mi mente en la práctica de la virtud, no le temo a nada». Al escuchar estas palabras, el niño generó una fe profunda en la práctica de la virtud. El rey le advirtió de los innumerables sufrimientos que iba a padecer como resultado de sus malas acciones y le impartió enseñanzas sobre la relación entre las acciones y sus efectos. El niño se arrepintió de sus crímenes y prometió desde lo más profundo de su corazón no volverlos a repetir. El rey Chandra produjo un efecto beneficioso en el niño y salió indemne de la situación, gracias a que controló su mente y no tuvo miedo. Del mismo modo, si atamos el elefante de nuestra mente a un objeto virtuoso apropiado, desaparecerán nuestros temores.

[6] Buda Shakyamuni, el gran ser totalmente realizado, enseñó en el *Sutra nube de joyas* (sáns. *Ratnameghasutra*) que los infinitos sufrimientos que experimentamos a lo largo de nuestras vidas proceden de nuestra propia mente. Aunque podemos entender esta enseñanza leyendo las escrituras y aplicando razonamientos lógicos, por lo general no la tenemos en cuenta y asumimos que tanto el sufrimiento como la felicidad proceden de causas y condiciones externas. Creemos que las circunstancias son las que determinan nuestro estado mental. Por ejemplo, algunas escuelas filosóficas hindúes creen que los dioses Ishvara y Brahma han creado el universo y que nuestras experiencias dependen por completo de ellos.

Sin embargo, según la filosofía budista, el sufrimiento y la felicidad tienen su origen en la mente. En realidad, tanto el universo como los seres que lo habitan existen gracias al poder de la mente. Todos los fenómenos son creados por ella, y es ella también la que determina nuestras experiencias y percepciones. Este es un tema difícil de entender que trataremos con detenimiento en el capítulo noveno, pero que a continuación analizaremos brevemente. Cuando en un sueño vemos a nuestros familiares y amigos, creemos que de verdad son ellos y que existen como objetos separados de nosotros, pero esto no es cierto. Lo que percibimos son solo imágenes oníricas que surgen de nuestra mente. Cuando vamos al cine, también nos parece que la película surge de algún lugar delante de nosotros aunque en realidad se proyecta desde atrás. Al igual que en el ejemplo del sueño y en el de la película, las personas y los objetos que percibimos también parecen existir fuera de nosotros aunque en realidad se originan en nuestra mente. A aquellos que no conocen el Dharma y no han realizado un análisis profundo sobre la diferencia entre las apariencias y la realidad les puede resultar extraña esta creencia, pero si deseamos alcanzar la realización última de la verdadera naturaleza de la realidad, la carencia de existencia propia de todos los fenómenos, debemos analizarla con detenimiento. Este es un tema demasiado importante para tratarlo de manera superficial.

Si el universo y los seres que habitan en él no tuvieran su origen en la mente, entonces, como Shantideva pregunta en uno de los versos más famosos de su texto:

«¿Quién ha fabricado las armas que llevan los demonios en los infiernos? ¿Quién ha creado el suelo de hierro candente? ¿De dónde proceden las embaucadoras diablesas?». [7]

[8] Puesto que el universo y los seres que habitan en él son el producto de la acumulación de karma individual y colectivo, y estos los crea la mente, lo único a lo que debemos temer en todo el universo es a nuestra mente inmoral e incontrolada.

La práctica de Dharma también depende de la mente. A continuación, Shantideva expone cómo las seis perfecciones –generosidad, disciplina moral, paciencia, esfuerzo, concentración y sabiduría– son principalmente actividades de la mente y que sus resultados dependen de ella.

[9] Podemos preguntarnos que si Buda Shakyamuni y los demás seres iluminados han practicado la perfección de la generosidad, ¿por qué hay tantos mendigos y tanta pobreza en

el mundo? La generosidad no consiste en eliminar la pobreza, sino en familiarizarnos con el deseo de dar nuestros bienes, nuestro cuerpo y los frutos de nuestras virtudes a los demás. Para practicar la generosidad, no es suficiente con hacer donaciones, aunque sin lugar a dudas esto también es importante. [10] La generosidad es un adiestramiento mental que consiste en familiarizarnos con el deseo de dar sin esperar nada a cambio. Al practicar esta perfección no pretendemos aliviar la pobreza en el mundo, aunque en realidad ayudemos a conseguirlo, sino superar nuestra avaricia. Por lo tanto, está claro que la práctica de la generosidad depende por completo de la mente.

De igual manera, [11] la perfección de la disciplina moral no consiste solo en rescatar peces, pájaros, ciervos y otros animales en peligro. La moralidad es la mente que se abstiene de cometer acciones perjudiciales. Guardar y mantener esta mente es la verdadera práctica de la disciplina moral. Cuando la mente se acostumbra a abandonar lo que no es virtuoso y deja de transgredir votos, alcanzamos la perfección de la disciplina moral. Por lo tanto, esta perfección también depende de la mente.

La siguiente perfección es la de la paciencia y está relacionada con el modo en que reaccionamos ante los seres y objetos que nos perjudican. [12] Debemos comprender que no podemos vencer a todos nuestros enemigos. Aunque logremos derrotar a uno, aparecerá otro en su lugar. Si matamos a alguien que nos ha perjudicado, sus familiares y amigos intentarán vengarse de nosotros. Shantideva se pregunta: «¿Cómo es posible liberarnos de nuestros enemigos si su número es infinito como el espacio?». La única forma de vencerlos es superando nuestro propio odio.

[13] Si queremos proteger nuestros pies al andar por un camino pedregoso, no tendría sentido intentar cubrir este último de cuero, puesto que sería una tarea imposible. No obstante, con un pequeño trozo de cuero podemos cubrirnos las plantas de los pies y esto será suficiente. [14] Del mismo modo, es mejor controlar nuestro odio que intentar eliminar a nuestros enemigos externos. Para superar el odio, tenemos que adiestrar la mente. La práctica de la paciencia no consiste solo en abandonar nuestro deseo de venganza cuando alguien nos perjudica, sino también en aumentar nuestra capacidad para soportar con una actitud positiva nuestros dolores y sufrimientos. Al igual que las demás perfecciones, esta práctica es principalmente mental.

[15] Existen numerosas prácticas espirituales que pueden conducirnos a estados inimaginables de felicidad y buena fortuna. Por ejemplo, si cultivamos la concentración, crearemos el karma para renacer en uno de los reinos de los dioses, como el de Brahma. Estos estados de intenso placer solo pueden lograrse con un adiestramiento mental, no con prácticas físicas ni verbales. Además, para conseguir una concentración lo suficientemente poderosa como para lograr un renacimiento tan extraordinario, debemos adiestrarnos con destreza y perseverancia. Por lo tanto, la perfección del esfuerzo también depende de la mente.

[16] Recitar mantras, hacer postraciones, ayunar, etcétera, son prácticas con las que podemos acumular gran cantidad de méritos, pero si las realizamos con una mente distraída, no obtendremos resultados. La perfección de la concentración consiste en adiestrar la mente para que permanezca enfocada en el objeto elegido. Cuando esta concentración no requiere esfuerzo y es inalterable, es posible alcanzar la permanencia apacible. Este es un gran logro que evidentemente no depende del cuerpo ni de la palabra, sino de nuestro estado mental.

[17] Todos deseamos dejar de sufrir y ser felices, pero para conseguirlo hemos de alcanzar la realización más importante del Dharma: la sabiduría que comprende la vacuidad de existencia verdadera, el objeto oculto sublime. Para lograr este entendimiento sutil y cultivar la sabiduría que comprende la vacuidad, debemos hacer un esfuerzo mental, ya que las actividades físicas y verbales no son suficientes. Así pues, tanto la sabiduría y las demás perfecciones como las perturbaciones mentales y otras faltas, son factores mentales y su existencia depende de la mente.

[18] Si no protegemos nuestra mente de manera correcta, es inútil querer practicar el Dharma. ¿Qué es lo que debemos proteger? Las cinco consciencias sensoriales: la visual, la auditiva, la olfativa, la gustativa y la corporal, y también la consciencia mental. Por ejemplo, ¿cómo debemos proteger la consciencia visual? Hemos de impedir que nuestra atención se dirija hacia formas visuales que estimulen nuestro apego, odio u otras perturbaciones mentales. También debemos proteger nuestra consciencia auditiva de los sonidos que nos distraigan o nos induzcan a generar engaños. Lo mismo ocurre en el caso de las demás consciencias, debemos vigilarlas y no dejar que se fijen en objetos no

virtuosos. En esto consiste la práctica de proteger la mente. De las seis consciencias, la más importante es la mental, que por lo general denominamos *mente*. Esta es la que debemos proteger mejor si deseamos adiestrarnos en el Dharma y eliminar nuestras faltas. Por ejemplo, aunque nuestra consciencia visual perciba un objeto de apego, si nuestra consciencia mental está bien protegida, no generaremos este engaño. Para eliminar las perturbaciones mentales no es necesario evitar los estímulos externos, puesto que si aprendemos a controlar nuestra mente, no podrán perjudicarnos. Es imprescindible controlar la mente para tener éxito en nuestra práctica, sobre todo si deseamos desarrollar la concentración, pues de lo contrario no obtendremos resultados aunque nos adiestremos en las prácticas de Dharma más avanzadas.

Shantideva subraya la importancia de proteger nuestra mente con la siguiente analogía:

«Si nos hacemos una herida y tenemos que abrirnos paso entre una multitud, tomaremos la precaución de protegerla. Del mismo modo, cuando nos encontremos con personas que tienen malas intenciones u objetos que estimulan nuestras perturbaciones mentales, debemos proteger bien la mente.

»Si nos preocupamos de proteger una herida física que solo nos causa dolores temporales, con mayor razón deberíamos hacer lo mismo con nuestra mente. De lo contrario, si permanece desprotegida e incontrolada, puede llevarnos a experimentar terribles tormentos y sufrimientos, e incluso a hacernos sentir como si nos aplastaran entre dos enormes montañas». [19-20]

Es cierto que la convivencia con otras personas puede aportarnos experiencias beneficiosas, puesto que podemos considerar que todo lo que percibimos es como un sueño. Como dijo Milarepa: «No necesito leer libros porque vaya donde vaya todo lo que percibo me ayuda a desarrollar mi mente». Sin embargo, [21] en ciertas circunstancias debemos controlar nuestra mente y protegerla de las perturbaciones mentales. Por ejemplo, si tenemos que relacionarnos con personas inmorales que cometen malas acciones, debemos proteger nuestra mente o, de lo contrario, nos dejaremos influir por ellas. Si nuestros amigos niegan la

VIGILANCIA MENTAL

existencia de la relación entre las causas y sus efectos, el continuo de la consciencia, la posibilidad de alcanzar la liberación, etcétera, correremos el riesgo de dejarnos convencer. No obstante, si protegemos bien nuestra mente, no podrán afectarnos. Además, las personas que hayan tomado ciertos votos deben evitar aquellas situaciones que inviten a romperlos. Por ejemplo, los monjes y monjas deben tener cuidado al relacionarse con personas del sexo opuesto, y vigilar y controlar su mente. Los laicos también han de resistir las tentaciones de cometer acciones perjudiciales. La mejor manera de impedir que las buenas cualidades y los votos degeneren es proteger nuestra mente. Como dice Shantideva:

«Es mejor dejar que nuestro cuerpo, honor, sustento, riqueza y otros resultados de la virtud degeneren, que lo haga nuestra práctica de proteger la mente». [22]

Por lo tanto, deberíamos esforzarnos por controlar nuestra vida y mantener las cualidades que hemos cultivado para que no degeneren.

EL MÉTODO PARA PROTEGER NUESTRA MENTE ES PRACTICAR LA RETENTIVA Y LA VIGILANCIA MENTAL

En este apartado, Shantideva introduce los factores mentales de la retentiva y la vigilancia mental, que se utilizan para proteger la mente. La importancia de estos dos factores mentales se expone bajo los seis apartados siguientes:

1. Breve descripción de los factores mentales de la retentiva y la vigilancia mental.
2. Si perdemos la retentiva y la vigilancia mental, se debilitará el poder de nuestras virtudes.
3. Si perdemos la retentiva y la vigilancia mental, no cultivaremos la sabiduría verdadera.
4. Si perdemos la retentiva y la vigilancia mental, no podremos mantener una disciplina moral pura.
5. Si perdemos la retentiva y la vigilancia mental, las virtudes que hemos acumulado degenerarán.
6. Si perdemos la retentiva y la vigilancia mental, no podremos acumular más méritos.

BREVE DESCRIPCIÓN DE LOS FACTORES MENTALES DE LA RETENTIVA Y LA VIGILANCIA MENTAL

Shantideva comienza este apartado con la siguiente súplica:

«¡Oh, vosotros que deseáis proteger vuestra mente de las perturbaciones mentales!, con las manos juntas en señal de respeto os suplico: Sed diligentes y utilizad la retentiva y la vigilancia mental en todo momento». [23]

¿Qué es la retentiva? Para comprender este factor mental, debemos identificar su objeto, su naturaleza y su función. La retentiva mental se enfoca en un objeto que ya conoce, su naturaleza es no olvidarlo, sino recordarlo en todo momento, y su función es no apartarse de él. Por lo tanto, está claro que sin retentiva mental no podemos progresar en nuestros estudios. Tanto al principio de nuestra práctica como a lo largo de ella y al final, la retentiva y la vigilancia mental son imprescindibles para desarrollar cualidades virtuosas.

El factor mental de la vigilancia es una clase de sabiduría. Cuando emplazamos la mente en un objeto aplicando la retentiva, la vigilancia mental es el factor que detecta si nuestra mente cae bajo el control de la excitación o hundimiento mentales. Permanece alerta para comprobar si nuestra meditación es correcta y, por lo tanto, es una clase de sabiduría que analiza nuestra mente y comprende cómo funciona. La vigilancia mental es el fruto de la retentiva y está muy relacionada con ella. Mientras la retentiva recuerda su objeto, la vigilancia mental detecta si surgen distracciones.

Veamos a continuación cómo funcionan juntos estos dos factores mentales. Por ejemplo, si deseamos visualizar la figura de Buda Shakyamuni, primero contemplamos una pintura o estatua que lo represente e intentamos recordar lo que hemos observado. La imagen que aparece en nuestra mente es el objeto de la visualización, y cuando lo hayamos encontrado, hemos de recordarlo con la retentiva mental sin distraernos. La concentración consiste en emplazar nuestra mente en el objeto de manera convergente. Al mismo tiempo que practicamos la concentración, debemos comprobar de vez en cuando si nuestra meditación es correcta, si se ha interrumpido o si surgen otros obstáculos. La vigilancia mental tiene la función de espiar la mente de este modo. Si descubrimos que experimentamos excitación o hundimiento mentales, podemos recuperar el objeto con la retentiva mental y continuar la meditación.

SI PERDEMOS LA RETENTIVA Y LA VIGILANCIA MENTAL, SE DEBILITARÁ EL PODER DE NUESTRAS VIRTUDES

[24] Al igual que una persona enferma no tiene vitalidad para realizar sus actividades diarias, si nos distraemos y generamos engaños debido a la disminución de nuestra retentiva mental, no podremos completar ninguna acción virtuosa.

SI PERDEMOS LA RETENTIVA Y LA VIGILANCIA MENTAL, NO CULTIVAREMOS LA SABIDURÍA VERDADERA

[25] Al igual que una vasija con grietas no sirve para guardar agua, la mente que carece de retentiva y vigilancia mental no puede recoger las enseñanzas con ayuda de las tres sabidurías: la de la escucha, la de la contemplación y la de la meditación. Con una mente tan débil no podremos cultivar cualidades excelentes, como la sabiduría que realiza la vacuidad.

SI PERDEMOS LA RETENTIVA Y LA VIGILANCIA MENTAL, NO PODREMOS MANTENER UNA DISCIPLINA MORAL PURA

[26] Es posible que tengamos fe profunda en el Dharma y hayamos escuchado y estudiado numerosas enseñanzas, pero sin la retentiva y la vigilancia mental, seguiremos comportándonos de manera incorrecta. Correremos el riesgo de romper nuestros votos y contaminar nuestra mente. Por lo tanto, si deseamos mantener una disciplina moral pura, debemos apoyarnos en estos dos factores mentales.

SI PERDEMOS LA RETENTIVA Y LA VIGILANCIA MENTAL, LAS VIRTUDES QUE HEMOS ACUMULADO DEGENERARÁN

[27] Si no guardamos nuestras posesiones y riquezas en un lugar seguro, los ladrones nos las podrán robar. Del mismo modo, si no protegemos los méritos que hayamos acumulado con la retentiva y la vigilancia mental, el odio los destruirá. Además, si no cultivamos la retentiva mental, cometeremos acciones perjudiciales en el futuro y caeremos en uno de los tres reinos inferiores.

SI PERDEMOS LA RETENTIVA Y LA VIGILANCIA MENTAL, NO PODREMOS ACUMULAR MÁS MÉRITOS

[28] Si no cultivamos estos dos factores mentales, degenerarán los méritos que hayamos acumulado y no podremos acumular más, eliminaremos las causas que hayamos creado para renacer en los reinos afortunados y la posibilidad de alcanzar la liberación y la iluminación.

De estos dos factores mentales, el más importante es la retentiva porque la vigilancia surge a partir de ella. [29] Por lo tanto, no debemos permitir que la retentiva abandone nuestra mente. Si vemos que comienza a disminuir, debemos reflexionar de inmediato sobre los sufrimientos de los reinos inferiores y volver a enfocar la mente en su objeto.

Para cultivar la retentiva mental, hemos de reunir ciertas condiciones externas e internas. [30] Las condiciones externas consisten en practicar las instrucciones de nuestro Guía Espiritual, que nos harán recordar los sufrimientos de los reinos inferiores y la importancia de mantener los votos que hemos tomado ante nuestro preceptor o abad. De este modo, recuperaremos nuestra retentiva mental, y si seguimos los consejos de nuestro Guía Espiritual, recordaremos las buenas cualidades del Dharma que ya conocemos y descubriremos otras más.

[31] Para cultivar las condiciones internas, hemos de sentir que estamos siempre en presencia de los Budas y Bodhisatvas. Esta práctica es muy beneficiosa porque si recordamos que los seres iluminados nos observan en todo momento, evitaremos cometer acciones perjudiciales.

La mente omnisciente de un Buda abarca a todos los objetos de conocimiento, y allí donde esté, también se encontrará su cuerpo. No hay ningún lugar donde los Budas no estén presentes. Por lo tanto, cuando los recordamos, en realidad están junto a nosotros. No podemos negar la presencia de los Budas solo porque no los veamos. Aunque no tengamos la capacidad de percibirlos, no debemos olvidar que están presentes en todo momento.

[32] Si pensamos de esta manera, nos comportaremos con prudencia por respeto a las Tres Joyas y por temor a que madure nuestro karma negativo. De este modo, nuestras acciones físicas, verbales y mentales estarán libres de faltas y practicaremos el

Dharma con pureza. En cambio, si no reconocemos que estamos siempre en presencia de los Budas y Bodhisatvas, seguiremos inmersos en las preocupaciones mundanas cuando nos encontremos con otras personas y tendremos malos pensamientos cuando estemos solos. Si generamos fe en los Budas y Bodhisatvas, y seguimos sus consejos con sinceridad, lograremos mantener firme nuestra retentiva. [33] Con la mente protegida de las perturbaciones mentales, cultivaremos la vigilancia mental de manera natural. Cuando hayamos desarrollado estos dos factores mentales, estaremos preparados para practicar las clases de disciplina moral que se exponen a continuación.

CÓMO MANTENER LA DISCIPLINA MORAL CON LA AYUDA DE LA RETENTIVA Y LA VIGILANCIA MENTAL

La práctica de la disciplina moral, ética moral o moralidad, es el tema principal del presente capítulo y se presenta en tres apartados:

1. La disciplina moral de la abstención.
2. La disciplina moral de acumular virtudes.
3. La disciplina moral de beneficiar a los seres sintientes.

La *disciplina moral* se define como «la intención de abandonar las faltas, caídas morales y acciones perjudiciales». Todas las prácticas de disciplina moral están incluidas en una de las tres divisiones anteriores.

LA DISCIPLINA MORAL DE LA ABSTENCIÓN

La práctica de esta virtud es muy extensa, pero consiste principalmente en evitar una conducta física, verbal y mental inapropiadas. Puesto que hemos tomado los votos del Bodhisatva, debemos escuchar los consejos de Shantideva y ponerlos en práctica. [34] En primer lugar, hemos de comprobar si nuestra motivación es virtuosa o perjudicial antes de realizar cualquier acción física, verbal o mental. Si comprobamos que nuestra motivación está contaminada por las perturbaciones mentales, como los celos, la codicia, las malas intenciones, etcétera, debemos recordar los inconvenientes de dejarnos influir por estos engaños y abandonarlos de inmediato.

Es posible que este método para proteger la mente con la aplicación de la retentiva y la vigilancia mental no siempre dé resultados. Si no estamos acostumbrados a examinar nuestra mente o nuestras perturbaciones mentales son tan intensas que no podemos reducirlas, es mejor que utilicemos otras prácticas para mejorar nuestro comportamiento. Una manera eficaz de controlar las perturbaciones mentales es permanecer impasibles y sin reaccionar durante un tiempo, como si fuéramos un trozo de madera. Si evitamos que nuestros engaños dicten nuestro comportamiento externo, pronto olvidaremos el objeto que los produjo y de esta manera desaparecerán. Más adelante veremos algunos ejemplos sobre cómo poner en práctica este método.

A continuación, Shantideva nos aconseja cómo comportarnos físicamente para evitar acciones perjudiciales. Como practicantes de Dharma que intentamos imitar a los Bodhisatvas, hemos de adiestrarnos según los votos del Bodhisatva. [35] Al andar no debemos distraernos mirando aquí y allá, sino mantener la vista dirigida hacia el suelo para saber por dónde pisamos. Por supuesto, [36] si tenemos la necesidad de relajarnos, podemos echar un vistazo a nuestro alrededor, y si nos encontramos con algún conocido, debemos saludarlo con afecto. [37] Además, hemos de vigilar las cuatro direcciones de vez en cuando para asegurarnos de que no nos acecha ningún peligro. [38] Cuando comprobemos que no hay obstáculos, podemos continuar nuestro paseo.

Aunque es importante ser conscientes de nuestras acciones, nunca debemos pensar con arrogancia: «Soy un Bodhisatva que observa su conducta y las personas como yo no nos relacionamos con seres mundanos». Nuestra conducta no solo ha de ser pura, sino que también debemos ser considerados con los demás. Siempre que sea necesario, hemos de adaptar nuestro comportamiento a las costumbres del lugar donde vivimos o a las expectativas de las personas que nos rodean sin pensar que esto contradice nuestros votos.

[39] Debemos examinar de vez en cuando nuestra conducta física para comprobar si es correcta o no. [40] Además, nuestra conducta mental también ha de ser impecable. Si atamos el elefante de nuestra mente al poste de las virtudes del Dharma, [41] no generaremos perturbaciones mentales. Debemos mantenernos alerta y observar todas nuestras acciones con la vigilancia mental.

[42] Como se ha mencionado con anterioridad, el Bodhisatva guarda todos sus preceptos morales. Sin embargo, puede ocurrir que en algunas ocasiones sea mejor realizar una acción considerada perjudicial que mantener una moralidad estricta. Por supuesto, para saber cuándo es apropiado relajar la disciplina moral y cuándo hemos de ser más rigurosos se requiere cierta sabiduría, pero con la motivación de bodhichita no resultará difícil tomar la decisión apropiada. Para decidir nuestra manera de actuar, debemos pensar: «¿Qué va a resultar más beneficioso para los demás?, ¿cuál es la mejor manera de conducir esta situación para que reciban el mayor beneficio?».

Al practicar el Dharma hemos de ser realistas y tener en cuenta nuestras propias limitaciones y la naturaleza transitoria de las circunstancias. Por ejemplo, si nuestra vida o la de otra persona están en peligro, es posible que tengamos que mentir. En cada caso hemos de solucionar el problema de la manera más satisfactoria. Aunque los Bodhisatvas toman el voto de no perder el tiempo cantando, bailando o tocando instrumentos musicales, en ciertas ocasiones puede resultar beneficioso hacerlo. Hemos de ser inteligentes y actuar de la manera más apropiada en cada momento.

Veamos algunos ejemplos de situaciones en las que le está permitido al Bodhisatva romper el voto de no mentir. Imaginemos que un hombre está persiguiendo a un perro con la intención de matarlo. Si se encuentra con un Bodhisatva que sabe dónde está el perro y le pregunta por él, es mejor que responda que no lo ha visto. En este caso, el Bodhisatva deberá proteger al animal. Si no lo hace porque piensa que es más importante decir la verdad, romperá su voto principal de trabajar por el beneficio de todos los seres sintientes. El Bodhisatva debe considerar que la práctica de proteger a los demás del miedo, uno de los aspectos de la perfección de la generosidad, es más importante que abstenerse de mentir. Además, ha de comprender que mentir a una persona para evitar que mate a otro ser no constituye una falta, puesto que su motivación no está contaminada por las perturbaciones mentales o la estimación propia. Solo aquel que posee la mente de gran compasión puede discernir entre lo que es correcto y lo que no lo es en esta clase de situaciones.

Este es un ejemplo de cuándo es apropiado mentir para salvar la vida de seres que están en peligro. En otros casos, es posible que tengamos que mentir para salvar nuestra propia vida. En algunas circunstancias sería mejor morir antes que cometer una acción perjudicial, pero también debemos tener en cuenta que nuestra vida es muy valiosa y sería incorrecto sacrificarla si no es por una buena razón. Este precioso cuerpo humano es el vehículo con el que podemos viajar por el camino mahayana que nos conduce a la iluminación total, y si lo abandonamos sin un buen motivo, no podremos continuar practicando ni beneficiar a los demás. Nuestra muerte perjudicaría de manera indirecta a todos los seres que pudiéramos beneficiar en caso de permanecer vivos. Por lo tanto, es más importante proteger nuestra propia vida, siempre que lo hagamos motivados por la compasión, que mantener una disciplina moral secundaria de manera estricta.

En otro relato se ilustra cómo un Bodhisatva puede incluso cometer un homicidio si con ello beneficia a los demás. En una de sus vidas previas, Buda Shakyamuni era un barquero y, en cierta ocasión, navegaba con quinientos mercaderes. Con sus poderes de clarividencia vio que uno de ellos planeaba matar a los demás. En ese momento, pensó: «Si dejo que lo haga, además de provocar cuatrocientos noventa y nueve víctimas, creará la causa para renacer en los reinos inferiores». El barquero comprendió que si mataba a esa persona, protegería a las quinientas. Por lo tanto, motivado por la compasión, mató al peligroso mercader. Como resultado de esta acción altruista, el barquero no solo purificó gran cantidad de karma negativo que había creado durante eones, sino que además acumuló innumerables méritos. Este relato es un ejemplo de la clase de acciones que puede llegar a realizar un Bodhisatva, pero debemos reconocer que la mayoría de nosotros no estamos preparados para actuar de este modo. Debemos conocer nuestro nivel de realización y nuestras limitaciones, porque como dice el proverbio: «Si el tonto se cree golondrina y se echa a volar, se romperá la cabeza».

[43] Después de examinar nuestra motivación y de elegir cuáles van a ser nuestras acciones virtuosas, debemos realizarlas con retentiva. Lo mejor es poner atención en una sola tarea y hacerla bien. Es absurdo comenzar una tarea, reemplazarla por otra y luego abandonar esta última para continuar con la primera. Si actuamos de este modo, nunca recogeremos los frutos de nuestras acciones. [44] En cambio, si analizamos nuestra

motivación, elegimos una acción virtuosa y la completamos, lograremos mantener una excelente vigilancia mental. Con ella impediremos que las perturbaciones mentales raíz y las secundarias contaminen nuestra mente, y podremos transformar nuestras experiencias diarias en la práctica de Dharma.

A continuación, Shantideva nos aconseja sobre cómo actuar en diversas situaciones en que corremos el riesgo de generar perturbaciones mentales. [45] Cuando nos relacionemos con personas acostumbradas al chismorreo o veamos una película o una obra de teatro, no debemos generar apego. Con retentiva y vigilancia mental hemos de observar nuestra mente y no permitir que surjan el apego ni las distracciones. Además, debemos evitar las acciones físicas que no cumplan un propósito. [46] A menos que esté justificado, no deberíamos cavar la tierra, cortar hierba, hacer dibujos en el suelo o realizar cualquier otra tarea que no tenga alguna finalidad. Debemos recordar los consejos de los seres iluminados y las malas consecuencias de actuar de manera inconsciente, y abstenernos de realizar acciones que carezcan de sentido.

[47] Si cuando estamos realizando una tarea empezamos a inquietarnos, antes de ponernos a protestar debemos examinar nuestros pensamientos. Si comprobamos que nuestra motivación está contaminada y nuestro comportamiento no va a ser el de un Bodhisatva, hemos de controlar nuestra mente. No debemos dejarnos influir por nuestros malos hábitos ni actuar de manera precipitada sin darnos cuenta de lo que hacemos. Es importante estar alerta y aplicar la retentiva en todo momento. [48] Si tenemos facilidad para generar odio o apego, hemos de reflexionar sobre las innumerables faltas de estas dos perturbaciones mentales y contrarrestarlas enseguida. Si de momento no somos capaces de hacerlo, debemos permanecer impasibles, como si fuéramos un trozo de madera, sin hacer ni decir nada.

Como se mencionó con anterioridad, no siempre tenemos suficiente poder mental para eliminar los engaños de inmediato o transformarlos en actitudes beneficiosas. Debido a que no hemos adiestrado la mente, a menudo nuestros malos pensamientos son demasiado intensos para poder dominarlos. Entonces, en lugar de luchar contra ellos, es mejor limitarnos a adoptar una actitud indiferente. Al no prestarles atención, evitaremos que las perturbaciones mentales contaminen nuestra conducta y desaparecerán por sí solas. Esta es una manera realista de controlar nuestra mente y un buen método para mejorar nuestra disciplina moral.

[49] A continuación, Shantideva nos aconseja que permanezcamos impasibles, como si fuéramos un trozo de madera, en determinadas circunstancias, como cuando estamos distraídos o deseamos criticar, difamar o insultar a alguien. [50] Si sentimos orgullo, arrogancia o buscamos defectos en los demás, también nos convendría permanecer impasibles hasta que desaparezcan estas actitudes. Si deseamos presumir de nuestras cualidades, posesiones o riquezas, engañar a los demás, echarles la culpa de nuestros problemas, ofenderlos o causar enfrentamientos, es mejor que apliquemos esta técnica y evitemos reaccionar.

[51] Además, no debemos dejarnos llevar por la tentación de adquirir logros mundanos, buena reputación, respeto, fama, etcétera. Cuando deseemos reunir un círculo de admiradores o que los demás nos sirvan y atiendan, también debemos permanecer como un trozo de madera. Y si [52] nos distraemos y pensamos solo en nuestro propio bienestar a costa del de los demás o decimos algo con esta motivación egoísta, hemos de seguir el mismo consejo. [53] Si la impaciencia, la pereza, los temores, la falta de sentido del honor o el deseo de hablar sin sentido interrumpen nuestra práctica, lo mejor es abandonar estas actitudes. Finalmente, si tenemos apego a nuestros familiares o amigos, también debemos permanecer impasibles, como si fuéramos un trozo de madera.

[54] De este modo, el Bodhisatva ha de proteger su mente de las perturbaciones mentales y del deseo de realizar actividades sin sentido. Cuando corra el riesgo de distraerse, ha de aplicar los oponentes adecuados y controlar su mente con firmeza. [55] Al practicar la virtud y cultivar buenas cualidades como la fe, la perseverancia, el respeto, el sentido del honor y la consideración por los demás, el Bodhisatva mantiene una mente apacible y se esfuerza por hacer felices a los demás y no cometer acciones perjudiciales.

Es posible que las acciones altruistas del Bodhisatva provoquen celos y otros engaños en los demás. [56] Si nos ocurre esto cuando intentamos comportarnos como un Bodhisatva, no debemos descorazonarnos, sino comprender que esta es la manera en que reaccionan las personas inmaduras. Si aquel con el que deseamos entablar amistad abusa de nosotros, hemos de recordar que está actuando bajo la influencia de sus engaños. Al comprender que debe de resultar difícil convivir con una mente tan miserable, hemos de generar amor y compasión por este ser infeliz y desear que se libere con rapidez de su sufrimiento. [57] Al mismo tiempo que trabajamos por el beneficio de los demás, debemos liberar nuestra mente de las perturbaciones mentales y evitar transgredir nuestros votos. No hemos de actuar con orgullo, sino mantener una mente equilibrada. Después de habernos familiarizado con la visión correcta de la vacuidad, debemos considerar que todos los objetos que percibimos, incluidos los seres con quienes nos encontramos, son como las ilusiones creadas por un mago. [58] Es también importante reflexionar sobre el verdadero sentido de nuestra preciosa existencia humana y lo difícil que es obtenerla. Con retentiva y vigilancia mental hemos de intentar que nuestra mente sea estable como el Monte Meru, la montaña inamovible por excelencia, y aprovechar esta preciosa oportunidad para llenar nuestra vida de significado.

Lo más importante de la práctica de Dharma es abandonar las acciones perjudiciales, practicar la virtud y aprender a controlar la mente. Si no lo hacemos así, por muchos retiros y prácticas de meditación que realicemos, no obtendremos resultados. Si después de practicar la meditación durante un año generamos las mismas perturbaciones mentales y nuestra mente sigue siendo indomable, es señal de que lo hacemos de manera incorrecta. Buda Shakyamuni dijo:

«La instrucción de los seres iluminados es:
"Deja de cometer acciones perjudiciales,
acumula virtudes en abundancia
y controla la mente"».

Nuestra mente es como el cielo limpio y claro. No obstante, las nubes de las perturbaciones mentales y los pensamientos incontrolados la oscurecen de manera temporal. Solo con la práctica de Dharma podemos disipar estas nubes y dejar que se manifieste la naturaleza pura de la mente. La persona que elimina todas las perturbaciones mentales y sus impresiones, alcanza el estado de pureza total y se convierte en un Buda. Por lo tanto, debemos asegurarnos de que nuestra práctica de Dharma nos ayuda a debilitar los engaños y controlar la mente. Esta es la manera de comprobar si estamos avanzando en nuestro adiestramiento espiritual. No tiene sentido recitar miles de mantras si nuestra mente no se beneficia.

En el presente capítulo se exponen las tres clases de disciplina moral que practican aquellos que han tomado los votos del Bodhisatva. Sin embargo, no debemos pensar: «Puesto que no soy un Bodhisatva, ¿de qué me sirve estudiar y practicar estas instrucciones?». Esta manera de pensar es incorrecta. Incluso antes de tomar los votos hemos de esforzarnos por mantener una conducta moral apropiada y cultivar la mente de bodhichita. Si deseamos practicar como un Bodhisatva, debemos prepararnos de este modo. Al principio, no podremos realizar las acciones de un Bodhisatva, pero si practicamos las tres clases de disciplina moral según nuestra capacidad, crearemos la causa para convertirnos en verdaderos Bodhisatvas en el futuro.

Para aquel que ha tomado los votos del Bodhisatva, la disciplina moral de la abstención consiste en abstenerse de cometer cualquier falta. El laico que aún no los ha tomado practica la moralidad absteniéndose de cometer las diez acciones perjudiciales –las tres físicas: matar, robar y mantener una conducta sexual incorrecta; las tres verbales: mentir, causar desunión con la palabra, pronunciar palabras ofensivas y chismorrear; y las tres mentales: la codicia, la malicia y sostener creencias erróneas–. Si mantenemos la disciplina moral de la abstención física, verbal y mental, no cometeremos estas acciones perjudiciales y no tendremos que experimentar sus terribles consecuencias.

A continuación, se presenta un breve análisis de las diez acciones perjudiciales en relación con los cuatro factores necesarios para que se produzca su efecto completo: el objeto de la acción, la intención con que realizamos la acción, la acción propiamente dicha y su consumación. Si comprendemos estos cuatro factores, podremos debilitar y finalmente eliminar todas nuestras faltas. Los cuatro factores que se requieren para la consumación de cada una de las diez acciones perjudiciales son:

MATAR

1) El objeto de matar es otro ser.
2) La intención es matar a ese ser.
3) La acción consiste en esforzarnos por matar a ese ser utilizando armas, veneno, etcétera.
4) La consumación se produce cuando el ser contra el que cometemos la acción muere antes que nosotros.

ROBAR

1) El objeto es cualquier posesión que no nos pertenece o que no se nos ha ofrecido de manera voluntaria.
2) La intención es poseer el objeto.
3) La acción consiste en adueñarnos del objeto aplicando cualquier método, incluyendo el engaño y la mentira.
4) La consumación se produce cuando consideramos que el objeto robado nos pertenece.

MANTENER UNA CONDUCTA SEXUAL INCORRECTA

1) El objeto es un miembro del sexo opuesto cónyuge de otra persona o alguien que no nos ha dado su consentimiento o con quien no es correcto mantener una relación sexual. Incluso nuestro propio marido o esposa puede convertirse en este objeto si la acción ocurre en una de las siguientes circunstancias: ante imágenes de Budas o Bodhisatvas, en ciertos días religiosos, cuando hemos tomado votos de celibato, y también durante el día, el período de menstruación o el embarazo.
2) La intención es realizar el acto sexual.
3) La acción consiste en poner en práctica esta intención.
4) La consumación se produce al experimentar el gozo resultante de la acción.

MENTIR

1) El objeto puede ser cualquier persona.
2) La intención es ocultar la verdad afirmando que algo es cierto cuando en realidad no lo es.
3) La acción consiste en decir algo que no es cierto o engañar a alguien con gestos.

4) La consumación se produce cuando la otra persona cree que lo que hemos dicho es cierto.

CAUSAR DESUNIÓN CON LA PALABRA

1) El objeto es dos o más personas.
2) La intención es causar desunión entre estas personas.
3) La acción consiste en esforzarnos por divulgar rumores, sembrar dudas, etcétera.
4) La consumación ocurre cuando otras personas escuchan nuestras calumnias y, como resultado, surge la discordia entre ellas o esta aumenta.

PRONUNCIAR PALABRAS OFENSIVAS

1) El objeto puede ser cualquier persona.
2) La intención es hablar con odio y crueldad.
3) La acción consiste en dirigirnos con crueldad a otra persona.
4) La consumación se produce cuando la otra persona escucha lo que decimos.

CHISMORREAR

1) El objeto puede ser cualquier persona.
2) La intención es hablar o cantar sin sentido.
3) La acción consiste en decir palabras sin sentido a otra persona.
4) La consumación se produce cuando las pronunciamos.

CODICIA

1) El objeto es cualquier posesión que pertenece a otra persona.
2) La intención es poseer el objeto.
3) La acción consiste en planear cómo vamos a conseguir el objeto.
4) La consumación se produce al abandonar el sentido del honor o sentimiento de culpabilidad por pensar de este modo.

MALICIA

1) El objeto es otra persona.
2) La intención es matar o perjudicar a esa persona.
3) La acción consiste en planear cómo hacerlo.
4) La consumación se produce al no reconocer que nuestra acción es perjudicial.

SOSTENER CREENCIAS ERRÓNEAS

1) El objeto puede ser cualquier fenómeno virtuoso o perjudicial.
2) La intención es sostener creencias opuestas a las enseñanzas de Dharma.
3) La acción consiste en tener convicción en nuestras creencias erróneas, como negar la ley del karma, las cuatro nobles verdades, la continuidad de la mente, que las acciones pueden dividirse en virtuosas y perjudiciales, etcétera.
4) La consumación se produce cuando estamos convencidos de que nuestras creencias erróneas son correctas y no queremos oponerlas.

Aquí concluye la presentación de la disciplina moral de la abstención. El Bodhisatva debe identificar sus acciones perjudiciales, ya sean físicas, verbales o mentales, y abandonarlas de inmediato. Sin embargo, en situaciones de peligro o cuando deba tenerse en cuenta el bien de los demás, el Bodhisatva puede romper sus compromisos físicos y verbales, aunque nunca le está permitido cometer una acción mental perjudicial, porque implicaría abandonar su intención de trabajar por el beneficio de todos los seres sintientes.

LA DISCIPLINA MORAL DE ACUMULAR VIRTUDES

Se presenta en dos apartados:

1. Abandonar el apego a nuestro cuerpo.
2. Practicar la virtud con destreza.

ABANDONAR EL APEGO A NUESTRO CUERPO

Si no reducimos el apego a nuestro cuerpo, no podremos mantener una disciplina moral pura. Para proteger nuestro cuerpo, perjudicamos a los demás y cometemos malas acciones. Por lo tanto, debemos preguntarnos: [59] «¿Por qué estimo tanto mi cuerpo?, ¿por qué lo protejo y pienso que me pertenece?». Cuando la muerte nos separe de nuestro cuerpo, partiremos solos, sin amigos. ¿Quién protegerá entonces nuestro cuerpo? Si nosotros no podremos hacerlo, ¿por qué nos preocupamos tanto de protegerlo ahora?

¿Qué sucederá con nuestro cuerpo cuando nos muramos? En algunos países los cadáveres se ofrecen como alimento a las aves de rapiña o los chacales, en otros los incineran como si fueran madera o los entierran y se convierten en barro, y en otros los arrojan al mar para que sean devorados por los peces. Si aceptamos que nuestro cuerpo va a terminar como madera, barro o alimento para otros seres, no nos aferraremos a él con tanto apego ni pensaremos que nos pertenece. Si tras esta reflexión todavía deseamos protegerlo, debemos hacerlo a conciencia porque el Señor de la Muerte nos visitará en cualquier momento.

[60] Nosotros no somos lo mismo que nuestro cuerpo y pronto tendremos que separarnos de él. Entonces, ¿por qué le tenemos apego y lo protegemos? Podemos responder que debemos seguir haciéndolo porque nos pertenece desde hace mucho tiempo. Esta manera de pensar es el resultado de la ignorancia. En primer lugar, no existe ningún yo independiente que exista por sí mismo y posea algún otro fenómeno. ¿Por qué motivo consideramos que nuestros agregados, pus, sangre, extremidades, excremento, orina, etcétera, son nuestro yo o realmente nuestros? [61] Si deseamos proteger algo, sería mejor elegir un objeto de madera limpio y bello, y no este aparato podrido y sucio.

La clase de protección a la que Shantideva se refiere es la que se basa en el apego. Para eliminar esta perturbación mental, hemos de examinar nuestro cuerpo con detenimiento y comprobar si hay algo limpio y puro que sea digno de tantos cuidados. [62] Para ello, diseccionemos el cuerpo con la mente. Primero le quitamos la piel y comprobamos si lo que queda es puro. Luego, lo deshuesamos y nos preguntamos: «¿Es pura la carne?». [63] «¿Y la médula que hay en los huesos?» Continuamos realizando un análisis minucioso con el cuchillo de la sabiduría. [64] Si al completarlo comprobamos que no hay nada en nuestro cuerpo que merezca la pena, ¿por qué le tenemos tanto apego? ¿Dónde se halla esa esencia pura que identificamos de manera instintiva como nuestro yo? Shantideva dice:

«Nuestro cuerpo es tan sucio por dentro que no sirve para nada. La carne no se puede comer, la sangre no se puede beber ni los intestinos se pueden chupar. Quizá la única razón por la que protegemos nuestro cuerpo es para que las aves de rapiña y los chacales lo devoren después». [65-66ab]

[66cd] La única razón por la que debemos proteger nuestro cuerpo es para poder practicar la virtud. [67] De lo contrario, lo único que haremos será preparar un banquete para los chacales. [68] Si nuestro cuerpo no nos resulta útil, alimentarlo y cuidarlo es como pagar un salario a un empleado que no nos presta servicios. Si consideramos que nuestro cuerpo es nuestro siervo en lugar de nuestro amo, como normalmente hacemos, podremos adoptar una actitud más realista en lo que concierne a su cuidado y nutrición. [69] Si nos ayuda a practicar el Dharma por nuestro propio beneficio y el de los demás, le pagaremos lo que le corresponde, pero en caso contrario seremos rigurosos con él.

[70] Otra manera de considerar nuestro cuerpo es pensar que es similar a un barco. Además, nuestra consciencia es como un viajero que busca la isla de la iluminación. Para cruzar el océano del samsara y alcanzar nuestra meta, necesitamos cuidar nuestro barco, nuestro precioso cuerpo humano, hasta que lleguemos a nuestro destino y logremos la gema que colma todos los deseos, el cuerpo puro de un Buda.

En resumen, debemos encontrar el término medio entre reducir la actitud posesiva en relación con nuestro cuerpo y cuidarlo como vehículo para el desarrollo espiritual. La mejor manera de lograr este equilibrio es disminuir y evitar el apego, lo cual podemos lograr de dos maneras. La primera consiste en contemplar las impurezas del cuerpo analizando sus partes: la piel, la carne, la médula y los órganos internos; y la segunda, en meditar sobre la carencia de existencia inherente del cuerpo comprobando que no existe una entidad pura en ninguna de sus partes. Con este segundo análisis, que se expondrá con detalle en el capítulo noveno, disolveremos nuestra concepción concreta de lo que es nuestro cuerpo y de quiénes somos nosotros, y de este modo eliminaremos las bases de nuestro apego. Si meditamos sobre las impurezas de nuestro cuerpo y su vacuidad, también podremos reducir y finalmente eliminar el apego al cuerpo de otras personas. En realidad, la pregunta que nos debemos hacer es: «¿A qué le tengo apego exactamente?».

PRACTICAR LA VIRTUD CON DESTREZA

El segundo aspecto de la disciplina moral de acumular virtudes se presenta en tres apartados:

1. Mantener una conducta física pura.
2. Mantener una conducta apropiada al relacionarnos con los demás.
3. Mantener una conducta física, verbal y mental apropiadas.

MANTENER UNA CONDUCTA FÍSICA PURA

[71] Cuando nos encontremos con otras personas, debemos sonreír, no fruncir el ceño y generar amor y compasión como lo haría un amigo. El Bodhisatva es noble y honrado, y habla a los demás con buen corazón, afecto y bondad.

[72] Hemos de intentar ser considerados con los demás, sobre todo cuando estén meditando. No debemos hacer ruido al levantar objetos ni trasladar muebles si no es necesario. Hemos de abrir y cerrar las puertas con cuidado y sin hacer ruido. Al Bodhisatva le gusta ser discreto y humilde, y [73] al igual que la cigüeña, el ladrón y el gato, realiza sus tareas de manera silenciosa. Sin embargo, este modo de actuar no es exclusivo del Bodhisatva, y todo el que aspire a practicar la virtud debería adoptar esta conducta ejemplar.

MANTENER UNA CONDUCTA APROPIADA AL RELACIONARNOS CON LOS DEMÁS

[74] Cuando estemos con nuestros amigos y conocidos, hemos de animarlos con habilidad a que practiquen el Dharma. También debemos pensar como si fuéramos sus discípulos y aceptar sus consejos con respeto y aprecio, aunque no los hayamos

pedido. Si alguien nos imparte enseñanzas de Dharma, debemos olvidar nuestro orgullo y escucharlo con gratitud.

En ningún momento debemos pensar de manera arrogante que somos superiores a los demás porque somos Bodhisatvas. Incluso los Bodhisatvas en las etapas más elevadas del camino han de relacionarse con los demás y actúan según las costumbres del lugar en el que viven.

[75] Si vemos a una persona realizando una acción virtuosa, hemos de regocijarnos y alabarla o hablar de sus buenas cualidades a los demás. [76] Cuando se está elogiando a alguien, debemos unirnos a la alabanza y ensalzar aún más sus virtudes y buenas cualidades. ¿Qué debemos hacer cuando alguien nos alaba? No hemos de sentir orgullo, sino solo comprobar si en realidad poseemos las cualidades que se nos atribuyen.

En resumen, todas nuestras acciones físicas, verbales y mentales deben tener como finalidad hacer felices a los demás. [77] En este mundo resulta difícil encontrar personas que se comporten de esta manera. Por lo tanto, debemos realizar nuestras acciones, ya sea viajar, trabajar, comer, beber, etcétera, por el beneficio de todos los seres sintientes. Sobre todo cuando hablemos, debemos tener en cuenta el bienestar de los demás.

[78] ¿Cómo nos beneficia actuar de este modo? Es evidente que si ayudamos y complacemos a los demás, nos devolverán el favor y seremos recompensados. Nos elogiarán y estimarán, y seremos felices tanto en esta vida como en las futuras. En cambio, si despreciamos las cualidades de los demás, sentimos celos y los criticamos, estaremos siempre enfadados y sembraremos las semillas para padecer sufrimiento en el futuro.

En lugar de fijarnos en los defectos de los demás y proclamar nuestras buenas cualidades, debemos hacer justo lo contrario. El Dharma nos aconseja que observemos siempre nuestra conducta, reconozcamos nuestros defectos y valoremos las buenas cualidades de los demás. Aunque las prácticas de Dharma son muy extensas y resulta difícil aprenderlas todas y adiestrarnos en ellas, es suficiente con esforzarnos por abandonar nuestros defectos y regocijarnos de las buenas cualidades de los demás. El gran maestro indio Atisha dijo:

> «En lugar de fijaros en las faltas de los demás, fijaos en las vuestras y purgadlas como si fueran mala sangre. No con-

templéis vuestras buenas cualidades, sino las de los demás, y respetad a todos como lo haría un sirviente».

MANTENER UNA CONDUCTA FÍSICA, VERBAL Y MENTAL APROPIADAS

[79] Cuando hablemos con los demás, debemos hacerlo con confianza y de manera coherente y afectuosa. No debemos manifestar nuestro odio o apego, sino hablar con moderación y tranquilidad. [80] Al encontrarnos con cualquier persona, debemos recordar que gracias a ella podemos alcanzar la gran iluminación, y tratarla como una madre lo haría a su hijo único.

[81] Cuando vayamos a comenzar una determinada práctica, primero debemos contemplar sus beneficios y generar una intensa aspiración de adiestrarnos en ella. Por ejemplo, si vamos a practicar la generosidad, para animarnos podemos recordar las buenas cualidades de esta virtud y los inconvenientes de la avaricia, su oponente. Si pensamos de este modo, nuestras prácticas serán más poderosas.

A continuación, Shantideva menciona tres grupos de objetos hacia los que podemos dirigir nuestras actividades virtuosas: el campo supremo, el campo de beneficio y el campo de sufrimiento. Para comprender la naturaleza de estos grupos, tomemos como ejemplo la práctica de la generosidad. El campo supremo son las Tres Joyas, y cuando les hacemos ofrendas acumulamos gran cantidad de méritos. Puesto que en este caso los objetos de nuestra práctica han alcanzado las más elevadas realizaciones, el resultado de nuestra generosidad será mayor. El campo de beneficio se refiere a nuestros padres y otras personas que han sido bondadosas con nosotros. Con todos los actos de generosidad que dirijamos hacia estos benefactores acumularemos innumerables méritos. En tercer lugar, el campo de sufrimiento se refiere a los seres sintientes que están enfermos, viven en la pobreza, etcétera, y también es beneficioso ayudar a estos seres y protegerlos.

Por lo general, la generosidad es una actividad virtuosa sin tener en cuenta hacia quién esté dirigida. No obstante, obtendremos mayores beneficios si practicamos la generosidad con estos tres campos en lugar de ser generosos con seres ordinarios que no estén incluidos en ellos. Esto se debe a que los objetos en estos campos poseen cualidades especiales –excelencia, gran bondad y necesidad, respectivamente– que aumentan el valor de nuestras acciones virtuosas y el mérito que acumulamos con ellas. Por esta misma razón, si hacemos daño a cualquier ser que pertenezca a uno de estos tres campos, crearemos más karma negativo que si perjudicamos a seres ordinarios o a desconocidos.

[82] Para que nuestras prácticas de Dharma sean sólidas y estables, debemos conocerlas bien y confiar en ellas. Si reunimos estas dos condiciones, nuestros esfuerzos se verán recompensados. Practicar el Dharma sin conocer a fondo los métodos que debemos utilizar es como intentar escalar una montaña sin utilizar las manos. Además, meditar sin tener fe ni confianza en nuestra práctica es como caminar con los ojos cerrados. Algunas personas se preguntan: «¿Por qué no he alcanzado realizaciones después de meditar durante tantos años?». Quizás sea porque no han estudiado de manera correcta las instrucciones para realizar sus prácticas y, en consecuencia, no tienen fe ni confianza en ellas. Shantideva dice que para practicar el Dharma correctamente, primero debemos estudiar las enseñanzas y comprenderlas bien. De este modo, podremos realizar nuestras prácticas sin tener que depender de la ayuda de los demás.

[83] Para finalizar este apartado, Shantideva nos recuerda que no debemos abandonar las acciones virtuosas con las que acumulamos más méritos para realizar otras que aporten menos beneficios. Hemos de mantener una actitud realista con respecto a nuestra práctica, siendo conscientes de nuestra capacidad y actuando de la manera más beneficiosa. Por ejemplo, aunque hay ocasiones en que dar nuestro cuerpo a los demás constituye la práctica de generosidad suprema, no debemos malgastar nuestra preciosa existencia humana en satisfacer el hambre de otros seres. [84ab] Hemos de buscar siempre el mejor modo de beneficiar a los demás y, cuando estemos seguros, proceder con confianza y sabiduría.

LA DISCIPLINA MORAL DE BENEFICIAR A LOS SERES SINTIENTES

El objetivo de practicar las dos clases de disciplina moral expuestas hasta el momento, la de la abstención y la de acumular virtudes, es subyugar nuestra mente. El que se adiestra en estas dos clases de disciplina moral está practicando también la tercera: la de beneficiar a los seres sintientes. Sin embargo, puesto que los deseos de los seres sintientes son interminables, podemos preguntarnos si nuestra disciplina moral se contaminará al intentar satisfacerlos todos. La respuesta es que si hemos adiestrado bien la mente, no corremos el riesgo de que degenere nuestra disciplina moral.

[84cd] El Buda compasivo, que conoce el futuro y la relación entre las acciones y sus efectos, aconsejó a los practicantes de motivación inferior y a las personas egoístas que no cometan las siete acciones físicas y verbales perjudiciales. Sin embargo, en el *Sutra de los métodos diestros* (sáns. *Mahaguhyaupayakaushalyasutra*) permite a los Bodhisatvas, que han adiestrado su mente para beneficiar a los demás, que los rompan cuando lo consideren oportuno. Los seres elevados que han subyugado sus mentes y tienen una motivación pura no experimentan los malos resultados de realizar acciones que son peligrosas para seres con un nivel de desarrollo mental inferior.

Por lo tanto, el que desee adiestrarse en el modo de vida del Bodhisatva, debe comprender que lo más importante es subyugar su mente. Cuando lo haya conseguido, podrá beneficiar a innumerables seres sintientes. Como dijo Atisha: «Puesto que no podéis adiestrar la mente de los demás mientras no hayáis controlado la vuestra, comenzad por dominar vuestra propia mente». Para poder beneficiar a los demás, primero hemos de adiestrarnos nosotros mismos.

Si deseamos beneficiar de verdad a los demás, debemos cultivar ciertas cualidades: el ojo de la sabiduría del Dharma, clarividencia, habilidad para impartir el Dharma y la paciencia de soportar el sufrimiento cuando alguien nos perjudica. Además, hemos de superar el egoísmo y habituarnos a estimar a los demás por encima de nosotros mismos. Por supuesto, podemos beneficiar de manera temporal a un cierto número de seres sin haber adquirido estas cualidades, pero nuestra ayuda será limitada. Atisha dice: «Al igual que un pájaro sin alas no puede volar, el que no ha alcanzado clarividencia no es capaz de beneficiar a todos los seres sintientes».

Para ilustrar cómo la clarividencia, que podemos lograr adiestrando nuestra mente, es necesaria para no causar daño a pesar de nuestras buenas intenciones, se relata la historia de un hombre que encontró un gran pez que se le había caído a un pescador de la cesta. Al verlo agonizando en el suelo, el buen hombre sintió compasión por él, lo llevó a su casa y lo echó en un estanque para salvarlo. Por desgracia, cuando el pez se recuperó, siguió sus instintos naturales y devoró a otros peces más pequeños, y cuando el dueño del estanque se dio cuenta, se enfureció y lo mató. Al final, el pez que había salvado su vida murió de todas formas, pero después de devorar a otros peces.

Aunque el hombre del relato actuó con compasión, como no conocía bien la situación, no comprendió el daño que iba a causar. Aunque ayudó a un pez, perjudicó de manera indirecta a otros. Esto demuestra que para poder beneficiar a los demás, hemos de adiestrar nuestra mente, alcanzar realizaciones espirituales y cultivar la sabiduría que conoce las consecuencias de nuestros actos. Esto no significa que antes de poder ayudar a los demás debamos adquirir un nivel de desarrollo espiritual elevado. Por el contrario, hemos de ayudar siempre que podamos, ya sea cuidando enfermos, rescatando insectos en peligro, etcétera. Sin embargo, debemos comprender que la ayuda que somos capaces de ofrecer ahora es insignificante comparada con la manera en que podremos beneficiar a los demás si adiestramos nuestra mente. Por lo tanto, hemos de recitar oraciones para poder actuar como un Bodhisatva y esforzarnos por alcanzar estados mentales elevados.

¿Cómo debemos practicar la disciplina moral de beneficiar a los demás? A continuación, Shantideva muestra algunos ejemplos. [85] Con respecto a la comida, nos aconseja que no pensemos solo en nuestras necesidades, sino que la compartamos con los pobres, los necesitados, los animales y, sobre todo, los practicantes de Dharma. Debemos comer siempre con moderación.

Es importante distinguir entre lo que podemos dar a los demás y lo que debemos guardar para nosotros. Por lo general, podemos ofrecer cualquier objeto que nos pertenezca, pero las personas que posean la ordenación monástica no deben desprenderse de sus hábitos. [86] Puesto que necesitamos nuestro cuerpo para practicar el Dharma, no debemos dañarlo para alcanzar metas inferiores. Si no nos alimentamos bien, nuestro cuerpo se debilitará y no podremos practicar el Dharma día y noche con intensidad. No debemos olvidar que cuanto mejor aprovechemos esta preciosa existencia humana y más practiquemos los tres adiestramientos superiores, antes podremos satisfacer los deseos de todos los seres sintientes.

[87] Para dejarlo aún más claro, Shantideva afirma que si no hemos generado la intención pura de la gran compasión, no debemos dar nuestro cuerpo a los demás. De lo contrario, lo único que conseguiremos será perjudicarnos tanto a nosotros mismos como a ellos. Sin embargo, si este acto de generosidad lo realiza alguien que haya adiestrado su mente, esté seguro de que su acción va a ser beneficiosa y pueda dar su cuerpo con la intención de ayudar a los demás, acumulará gran cantidad de méritos.

Una de las mejores maneras de beneficiar a los demás es impartiendo enseñanzas de Dharma, pero antes de hacerlo hemos de conocer su actitud. [88] No debemos impartir enseñanzas a quienes no sientan respeto por el Dharma o por nosotros mismos, puesto que no recibirían ningún beneficio, romperíamos nuestros votos y atraeríamos obstáculos. La manera de ayudar a estas personas es satisfacer primero sus necesidades materiales y luego, cuando tengan fe en nosotros y en el Dharma, impartirles enseñanzas. A continuación, Shantideva describe con detalle las condiciones necesarias para enseñar el Dharma. Puesto que solo debemos impartir enseñanzas a personas que posean una actitud correcta, no debemos hacerlo a aquellas cuya manera de vestir, modales o comportamiento sean irrespetuosos, por ejemplo, que no se quiten el sombrero, a menos que estén enfermas, que no dejen sus paraguas, bastones o armas en el suelo, o se pongan un turbante para desafiarnos. Debemos considerar numerosos factores a la hora de elegir a quiénes vamos a enseñar. Además, cuando tengamos confianza con nuestros futuros discípulos, hemos de asegurarnos de que respetan la doctrina de Buda y de que el lugar donde vamos a impartir las enseñanzas es apropiado.

[89] Cuando vayamos a impartir enseñanzas, debemos tener en cuenta las costumbres de la sociedad en que vivimos. Por ejemplo, en ciertos lugares se considera inapropiado que una mujer permanezca a solas con un hombre, a no ser que tenga alguna relación con él. En esa clase de sociedad, si un maestro impartiese enseñanzas en privado a una mujer, perjudicaría la reputación del Dharma. No basta con tener buenas intenciones, sino que también debemos tener en cuenta el modo en que nuestras acciones van a afectar a los demás. Hemos de evitar que nuestra conducta perjudique la buena reputación del Dharma, puesto que afectaría a innumerables seres.

Para elegir las enseñanzas que vamos a impartir, debemos conocer la capacidad y tendencias de los oyentes. Si la capacidad de uno de nuestros discípulos es inferior, no hemos de obligarlo a escuchar enseñanzas mahayanas. Del mismo modo, aunque debemos respetar por igual las instrucciones del pequeño y gran vehículo, [90] no es correcto guiar a alguien por el camino hinayana cuando desea recibir enseñanzas mahayanas. Además, nunca debemos abandonar el modo de vida del Bodhisatva, y hemos de recordar que la mejor manera de guiar a los demás es predicar con el ejemplo y la práctica.

[91] También es importante mantener la higiene. Debemos evitar los malos modales, como escupir o echar al suelo utensilios para nuestra higiene sin cubrirlos, como los palillos que se utilizan en la India para limpiarse los dientes. Tampoco es apropiado orinar o defecar en los ríos, fuentes o en lugares que frecuentan otras personas.

[92] Cuando comamos, no debemos llenarnos demasiado la boca ni hacer ruido o masticar con la boca abierta. Al sentarnos no debemos estirar las piernas ni restregar las manos sin motivo. [93] Por razones similares a las ya mencionadas, no es correcto que un hombre se siente junto a una mujer en el mismo asiento, que monten el mismo caballo o permanezcan a solas en la misma habitación, pero podemos hacerlo si está socialmente aceptado y no nos va a causar perturbaciones mentales. En resumen, no debemos actuar de manera que ofenda a los demás. Si desconocemos las costumbres del lugar y no sabemos qué acciones se consideran apropiadas, debemos pedir consejo y evitar comportamientos que puedan resultar ofensivos.

A continuación, Shantideva nos aconseja sobre cómo mover los brazos y las piernas. [94] Si alguien nos pregunta en qué dirección se encuentra un determinado lugar, no hemos de señalarlo con el dedo, sino con la mano derecha abierta. [95] Tampoco debemos mover los brazos sin sentido o de manera violenta. Si necesitamos atraer la atención de alguien, debemos hacerlo con un firme chasquido de dedos.

[96] Incluso el dormir es una acción que puede realizarse con retentiva y vigilancia mental. Cuando Buda Shakyamuni mostró el modo de fallecer, se acostó sobre el lado derecho con el cuerpo estirado, el brazo izquierdo sobre su cuerpo y la mano derecha debajo de su mejilla. Es beneficioso dormir en esta postura. Si

podemos hacerlo con retentiva y vigilancia mental, y con la mente enfocada en la práctica de la virtud, nuestro sueño será virtuoso. En cambio, si nos dormimos con una mente alterada, tendremos pesadillas. Por lo tanto, antes de dormir hemos de generar mentes virtuosas y decidir madrugar al día siguiente.

[97] En resumen, debemos actuar como un Bodhisatva según nuestra capacidad poniendo en práctica las enseñanzas de Buda. Sin embargo, al principio de nuestra práctica, lo más importante es controlar la mente, porque esta es la única manera de beneficiar a todos los seres sintientes.

CÓMO IMPEDIR QUE NUESTRA PRÁCTICA DEGENERE

[98] Después de tomar los votos del Bodhisatva como se describe en el capítulo tercero, debemos intentar no romperlos o, de lo contrario, sufriremos graves consecuencias. Por lo tanto, antes de tomar los votos hemos de examinar si vamos a poder guardarlos. No obstante, si tomamos los votos y los rompemos, podemos renovarlos y evitar los malos resultados de esta acción. Por ejemplo, si rompemos uno de los dieciocho votos raíz, podemos purificarlo aplicando los cuatro poderes oponentes y volviendo a tomar los votos del Bodhisatva. Si rompemos uno de los cuarenta y seis votos secundarios, podemos purificarlo recitando el *Sutra de los tres cúmulos superiores* (sáns. *Triskandhasutra*) tres veces por la mañana y tres veces por la noche, tras recitar la oración de refugio y generar la mente de bodhichita.

[99] Nuestras acciones físicas, verbales o mentales, tanto si las realizamos por nuestro propio beneficio como por el de los demás, no deben ser contrarias a las enseñanzas de Buda. [100] Puesto que el Bodhisatva debe practicar todos los votos y compromisos que Buda impartió, hemos de mantenerlos con pureza aplicando la retentiva y vigilancia mental en todo momento. [101] Debemos recordar siempre que la práctica principal del Bodhisatva consiste en beneficiar a los demás, ya sea de manera directa o indirecta. También hemos de dedicar los méritos que hayamos acumulado con nuestras acciones, aunque solo sea encender una barrita de incienso, para que todos los seres alcancen la iluminación.

[102] Debemos seguir a un Guía Espiritual que conozca el significado de las enseñanzas y adopte el modo de vida del

Bodhisatva, y no abandonarlo aunque nos cueste la vida. ¿Por qué es tan importante este Guía Espiritual? Porque nos conduce a la meta última del modo de vida del Bodhisatva, la Budeidad, nos enseña lo que no sabemos y nos recuerda lo que ya hemos aprendido. Si seguimos a este Guía Espiritual con sinceridad, todas nuestras acciones físicas, verbales y mentales serán puras. Existen numerosos textos que podemos leer para mejorar las prácticas que se han mostrado hasta ahora. [103] El mejor método para seguir a nuestro Guía Espiritual se describe en la biografía de Shri Sambhava, que se encuentra en el *Sutra del ramo de tallos* (sáns. *Gandavyuhasutra*). [104] Después de leer este y otros textos budistas, hemos de familiarizarnos con los consejos que en ellos se dan. Para más información sobre los votos del Bodhisatva, podemos leer el *Sutra de Akashagarbha*. [105] Si deseamos estudiar de manera extensa las prácticas del Bodhisatva, hemos de leer el *Compendio de adiestramientos* (sáns. *Sutrasamuchaya*), de Shantideva, repetidas veces. [106] El protector Nagaryhuna también compuso dos obras bajo el mismo título, y si las estudiamos, nuestra práctica mejorará.

[107] En resumen, hemos de abandonar lo que Buda desaprueba en sus enseñanzas y en sus comentarios, y practicar lo que aconseja. Debemos adoptar el modo de vida del Bodhisatva para proteger la mente de los demás e impedir que su fe degenere, guardar nuestros votos y practicar con sinceridad y pureza.

CONCLUSIÓN: LO IMPORTANTE NO SON LAS PALABRAS
[DE LOS TEXTOS DE DHARMA], SINO SU SIGNIFICADO

[108] Como se mencionó con anterioridad, cuando realicemos una acción física, verbal o mental, debemos utilizar la sabiduría de la vigilancia mental para comprobar si estamos rompiendo algún voto o nuestra mente ha caído bajo la influencia de las perturbaciones mentales. Este es el método supremo para mantener la retentiva y vigilancia mental, y asegurarnos de que no disminuyan.

[109] Lo más importante es recordar que debemos comportarnos siempre como un Bodhisatva. No tiene sentido aprender las palabras de las enseñanzas si no las ponemos en práctica. Como dice Shantideva: «¿Qué beneficios recibirá el enfermo con solo leer un tratado médico?».

Aquí concluye la «Vigilancia mental», el capítulo quinto del libro *Tesoro de contemplación*, comentario a la *Guía de las obras del Bodhisatva*, de Shantideva.

Paciencia

LAS CUATRO PERFECCIONES RESTANTES: PACIENCIA, ESFUERZO, CONCENTRACIÓN Y SABIDURÍA

1. Cómo practicar la paciencia.
2. Cómo practicar el esfuerzo.
3. Cómo practicar la concentración de la permanencia apacible.
4. Cómo practicar la sabiduría de la visión superior.

CÓMO PRACTICAR LA PACIENCIA

El capítulo sexto de la *Guía de las obras del Bodhisatva*, de Shantideva, trata sobre la paciencia, y consta de dos partes:

1. Método para meditar sobre la paciencia.
2. Método para practicar la paciencia.

MÉTODO PARA MEDITAR SOBRE LA PACIENCIA

Puesto que la paciencia es el oponente de la perturbación mental del odio, esta virtud se presenta bajo los dos apartados siguientes:

1. Las faltas del odio.
2. Los beneficios de la paciencia.

LAS FALTAS DEL ODIO

Shantideva comienza su exposición sobre la paciencia con las siguientes palabras:

«Todos los méritos que hemos acumulado durante miles de eones con acciones virtuosas, como venerar a las Tres Joyas, practicar la generosidad, etcétera, pueden destruirse en un solo instante si nos enfadamos con un Bodhisatva». [1]

Yhe Tsongkhapa

PACIENCIA

Puesto que la bodhichita es una cualidad interna, resulta difícil saber quién es un Bodhisatva y quién no lo es. Es posible que un famoso practicante de Dharma no sea un Bodhisatva y, en cambio, alguien que viva entre los pobres y necesitados sí que lo sea. Si, como dice Shantideva, un solo momento de odio contra alguien que ha generado la bodhichita puede destruir eones de virtud, es mejor procurar no enfadarnos con nadie.

Existen numerosos objetos con los que podemos enfadarnos, pero si lo hacemos con alguien que tenga elevadas realizaciones de Dharma, destruiremos los méritos acumulados durante miles de vidas. Del mismo modo, si nos enfadamos con nuestros padres u otros seres que hayan sido bondadosos con nosotros, la destrucción de nuestros méritos será incalculable. Incluso el odio dirigido contra alguien que esté al mismo nivel que nosotros consumirá las virtudes que hayamos acumulado a lo largo de innumerables vidas pasadas.

Es posible que un día acumulemos gran cantidad de karma positivo realizando extensas ofrendas a las Tres Joyas o siendo generosos con los demás. Sin embargo, si no dedicamos los méritos de estas acciones y nos enfadamos con alguien al día siguiente, la virtud que acumulamos el día anterior será destruida. Por lo tanto, la perturbación mental del odio es muy perjudicial. Una bebida alcohólica puede embriagarnos, pero si la hervimos, pierde su poder. De igual manera, con la práctica de la virtud creamos el potencial de alcanzar el fruto de la felicidad, pero el odio puede destruirlo por completo. No obstante, como se ha mencionado en capítulos anteriores, si nos acordamos de dedicar nuestros méritos para alcanzar la iluminación y beneficiar a todos los seres sintientes, impediremos que el odio los destruya.

[2] No hay peor maldad que el odio. Es una mente que puede anular los efectos de nuestras acciones virtuosas del pasado e impedir que logremos las metas que nos hayamos propuesto, ya sea alcanzar la iluminación total o tan solo disfrutar de tranquilidad. El antídoto contra el odio es la paciencia, y si estamos realmente interesados en avanzar por el camino del crecimiento espiritual, no hay mejor práctica que la de esta virtud.

La destrucción de la virtud es una de las faltas invisibles del odio y, por lo tanto, debemos aceptarla con fe, pero hay otros inconvenientes de esta perturbación mental que pueden percibirse con claridad, y si los identificamos, la importancia de practicar la paciencia nos resultará evidente. [3] Cuando el odio nos domina, perdemos la paz mental, nos sentimos incómodos e inquietos, e incluso la comida nos parece repugnante. Nos cuesta dormir y aunque lo consigamos, no podemos descansar. El odio convierte a la persona más atractiva en un demonio con el rostro encendido. Cuando nos enfadamos, aumenta nuestro malestar y, por mucho que lo intentemos, no podemos controlar nuestras emociones. Uno de los peores efectos del odio es que perdemos el sentido común y nos negamos a ser razonables. [4] Deseamos vengarnos de aquellos que nos han perjudicado, y para conseguirlo corremos grandes riesgos. Perdemos la libertad de elección y vamos de un sitio a otro poseídos por una cólera incontrolable. En ocasiones, incluso dirigimos este odio contra nuestros seres queridos y otras personas que nos han ayudado. En un ataque de ira, olvidando la infinita bondad de nuestros familiares, amigos y maestros, podemos llegar a agredir e incluso matar a las personas que más apreciamos. [5] No es de extrañar que una persona que está siempre enfadada pierda sus amistades. Esta pobre víctima de su propia hostilidad consigue que los demás la abandonen y que hasta sus seres queridos se olviden de ella.

    Cuando mostramos nuestro rostro encendido por el odio, convertimos a los demás en nuestros enemigos. Existe la idea generalizada de que el enfado surge cuando nos encontramos con una persona que nos desagrada, pero en ocasiones ocurre justo lo contrario y es nuestro propio odio el que transforma a esa persona en nuestro enemigo. El que tiene tendencia a enfadarse vive en un mundo dominado por la paranoia y siente que todos son sus enemigos. La falsa creencia de que los demás lo odian puede incluso causarle la locura, y convertirse así en víctima de sus propios engaños.

    Suele ocurrir en un grupo de personas que una de ellas culpe a las demás de todos los problemas, aunque en realidad sea ella la que los causa. Se cuenta la historia de una anciana tibetana que solía discutir y pelearse con los demás, y que resultaba tan conflictiva que la expulsaron de la aldea donde vivía. Cuando llegó a otra aldea, le preguntaron por qué había abandonado la anterior, y respondió: «Mis paisanos eran unos malvados y me marché para librarme de ellos». Los que la escuchaban no la

PACIENCIA

creyeron y se decían entre sí: «No es posible que todos sean así, la malvada debe de ser ella». Temiendo que les causara problemas, también la echaron del pueblo, y lo mismo sucedió en otras aldeas, hasta que finalmente no tuvo ningún lugar donde refugiarse.

Es importante reconocer la verdadera causa de nuestra infelicidad. Si continuamente culpamos a los demás de nuestros problemas es porque estamos bajo la influencia de los engaños. Si de verdad disfrutáramos de paz interior y controláramos nuestra mente, no nos enfadaríamos nunca ni tendríamos enemigos. La persona que ha subyugado su mente y ha eliminado el odio considera que todos los seres son sus amigos. Por ejemplo, el Bodhisatva, cuya única motivación es beneficiar a los demás, no tiene enemigos. Aunque, por lo general, nadie desea perjudicar a una persona de buen corazón, si alguien abusara de él o le causara algún daño, su paz interior permanecería inalterable. Gracias a su práctica de la paciencia, nunca tiene problemas y es capaz de sonreír a sus adversarios e incluso tratarlos con respeto. Este es el poder de una mente controlada. Por lo tanto, la mejor manera de librarnos de nuestros enemigos es eliminando el odio de nuestra mente.

No debemos pensar que se trata de una meta inalcanzable. En la actualidad, los médicos pueden tratar enfermedades que antes eran incurables, y han logrado erradicar otras por completo. Del mismo modo, nosotros también podemos eliminar la enfermedad del odio de nuestra mente. Ahora disponemos de métodos para liberarnos de esta perturbación mental. Las personas que los han puesto en práctica han comprobado su eficacia, y no hay razón para que no nos funcionen a nosotros. ¡Qué maravilloso sería el mundo si todos eliminásemos el odio! No habría peligro de que estallara una tercera guerra mundial, los ejércitos dejarían de existir y los soldados tendrían que buscar otro empleo. Habría que desmontar los tanques, las bombas atómicas y otras armas, que solo sirven a mentes llenas de odio, puesto que se acabarían las peleas y las guerras entre naciones. Si el logro de esta armonía universal nos parece una utopía, al menos podemos imaginar la tranquilidad de que disfrutaríamos todos si eliminásemos el demonio del odio de nuestra mente.

En resumen, la persona que está siempre enfadada no disfrutará de felicidad ni en esta vida ni en las futuras. Por lo tanto,

[6ab] debemos recordar que el odio es nuestro peor enemigo y el responsable de nuestro sufrimiento, y esforzarnos por eliminarlo.

LOS BENEFICIOS DE LA PACIENCIA

Después de contemplar las numerosas faltas del odio, debemos recordarlas en todo momento. [6cd] Si dejamos de enfadarnos, seremos felices tanto en esta vida como en las futuras. Por lo tanto, si de verdad deseamos disfrutar de felicidad, debemos liberarnos del veneno del odio. Esta es solo una breve descripción de los beneficios de la práctica de la paciencia, pero más adelante se expondrán con más detalle.

MÉTODO PARA PRACTICAR LA PACIENCIA

Al igual que las demás perfecciones, la práctica de la paciencia es sobre todo un adiestramiento mental. Por lo tanto, a continuación se describen diferentes técnicas de meditación que nos ayudarán a eliminar la perturbación mental del odio y a cultivar en su lugar la virtud de la paciencia. Estas técnicas se presentan bajo cinco apartados:

1. Destrucción de la causa del odio.
2. Meditación sobre la paciencia de aceptar voluntariamente el sufrimiento.
3. Meditación sobre la paciencia de pensar definitivamente sobre el Dharma.
4. Meditación sobre la paciencia de no vengarse.
5. Exposición extensa de los beneficios de la paciencia.

DESTRUCCIÓN DE LA CAUSA DEL ODIO

Existen dos métodos para eliminar el odio por completo. El primero consiste en reconocer sus numerosas faltas y los problemas que nos ocasiona, como se ha mencionado con anterioridad, y considerar que nuestro verdadero enemigo no es algo externo, sino esta perturbación mental. Este entendimiento es imprescindible para dirigir nuestros esfuerzos en la dirección correcta. El segundo método consiste en comprender por qué nos enfadamos y en esforzarnos por eliminar las causas de nuestro odio.

La causa raíz del odio y de las demás perturbaciones mentales es nuestro aferramiento propio innato: la creencia ignorante que aprehende el yo y los demás fenómenos como si existieran de manera inherente. Si eliminamos esta ignorancia, no habrá motivo para sentirnos insatisfechos. El aferramiento propio está muy arraigado en nuestra mente, y para alcanzar una realización capaz de eliminarlo, debemos adiestrarnos con esfuerzo durante mucho tiempo. No obstante, como hay otras causas más inmediatas de nuestro enfado, y podemos eliminarlas ahora, es importante que nos esforcemos por evitarlas desde el comienzo de nuestra práctica.

El odio surge como resultado de nuestro malestar al enfrentarnos con circunstancias adversas. [7] Si no podemos satisfacer nuestros deseos o nos encontramos en una situación desagradable, enseguida nos deprimimos. Entonces, este malestar se convierte en odio y nos sentimos cada vez peor. Por ejemplo, si alguien desea estar con la persona que ama, se enfadará con todo aquello que se lo impida. Además, si su amor no es correspondido o su pareja lo abandona, su decepción puede convertirse con facilidad en odio. Por lo tanto, además del aferramiento propio, los deseos insatisfechos son la causa principal de que nos enfademos.

Para superar el odio hemos de aprender a reaccionar de distinta manera ante las dificultades. Puesto que no podemos satisfacer todos nuestros deseos, debemos solucionar los problemas de manera realista. Con la práctica de la paciencia, adiestramos la mente para hacerlo. Al comprender que [8] la única función del odio es perjudicarnos, desearemos adiestrarnos en la práctica de la paciencia y vencer a este enemigo. Sin embargo, ¿cómo podemos evitar que la causa del odio, el malestar, surja en nuestra mente?

[9] Si contemplamos los beneficios de la paciencia de aceptar voluntariamente el sufrimiento, mantendremos la serenidad incluso al experimentar dolor y sufrimiento. Si mantenemos en todo momento este estado apacible con la ayuda de la retentiva mental, no nos dejaremos llevar por la insatisfacción. En cambio, si tenemos malos pensamientos, no lograremos satisfacer nuestros deseos e incluso destruiremos nuestros méritos.

Como ya se ha mencionado, la causa de nuestra infelicidad son los deseos insatisfechos. [10] Si es posible satisfacer nuestros deseos, no hay razón para enfadarnos, y si es imposible, tampoco nos sirve de nada hacerlo ¿Qué beneficios logramos con ser desdichados? Como dice Shantideva: «¿Qué obtenemos al enfadarnos con algo que es inevitable?». Si nos adiestramos en resolver las situaciones adversas de manera realista, nos ahorraremos mucho sufrimiento innecesario. Al igual que el agua no puede fluir en un arroyo que está bloqueado, el odio no puede surgir en la mente que carece de malos pensamientos.

¿Qué es lo que nos hace sentir mal? [11] Cuando nuestros familiares, amigos o nosotros mismos experimentamos sufrimiento o alguien nos ofende a nosotros o a ellos, nos disgustamos. Si nuestros enemigos se enriquecen, reciben alabanzas o mejora su reputación, también nos enfadamos porque sentimos celos de su buena fortuna. En ambos casos, nuestra infelicidad puede transformarse en odio con facilidad. Así pues, debemos analizar con detenimiento si merece la pena ser desdichados en situaciones como estas. Entonces, si llegamos a la conclusión de que en realidad no nos beneficia, podemos aprender a reaccionar ante las circunstancias adversas de manera más apropiada. En los apartados siguientes se exponen técnicas de meditación que pueden ayudarnos a conseguirlo.

MEDITACIÓN SOBRE LA PACIENCIA DE ACEPTAR VOLUNTARIAMENTE EL SUFRIMIENTO

Por lo general, hay tres clases de paciencia: la de aceptar voluntariamente el sufrimiento, la de pensar definitivamente sobre el Dharma y la de no vengarse. Al principio, estas prácticas pueden parecernos extrañas, pero si las realizamos de manera correcta, pueden liberarnos del odio, uno de los engaños más obsesivos y violentos, y llenar nuestra vida de paz y felicidad. Por lo tanto, merece la pena perseverar en estas prácticas aunque nos parezcan poco comunes.

Para poner en práctica la primera clase de paciencia, la de aceptar voluntariamente el sufrimiento, debemos recordar que [12ab] mientras permanezcamos en el samsara, disfrutaremos de felicidad en muy pocas ocasiones y, en cambio, padeceremos desgracias sin cesar. Esta es la naturaleza del samsara: los sufrimientos son innumerables, pero las alegrías, escasas. Nuestro sufrimiento es el resultado de las acciones que hemos cometido en el pasado y somos nosotros quienes debemos experimentarlo. Por lo tanto, no debemos rechazar lo inevitable, sino aprender a aceptarlo.

PACIENCIA

Si aprendemos a aceptar las dificultades, dejaremos de ser desdichados. Aunque es posible evitar los obstáculos en la vida diaria y en la práctica de Dharma, incluido el odio, si somos impacientes con nuestro sufrimiento, solo conseguiremos aumentarlo. Por ejemplo, si padecemos una enfermedad y la aceptamos, pensando que es una manera de consumir nuestro karma negativo, nos sentiremos mejor. En cambio, si nos negamos a aceptar el dolor y nos deprimimos, no solo aumentará nuestro malestar físico, sino que además viviremos atormentados. El odio empeora nuestra situación y siembra las semillas para experimentar más sufrimiento en el futuro. Sin lugar a dudas, es el ladrón que nos roba la riqueza de nuestras virtudes.

Los beneficios de meditar en la paciencia de aceptar voluntariamente el sufrimiento son innumerables. Además de ayudarnos a conservar la calma en circunstancias adversas, comprenderemos con claridad y desapego lo insatisfactoria que es la existencia en el samsara. [12cd] Con solo reconocer que nuestro sufrimiento es el resultado de estar atrapados en el samsara, es decir, de nacer, vivir y morir en un estado de ignorancia y confusión, adquiriremos una estabilidad mental especial. Este reconocimiento, que no puede surgir en una mente ofuscada por el odio, es el primer paso para generar renuncia: el deseo espontáneo y continuo de liberarnos por completo de la insatisfacción. Sin una renuncia firme no es posible alcanzar otras realizaciones más elevadas ni, por supuesto, la felicidad ilimitada de la liberación y de la iluminación. Si generamos esta preciosa mente de renuncia gracias a la práctica la paciencia de aceptar voluntariamente el sufrimiento, valdrá la pena aceptar cualquier dificultad, y hacerlo con alegría.

Si nos resulta difícil practicar la paciencia, no debemos desanimarnos. En la siguiente estrofa, [13] Shantideva utiliza el ejemplo de los habitantes de Karnapa, en la antigua India, y de los ascetas que luchaban entre sí y se mortificaban para practicar ciertos deportes o venerar a sus dioses. Hoy día también hay numerosos ejemplos de deportistas, como boxeadores, levantadores de pesas, futbolistas, etcétera, que realizan grandes esfuerzos físicos para desempeñar su trabajo. Otras personas soportan enormes dificultades para ganar dinero o mejorar su reputación. Si hay personas que se esfuerzan tanto por lograr objetivos mundanos, ¿por qué no hacemos nosotros lo mismo para alcanzar la iluminación por el beneficio de todos los seres? ¿Por qué nos desanimamos en cuanto nos encontramos con dificultades?

[14] Si practicamos a menudo la paciencia de aceptar voluntariamente el sufrimiento, solucionaremos nuestros problemas. Puesto que nuestros pensamientos surgen debido al poder de la familiaridad, cuando nos acostumbremos a hacer algo, adquiriremos destreza en ello. Por lo tanto, si aprendemos a tener paciencia con pequeñas molestias, como el frío, el calor, las ofensas o las críticas, poco a poco podremos soportar sufrimientos mayores. Shantideva dice que [15] con familiaridad podemos aceptar picaduras de insectos o de serpientes, el hambre, la sed, enfermedades de la piel, etcétera. Si no aceptamos estas molestias, nos resultará difícil soportar el dolor que nos causan, pero si lo hacemos, nuestra situación mejorará. Finalmente, aprenderemos a aceptar sufrimientos que ahora nos parecen insoportables.

¿Qué sufrimientos debemos aprender a aceptar? Shantideva nos aconseja [16] que tengamos paciencia con el frío, el calor, el viento y la lluvia, las enfermedades, la falta de libertad y los malos tratos. ¿Por qué? Porque, si bien es cierto que estos sufrimientos son relativamente pequeños, si no los aceptamos, sentiremos mucho más dolor.

Con la siguiente analogía, Shantideva nos muestra cómo mejorar nuestra paciencia de aceptar voluntariamente el sufrimiento. [17] Cuando un soldado valiente es herido en una batalla y ve su propia sangre, grita con mayor fuerza a sus enemigos y se arma de valor. Sin embargo, un soldado cobarde se desanimará con solo ver la sangre de sus compañeros, e incluso es posible que hasta se desmaye. [18] Ambos soldados poseen un cuerpo humano y los dos ven sangre derramada, pero ¿por qué uno se arma de valor y, en cambio, el otro se desanima? La diferencia está en su familiaridad con estas circunstancias. De lo dicho podemos deducir que cuanto más nos familiaricemos con la paciencia de aceptar voluntariamente el sufrimiento, más fácil nos resultará practicarla. Por lo tanto, debemos mantener una mente estable, y cuando tengamos dificultades, recordar el Dharma para no dejarnos vencer por ellas.

[19] Cuando el practicante mahayana se encuentra con circunstancias adversas, las acepta y no permite que alteren su serenidad. Debemos comprender que nuestros peores enemigos son el odio y los demás engaños, y cuando luchemos contra

PACIENCIA

ellos con las prácticas apropiadas, debemos aceptar las dificultades que surjan.

[20] Podemos decir que las personas que aceptan el sufrimiento y vencen al enemigo del odio y las demás perturbaciones mentales son héroes, aunque, por lo general, llamemos así a los que matan a sus enemigos en el campo de batalla. En realidad, estos últimos no son verdaderos héroes porque sus enemigos iban a morir antes o después. Es casi como si hubieran matado cadáveres. Sin embargo, los enemigos internos, las perturbaciones mentales, nunca fallecerán de muerte natural, y si no nos esforzamos por eliminarlos, seguirán atrapándonos en la prisión del samsara, como lo han hecho desde tiempo sin principio.

[21] Desde el punto de vista del Dharma, el sufrimiento no tiene por qué ser una experiencia desafortunada. En realidad, tiene buenas cualidades. Si meditamos sobre nuestro propio sufrimiento y el del samsara en general, recibiremos numerosos beneficios. Podemos generar la mente de renuncia y eliminar nuestro orgullo y arrogancia. Si queremos aprovechar nuestras experiencias de sufrimiento, debemos utilizarlas para cultivar la mente de renuncia. Además, si aprendemos a tener paciencia con nuestro sufrimiento y meditamos en el de los demás, sentiremos compasión por todos los desdichados seres que siguen atrapados en el samsara. La renuncia y la compasión son las dos realizaciones de Dharma más importantes del camino a la iluminación, y nuestro sufrimiento nos ayuda a cultivarlas. La persona que no aprenda a enfrentarse con la verdad del sufrimiento y a solucionar sus problemas, no solo se sentirá indefensa y desamparada, sino que además no podrá alcanzar realizaciones de Dharma.

MEDITACIÓN SOBRE LA PACIENCIA DE PENSAR DEFINITIVAMENTE SOBRE EL DHARMA

La segunda de las tres clases de paciencia se divide en los cuatro apartados siguientes:

1. Puesto que tanto la persona que odia como el odio mismo dependen de causas, no hay posibilidad de elección.
2. Refutación del argumento de que la causa del odio es independiente.

3. Por qué debemos abandonar el odio.
4. Resumen.

PUESTO QUE TANTO LA PERSONA QUE ODIA COMO EL ODIO MISMO DEPENDEN DE CAUSAS, NO HAY POSIBILIDAD DE ELECCIÓN

[22] Cuando una persona padece de ictericia, experimenta sufrimiento como consecuencia de esta enfermedad. De igual manera, si alguien nos pega con un palo en la cabeza, el causante de nuestro dolor es el agresor. Si en ambos casos experimentamos dolor, ¿por qué toleramos la enfermedad y, en cambio, nos enfadamos con quien nos perjudica?

Puede que pensemos que no es apropiado enfadarnos con una enfermedad porque por sí misma no tiene la intención de hacernos daño. Puesto que la enfermedad y el sufrimiento que produce dependen de causas y condiciones, no sería lógico enfadarnos con ella. Sin embargo, siguiendo el mismo razonamiento, tampoco deberíamos enfadarnos con una persona que nos perjudique. ¿Por qué? Porque está dominada por sus engaños y tampoco tiene elección. Si tenemos que enfadarnos con algo, debemos hacerlo con nuestras perturbaciones mentales. Además, si no nos enfadamos con la ictericia, tampoco debemos hacerlo con los seres sintientes.

[23] Al igual que padecemos enfermedades aunque no lo deseemos, la perturbación mental del odio surge en nuestra mente sin que podamos evitarlo. Es posible que pensemos que existe alguna diferencia entre las enfermedades y el odio de nuestro enemigo, puesto que aquellas no tienen la intención de perjudicarnos, mientras que este sí. No obstante, debemos comprender que cuando nuestro enemigo desea hacernos daño, carece de libertad, pues está bajo la influencia del odio. [24] Sin pensar de antemano: «Ahora me voy a enfadar», siente odio y no puede controlarlo. El enfado surge sin previo aviso.

[25] Todos los defectos, maldades, etcétera, son el resultado de causas y condiciones, no tienen voluntad propia. [26] Las desgracias no tienen intención de causar daño, ni tampoco el sufrimiento piensa: «He sido producido como resultado de la unión de ciertas condiciones». Por lo tanto, la persona que se enfada, el odio mismo y todos los demás fenómenos carecen de voluntad propia y dependen solo de causas y condiciones. Si nos

adiestramos en reconocer la naturaleza dependiente de todos los fenómenos, reduciremos en gran medida las causas de nuestro odio.

REFUTACIÓN DEL ARGUMENTO DE QUE LA CAUSA DEL ODIO ES INDEPENDIENTE

En el apartado anterior, Shantideva nos enseñó lo absurdo que es enfadarnos, puesto que cuando alguien nos perjudica, no tiene elección y carece de voluntad propia. Esto es así porque todos los objetos de conocimiento, incluso nuestros estados mentales, son fenómenos de relación dependiente, es decir, su existencia depende de causas y condiciones, y carecen de una naturaleza propia, independiente y autoexistente. Sin embargo, ciertas escuelas de filosofías no budistas afirman que algunos fenómenos que nos benefician o perjudican existen de manera permanente, invariable e independiente. En el capítulo noveno, Shantideva refuta con más detalle las creencias erróneas de estas escuelas, pero a continuación lo hace de manera concisa mostrándonos cómo actuar en situaciones que puedan causarnos enfado. Los razonamientos de Shantideva se presentan bajo los tres apartados siguientes:

1. Refutación del argumento de la escuela samkhya de que hay un principio general y un yo que existen de manera inherente.
2. Refutación del argumento de la escuela vaisheshika de que hay un yo que existe de manera inherente.
3. Reconocimiento de que todos los seres son apariencias ilusorias y de que no es apropiado enfadarse con ellos.

REFUTACIÓN DEL ARGUMENTO DE LA ESCUELA SAMKHYA DE QUE HAY UN PRINCIPIO GENERAL Y UN YO QUE EXISTEN DE MANERA INHERENTE

La escuela samkhya defiende la existencia de un principio general que posee características únicas. Sus proponentes afirman, por ejemplo, que este principio general es la causa del universo, de los seres que habitan en él y de los objetos de los sentidos. Aunque es la causa de todo lo que existe, el principio general carece de causa, es independiente y permanente. Además, esta escuela afirma que el yo existe también de manera inherente, y que el principio general es la causa de todos los demás objetos de conocimiento.

Shantideva señala a continuación algunas de las contradicciones implícitas en los argumentos de esta escuela. [27] Si el principio general y el yo existiesen del modo en que afirman los samkhyas, es decir, sin depender de causas y sin ser producidos, no podrían surgir a partir del pensamiento: «Ahora voy a aparecer y a causar daño». Por lo tanto, sigue siendo válido afirmar que nuestra experiencia de dolor carece de voluntad propia. En realidad, ni el principio general ni el yo pueden existir del modo en que afirman los samkhyas. [28] Si el principio general fuera independiente, no podría producir ningún efecto, y si el yo fuera independiente, no podría utilizar ningún objeto ni experimentar ningún fenómeno que fuese producido. ¿Cómo es posible que un fenómeno permanente produzca un efecto? Además, si el yo fuera permanente, cuando viese una forma u oyese un sonido, lo haría también de manera permanente. Puesto que estas experiencias cambian en todo momento, la concepción de un yo permanente es incorrecta. Como resultado de estos razonamientos, Shantideva niega la existencia de un principio general y un yo independientes.

REFUTACIÓN DEL ARGUMENTO DE LA ESCUELA VAISHESHIKA DE QUE HAY UN YO QUE EXISTE DE MANERA INHERENTE

La escuela vaisheshika defiende la existencia de un yo permanente cuya naturaleza es material. Shantideva considera [29] que esta creencia también es errónea porque si el yo fuera permanente, al igual que el espacio, no ejercería ninguna función ni podría realizar acciones. Además, refuta el argumento de esta escuela de que el yo puede producir efectos, a pesar de ser permanente, si se encuentra con ciertas condiciones. En primer lugar, ¿cómo puede un fenómeno permanente encontrarse con condiciones? Y en el caso de que lo hiciera, ¿cómo podría cambiar si un objeto es permanente precisamente porque nunca cambia? [30] Si el yo fuera permanente, seguiría siempre igual, tanto si se encontrase con condiciones, como si no. Por lo tanto, ¿cómo puede producir efectos? ¿Es posible que un objeto sea producido a partir de un fenómeno permanente? Es evidente que no. Estos argumentos carecen de una base sólida y generan numerosas contradicciones.

RECONOCIMIENTO DE QUE TODOS LOS SERES SON APARIENCIAS ILUSORIAS Y DE QUE NO ES APROPIADO ENFADARSE CON ELLOS

Contrariamente a lo que afirman los samkhyas, vaisheshikas y otras escuelas, [31] todos los efectos se producen a partir de causas, y estas lo hacen, a su vez, a partir de otras causas anteriores. Tanto las causas como los efectos dependen también de ciertas condiciones y, por lo tanto, carecen por completo de existencia inherente e independiente. Aunque todos los objetos parecen existir por sí mismos o por su propio lado, en realidad son como apariencias. Si recordamos esto cuando tengamos dificultades, nuestro odio y demás engaños desaparecerán. Mantener este reconocimiento cuando nos encontramos en situaciones que nos causan enfado forma parte de la práctica de la paciencia de pensar definitivamente sobre el Dharma.

POR QUÉ DEBEMOS ABANDONAR EL ODIO

[32] Es posible que nos preguntemos que si todos los fenómenos son apariencias ilusorias, ¿quién debe eliminar qué odio? En un mundo de apariencias no sería necesario hacerlo. Sin embargo, este razonamiento es incorrecto. Aunque los fenómenos son como apariencias en el sentido de que carecen de existencia inherente, seguimos experimentando sufrimiento. Para evitarlo, debemos esforzarnos por abandonar el odio y otras perturbaciones mentales. Aunque los fenómenos carecen de existencia inherente, y precisamente debido a ello, según la ley de causa y efecto, las acciones perjudiciales producen sufrimiento, y las virtuosas, felicidad. Por lo tanto, nunca debemos enfadarnos, porque si lo hacemos, crearemos las causas para seguir sufriendo en el futuro.

RESUMEN

[33] Cuando una persona a quien consideramos nuestro enemigo, o incluso nuestro amigo, nos perjudica, debemos pensar: «Esta persona está dominada por sus engaños y no tiene elección porque no puede controlarlos». Si pensamos de este modo y comprendemos que todos los objetos [impermanentes] dependen de causas y condiciones, evitaremos enfadarnos y mantendremos la serenidad en todo momento.

[34] Si los fenómenos pudieran elegir su modo de existencia, los seres sintientes nunca experimentaríamos sufrimiento. ¿Por qué? Porque nadie desea sufrir y todos buscamos la felicidad. Si todo ocurriera según nuestros deseos, ¿quién elegiría sufrir? Debe de haber otra explicación. Puesto que los seres sintientes están ofuscados desde tiempo sin principio por la ignorancia y no han alcanzado la sabiduría que conoce la verdadera naturaleza de la realidad, tienen que padecer los sufrimientos continuos del samsara.

Aquí concluye el debate de Shantideva sobre la segunda clase de paciencia, la de pensar definitivamente sobre el Dharma.

MEDITACIÓN SOBRE LA PACIENCIA DE NO VENGARSE

La tercera clase de paciencia se presenta bajo los tres apartados siguientes:

1. Métodos para cultivar la compasión.
2. Cómo eliminar la causa del odio.
3. Cómo reconocer que somos culpables de nuestros problemas.

MÉTODOS PARA CULTIVAR LA COMPASIÓN

Como ya se ha mencionado, el enfado posee numerosos inconvenientes, tanto visibles como ocultos, pero ¿cómo podemos combatir nuestro deseo de venganza cuando alguien nos perjudica? Para vencer esta dificultad, debemos combinar la práctica de la paciencia con un método para generar compasión. Por ejemplo, si una persona nos perjudica, además de reconocer que lo hace porque está dominada por sus engaños, debemos pensar que también se está haciendo daño a sí misma. Si nos adiestramos de este modo, sentiremos compasión por ella de manera espontánea, y nuestro odio y deseo de venganza desaparecerán.

[35-36] Las personas pueden perjudicarse a sí mismas de numerosas maneras. Por obediencia a sus maestros o por dinero y deseo de celebridad, algunos se tumban desnudos sobre una cama de clavos, andan descalzos sobre brasas ardientes o se arrojan al mar desde lo alto de un acantilado. Otros se obsesionan tanto por encontrar un compañero sentimental o acumular posesiones y riquezas, que pierden el apetito. Podemos imaginar

el daño que una persona es capaz de hacerse a sí misma cuando, dominada por la codicia, puede incluso matar a sus propios padres. Además, teniendo en cuenta el sufrimiento presente y futuro que los seres experimentan debido a sus perturbaciones mentales, no es de extrañar que nos perjudiquen tan a menudo. Si pensamos de este modo, no solo abandonaremos nuestro deseo de venganza, sino que también sentiremos compasión por aquellos que intentan causarnos daño.

[37] Bajo la influencia del odio, hasta las personas que se estiman a sí mismas por encima de cualquier otra cosa son capaces incluso de suicidarse. Si los engaños pueden obligar a los seres a cometer acciones tan desesperadas, no debe sorprendernos que en ocasiones perjudiquen a otros. Puesto que el odio puede esclavizar por completo a una persona, no tiene sentido enfadarnos con ella. Si no podemos sentir compasión por un ser tan desafortunado, al menos debemos evitar enfadarnos.

[38] Para practicar la paciencia de no vengarnos, debemos adiestrar nuestra mente o, de lo contrario, no podremos mantener la calma cuando alguien nos perjudique. En cambio, si nos preparamos bien, no nos enfadaremos aunque nos provoquen.

Como ya ha mencionado Shantideva, no hay peor maldad que el odio, puesto que destruye nuestras virtudes y las de los demás, y solo nos causa sufrimiento. Si nos enfadamos y en el futuro renacemos como un ser humano o un animal, tendremos un cuerpo y un color de piel desagradables. Sabemos que ciertos animales y personas inspiran miedo y aversión en los demás. Nacer con un cuerpo desagradable y tener tendencia al enfado son los resultados kármicos de una mente llena de odio. En cambio, si practicamos la paciencia, obtendremos un cuerpo atractivo.

CÓMO ELIMINAR LA CAUSA DEL ODIO

[39] Cuando una persona nos perjudica, debemos analizar si es malvada por naturaleza o si su actitud es solo temporal. En el primer caso no tendría sentido enfadarnos con ella, al igual que no lo hacemos con el fuego cuando nos quemamos, porque sabemos que su naturaleza es calor. Pero en el segundo caso, [40] tampoco debemos enfadarnos, del mismo modo que no lo hacemos con el cielo cuando llueve, porque comprendemos que

la lluvia no forma parte de su naturaleza; para que llueva, deben reunirse ciertas condiciones ambientales, como la temperatura, la humedad, el viento, etcétera. Por lo tanto, si nuestro enemigo no es malvado por naturaleza, ¿a quién debemos culpar del daño que nos causa? Los únicos culpables son sus engaños.

[41ab] Si una persona nos pega con un palo y nos hace daño, ¿no deberíamos enfadarnos? Es posible que alguien nos aconseje: «Sí, pero no te enfades con la persona, sino con el palo, puesto que es la causa inmediata de tu dolor». Sin embargo, este razonamiento no es muy convincente y podríamos responder: «El palo no ha sido quien me ha pegado, sino la persona que lo sostenía. Por lo tanto, debo enfadarme con ella».

[41cd] Si este razonamiento nos sirve para no enfadarnos con el palo, también podemos utilizarlo para tener paciencia con la persona que nos hace daño. Debemos reconocer que esa persona no controla su mente y está dominada por el odio, al igual que el palo es dirigido por la mano que lo sostiene. Por lo tanto, si nos enfadamos cuando alguien nos perjudica, debemos hacerlo con la verdadera causa de nuestro dolor: el odio en la mente de esa persona.

No debemos olvidar que estamos hablando de controlar nuestra mente en situaciones difíciles. Esto no significa que para practicar la paciencia debamos permanecer pasivos cuando una persona nos ataca. Si podemos impedir que lo haga y se perjudique tanto a sí misma como a nosotros, sin lugar a dudas debemos hacerlo, pero si ya ha emprendido su acción, debemos intentar no enfadarnos. La práctica de la paciencia, y la del Dharma en general, consiste en proteger nuestra mente de los engaños, puesto que tanto el sufrimiento como la felicidad dependen de ella.

CÓMO RECONOCER QUE SOMOS CULPABLES DE NUESTROS PROBLEMAS

Otro poderoso método para abandonar el odio y el deseo de venganza es reconocer que nuestros problemas son el resultado de las acciones que hemos cometido en el pasado. [42] Si, por ejemplo, alguien nos ofende, podemos recordar las enseñanzas sobre las acciones y sus efectos, y pensar: «Si yo no hubiera perjudicado a nadie de modo similar en el pasado, ahora no recibiría este daño». Debemos utilizar el mismo razonamiento cuando estemos enfermos o tengamos problemas, aunque solo nos beneficiará si estamos familiarizados con la ley de causa y efecto. Cuando comprendamos bien esta ley, que dice que las acciones virtuosas dan como resultado felicidad, y las perjudiciales, sufrimiento, mantendremos la calma incluso en las circunstancias más adversas. Además, aceptaremos nuestro sufrimiento como una manera de pagar las deudas contraídas al cometer malas acciones. Es mejor pensar de este modo que enfadarnos, puesto que si lo hacemos, crearemos la causa para seguir sufriendo en el futuro.

[43] Cuando seamos víctimas de una agresión, debemos recordar que el daño que recibimos tiene dos causas inmediatas: el arma utilizada y nuestro cuerpo contaminado. Solo cuando estos dos factores se encuentran, experimentamos sufrimiento. Por lo tanto, ¿con quién debemos enfadarnos? Si nos enfadamos con la persona que nos ataca o con el arma que utiliza, ¿por qué no hacemos lo mismo con nuestro cuerpo? Y si nunca nos enfadamos con nuestro cuerpo, ¿por qué hacerlo con el atacante y con su arma? Debemos comprender que nuestro sufrimiento es el resultado de las acciones perjudiciales que hemos cometido en el pasado y que, por lo tanto, somos los únicos culpables de nuestros problemas.

[44] Nuestro cuerpo es delicado y no soporta ni el pinchazo de un alfiler, pero cuando nos hieren con un arma, padecemos intensos dolores. No obstante, si no tuviésemos este cuerpo contaminado, no experimentaríamos ningún sufrimiento. Debido a que carecemos de sabiduría y estamos dominados por la codicia y la ignorancia, hemos creado el karma para tener este cuerpo contaminado, la causa de tanto sufrimiento. Así pues, ¿por qué nos enfadamos con los demás y los consideramos culpables de nuestros problemas? [45] Todos los seres desean ser felices, pero debido a nuestras perturbaciones mentales, como el apego, el odio, etcétera, seguimos creando causas para sufrir en el futuro. Por lo tanto, nuestro dolor es el resultado de las acciones perjudiciales que hemos cometido, y es incorrecto culpar a los demás de nuestro sufrimiento. ¿Qué razones tenemos para enfadarnos?

Para apoyar estos razonamientos, Shantideva recuerda los versos séptimo y octavo del capítulo quinto, y señala que [46] al igual que los guardianes y los bosques de árboles con hojas de cuchillas afiladas que hay en los infiernos son producidos por nuestras propias acciones, los demás sufrimientos también lo son. Puesto que nadie es culpable de nuestros problemas, sino que son el resultado de nuestro karma, ¿con quién podemos enfadarnos? Los tormentos que se experimentan en los infiernos no son algo ajeno a nuestra mente ni un castigo impuesto desde afuera. Al igual que todos los demás sufrimientos, son una creación de nuestra mente perturbada. Para librarnos de ellos, debemos eliminar nuestros engaños en esta vida. Si conseguimos controlar nuestra mente, no tendremos nada que temer en el samsara.

[47] A continuación, Shantideva analiza con detenimiento quién se perjudica y quién se beneficia cuando alguien nos hace daño. Cuando una persona se enfada con nosotros y nos ataca, nos convertimos en el objeto de su odio. Si no estuviéramos presentes, no se enfadaría. El daño que recibimos es el resultado de nuestro propio karma, es decir, de las acciones que hemos cometido en el pasado, y por lo tanto debemos practicar la paciencia de aceptar el sufrimiento. Si practicamos esta virtud, seremos felices en esta vida y en las futuras. Al considerar a la persona que nos perjudica como un objeto de paciencia, se convertirá en causa de nuestra felicidad. Si dejamos de tener una mente estrecha y analizamos la situación, comprenderemos que sus ofensas son, en realidad, fuente de numerosos beneficios.

¿Qué beneficios obtendrá nuestro atacante al enfadarse con nosotros y causarnos daño? Puesto que somos el objeto de su odio, no será feliz en esta vida y sembrará las semillas para renacer en los infiernos. Por lo tanto, en realidad somos nosotros quienes lo perjudicamos, y él quien nos beneficia. Teniéndolo en cuenta, ¿cómo podemos enfadarnos con él? [48] Al perjudicarnos nos ofrece la oportunidad de practicar la paciencia, y si cultivamos esta virtud con la motivación correcta, podemos purificar nuestras acciones perjudiciales y acumular méritos. Además, como somos el objeto de su odio, lo incitamos a cometer acciones perjudiciales que lo arrojarán a los reinos inferiores. [49] No sería correcto enfadarnos con un benefactor a quien le espera un futuro tan desafortunado.

Si nuestro objetivo principal en esta vida es liberarnos del sufrimiento y alcanzar la iluminación, debemos considerar que la riqueza interior de la virtud es más importante que las posesiones materiales. El enemigo que nos invita a practicar la paciencia y, en consecuencia, a acumular una riqueza inagotable de virtud, es un tesoro de valor incalculable. Sin él, ¿cómo podríamos cultivar la paciencia? Cuando alguien nos perjudica, nos ofende, nos critica, etcétera, nos brinda la oportunidad de acumular gran cantidad de méritos. Por lo tanto, debemos reconocer que nuestro enemigo es, en realidad, un benefactor que colma todos nuestros deseos.

Cuando Atisha vivía en el Tíbet, tenía un sirviente indio que siempre lo trataba con desdén. Los discípulos de Atisha le dijeron: «Este hombre es una gran molestia, tenemos que despedirlo». Pero Atisha respondió: «Por favor, no lo hagáis. En realidad es muy bondadoso conmigo, porque a su lado puedo practicar la paciencia. Si no fuera por él, ¿cómo iba a cultivar esta virtud?».

La paciencia de no vengarse es una práctica poco común para la mayoría de nosotros, porque va en contra de nuestros hábitos más arraigados. Por lo tanto, no es de extrañar que nuestra mente se oponga a practicar esta virtud. Shantideva se anticipa a nuestras objeciones y las invalida en las siguientes estrofas.

[50] *Aunque practique la paciencia cuando alguien me perjudica, ¿no tendré que renacer en los reinos inferiores por ser su objeto de odio?*

No. Si consideramos que nuestro enemigo nos resulta beneficioso y practicamos la paciencia cuando nos perjudica, no crearemos karma negativo y, por lo tanto, no tendremos que experimentar sufrimiento como resultado.

En ese caso, la persona que me perjudica tampoco sufrirá las malas consecuencias de su acción. Después de todo, me ofrece la oportunidad de practicar la paciencia.

Esto tampoco es cierto. Los resultados de las acciones solo los experimenta aquel que las realiza. La persona que nos perjudica no puede recibir los frutos de nuestra práctica de la paciencia. Si sus acciones son perjudiciales, ¿cómo va a recibir buenos resultados de ellas?

Entonces, si alguien me perjudica, lo mejor que puedo hacer es vengarme. De esta manera, lo beneficiaré porque yo seré el objeto de su paciencia.

Esta manera de pensar es incorrecta por varias razones. En primer lugar, [51] si nos vengamos de alguien, romperemos nuestros votos del Bodhisatva y se debilitarán nuestra mente de bodhichita y nuestra paciencia de no vengarnos. En segundo lugar, aunque tomemos represalias contra nuestro enemigo, no podemos estar seguros de que vaya a ser paciente con nosotros. Lo más probable es que, como él ha iniciado la pelea, se enfade aún más. De todas formas, aunque practicase la paciencia, no impediría que nuestros votos degenerasen.

[52] *Tengo una buena razón para enfadarme cuando alguien me ataca con un arma: mi cuerpo siente dolor, y como mi mente piensa que este cuerpo le pertenece, es correcto que me enfade y desee vengarme.*

Este razonamiento tampoco es correcto. Si lo fuera, ¿por qué nos enfadamos cuando alguien nos insulta? [53] Si las palabras desagradables no perjudican a nuestro cuerpo ni a nuestra mente, ¿por qué generamos el deseo de venganza?

[54] *Porque si alguien escucha estas críticas e insultos, pensará mal de mí.*

Es posible, pero sus malos pensamientos no pueden perjudicarnos ni en esta vida ni en las futuras. Por lo tanto, no tenemos por qué enfadarnos.

[55] *Si la gente piensa mal de mí y, como resultado, pierdo mi buena reputación, no podré alcanzar una posición social elevada ni acumular riquezas. Por lo tanto, debo evitarlo y proteger mi prestigio tomando represalias.*

Si nos vengamos del daño recibido y dejamos de practicar la paciencia, tendremos más dificultades para adquirir riquezas y mejorar nuestra reputación. En cambio, la práctica de la paciencia nunca supone un obstáculo para lograr estos objetivos, sino que en realidad es una ayuda. Si nos abstenemos de vengarnos cuando alguien nos perjudica, adquiriremos una buena reputación y disfrutaremos de una posición social elevada y riquezas tanto en esta vida como en las futuras.

PACIENCIA

Además, no merece la pena enfadarnos por obtener riquezas, puesto que tendremos que abandonarlas cuando muramos. Lo único que viajará con nosotros a las vidas futuras serán las impresiones grabadas en nuestra consciencia por la terrible perturbación mental del odio. [56] Es mejor morir hoy mismo que vivir durante años guardando rencor.

Aunque vivamos durante muchos años, antes o después tendremos que experimentar los sufrimientos de la muerte. [57] Aunque una persona sueñe que disfruta de cien años de felicidad, y otra, de un solo instante, cuando despierten, las dos se encontrarán en la misma situación: [58] ninguna habrá recibido ningún beneficio. De igual manera, no importa si tenemos una vida corta o larga, porque cuando nos enfrentemos a la muerte, lo único que nos ayudará será el poder de las acciones virtuosas que hayamos realizado. [59] Es posible que disfrutemos de una larga vida y tengamos la buena fortuna de acumular abundantes riquezas y posesiones, pero la muerte nos las robará todas y tendremos que partir hacia el futuro con las manos vacías.

[60] *¿No es importante adquirir riquezas para vivir con comodidad y poder purificar faltas y acumular méritos?*

Como se acaba de mencionar, [61] si cometemos acciones perjudiciales para adquirir posesiones y permitimos que nuestras buenas cualidades se debiliten, no tiene sentido vivir muchos años.

[62] *Quizá no deba vengarme de una persona que me impide acumular riquezas, pero si mancha mi reputación tendré que hacerlo, porque, de lo contrario, aquellos que tienen fe en mí la perderán.*

Este razonamiento tampoco es válido. Si nos vengamos cuando alguien nos critica, ¿por qué no lo hacemos cuando hablan mal de otra persona? ¿No perderán los demás también la fe en ella? [63] No tiene sentido tener paciencia cuando critican a los demás y enfadarnos cuando nos critican a nosotros. Las críticas son el resultado de concepciones erróneas y, por lo tanto, no hay razón para enfadarnos por ellas.

Comprendo que debo tener paciencia cuando me perjudican a mí, pero si alguien ofende a las Tres Joyas preciosas, ¿no debería vengarme? Esto sería lo más correcto.

[64] Puesto que nadie puede perjudicar a los Budas, no tiene sentido enfadarnos con alguien que insulte a las Tres Joyas, destruya imágenes sagradas o perjudique el Dharma de cualquier otro modo. Es evidente que la persona que comete estas acciones está bajo la influencia de sus engaños. Un ser tan desafortunado no debe ser objeto de nuestro odio, sino de nuestra compasión.

[65] Incluso si alguien perjudica a nuestros seres queridos, como nuestro Guía Espiritual, nuestros padres, familiares y amigos, no debemos enfadarnos, sino comprender que es el resultado de sus acciones del pasado. Si podemos evitar que los perjudiquen, por supuesto que debemos hacerlo, pero sin enfadarnos. Practicar la paciencia no significa permitir que los demás cometan acciones indebidas y no intervenir para impedirlo, sino proteger nuestra mente de la perturbación mental del odio.

[66] Nuestro dolor puede ser causado por dos clases de objetos: animados e inanimados. Entonces, ¿por qué nos enfadamos siempre con los objetos animados? Si tenemos paciencia con unos objetos, debemos aprender a tenerla también con otros.

[67] Si una persona, debido a su ignorancia, perjudica a otra, y esta, también por ignorancia, se enfada con ella, ¿cuál de las dos tiene razón? Puesto que ambas acciones, tanto la de causar daño como la de vengarse, surgen de la ignorancia, no es correcto enfadarse en ningún caso.

[68] Debemos reconocer que todas nuestras experiencias dependen de causas y condiciones. Por ejemplo, tanto nosotros mismos como nuestros enemigos hemos creado la causa para relacionarnos como lo hacemos y, por lo tanto, no hay razón para guardarles rencor. [69] Después de haber comprendido esto, debemos actuar de manera virtuosa y desear que todos los seres sintientes vivan en armonía y se amen entre sí.

Debido al apego que tenemos a nuestros seres queridos, a menudo nos enfadamos con aquellos que los perjudican e incluso nos vengamos de ellos. Shantideva describe esta situación con la analogía siguiente. [70] Si hay un incendio en una casa, la hierba seca del jardín extenderá el fuego a otras casas y este consumirá todo lo que encuentre a su paso. Del mismo modo, [71] cuando alguien perjudica a nuestros seres queridos, la hierba seca de nuestro apego nos hace sentir dolor y alimenta el fuego de nuestro odio, consumiendo así los méritos que hayamos acumulado. Para evitar que esto ocurra, hemos de abandonar cualquier objeto de apego.

Pero si abandono a mis familiares y amigos, sufriré aún más.

Es necesario aceptar este sufrimiento. [72] Si un criminal va a ser ejecutado y alguien consigue que le sustituyan la pena de muerte por la de cortarle una mano, se sentirá satisfecho. Aunque vaya a perder la mano, se alegrará de haber salvado la vida. De igual manera, aquel que experimenta los sufrimientos del reino humano, como tener que separarse de los objetos de apego, debe considerarse afortunado por no tener que padecer los tormentos de los infiernos.

Aún así, me resulta difícil aceptar que me ofendan o critiquen.

[73] Si no podemos aceptar este sufrimiento tan pequeño, ¿cómo vamos a soportar los tormentos de los infiernos? Y si no podemos hacerlo, ¿por qué seguimos enfadándonos y creando las causas para padecer un renacimiento tan desafortunado? [74] En el pasado, debido a nuestro desconocimiento de la ley de causa y efecto, y a los venenos del odio y el apego que contaminan nuestra mente, ardimos en el fuego de los infiernos. Estos sufrimientos no nos han aportado ningún beneficio. [75] Sin embargo, ahora hemos obtenido este precioso renacimiento humano, y si soportamos pequeños sufrimientos, tendremos la oportunidad de beneficiar a los demás y alcanzar la gran iluminación. Por ello, debemos aceptar voluntariamente las dificultades con serenidad y alegría.

El odio a menudo está relacionado con los celos y debemos evitar ambas perturbaciones mentales. [76] Cuando alguien elogie a nuestro enemigo, en lugar de sentir celos, debemos alegrarnos. [77] Si lo hacemos con sinceridad, seremos felices tanto en esta vida como en las futuras. Al alegrarnos de la buena fortuna de los demás, no solo complacemos a los Budas, sino que también ganamos amistades. [78] Si no soportamos que los demás sean felices, no deberíamos pagar un salario a nuestros empleados, puesto que se sentirían satisfechos. Sin embargo, si no les pagamos por su trabajo, no lo harán de manera correcta, organizarán una huelga y tendremos numerosos problemas, tanto ahora como en el futuro. Alegrarnos cuando una persona recibe alabanzas puede compararse con pagar un salario a nuestros empleados, puesto que de ese modo la complacemos y también nos beneficiamos nosotros.

[79] Cuando alguien menciona nuestras buenas cualidades, nos sentimos orgullosos. Puesto que a todos nos agradan las alabanzas, también debemos alegrarnos cuando los demás las reciben. ¿Por qué no nos alegramos cuando elogian a alguien? [80] Si hemos generado la aspiración altruista de beneficiar a todos los seres sintientes y hemos tomado los votos del Bodhisatva, ¿por qué nos enfadamos cuando los demás logran un poco de felicidad gracias a sus propios esfuerzos? [81] Puesto que hemos prometido conducir a todos los seres sintientes a la Budeidad, estado en el que serán alabados y venerados por innumerables seres, ¿por qué tenemos envidia de sus pequeños placeres? Enfadarnos con ellos es absurdo.

[82] Por lo general, los padres son responsables de mantener a sus hijos hasta que son adultos y pueden valerse por sí mismos, y cuando lo hacen, se sienten complacidos. Al igual que los padres se sienten orgullosos de sus hijos y no tienen celos de sus logros, nosotros deberíamos sentir lo mismo [en relación con los demás]. [83] Si deseamos conducir a todos los seres a reinos de existencia afortunados, a la liberación y la iluminación, no debemos sentir celos o enfadarnos cuando son felices. Si en estas ocasiones nos enfadamos, ¿cómo podemos decir que estamos adiestrándonos en el modo de vida del Bodhisatva? Mientras nuestra mente esté dominada por los celos y el rencor, no podremos generar la preciosa mente de bodhichita. Cuando surgen los celos, el odio y otros engaños, nuestra bodhichita degenera. Si deseamos de verdad seguir el camino del Bodhisatva, debemos eliminar estas perturbaciones mentales lo antes posible y por completo.

Los celos son la perturbación mental más absurda. [84] Imaginemos que alguien le ofrece dinero a nuestro enemigo. Por muchos celos que tengamos, no van a cambiar la situación. Tanto si a nuestro enemigo le entregan ese dinero como si no, nosotros no vamos a recibirlo. Entonces, ¿por qué sentimos celos? Además, [85] tener celos por un lado y desear enriquecernos por otro es contradictorio. ¿Por qué? Porque la causa para obtener riquezas, posesiones y otros placeres es acumular virtudes, y la manera de hacerlo es practicando la generosidad, alegrándonos de la buena fortuna de los demás, teniendo fe en las enseñanzas de Buda, etcétera. Cuando el egoísmo y los celos se apoderan de nosotros, destruyen estas virtudes de inmediato junto con la oportunidad de ser felices. Por lo tanto, si deseamos poseer riquezas en el futuro, debemos proteger nuestra mente de los engaños.

[86] Sería absurdo que en lugar de arrepentirnos de nuestras acciones perjudiciales, sintiéramos celos de las virtudes de los demás. [87] No hay motivo para alegrarnos cuando sufren nuestros enemigos. ¿De qué manera van a perjudicar nuestros celos a nuestros enemigos y cómo nos van a beneficiar a nosotros? Aunque deseemos que nuestro enemigo sufra, nuestros celos no le van a causar ningún daño. [88] Además, aunque así fuera, ¿acaso nos haría felices?

Pero si mi enemigo sufre, me sentiré satisfecho.

Si pensamos de esta manera, no solo no colmaremos nuestros deseos, sino que además nos perjudicaremos a nosotros mismos. [89] Estos deseos de venganza nos empujan a los reinos inferiores. Al igual que el pescador captura un pez y lo asa a fuego lento, nosotros picamos el anzuelo del odio y los terribles guardianes creados por nuestro karma nos arrojan a los calderos ardientes de los infiernos.

Si no tomo represalias cuando alguien me perjudica, ¿qué pensarán de mí los demás? Mi fama, reputación y las alabanzas que recibo sin duda disminuirán.

[90] Para responder a esta pregunta debemos examinar qué valor tienen la fama, la reputación, las alabanzas, etcétera. ¿De qué manera nos benefician? ¿Acaso la opinión de los demás nos ayuda a desarrollar nuestra mente, nos garantiza longevidad o nos protege de las enfermedades? Puesto que no puede ayudarnos de ninguna de estas maneras, ¿por qué nos desanimamos cuando nos critican o disminuye nuestra fama?

[91] Si lo único que deseamos es disfrutar de la felicidad temporal de una buena reputación, riquezas y los placeres sensoriales, podemos seguir comportándonos como hasta ahora y olvidarnos de nuestro desarrollo espiritual. Pero quien desee alcanzar la felicidad última y conozca, aunque sea superficialmente, el potencial de su mente, no se sentirá satisfecho logrando estos objetivos efímeros. Es cierto que, por lo general, es favora-

ble tener una buena reputación, riquezas y una posición social elevada. Al igual que todas las experiencias de placer, son el resultado de las acciones virtuosas que realizamos en el pasado. Sin embargo, si nuestro apego a estas condiciones provoca nuestro enfado cuando algo las amenaza, dejarán de ser beneficiosas y se convertirán en causa de más sufrimiento. Debemos comprender que no son las circunstancias externas las que nos hacen felices, sino el modo en que nuestra mente se relaciona con ellas. Por lo tanto, debemos abandonar el apego a estos objetos y, ahora que disfrutamos de esta preciosa existencia humana, practicar la esencia del Dharma y eliminar las perturbaciones mentales de nuestra mente.

[92] Para lograr fama y reputación, invertimos mucho dinero y hacemos grandes sacrificios. Sin embargo, ¿qué beneficios recibimos al sacrificar lo que verdaderamente es importante por unas palabras de alabanza que, en realidad, son vacías? ¿Qué pasará si morimos mientras buscamos fama y gloria?

Buda llamó *infantiles* a aquellos que se alegran al ser elogiados y se enfadan cuando los critican. [93] A los niños les gusta hacer castillos de arena en la playa, pero cuando las olas del mar se los llevan, lloran desconsolados. Del mismo modo, si nos dejamos influir por las alabanzas y las críticas, seremos tan necios como estos niños.

[94ab] ¿Por qué nos alegramos tanto cuando escuchamos el sonido de unas palabras de alabanza? En realidad, el sonido mismo no tiene mente y, por lo tanto, carece de la intención de elogiarnos.

[94cd] *Me siento complacido porque la persona que me alaba está contenta de hacerlo. Si ella lo está, yo también lo estoy.*

[95] La felicidad de la persona que nos elogia no es la causa de nuestra felicidad futura. Su placer solo existe en su mente y nosotros no recibimos ningún beneficio.

[96] *Sin embargo, ¿no es cierto que debemos alegrarnos cuando los demás son felices? Al fin y al cabo, esto es lo que hemos dicho antes.*

Sí, pero debemos aplicar el mismo razonamiento para hacerlo también cuando es feliz nuestro enemigo. No tiene sentido discriminar de forma errónea y alegrarnos cuando nuestros amigos reciben alabanzas y sentir celos cuando las reciben nuestros

PACIENCIA

enemigos. [97] Además, si nos alegramos cuando nos elogian, nos comportamos como niños.

[98] Aunque por lo general es beneficioso tener una buena reputación, una posición social elevada y riquezas, en realidad, pueden convertirse en grandes obstáculos e impedir que alcancemos la iluminación. Pueden causarnos numerosas distracciones cuando meditemos en las etapas del camino. Si pensamos en la reputación, etcétera, nuestra renuncia degenerará y tendremos celos de los demás. Entonces, se deteriorará nuestra relación con ellos, y también nuestras virtudes. Si tenemos apego a una buena reputación, etcétera, renaceremos en los reinos inferiores y seguiremos atrapados en la prisión del samsara.

Estos obstáculos no son favorables para el practicante de Dharma sincero. ¿Quién nos ayuda a eliminar nuestro apego a estas distracciones? Nuestro enemigo. Él nos impide obtener una buena reputación y, por lo tanto, nos ayuda a colmar nuestro deseo de alcanzar la liberación y la iluminación. [99-101] Él es nuestro mejor maestro porque nos enseña a practicar la paciencia. Nos ayuda a eliminar nuestro apego a la fama y a cortar las ataduras que nos mantienen atrapados en el samsara. Gracias a él, dejamos de cometer acciones que nos impulsan a seguir sufriendo y, en cambio, nos ayuda a crear las causas para alcanzar la liberación y la iluminación. Por lo tanto, debemos considerarlo como nuestro Guía Espiritual y dejar de enfadarnos con él, puesto que en realidad es nuestro mejor amigo.

[102] *¿Por qué el practicante de Dharma ha de considerar que su enemigo es en realidad su mejor amigo? Cuando alguien me perjudica, interrumpe mi práctica de Dharma, impide que acumule méritos y dificulta mi práctica de la generosidad y otras virtudes. En esos momentos, deja de ser mi amigo y tengo derecho a vengarme.*

Este razonamiento es incorrecto. Gracias a la bondad de nuestro enemigo tenemos la oportunidad de practicar la paciencia, una de las virtudes más importantes del camino espiritual. [103] Al ofrecernos esta oportunidad, nos ayuda a acumular gran cantidad de méritos. Sin embargo, si tomamos represalias, perderemos la ocasión de hacerlo. [104] El fruto de la paciencia solo puede madurar a partir de su causa: nuestro enemigo. Sin ella, no puede producirse el resultado. Por lo tanto, es un error pensar que nuestro enemigo puede interrumpir nuestra práctica de Dharma. Después de todo, [105] un mendigo no supone un obstáculo para los que desean practicar la generosidad, ni lo es un abad para quien desea ordenarse monje. No solo no son obstáculos, sino que son imprescindibles. Se dice que la paciencia es una virtud más poderosa que la generosidad, puesto que su objeto es más difícil de encontrar. [106] Hay infinidad de pobres en el mundo, pero ¿dónde podemos encontrar un enemigo que nos enseñe a tener paciencia? [107] Debemos reflexionar sobre lo difícil que resulta encontrar un enemigo y reconocer que es un tesoro de donde podemos extraer riquezas inagotables. Es nuestro verdadero maestro en el camino hacia el estado insuperable de la iluminación. [108] Por lo tanto, debemos recordar en todo momento la bondad de nuestro enemigo y alegrarnos de haberlo encontrado. Gracias a él podemos practicar la paciencia y, por lo tanto, debemos dedicar todos los méritos que acumulemos en primer lugar para su bienestar.

[109] *Pero, ¿por qué he de venerar a mi enemigo? Él no desea que practique la paciencia.*

Según este razonamiento, tampoco deberíamos venerar el sagrado Dharma, puesto que no tiene la intención de beneficiarnos.

[110] *Pero no es lo mismo. Mi enemigo desea perjudicarme, mientras que el Dharma no.*

Es precisamente gracias a las malas intenciones de nuestro enemigo que tenemos la oportunidad de practicar la paciencia. Si, como el doctor que desea curar a su paciente, nuestro enemigo solo deseara beneficiarnos, nunca tendríamos la oportunidad de abandonar el deseo de venganza. [111] Aunque nuestro enemigo no tiene la intención de ayudarnos en nuestra práctica, es digno de veneración al igual que el sagrado Dharma. [112] Buda Shakyamuni dijo que hay dos campos para cultivar la cosecha de las virtudes: el de los seres iluminados y el de los seres sintientes ordinarios. Si tenemos fe en el primero y nos esforzamos por beneficiar al segundo, colmaremos tanto nuestros deseos como los de los demás. [113] Puesto que recibimos grandes beneficios de estos campos, debemos cultivar los dos para alcanzar la iluminación.

PACIENCIA

Si los dos campos de méritos poseen el mismo valor, ¿por qué nos postramos ante los Budas y no ante los seres sintientes?

[114] Con el razonamiento anterior, Shantideva no pretende afirmar que los seres ordinarios tengan las mismas cualidades que los seres iluminados. Son similares en el sentido de que son causas para alcanzar la iluminación y, por lo tanto, merecen de igual manera nuestro respeto y veneración.

Por lo general, si ofrecemos objetos materiales a los demás, los consolamos cuando tienen miedo o impartimos enseñanzas de Dharma, estamos practicando la generosidad. Sin embargo, puesto que el Bodhisatva estima a todos los seres sintientes y aprecia los beneficios que recibe de ellos, considera que al practicar la generosidad, en realidad les está haciendo ofrendas. Reconoce que al actuar como objetos para cultivar virtudes como la generosidad, la paciencia, etcétera, estos seres le permiten recoger los frutos del camino espiritual. Por lo tanto, son su campo de méritos junto con las Tres Joyas.

[115] Buda dijo que si veneramos a una persona que siente un amor ilimitado, acumularemos gran cantidad de méritos. ¿Por qué? Porque esa persona se preocupa por el bienestar de innumerables seres y, por lo tanto, cualquier beneficio que reciba de nosotros afectará de manera indirecta a todos ellos. Puesto que estos seres son incontables, también lo son los méritos que acumulamos al venerarlo. De igual manera, es más beneficioso ayudar a una madre con familia numerosa que a una mujer que no tiene hijos. Cuantos más seres se beneficien de nuestra generosidad, mejores resultados obtendremos. Asimismo, tener fe en los Budas es una acción mental muy beneficiosa porque sus cualidades son inagotables. [116] Por estas razones, el que adopta el modo de vida del Bodhisatva considera que los seres sintientes y los Budas son iguales. Si tenemos fe en los seres iluminados y sentimos amor ilimitado hacia todos los seres sintientes, alcanzaremos con rapidez el estado de la Budeidad. Sin embargo, debemos tener en cuenta que los Budas poseen vastas y profundas cualidades que otros seres no han alcanzado.

[117] Las cualidades de los Budas son tan extensas que una persona que solo las adquiera parcialmente se convertirá en objeto de gran veneración. Aunque los seres sintientes, por lo general, no poseen las profundas cualidades de los Budas, [118]

son también nuestro campo de méritos. Puesto que dependemos de este campo para alcanzar la iluminación, es apropiado venerar a todos los seres sintientes del mismo modo que a los Budas. Gracias a que los Budas compasivos muestran el camino, innumerables seres irán alcanzando la iluminación y otros tendrán la oportunidad de estudiar el Dharma. [119] ¿Cómo podemos corresponder a la infinita bondad de un Buda? La mejor manera de hacerlo es generando amor y compasión hacia todos los seres sintientes. [120] En sus vidas previas como Bodhisatva, Buda Shakyamuni sacrificó su vida en numerosas ocasiones por el beneficio de los demás. Por lo tanto, nunca hemos de perjudicar a quienes han sido objeto de su amor y cuidado. Cuando una persona nos perjudique, no debemos vengarnos de ella, sino satisfacer sus deseos, beneficiarla y estimarla. Si aprendemos a actuar de esta manera, complaceremos a todos los Budas.

¿Cómo podemos adiestrarnos en esta práctica? [121] Debemos recordar que el protector Buda Shakyamuni abandonó su familia, su reinado, su cuerpo y su propia vida por el beneficio de todos los seres sintientes, y se preocupó por ellos con gran bondad y amor. Si un Buda se preocupa por todos los seres con amor infinito, los seres ignorantes, como nosotros, también hemos de respetarlos y ofrecerles todo lo que podamos. Debemos comportarnos como si fuéramos sus sirvientes. ¿Cómo podemos perjudicar a aquellos que son objeto del amor y la compasión de todos los Budas? Hemos de meditar sobre estos razonamientos para familiarizarnos con ellos. De esta manera, sentiremos amor y compasión por todos los seres, incluso por los que nos perjudican.

[122] Si somos practicantes de Dharma, no tiene sentido confiar en Buda y al mismo tiempo perjudicar a los seres sintientes. Sería lo mismo que ser bondadosos con una madre, pero hacer daño a sus hijos. Al igual que una madre no puede alegrarse cuando perjudicamos a sus hijos, los Budas tampoco pueden hacerlo cuando tenemos malas intenciones contra los demás. Pongamos otro ejemplo. [123] Del mismo modo que una persona que se está quemando no puede disfrutar de deliciosos manjares, si perjudicamos a los seres sintientes, no podremos complacer a los Budas compasivos aunque les hagamos extensas ofrendas.

Shantideva resume todos los razonamientos anteriores con la siguiente oración:

PACIENCIA

«En el pasado he cometido innumerables acciones perjudiciales contra los seres sintientes y he disgustado a los Budas. Hoy declaro abiertamente todas mis malas acciones y rezo para que vosotros, los Budas y Bodhisatvas, me perdonéis. De ahora en adelante, para complaceros, voy a aceptar el daño que me causen los seres sintientes y practicaré la paciencia. Los atenderé como un siervo a su señor. Aunque los demás me golpeen o humillen, o incluso peligre mi vida, nunca tomaré represalias. En vuestra presencia hago esta promesa y ruego que os sintáis complacidos conmigo». [124-125]

Uno de los métodos más poderosos para generar y mantener la mente de la iluminación o bodhichita, es la meditación de cambiarse uno mismo por los demás, que se describe con detalle en el capítulo octavo. [126] Los Budas compasivos poseen la realización completa de cambiarse por los demás y, puesto que han eliminado su egoísmo, estiman a los seres sintientes más que a sí mismos. Por lo tanto, debido a que Buda Shakyamuni se cambia por los demás, todos los seres tienen su misma naturaleza. Si reconocemos que en este sentido los seres sintientes son iguales que los Budas, y si los veneramos y estimamos, alcanzaremos con rapidez el logro de la iluminación. Debemos realizar ofrendas apropiadas a los seres sintientes y sentir amor y compasión por ellos.

EXPOSICIÓN EXTENSA DE LOS BENEFICIOS DE LA PACIENCIA

[127] Quien practique la paciencia cuando alguien le perjudica y respete a todos los seres sintientes como si fueran Budas, complacerá a todos los Tathagatas y eliminará el sufrimiento de este mundo alcanzando la Budeidad. Por lo tanto, debemos practicar siempre las tres clases de paciencia: la de aceptar voluntariamente el sufrimiento, la de pensar definitivamente sobre el Dharma y la de no vengarnos.

[128] Si uno de los ministros de un rey perjudica a numerosas personas, no se atreverán a vengarse de él en su reino, pero quizá intenten hacerlo cuando viaje a otro lugar. [129] Esto es debido a que cuenta con la confianza y protección del rey. [130] De igual manera, no debemos perjudicar a ningún ser aunque nos parezca inferior, puesto que todos estamos bajo el cuidado de los Budas,

de los Bodhisatvas e incluso de los guardianes de los infiernos. [131] Un rey solo puede castigar a sus súbditos en una vida, pero no puede hacerles sufrir los tormentos de los reinos inferiores. [132] Y si le complacemos, solo podrá recompensarnos con beneficios, riquezas y títulos temporales en esta vida, pero no podrá crear la causa para que alcancemos la iluminación. Sin embargo, si perjudicamos a los seres sintientes y disgustamos a los Budas que los protegen, tendremos numerosos problemas en esta vida y padeceremos tremendos sufrimientos en las futuras. Si complacemos a los seres sintientes, no solo seremos más felices, sino que además crearemos las causas para alcanzar el estado insuperable de la iluminación.

¿Qué significa sentir el mismo respeto por los seres sintientes que por los Budas? No es apropiado postrarnos ante los seres sintientes, pero cuando estemos en su presencia, debemos recordar que son objetos del amor de los Budas y, por lo tanto, hemos de intentar estimarlos y satisfacer sus deseos. Como se mencionó en el capítulo primero, todos los seres sintientes han sido nuestra madre en innumerables ocasiones desde tiempo sin principio. Por lo tanto, todas estas madres son objetos apropiados de nuestro amor, compasión, paciencia y otras virtudes.

[133] Si recordamos la bondad de todos los seres sintientes e intentamos complacerlos, seremos felices incluso en esta misma vida. Los demás nos respetarán, nuestra reputación mejorará y disfrutaremos de abundantes riquezas y posesiones. Finalmente, como resultado de nuestras acciones virtuosas, alcanzaremos la meta suprema de la iluminación. [134] Aunque no alcancemos la Budeidad en esta misma vida, mientras renazcamos en el samsara recogeremos los beneficios de nuestra práctica de la paciencia. Poseeremos una forma física atractiva, tendremos un gran círculo de ayudantes y discípulos, y disfrutaremos de buena salud, reputación y longevidad. Es incluso posible que logremos las incomparables posesiones de los gloriosos monarcas Chakravatines, que reinaban el universo entero.

Cuando tengamos problemas, dificultades o enfermedades, debemos contemplar las desventajas de no asumirlos y practicar la paciencia de aceptar voluntariamente el sufrimiento. Cuando nos cueste comprender o aplicar las enseñanzas de Dharma, hemos de recordar los inconvenientes de no confiar en ellas y

PACIENCIA

practicar la paciencia de pensar definitivamente sobre el Dharma.

Finalmente, cuando alguien nos perjudique, debemos contemplar las desventajas del odio y la venganza, y practicar la paciencia de no vengarnos. Si cultivamos la paciencia de este modo, llenaremos nuestra preciosa existencia humana de significado y dejaremos de perder el tiempo atándonos nosotros mismos a la rueda del sufrimiento y la insatisfacción.

Aquí concluye la «Paciencia», el capítulo sexto del libro *Tesoro de contemplación*, comentario a la *Guía de las obras del Bodhisatva*, de Shantideva.

Esfuerzo

CÓMO PRACTICAR EL ESFUERZO

El presente capítulo se divide en cuatro apartados:

1. Invitación a practicar el esfuerzo.
2. ¿Qué es el esfuerzo?
3. Cómo destruir el oponente del esfuerzo.
4. Cómo practicar el esfuerzo.

INVITACIÓN A PRACTICAR EL ESFUERZO

[1] Cuando nos hayamos familiarizado con la práctica de la paciencia y las demás perfecciones, debemos esforzarnos por alcanzar la iluminación. Si nuestras prácticas no están acompañadas por la virtud del esfuerzo, nunca lograremos el fruto de la Budeidad. Al igual que la llama de una vela permanece inmóvil si no hay viento, es imposible completar las acumulaciones de méritos y de sabiduría sin poner esfuerzo. Sin energía, no podremos alcanzar ninguna de las realizaciones necesarias para avanzar por el camino espiritual. Incluso en las actividades mundanas debemos poner esfuerzo para conseguir resultados.

Puede ocurrir que al principio tengamos interés en la práctica de Dharma y nos esforcemos con entusiasmo por desarrollar nuestra mente. Sin embargo, es posible que al cabo de un tiempo, al no alcanzar las realizaciones que esperábamos, nos desanimemos e incluso pensemos en abandonar el Dharma. Esto es debido a nuestras falsas expectativas y a la pereza que surge del desánimo. Si nos dejamos vencer por estos obstáculos, nos resultará difícil comprender el Dharma. Para tener éxito en nuestra práctica, debemos poner esfuerzo sin cesar hasta que logremos nuestra meta.

La pereza nos engaña y nos hace deambular por el samsara. Si superamos la pereza y practicamos el Dharma, saldremos

ESFUERZO

con rapidez de este círculo vicioso de sufrimiento e insatisfacción. Alcanzar la iluminación es como construir un gran edificio: requiere un esfuerzo continuo durante mucho tiempo. Si permitimos que la pereza interrumpa la continuidad de nuestro esfuerzo, nunca conseguiremos nuestro objetivo.

Había una vez un yogui tibetano llamado Drukpa Kunlek, que un día visitó el gran templo de Lhasa para ver la famosa estatua de Buda Shakyamuni. Al llegar ante ella, exclamó: «Hace tiempo tú yo éramos iguales. Los dos hemos experimentado tremendos sufrimientos y renacido en los infiernos en numerosas ocasiones, pero tú, gracias a tu esfuerzo, has alcanzado la iluminación, mientras que yo, debido a la pereza, sigo vagando en el samsara. Ahora eres mi objeto de veneración».

Buda Shakyamuni no siempre fue un ser iluminado. Antes de serlo escuchó las enseñanzas del Dharma, reflexionó sobre ellas y las puso en práctica con esfuerzo hasta que alcanzó el estado supremo de la Budeidad. Soportó muchas dificultades para encontrar el Dharma y buscó sin descanso un Guía Espiritual que se lo pudiera mostrar, y cuando lo encontró, tuvo que abandonar a su mujer, a su familia, su reinado y posesiones para poder escuchar una sola estrofa de las enseñanzas. Después, para recibir más instrucciones, realizó rigurosas prácticas ascéticas y soportó el dolor de tener espinas clavadas por todo el cuerpo.

El gran yogui Milarepa también tuvo que soportar grandes dificultades para recibir enseñanzas de Dharma. Durante muchos años sirvió a su maestro Marpa con lealtad y venció las duras pruebas que le imponía antes de impartirle las enseñanzas. Si deseamos de verdad desarrollar nuestra mente, aunque no tengamos que soportar prácticas ascéticas, debemos estar preparados para practicar el Dharma con el mismo entusiasmo que Buda Shakyamuni y Milarepa. Hemos de esforzarnos por completar las etapas del camino sin desanimarnos por las dificultades ni dejarnos distraer por el deseo de relacionarnos con nuestros familiares y amigos.

Es importante comprender que el desarrollo espiritual es un proceso gradual cuyos resultados solo se obtienen tras un gran esfuerzo por adiestrar la mente. Al igual que no es posible plantar una semilla y recoger los frutos al mismo tiempo, tampoco podemos alcanzar realizaciones con solo estudiar el Dharma. Si deseamos de verdad tener éxito en nuestra práctica espiritual, hemos de adiestrarnos con perseverancia.

¿QUÉ ES EL ESFUERZO?

[2] El *esfuerzo* se define como «el factor mental gracias al cual la mente primaria se deleita en la virtud». Es el oponente principal de la pereza. El esfuerzo no consiste en trabajar duro en actividades mundanas, sino en eliminar los engaños y practicar la virtud.

Hay cuatro clases de esfuerzo:

1) El esfuerzo semejante a una armadura.
2) El esfuerzo del antidesánimo.
3) El esfuerzo de la aplicación.
4) El esfuerzo de la insatisfacción.

Los cuatro esfuerzos son mentes que se deleitan en la virtud, pero sus funciones son distintas. Con el esfuerzo semejante a una armadura eliminamos las condiciones desfavorables externas para la práctica de Dharma, y con el esfuerzo del antidesánimo, los obstáculos internos, como el desánimo y la depresión. El esfuerzo de la aplicación es el que utilizamos al realizar acciones virtuosas, y el de la insatisfacción, el que nos hace progresar en nuestra práctica impidiendo que nos sintamos satisfechos de nuestros logros. Si aplicamos estas cuatro clases de esfuerzo en nuestro adiestramiento espiritual, alcanzaremos realizaciones con rapidez.

CÓMO DESTRUIR EL OPONENTE DEL ESFUERZO

Para poder practicar la perfección del esfuerzo, debemos eliminar su oponente: la pereza. El método para hacerlo se presenta en dos apartados:

1. ¿Qué es la pereza?
2. Cómo eliminar la pereza.

¿QUÉ ES LA PEREZA?

La pereza es un estado mental que siente atracción por lo que no es virtuoso y desagrado por las actividades virtuosas. Hay tres tipos de pereza: la que surge del apego a los placeres mundanos, también llamada «de la inactividad», la que surge del apego a las actividades que nos distraen y la que surge del desánimo.

La pereza de la inactividad o que surge del apego a los placeres mundanos consiste en dejarse llevar por la apatía física y mental, el deseo de dormir, la comodidad y la falta de entusiasmo por realizar cualquier actividad. La pereza que surge del apego a las actividades que nos distraen incluye lo que por lo general se considera como esfuerzo. Es la mente que se siente atraída por actividades sin sentido, como el juego, la bebida, fumar, etcétera. Y la pereza que surge del desánimo consiste en pensar que somos incapaces de practicar el Dharma. Como resultado de esta clase de pereza, perdemos el interés por las enseñanzas. Si nos dejamos vencer por estos tres tipos de pereza y no cultivamos el esfuerzo, nos resultará difícil alcanzar la meta suprema de la iluminación.

CÓMO ELIMINAR LA PEREZA

Este apartado tiene tres partes:

1. Cómo eliminar la pereza de la inactividad.
2. Cómo eliminar la pereza que surge del apego a las actividades que nos distraen.
3. Cómo eliminar la pereza que surge del desánimo.

CÓMO ELIMINAR LA PEREZA DE LA INACTIVIDAD

Se presenta en tres partes:

1. La causa de la pereza de la inactividad.
2. El sufrimiento que la pereza de la inactividad nos causa en esta vida.
3. El sufrimiento que la pereza de la inactividad nos causará en vidas futuras.

LA CAUSA DE LA PEREZA DE LA INACTIVIDAD

[3] Cuando estamos dominados por la pereza de la inactividad, no realizamos acciones virtuosas ni perjudiciales, sino que nos sentimos atraídos por la comodidad, no queremos que nadie nos moleste y solo deseamos dormir y dejarnos llevar por

la apatía. En este estado no podemos generar renuncia al samsara y lo único que nos interesa son los llamados «placeres» de este mundo.

Después de reconocer que el apego a la comodidad y a los placeres mundanos es la causa de la pereza de la inactividad, debemos abandonarla contemplando sus desventajas. Si meditamos sobre la impermanencia y nos damos cuenta de que sin lugar a dudas vamos a morir y de que el momento de nuestra muerte es incierto, reduciremos nuestro apego a los placeres efímeros de este mundo. Además, si reflexionamos sobre las innumerables faltas del samsara, comprenderemos que es absurdo crear causas de sufrimiento a cambio de experimentar pequeños placeres.

EL SUFRIMIENTO QUE LA PEREZA DE LA INACTIVIDAD NOS CAUSA EN ESTA VIDA

A continuación, Shantideva se dirige a la mente dominada por la pereza de la inactividad de la siguiente manera:

«Al igual que los ciervos y los pájaros que caen en las trampas de los cazadores quedan atrapados, los seres que se dejan influir por las perturbaciones mentales no pueden escapar del samsara. ¿No comprendes que en el pasado todos los seres sintientes han sido devorados por el Señor de la Muerte y que a ti también te espera el mismo destino? Sin tener en cuenta su edad, estado de salud o cualquier otra circunstancia, el Señor de la Muerte ha arrebatado la vida a todos los que están a tu alrededor, uno por uno. Recordando esto, ¿por qué no practicas el Dharma en lugar de perseguir los placeres mundanos y perder el tiempo durmiendo? Eres como el búfalo que sigue comiendo hierba sin darse cuenta de que están llevando al matadero al resto de la manada». [4-6]

Como dice Shantideva: «¿Cómo podemos continuar realizando actividades sin sentido cuando nos acecha la muerte?». Aunque el Señor de la Muerte desea ejecutarnos e interponerse en nuestro camino hacia la ciudad de la liberación, no nos preocupa, y seguimos disfrutando sin moderación del comer, el dormir y otros placeres insignificantes. [7] Pronto tendremos

ESFUERZO

que morir y entonces será demasiado tarde para abandonar la pereza. ¡Debemos despertar de este sueño y practicar el Dharma ahora mismo!

[8] Dedicamos nuestra vida a las tareas que nos imponemos a nosotros mismos. Algunas de ellas no las hemos comenzado todavía, otras las acabamos de empezar y otras aún no las hemos terminado. Pero la muerte desciende sobre nosotros de repente sin importarle lo que estemos haciendo. Nos pillará desprevenidos y entonces nos dominará el pánico y será demasiado tarde para arrepentirnos. Pensemos en lo que nos ocurrirá en el momento de nuestra muerte. Nos abrumará la ansiedad y [9] nuestros familiares llorarán alrededor de nuestro lecho de muerte sabiendo que no podrán hacer nada para ayudarnos. [10] Tendremos pesadillas, reflejo de las acciones perjudiciales que hemos cometido en el pasado, y nos hundiremos en las tinieblas. Si vamos a renacer en uno de los reinos inferiores, sufriremos un adelanto de la agonía que nos espera. Sentiremos tanto miedo que perderemos el control de nuestro cuerpo y nos cubriremos de excremento. Debemos recordar que esto no es una ficción, sino la realidad que nos espera. Puesto que vamos a morir antes o después, si cuando ocurra no hemos eliminado los engaños de nuestra mente, lo haremos de esta forma tan terrible. Por lo tanto, debemos superar la pereza de la inactividad y comenzar a practicar el Dharma ahora mismo.

EL SUFRIMIENTO QUE LA PEREZA DE LA INACTIVIDAD NOS CAUSARÁ EN VIDAS FUTURAS

[11] El sufrimiento de un pez agonizando sobre la arena ardiente es insoportable. Si el que vamos a experimentar en esta vida es tan terrible como este, ¿qué será de nosotros cuando renazcamos en los infiernos? Nuestro cuerpo será enorme y sensible, y seremos atormentados por el fuego y el aceite hirviendo. En el pasado hemos acumulado las causas para experimentar estos sufrimientos una y otra vez, y si no las purificamos ahora, tendremos que padecerlos de nuevo en el futuro. [12] Si sabemos que esto es lo que nos espera, ¿cómo podemos permitir que la pereza nos domine y descuidar la práctica de Dharma a cambio de una vida llena de placeres?

Si un criminal es atrapado por la justicia y va a ser ejecutado, ¿se alegrará si alguien le regala joyas preciosas o le ofrece deliciosos manjares? Del mismo modo, ¿cómo es posible que después de haber creado las causas para renacer en los infiernos, perdamos el tiempo disfrutando de los placeres mundanos? Muchos de nosotros tenemos dos deseos irrealizables: [13] alcanzar la iluminación sin poner esfuerzo y ser felices sin crear las causas virtuosas para ello. Además, incapaces de soportar la más pequeña incomodidad, deseamos eliminar nuestro sufrimiento y, aunque estamos en todo momento entre las garras del Señor de la Muerte, vivir tanto tiempo como un dios de larga vida. Por mucho que lo deseemos, esto nunca va a suceder. Si no nos esforzamos por adiestrar la mente, no podemos tener la esperanza de ser felices.

[14ab] El precioso renacimiento humano de que ahora disponemos es como un barco con el que podemos atravesar el océano del samsara y llegar a la isla de la iluminación. Si llenamos esta preciosa existencia humana de significado, recibiremos enormes beneficios. No obstante, si desperdiciamos esta oportunidad, ¿cuándo vamos a encontrar otra igual? Al igual que una embarcación no puede navegar sin timonel, el barco de nuestra preciosa existencia humana no podrá atravesar el océano del sufrimiento si no es guiado por el Dharma. Para hacernos reflexionar sobre esto, Shantideva dice:

«Puesto que en el futuro será muy difícil encontrar una
    embarcación así,
¡no seas necio y no te quedes dormido!». [14cd]

CÓMO ELIMINAR LA PEREZA QUE SURGE DEL APEGO A LAS ACTIVIDADES QUE NOS DISTRAEN

[15] Cuando nos sentimos atraídos por las diversiones, el chismorreo, los espectáculos o los negocios, es porque nuestra mente está dominada por la pereza que surge del apego a las actividades que nos distraen. No tiene sentido olvidarnos del gozo supremo de la práctica de Dharma y, en cambio, seguir acumulando causas de sufrimiento. ¿Por qué estos placeres triviales, como cantar, bailar, etcétera, son causas de sufrimiento? Porque obstaculizan el camino que nos conduce a la felicidad suprema. Si deseamos alcanzar la iluminación, debemos practicar el Dharma y abandonar las actividades mundanas que no nos causan más que sufrimientos insoportables.

ESFUERZO

No debemos malinterpretar este consejo y pensar que si seguimos un camino espiritual no podemos hacer negocios ni disfrutar de placeres como la música. Como se menciona a lo largo de la *Guía de las obras del Bodhisatva*, de Shantideva, y en este comentario, es nuestra motivación la que determina el que una acción sea virtuosa o perjudicial. Con una motivación correcta, como el deseo de beneficiar a los demás, hay numerosas actividades que, aunque se consideren mundanas, las podemos realizar aprovechando el tiempo y sin crear causas para padecer más sufrimiento en el futuro. Lo que se pretende mostrar en este apartado sobre la segunda clase de pereza es que muchas de nuestras actividades diarias y diversiones no tienen sentido y están motivadas por el egoísmo, e incluso que con algunas de ellas perjudicamos a los demás. Es nuestro apego a este tipo de conducta el que constituye la pereza, puesto que consumimos nuestra energía en actividades triviales en lugar de aprovechar nuestra preciosa existencia humana para alcanzar metas más elevadas.

CÓMO ELIMINAR LA PEREZA QUE SURGE DEL DESÁNIMO

Es posible que en ciertas ocasiones nos desanimemos con pensamientos como el siguiente: «No puedo practicar el Dharma, soy un inútil y siempre fracaso en todos mis objetivos». Si pensamos de esta manera, no disfrutaremos al realizar acciones virtuosas. ¿Cómo podemos abandonar la pereza que surge del desánimo? [16] En primer lugar, debemos levantar el ánimo incrementando el esfuerzo de la armadura. Luego, hemos de esforzarnos por completar las dos acumulaciones de méritos y de sabiduría con optimismo, y controlar nuestra mente con las sogas de la retentiva y la vigilancia mental. Finalmente, siguiendo las instrucciones que se presentan en el capítulo octavo, debemos igualarnos con los demás y cambiarnos por ellos.

[17] No debemos desanimarnos pensando que no tenemos cualidades virtuosas y que, por lo tanto, somos incapaces de alcanzar la iluminación. Estos pensamientos son contraproducentes. El Tathagata, que siempre proclamó la verdad, dijo que [18] incluso las moscas, los mosquitos y demás insectos y animales tienen el potencial de alcanzar la iluminación. Aunque de momento no puedan escuchar las enseñanzas, reflexionar sobre su significado ni ponerlas en práctica, el mero hecho de poseer

una mente cuyo potencial es ilimitado indica que también pueden convertirse en Budas. [19] Por lo tanto, ¿cómo es posible que nosotros, que hemos renacido como humanos, conocemos los beneficios de practicar la virtud y los inconvenientes de cometer acciones perjudiciales, y hemos tomado los votos del Bodhisatva, etcétera, no seamos capaces de alcanzar la Budeidad siguiendo el camino espiritual? Si tenemos en cuenta las palabras de Buda y reconocemos nuestra buena fortuna, evitaremos desmoralizarnos, y abandonaremos la pereza que surge del desánimo. Además, podemos recordar que en el pasado muchas personas en la India, el Tíbet y otros países alcanzaron la iluminación. Eran seres humanos como nosotros y practicaron el mismo Dharma. Si pensamos de este modo, nos animaremos a poner esfuerzo y ganaremos confianza en nuestra capacidad para lograr la Budeidad.

[20] Cuando escuchamos los grandes sacrificios que los Bodhisatvas tuvieron que hacer en el pasado para seguir el camino espiritual, es posible que nos desanimemos. Aunque no podemos pensar ni por un momento en dar nuestra carne como lo hicieron ellos, este miedo solo surge porque no sabemos discriminar entre sufrimientos leves y graves. [21] Durante incontables eones hemos sufrido los tormentos de ser mutilados y quemados vivos. A pesar de este inmenso dolor, no hemos obtenido ningún beneficio y hemos desperdiciado nuestras vidas por completo. Estos sufrimientos no nos han acercado a la iluminación ni nos han despertado del sueño de la ignorancia. Sin embargo, los obstáculos que surgen en nuestra práctica de Dharma son diferentes. [22] Si podemos aceptarlos y perseverar en nuestra práctica, adquirirán un gran significado. Además, son insignificantes en comparación con los tormentos de los reinos inferiores. Las dificultades que tienen algunos practicantes de Dharma para encontrar comida, vestidos y cobijo no pueden compararse con el sufrimiento que nos causan las perturbaciones mentales. Puesto que nuestro objetivo es alcanzar la meta suprema, la iluminación total, debemos ser fuertes y aceptar los problemas que surjan en nuestro camino.

[23] Cuando un médico diagnostica una enfermedad, en ocasiones tiene que prescribir jarabes amargos o inyecciones dolorosas durante cierto tiempo, pero el paciente acepta las

molestias que le causan porque desea curarse. Nosotros deberíamos hacer lo mismo. Para eliminar nuestras perturbaciones mentales y alcanzar la meta suprema, hemos de aceptar las dificultades, relativamente pequeñas, que surjan en nuestro camino. Si deseamos de verdad liberar a todos los seres del sufrimiento, este sacrificio es insignificante.

[24] Se dice que Buda es el médico supremo porque cura las enfermedades de nuestra mente. A diferencia de los médicos convencionales, no utiliza métodos dolorosos para conducir a los seres sintientes hacia la cesación del sufrimiento, sino que prescribe las medicinas de la renuncia, la bodhichita y la sabiduría que realiza la vacuidad para tratar las dolencias que les afligen sin cesar. Ni siquiera un buen médico puede garantizar que después de curar una enfermedad, el paciente no vaya a padecer otra. Sin embargo, las medicinas supremas de Buda, la renuncia, la bodhichita y la realización de la vacuidad, curan todas las enfermedades físicas y mentales por completo e impiden que vuelvan a surgir.

La causa principal de nuestro sufrimiento es la ignorancia del aferramiento propio. Si meditamos en la vacuidad con concentración, eliminaremos esta ignorancia y, como resultado, curaremos también las enfermedades que surgen de ella. El Bodhisatva que ha alcanzado la realización de la vacuidad es capaz de cortar su cuerpo en pedazos para beneficiar a los demás. Debido a su realización de la verdadera naturaleza de la realidad, no experimenta dolor, y si cayese enfermo, se curaría gracias al poder de su meditación.

Shantideva ha mencionado el miedo que tienen los seres ordinarios de pensar que deben sacrificar su cuerpo por el beneficio de los demás. En el siguiente verso, nos recuerda que [25] Buda nunca dijo que abandonemos nuestro cuerpo ni cualquier otro objeto si no estamos preparados para hacerlo. Nuestro adiestramiento ha de ser gradual y al principio solo debemos ofrecer objetos materiales, como comida y ropa, hasta que nos hayamos acostumbrado a la práctica de dar. Por el poder de la familiaridad, finalmente podremos imitar a los grandes Bodhisatvas y entregar nuestro cuerpo sin dificultad como lo hacen ellos. [26] Cuando llegue ese momento, daremos nuestra carne del mismo modo que ahora ofrecemos comida. Estas acciones de generosidad suprema nunca nos causarán sufrimiento.

[27] La razón por la que ahora experimentamos sufrimiento si nos cortan el cuerpo en pedazos es que nos aferramos a él pensando que nos pertenece de manera inherente. Además, hemos acumulado en nuestra mente innumerables impresiones perjudiciales que nos hacen sentir dolor si nuestro cuerpo es golpeado. El Bodhisatva Superior ha alcanzado una realización directa de la carencia de existencia inherente de su cuerpo y, por lo tanto, aunque sea herido, no experimentará sufrimiento físico. [28] Como resultado de su acumulación de méritos, su cuerpo no siente dolor, y debido a su profunda sabiduría que realiza la vacuidad, su mente es gozosa. [29] Gracias a su gran compasión, no le importa el tiempo que tenga que permanecer en el samsara por el beneficio de los demás. Con el poder de su bodhichita purifica las acciones perjudiciales que ha cometido en el pasado y acumula gran cantidad de méritos y sabiduría. Por todo ello, el camino gradual del Bodhisatva es superior al del Oyente, que solo desea alcanzar su propia liberación del sufrimiento.

Con la mente de la iluminación, el Bodhisatva soluciona sus problemas y viaja por el samsara liberando a los demás del sufrimiento. [30] Monta el caballo de la bodhichita y galopa de gozo en gozo hasta llegar a la ciudad de la iluminación. Su camino es tan noble y gozoso que ninguna persona que lo siga caerá en el desánimo. Buda no mostró un camino duro y estricto para llegar a la iluminación basado en prácticas ascéticas, como andar descalzos sobre brasas ardiendo o tumbarse desnudos sobre una cama de clavos, sino que sus métodos son cómodos y nos conducen a un destino feliz. Por lo tanto, no debemos desanimarnos pensando que no somos capaces de alcanzar la iluminación, porque si ponemos el esfuerzo necesario, nada podrá impedir que lo consigamos.

CÓMO PRACTICAR EL ESFUERZO

Este es el último de los cuatro apartados del presente capítulo, y se divide, a su vez, en cuatro partes:

1. Introducción a los cuatro poderes que aumentan el esfuerzo.
2. Exposición extensa de los cuatro poderes que aumentan el esfuerzo.

3. Cómo practicar con retentiva y vigilancia mental.
4. Cómo aplicar las flexibilidades física y mental para mantener una conducta virtuosa.

INTRODUCCIÓN A LOS CUATRO PODERES
QUE AUMENTAN EL ESFUERZO

[31] Nuestro esfuerzo por seguir el camino espiritual se verá recompensado si aplicamos los cuatro poderes de la aspiración, la perseverancia, el gozo y la relajación. Estos cuatro se introducen a continuación. Para entrar en el camino del Bodhisatva y beneficiar a los demás, hemos de realizar las prácticas que Shantideva describe en el presente libro. Primero, debemos motivarnos y generar el deseo de emprender estas prácticas, lo cual constituye el poder de la aspiración. Después, no debemos abandonar nunca nuestra práctica, sino completarla con el poder de la perseverancia. La satisfacción que sentimos al recorrer el camino espiritual constituye el poder del gozo. Y, finalmente, si tenemos cansancio físico o mental, debemos descansar aplicando el poder de la relajación, también llamado *poder del rechazo*, y continuar nuestra práctica cuando nos hayamos recuperado. En este contexto, *rechazo* se refiere a eliminar o rechazar el agotamiento con el descanso. No significa que abandonemos nuestro esfuerzo, sino que con este poder, en realidad, lo renovamos.

[32] Con estos cuatro poderes aumentamos nuestro esfuerzo, puesto que son como un ejército de soldados que vencen al enemigo de la pereza. Si deseamos alcanzar la iluminación, debemos completar la práctica del esfuerzo, para lo cual es necesario cultivar estos cuatro poderes. Al igual que un rey envía a su ejército para vencer a sus enemigos, nosotros practicamos el esfuerzo para eliminar la pereza, uno de los mayores obstáculos en el camino hacia la iluminación, aplicando los cuatro poderes de la aspiración, la perseverancia, el gozo y la relajación.

EXPOSICIÓN EXTENSA DE LOS CUATRO PODERES
QUE AUMENTAN EL ESFUERZO

1. Exposición extensa del poder de la aspiración.
2. Exposición extensa del poder de la perseverancia.
3. Exposición extensa del poder del gozo.
4. Exposición extensa del poder de la relajación.

EXPOSICIÓN EXTENSA DEL PODER DE LA ASPIRACIÓN

[33] Desde el primer momento en que el practicante genera la mente de bodhichita, promete purificar todas sus acciones perjudiciales y las de los demás, aunque para ello tenga que practicar el Dharma durante miles de eones. No obstante, si los que intentamos imitar las obras del Bodhisatva analizamos nuestra situación de manera realista, veremos que se corresponde con la siguiente descripción de Shantideva:

«De momento no poseo la habilidad de un Bodhisatva y, por lo tanto, experimento inmenso sufrimiento. Si sé que como resultado de mis innumerables acciones perjudiciales voy a experimentar terribles sufrimientos en los reinos inferiores, ¿no debería tener miedo?». [34]

La raíz de nuestros problemas es el aferramiento propio, que hemos de abandonar para ser felices. Sin embargo, cuando analizamos nuestra práctica, comprobamos que no hemos perseverado en nuestro esfuerzo por abandonar esta perturbación mental ni siquiera durante cinco minutos. Shantideva continúa como sigue:

«Por amor a los demás y a mí mismo, debo cultivar las excelentes cualidades de un Buda, pero hasta ahora no he adquirido ni una sola de ellas. Aunque en alguna ocasión he obtenido un precioso renacimiento humano, lo he desperdiciado realizando actividades sin sentido. Desde tiempo sin principio he vagado por el samsara experimentando solo sufrimientos». [35]

[36] Es un verdadero milagro que hayamos obtenido de nuevo un precioso renacimiento humano, y sería una gran estupidez volver a desperdiciarlo. Sin embargo, ¿qué hemos hecho hasta ahora con él?, ¿lo hemos llenado de significado?

«¿He realizado ofrendas elaboradas a los Budas? ¿He cultivado la virtud? ¿He hecho regalos con buena motivación? ¿He alcanzado realizaciones de Dharma? ¿He abandonado las acciones perjudiciales y cultivado la virtud? ¿He cubierto las necesidades de los pobres y de los sedientos de Dharma? ¿He ayudado a los perseguidos por las autoridades, los ladrones, los enemigos, los animales salvajes, etcétera?

ESFUERZO

¿He confesado mis malas acciones y acumulado virtud en abundancia? No, no he hecho nada de todo esto.» [37-38]

Debemos analizar cómo ha transcurrido nuestra vida. Desde que fuimos concebidos hemos experimentado los sufrimientos del nacimiento, las enfermedades, el envejecimiento, de no conseguir lo que deseamos y de tener que enfrentarnos con lo que no nos gusta. [39] Hemos tenido problemas sin cesar, nuestra vida se va acortando y seguimos sin darle sentido a nuestra vida y a la de los demás. ¿Por qué desperdiciamos esta oportunidad inigualable? Porque ni en esta vida ni en las pasadas hemos generado el deseo de practicar el Dharma. No hemos cultivado el deseo de controlar nuestra mente ni de liberarnos de las perturbaciones mentales, sino que seguimos realizando actividades sin sentido.

Aunque poseamos riquezas, si no aspiramos a desarrollar nuestra mente, seremos espiritualmente pobres. Esta pobreza es peor que la carencia de bienes materiales y puede afectar incluso al rey más opulento. Debido a que en vidas pasadas no tuvimos la aspiración de adiestrarnos en el Dharma, ahora no podemos disfrutar de él. De igual manera, si no cultivamos ahora el deseo de practicar el Dharma, no crearemos las causas para poder hacerlo en el futuro. Buda Shakyamuni dijo que la aspiración correcta es la raíz de toda virtud. Por lo tanto, ¿qué persona inteligente no desearía practicar el Dharma?

[40] El poder de la aspiración se genera en dos etapas. En primer lugar, hemos de contemplar los innumerables beneficios de cultivarlo. Luego, debemos aplicar el razonamiento de que las acciones perjudiciales son la causa del sufrimiento, y las virtuosas, de la felicidad, en meditación analítica y de emplazamiento. Si meditamos en la ley del karma, desearemos dejar de cometer acciones perjudiciales y practicar la virtud. Gracias a las enseñanzas de Dharma podemos distinguir entre lo que hemos de abandonar y lo que hemos de practicar. Por lo tanto, la meditación sobre las acciones y sus efectos nos ayuda a generar la aspiración de practicar el Dharma.

[41] Para comprender la ley del karma, debemos averiguar las causas de nuestro malestar físico, insatisfacción, frustración, temores y miedo a separarnos de los seres queridos. Estos sufrimientos son el resultado de las acciones perjudiciales que hemos cometido en el pasado. [42] Quien realice acciones virtuosas dis-

frutará de felicidad sin importar dónde renazca, [43] pero quien cometa malas acciones, aunque desee ser feliz, experimentará sufrimiento dondequiera que vaya.

[44] Los Bodhisatvas, que realizan acciones virtuosas en todo momento, reciben como recompensa la felicidad trascendente. Nacen de un vasto y fragante loto en Sukhavati, la tierra pura de Buda Amitabha. Allí se nutren de las palabras melodiosas de los Budas, dotadas de sesenta cualidades. Al escucharlas y contemplar su significado, los Bodhisatvas se alimentan de la concentración sobre la vacuidad y de esta manera incrementan la magnificencia de sus cuerpos.

Cuando Buda Amitabha irradia rayos de luz de su corazón, se abre un loto y de él nace un Bodhisatva, adornado con los signos mayores y las marcas ejemplares de un Buda. A partir de ese momento, el Bodhisatva reside en su tierra pura, experimenta gran gozo y ni siquiera conoce la palabra *sufrimiento*. La causa para obtener un renacimiento tan afortunado en una tierra pura como esta es realizar acciones virtuosas.

[45] En cambio, ¿qué le ocurrirá a la persona que cometa acciones perjudiciales graves, como, por ejemplo, matar? Renacerá en los infiernos, donde los torturadores que acompañan al Señor de la Muerte lo despellejarán con sus armas afiladas. Luego, verterán cobre fundido en su boca, le clavarán sus espadas ardientes y le cortarán el cuerpo en pedazos. Esta pobre víctima de sus propios engaños se abrasará cuando cada trozo cercenado de su cuerpo caiga sobre el suelo al rojo vivo del infierno. La causa de estos tormentos son las acciones perjudiciales que esta persona ha cometido en el pasado. [46ab] Si contemplamos la diferencia entre la felicidad que surge de las acciones virtuosas y el sufrimiento que causan las perjudiciales, generaremos un intenso deseo de cultivar la virtud y un sincero aprecio por la verdadera práctica de Dharma.

EXPOSICIÓN EXTENSA DEL PODER DE LA PERSEVERANCIA

[46cd] El poder de la perseverancia se cultiva adquiriendo confianza en la práctica y en la meditación. Así lo enseñó Buda en el *Sutra Varadhvajapariprcha*, que forma parte del *Sutra de la guirnalda de flores* (Sáns. *Avatamsakasutra*). [47] Para adquirir confianza en nosotros mismos, debemos planificar nuestra práctica según nuestra capacidad y completar lo que nos hayamos

ESFUERZO

propuesto. [48] Si hay alguna práctica que no la podamos realizar de momento, debemos dejarla para más adelante. Nuestra confianza aumentará si somos realistas con respecto a nuestra capacidad y realizamos cada práctica con perseverancia.

Si abandonamos nuestras prácticas antes de completarlas, tendremos numerosos obstáculos. No es conveniente interrumpir un camino para comenzar otro, y luego pasar de este último a un tercero. Esta conducta imprime numerosas huellas perjudiciales en nuestra mente que darán como resultado que seamos incapaces de completar nuestras prácticas espirituales. Entonces, aumentará nuestra insatisfacción, nos costará demasiado tiempo realizar actividades virtuosas y no recibiremos grandes frutos. Es importante comprender esto, porque hoy día numerosos practicantes de Dharma cambian de meditación una y otra vez, y nunca alcanzan realizaciones. Si deseamos tener éxito en una práctica determinada, después de haberla comenzado debemos completarla con confianza y debilitar de este modo el poder de nuestros engaños. Esta clase de confianza no es una perturbación mental, puesto que nos anima a practicar el Dharma, nos ayuda a abandonar las acciones perjudiciales y aumenta el poder de los oponentes del mal.

Para generar confianza en nuestra capacidad para practicar el Dharma, debemos pensar lo siguiente:

«Voy a practicar el Dharma sin esperar a que lo hagan los demás. Aquellos que están bajo la influencia del karma y los engaños no pueden beneficiarse a sí mismos ni alcanzar sus objetivos. Las personas corrientes no saben cómo darle sentido a sus vidas. Por lo tanto, voy a practicar la virtud por el beneficio de todos los seres sintientes. Puesto que realizan acciones sin sentido y tienen numerosas dificultades, ¿cómo puedo quedarme sentado con los brazos cruzados? Debo ayudarlos, pero sin dejarme vencer por el veneno de la arrogancia». [49-51]

Como en el caso de otras buenas cualidades, podemos intensificar nuestra confianza contemplando los beneficios de cultivarla y las desventajas de no hacerlo. ¿Cuáles son las desventajas de carecer de confianza en uno mismo? Shantideva las muestra con la siguiente analogía. [52] Cuando los cuervos encuentran una serpiente moribunda, se arman de valor y la atacan como si fueran águilas. De igual modo, cuando se debilita nuestra confianza en nosotros mismos, las perturbaciones mentales caen sobre nosotros como una bandada de cuervos. [53] Si carecemos de confianza para practicar el Dharma, nos desanimaremos con facilidad. Entonces, al abandonar nuestro esfuerzo, dejaremos de aplicar los métodos para eliminar los engaños y, por consiguiente, nunca seremos felices ni alcanzaremos la liberación. En cambio, si cultivamos esta clase de confianza, ningún obstáculo podrá impedir que completemos nuestras prácticas espirituales.

[54] Por lo tanto, debemos perseverar en la virtud y esforzarnos por vencer al venenoso enemigo de las perturbaciones mentales. De lo contrario, nos seguirá derrotando. Si deseamos liberarnos del sufrimiento pero al mismo tiempo nos dejamos vencer por los engaños, seremos el hazmerreír de todos. Por lo tanto, el Bodhisatva Shantideva declara:

«Yo, el hijo del Vencedor, valeroso como un león, eliminaré mis perturbaciones mentales y no permitiré que me controlen. De este modo, practicaré con confianza». [55]

[56] Quien se muestra arrogante o actúa bajo la influencia del orgullo no ha derrotado a su verdadero enemigo porque está dominado por sus engaños. Por lo general, quien ha vencido a sus enemigos no se siente amenazado por ellos. Por lo tanto, cuando alguien está bajo la influencia de sus perturbaciones mentales es porque todavía no ha derrotado a su verdadero enemigo. [57] Si tenemos orgullo, renaceremos en los reinos inferiores, y aunque finalmente renazcamos como un ser humano, debido a las impresiones de este engaño, seremos pobres e infelices. Viviremos como un esclavo, obligados a alimentarnos con los desperdicios de los demás y perseguidos por la mala reputación. [58] Estúpidos, feos y desvalidos, nadie nos respetará.

La persona engreída y arrogante solo se interesa por sí misma. ¿Hay algo más lamentable? De este modo, nunca vencerá a sus perturbaciones mentales. ¿Qué razones tiene para considerarse tan importante? [59] En cambio, la persona que aplica los poderes oponentes para derrotar a los engaños del apego, el odio y el orgullo, es un verdadero conquistador, digno de ser considerado como un héroe.

Si eliminamos nuestro orgullo y demás perturbaciones mentales, dejarán de perjudicarnos y podremos beneficiar a los demás conduciéndolos a la iluminación. Shantideva dice:

ESFUERZO

«Como un león viviendo entre zorros, cuando me asalten las perturbaciones mentales, me protegeré de ellas con todas mis fuerzas. Cuando me encuentro en peligro, lo primero que protejo son mis ojos. Del mismo modo, protegeré mi mente de las distracciones y los engaños. Teniendo en cuenta el daño que me causan las perturbaciones mentales, prefiero morir en la hoguera o degollado antes que dejarme dominar por ellas». [60-62]

EXPOSICIÓN EXTENSA DEL PODER DEL GOZO

Debemos practicar el Dharma con alegría. Si nos dejamos vencer por las dificultades físicas o mentales, se debilitará nuestra capacidad para continuar la práctica. Por ejemplo, si al realizar un retiro de un mes nuestra mente está insatisfecha, lo más probable es que no deseemos repetirlo. La mayoría de estos obstáculos ocurren porque no sabemos practicar con moderación y nos esforzamos más allá de nuestras posibilidades. El resultado de practicar de esta manera no es más que sufrimiento.

Si practicamos el Dharma con alegría, experimentaremos felicidad y paz interior, y obtendremos resultados con rapidez. Como consecuencia, desearemos seguir practicando sin cesar.

[63] Al igual que un deportista disfruta de su deporte y no desea abandonarlo, nosotros debemos practicar el Dharma aspirando a alcanzar realizaciones cada vez más elevadas.

[64] Debido a su ansia de felicidad, numerosas personas hacen negocios aunque no estén seguras de que vayan a tener éxito. Es posible que obtengan beneficios, pero también que se arruinen y fracasen. A pesar de las incertidumbres, estas personas trabajan con entusiasmo. Sin embargo, la práctica de Dharma siempre produce felicidad. Si algunas personas ponen esfuerzo en actividades cuyos resultados son dudosos, ¿por qué no practicamos con alegría y satisfacción un método que nunca nos va a decepcionar?

Debemos reflexionar sobre esto y comprobar si nuestras actividades producen siempre los resultados que esperamos. Por lo general, buscamos experimentar los cinco objetos de deseo: formas, sonidos, sabores, olores y objetos tangibles agradables. [65] Sin embargo, como dijo Buda Shakyamuni, estos objetos son como la miel en el filo de una navaja o como una flor venenosa.

Si experimentamos estos objetos de deseo con apego, seguiremos sufriendo para siempre en el samsara.

Si nos comemos un pastel que contiene veneno, es posible que no nos pongamos enfermos de inmediato. Al principio nos parecerá delicioso, pero pronto empezaremos a encontrarnos mal. De igual manera, cuando disfrutamos de los objetos de deseo con apego, al principio obtenemos cierto placer, pero luego este disminuye y es reemplazado por la insatisfacción, la desesperación y el sufrimiento. El apego a los placeres mundanos nos cierra la puerta de la liberación y nos abre la de los reinos inferiores.

En otra analogía, Buda Shakyamuni comparó los objetos de deseo con el fuego. Si tenemos frío y nos acercamos a una hoguera, entraremos en calor, pero si tocamos el fuego, nos quemaremos. Del mismo modo, las polillas se sienten tan atraídas por la llama de las velas que mueren abrasadas. Por lo tanto, si tenemos apego a los pequeños placeres de los objetos de deseo, nunca alcanzaremos la verdadera felicidad de la iluminación y seguiremos experimentando decepción y sufrimiento.

Debemos recordar estas analogías y meditar sobre los inconvenientes del apego. Cuando perdamos la ilusión por los objetos de deseo, que producen placer temporal, pero sufrimiento duradero, hemos de hacernos la misma pregunta que Shantideva:

«¿Por qué no entro en el camino que conduce a la liberación, donde la palabra *sufrimiento* ni siquiera se conoce y donde encontraré felicidad temporal y última? En mi práctica de Dharma voy a ser como el elefante que, atormentado por el calor del mediodía, se sumerge en un lago de agua refrescante». [66]

Si recordamos que el Dharma nos ofrece la liberación del sufrimiento que tanto deseamos, realizaremos nuestras prácticas espirituales con alegría y entusiasmo, y no como si fueran una carga.

EXPOSICIÓN EXTENSA DEL PODER DE LA RELAJACIÓN

Para obtener resultados en nuestro adiestramiento espiritual, debemos practicar el Dharma con moderación. No es correcto hacerlo con excesivo entusiasmo ni, por el contrario, dejarnos

ESFUERZO

vencer por la pereza. Para que nuestras prácticas sean equilibradas, hemos de aplicar el poder de la relajación, que tiene varias funciones. Por lo general, este poder consiste en hacer un descanso en nuestra práctica para recuperar energía, y luego continuarla. También implica no realizar prácticas avanzadas, como dar nuestro cuerpo al igual que lo hacen los Bodhisatvas Superiores, hasta que estemos preparados para ello, y elegir en su lugar otras que nos resulten más fáciles, como ofrecer bienes materiales y ayuda a los necesitados. Si intentamos realizar prácticas que estén más allá de nuestra capacidad, no obtendremos resultados. Por ejemplo, para alcanzar la concentración de la permanencia apacible debemos recorrer nueve etapas de manera progresiva y, por lo tanto, no es posible practicar las últimas sin haber superado las anteriores. Posponer las prácticas más elevadas hasta que estemos preparados para realizarlas es otro aspecto del poder de la relajación.

[67] Cuando estemos cansados, debemos interrumpir nuestra práctica y descansar. De este modo, podremos continuar después con mayor entusiasmo. Si no practicamos el Dharma de esta manera y nos excedemos en nuestro esfuerzo, estaremos practicando lo que se llama *virtud loca*. Esto significa que si practicamos el Dharma de manera incorrecta, nos causará insatisfacción. Por lo tanto, es importante aplicar el poder de la relajación cuando sea necesario.

La tercera función de este poder consiste en saber cuándo dejar atrás nuestros logros. No debemos tener apego a ninguna etapa espiritual, por muy gozosa que nos resulte. En cambio, debemos recordar que nuestra meta es alcanzar la iluminación total y seguir avanzando. El poder de la relajación también incluye saber cuándo abandonar nuestros logros para alcanzar realizaciones más elevadas.

Aquí concluye la exposición extensa de los cuatro poderes que aumentan la virtud del esfuerzo.

CÓMO PRACTICAR CON RETENTIVA Y VIGILANCIA MENTAL

[68] Cuando un valiente guerrero lucha en la batalla, esquiva a su enemigo y contraataca con destreza. Del mismo modo, el practicante de Dharma debe evitar las perturbaciones mentales y eliminarlas con el oponente apropiado. Este bravo practicante

ataca a las perturbaciones mentales con la soga de la retentiva y el gancho de la vigilancia mental. Volvamos a la analogía bélica. [69] Si en el calor de la batalla el guerrero pierde su espada, la recogerá de inmediato temiendo por su vida. De igual manera, cuando el practicante de Dharma se distrae, debe recordar los sufrimientos de los reinos inferiores y recuperar enseguida su concentración. Si aflojamos la soga de la retentiva, el poder de nuestras virtudes disminuirá y las tres puertas de nuestro cuerpo, palabra y mente quedarán expuestas a las perturbaciones mentales, causándonos sufrimiento tanto ahora como en el futuro.

Es importante que intentemos eliminar cualquier perturbación mental, por pequeña que sea, aplicando el oponente apropiado. [70] Al igual que una gota de veneno en la punta de una flecha puede extenderse por todo el cuerpo viajando a través de la sangre, cualquier engaño, por débil que parezca, puede aumentar su intensidad hasta controlar nuestra mente por completo. Para evitar que esto suceda, es de vital importancia que reforcemos nuestra retentiva y vigilancia mental. Shantideva ilustra la importancia de aplicar estas dos fuerzas con la siguiente analogía:

«El practicante de Dharma debe tener el mismo cuidado que si anduviera por un largo camino con una vasija llena de aceite de mostaza hirviendo, y le siguiera una persona que lo va a matar con una espada si derrama una sola gota». [71]

Cuando practicamos la meditación, es beneficioso recordar este ejemplo y mantener nuestra concentración sin permitir que nuestra retentiva se debilite.

[72] Si tuviéramos una serpiente venenosa en nuestro regazo, nos la quitaríamos de encima lo antes posible. De igual manera, cuando la serpiente venenosa de la pereza se introduce en nuestra mente, hemos de recordar el terrible sufrimiento a que nos expone y eliminarla. Cuando surja en nuestra mente alguna perturbación mental, debemos regañarnos de la siguiente manera:

«¡Tú, que solo haces el mal! Pensando de este modo has vagado por el samsara desde tiempo sin principio. ¡Mira, todavía estás en la misma situación de siempre!». [73ab]

ESFUERZO

[73cd] No debemos caer bajo la influencia de las perturbaciones mentales, sino atacarlas con esta actitud crítica y tomar la firme determinación de no permitir que vuelvan a surgir.

En el capítulo cuarto se ha relatado la historia del maestro Ben Gungyel, famoso por la forma en que controlaba su mente aplicando la retentiva mental. Observaba sus pensamientos día y noche para comprobar si eran virtuosos o perjudiciales. Cada vez que tenía un mal pensamiento, colocaba una piedra negra sobre una mesa, y cuando generaba una mente virtuosa, una piedra blanca. Al final del día, las contaba. Si había más piedras blancas, se felicitaba a sí mismo dándose la mano y diciendo: «¡Bien hecho, venerable Gueshe!». Pero si había más piedras negras, se lo reprochaba diciendo: «¡Granuja, sinvergüenza, charlatán! ¿Es que no temes a la muerte? ¿Cómo puedes quedarte tan tranquilo teniendo estos pensamientos?». Luego se prometía a sí mismo no volver a cometer acciones perjudiciales.

Gueshe Ben Gungyel practicó de este modo durante mucho tiempo, y numerosos eruditos y maestros de su época elogiaron su método para abandonar las perturbaciones mentales y reforzar la virtud. Si deseamos de verdad controlar nuestra mente y darle sentido a nuestra vida, debemos hacer lo mismo que él, es decir, averiguar si nuestros pensamientos diarios son virtuosos o perjudiciales y aplicar métodos para incrementar los primeros y eliminar los demás. Es mejor contar nosotros mismos nuestras buenas y malas acciones, que dejar que lo haga el Señor de la Muerte, porque entonces será demasiado tarde. [74] En resumen, debemos abandonar las malas acciones aplicando la retentiva mental. Con esta intención hemos de buscar un Guía Espiritual mahayana y poner en práctica sus enseñanzas.

CÓMO APLICAR LAS FLEXIBILIDADES FÍSICA Y MENTAL PARA MANTENER UNA CONDUCTA VIRTUOSA

[75] Si ponemos en práctica las instrucciones contenidas en el capítulo cuarto sobre la recta conducta y abandonamos la pereza aplicando el esfuerzo, podremos realizar realizar acciones virtuosas con un cuerpo y una mente flexibles. [76] Al igual que el viento desplaza con facilidad un trozo de algodón, nuestra mente, dotada del gozo de la práctica de la virtud, debe controlar por completo nuestra palabra y nuestro cuerpo. Si nos adiestramos

de este modo, colmaremos nuestros deseos y alcanzaremos los objetivos que nos propongamos.

La enseñanza principal del presente capítulo es que todas las clases de pereza son perjudiciales. Nos impiden realizar acciones virtuosas y nos inducen a cometer acciones físicas, verbales y mentales perjudiciales. Buda Shakyamuni dijo que una persona perezosa no puede practicar el Dharma con sinceridad. Por lo tanto, debemos poner esfuerzo en todo momento y eliminar el veneno de la pereza. Hemos de rechazar los pensamientos que reducen nuestro esfuerzo y aplicar los poderes de la aspiración, la perseverancia, el gozo y la relajación para aumentar esta virtud. Debemos abandonar toda forma de pereza y no desanimarnos pensando que somos incapaces de alcanzar realizaciones espirituales. Si meditamos sobre la impermanencia, la muerte y los tormentos de los reinos inferiores, aprovecharemos la oportunidad que nos ofrece esta preciosa existencia humana. Después de contemplar los sufrimientos del samsara, hemos de abandonar las distracciones y el apego a los placeres mundanos.

Hasta las personas con poca capacidad pueden alcanzar la iluminación cultivando la perfección del esfuerzo. Ahora que hemos obtenido este precioso renacimiento humano y encontrado las enseñanzas de Dharma, sin lugar a dudas podemos lograr la Budeidad si ponemos el esfuerzo necesario. Debemos adiestrarnos de este modo y tomar la decisión, desde lo más profundo de nuestro corazón, de abandonar toda clase de pereza. Por lo tanto, si cultivamos los cuatro poderes de manera correcta, completaremos la perfección del esfuerzo.

Aquí concluye el «Esfuerzo», el capítulo séptimo del libro *Tesoro de contemplación,* comentario a la *Guía de las obras del Bodhisatva,* de Shantideva.

Concentración

CÓMO ALCANZAR LA CONCENTRACIÓN DE LA PERMANENCIA APACIBLE

El presente capítulo se divide en cuatro partes:
1. Por qué debemos alcanzar la permanencia apacible.
2. Invitación a eliminar los oponentes de la permanencia apacible.
3. Cómo eliminar los oponentes de la permanencia apacible.
4. Cómo alcanzar la permanencia apacible.

POR QUÉ DEBEMOS ALCANZAR LA PERMANENCIA APACIBLE

[1] Cuando hayamos cultivado el esfuerzo como se ha mostrado en el capítulo anterior, hemos de practicar la concentración y alcanzar la permanencia apacible (sáns. *samatha*), el estado en el que controlamos por completo nuestra mente y no sufrimos interferencias que la perturben.

¿Cuáles son los inconvenientes de no practicar la concentración? Aunque cultivemos las demás perfecciones, si no adquirimos concentración, nuestra mente seguirá dominada por las perturbaciones mentales. Seguiremos atrapados entre los colmillos del monstruo de los engaños. En lugar de controlar nuestras perturbaciones mentales, serán ellas las que nos controlen a nosotros. Entonces, cualquier práctica que realicemos, como recitar oraciones, visualizar Deidades, etcétera, carecerá de poder y no dará resultados. Si deseamos de verdad alcanzar la iluminación, debemos estudiar los objetos que nos ayudan a generar renuncia, bodhichita y la visión correcta de la realidad, y concentrarnos en ellos de manera convergente. No tiene sentido meditar en otros objetos.

De momento, nuestra mente no puede enfocarse durante mucho tiempo en objetos virtuosos, y al no mezclarse con ellos,

Kyabyhe Pabongka Rimpoché

nuestra meditación es inestable y no progresamos. No obstante, si adquirimos una firme concentración, nuestras prácticas de Dharma mejorarán de manera natural y alcanzaremos realizaciones. Después de contemplar estos beneficios, debemos adiestrarnos en la concentración con perseverancia y alcanzar el estado de la permanencia apacible.

Por lo general, cuando intentamos meditar sobre un objeto virtuoso, como la preciosa existencia humana, la impermanencia o la vacuidad, nuestra mente no se concentra en él de manera estable, sino que se distrae con facilidad. En esos momentos, nuestra mente es similar a la llama de una vela expuesta al viento, con cuya luz oscilante no podemos ver en la oscuridad. Del mismo modo, mientras las distracciones alteren nuestra mente, no podremos enfocarnos con claridad en nuestro objeto de meditación. Si pudiéramos construir una pantalla mental que nos protegiera de las distracciones, nuestra concentración sería inamovible y tendríamos una percepción estable de cualquier objeto virtuoso que eligiéramos. Por lo tanto, debemos seguir los métodos que se describen a continuación para cultivar la concentración.

[2ab] El primer paso para impedir que nuestra mente se distraiga es vivir en soledad. Si nos alejamos de nuestra familia, amigos y conocidos, lograremos un aislamiento físico, pero la soledad mental es más importante, y para conseguirla debemos eliminar las distracciones. Solo después de haber adquirido cierta serenidad podremos adiestrarnos en la concentración.

INVITACIÓN A ELIMINAR LOS OPONENTES DE LA PERMANENCIA APACIBLE

[2cd] Debido a todas las razones mencionadas, Shantideva nos anima a abandonar nuestra vida mundana y a eliminar por completo las distracciones.

CÓMO ELIMINAR LOS OPONENTES DE LA PERMANENCIA APACIBLE

Este apartado consta de seis partes:

1. Las causas de nuestro apego a la vida mundana.
2. Los oponentes de nuestro apego a la vida mundana.
3. Cómo cultivar los oponentes del apego.

4. Las desventajas de los placeres mundanos.
5. Los beneficios de vivir en soledad.
6. Cómo abandonar los objetos de deseo y las actividades mundanas.

LAS CAUSAS DE NUESTRO APEGO A LA VIDA MUNDANA

[3] ¿Por qué tenemos apego a nuestra vida mundana? Antes de generar apego, nos aferramoa a un intenso sentido del yo. Entonces, pensamos: «Mi amigo», «mi familia», «mis posesiones», etcétera. Consideramos que estos objetos existen de manera inherente e independiente y, como resultado, tenemos apego a lo que creemos que es inherentemente nuestro.

Como se mencionó con anterioridad, el origen de nuestro apego es la mente ignorante de aferramiento propio. Por lo tanto, puede que pensemos que para poder alcanzar la permanencia apacible debemos eliminarla, pero esto no es correcto. Si contemplamos las desventajas de tener apego a nuestra familia, posesiones, etcétera, podremos abandonar de manera temporal nuestro aferramiento propio y adiestrarnos en la concentración. Sin embargo, si deseamos eliminarlo por completo, debemos cultivar la sabiduría, que a su vez depende de la permanencia apacible. De momento, podemos utilizar remedios temporales contra el apego, y más adelante aplicar la cura definitiva.

LOS OPONENTES DE NUESTRO APEGO A LA VIDA MUNDANA

[4] El oponente último del apego y de todas las demás perturbaciones mentales es la sabiduría de la visión superior que observa la vacuidad, la verdadera naturaleza de la realidad. Esta sabiduría dotada del poder de la permanencia apacible, la mente que está libre de excitación y hundimiento mentales, puede eliminar por completo el aferramiento propio y los demás engaños. No obstante, para alcanzar la permanencia apacible, de la que depende por completo la realización de la vacuidad, debemos abandonar de manera temporal nuestro apego a los placeres mundanos. Si no aplicamos medidas provisionales, nunca podremos liberarnos del sufrimiento ni ayudar a los demás a conseguirlo.

CONCENTRACIÓN

CÓMO CULTIVAR LOS OPONENTES DEL APEGO

Este apartado se presenta en dos partes:
1. Cómo abandonar el apego a los seres sintientes.
2. Cómo abandonar el apego a los objetos inanimados.

CÓMO ABANDONAR EL APEGO A LOS SERES SINTIENTES

De las dos clases de objetos a los que podemos tener apego, animados e inanimados, ahora Shantideva nos anima a abandonar el apego a los primeros. ¿Cuáles son las desventajas de tener apego a nuestros amigos, familiares, animales domésticos, etcétera? Hemos de recordar que tanto nosotros mismos como los objetos de nuestro apego somos transitorios y cambiamos momento a momento. [5] Si por culpa de nuestro apego a otros seres transitorios cometemos acciones perjudiciales, crearemos la causa para renacer en lugares donde no podremos contemplar objetos hermosos durante miles de vidas. Por lo tanto, nuestra obsesión por lo que consideramos agradable es la causa de que no volvamos a encontrar objetos atractivos durante mucho tiempo. [6] El resultado no es más que sufrimiento y la incapacidad de nuestra mente para enfocarse de manera estable en la virtud. Además, cuando finalmente encontremos objetos atractivos, nuestro intenso apego hacia ellos nos causará numerosos problemas y sufrimiento.

[7] El apego a nuestros seres queridos es un obstáculo para alcanzar las realizaciones de renuncia, bodhichita y vacuidad, y, por lo tanto, nos cierra la puerta de la liberación. El apego nos causará un inmenso sufrimiento cuando el Señor de la Muerte nos separe de nuestros familiares y amigos, y nos obligue a viajar solos a nuestra próxima vida.

[8] Debido a nuestro interés por las actividades mundanas, perdemos la gran oportunidad que nos ofrece nuestra preciosa existencia humana. Aunque los objetos de nuestro apego no son permanentes, interfieren en nuestro camino hacia la liberación. Por apego a personas transitorias como nosotros, desperdiciamos la oportunidad de alcanzar realizaciones de Dharma y finalmente la iluminación total. [9] Al comportarnos de esta manera tan pueril, incrementamos la posibilidad de renacer en los reinos inferiores. Por lo tanto, ¿en qué nos beneficia depender

solo de nuestros familiares y amigos, a los que tenemos tanto apego? Debido a nuestro apego, dedicamos casi todo nuestro tiempo a complacer a personas tan pueriles como nosotros. [10] Si cumplimos sus deseos, nos considerarán su mejor amigo, pero si no lo hacemos, nos convertiremos en su enemigo. [11] Además, si damos consejo a personas mundanas o las animamos a practicar el Dharma, contestarán: «¿De qué me sirve hacer esto?». Y si no escuchamos sus objeciones, se enfadarán, criticarán el Dharma y se abrirán el camino hacia los reinos inferiores. Esta clase de conducta es a lo que Buda se refiere cuando afirma que las personas mundanas son pueriles.

Como se mencionó en el capítulo sexto, dedicado a la perfección de la paciencia, nosotros también podemos considerarnos pueriles. Sentimos una gran alegría cuando alguien nos alaba, cuando se cumplen nuestros deseos o mejora nuestra reputación, pero si ocurre lo contrario, nos deprimimos. [12] Al igual que las demás personas mundanas, tenemos celos de los que son superiores a nosotros, competimos con nuestros iguales y somos arrogantes con los que consideramos inferiores.

¿Por qué Shantideva nos dice esto? Porque quiere que comprendamos que del apego a las personas mundanas no obtendremos ningún beneficio. En lugar de dejarnos distraer por los placeres mundanos, es mejor que busquemos un lugar aislado donde apaciguar nuestra mente, alcanzar la permanencia apacible y avanzar por el camino hacia la iluminación. [13] En cambio, si nos seguimos distrayendo con actividades sin sentido, cada vez estaremos más confusos. Como resultado, cometeremos acciones perjudiciales, criticaremos a los demás y nos alabaremos a nosotros mismos, y perderemos el tiempo hablando de los placeres del samsara que, debido a su naturaleza, no nos causarán más que sufrimiento e insatisfacción. Si analizamos nuestra vida con detenimiento, estaremos de acuerdo con la siguiente reflexión de Shantideva:

> «Aunque he mantenido relaciones frívolas con otras personas durante años, ¿qué beneficios he obtenido? En realidad, no he recibido de ellas nada que valga la pena ni tampoco ellas de mí. Puesto que ni estas personas ni yo nos hemos beneficiado de nuestra relación, he de alejarme de aquellos que me causan distracciones». [14-15a]

Por lo tanto, lo mejor es que me retire a vivir en soledad.

[15b-15d] Si después nuestros familiares y amigos nos hacen una visita, debemos alegrarnos de verlos, pero estar con ellos justo el tiempo necesario y regresar lo antes posible a nuestro retiro. Sin embargo, debemos tener en cuenta que este modo de vida solo es apropiado para aquellos que deseen adiestrarse en la concentración, no es un consejo general para todos los practicantes de Dharma.

[16] Cuando hayamos encontrado un lugar cómodo y apropiado para vivir en soledad, hemos de adquirir la comida y prendas de vestir que necesitemos del mismo modo que las abejas recogen el polen de las flores. Sin tener apego a estas últimas, toman el polen que necesitan y regresan a su colmena. Del mismo modo, debemos obtener nuestros alimentos y prendas de vestir sin distraernos en los lugares que visitemos ni involucrarnos con las personas que encontremos, y luego regresar a nuestro lugar de retiro.

CÓMO ABANDONAR EL APEGO A LOS OBJETOS INANIMADOS

El apego a las posesiones materiales es otro obstáculo para alcanzar la permanencia apacible y debemos contrarrestarlo como se describe a continuación. En primer lugar, hemos de pensar que [17] si tenemos apego a nuestra riqueza, fama y reputación, y nos alegramos de que los demás nos tengan envidia, los engaños del orgullo y el apego nos harán renacer en los reinos inferiores, donde experimentaremos terribles sufrimientos. [18] Debemos comprender que nuestra mente confusa no puede distinguir entre lo beneficioso y lo perjudicial. Por lo tanto, perseguimos los objetos de apego sin tener en cuenta los sufrimientos que tendremos que padecer por su culpa en vidas futuras. [19] La persona inteligente no tiene apego a la riqueza, la reputación, etcétera, porque sabe que es la causa de todos los sufrimientos.

[20] También hemos de recordar que al morir dejaremos atrás nuestras posesiones y todo aquello por lo que hemos trabajado en esta vida. Por lo tanto, si comprendemos que en ese momento no podremos llevarnos nada con nosotros excepto las impresiones grabadas en nuestra mente, abandonaremos el apego a los placeres efímeros de esta vida.

Por último, hemos de examinar nuestra reacción cuando recibimos alabanzas. En realidad, no hay ninguna razón para alegrarnos cuando alguien nos elogia ni para desanimarnos cuando nos critica. ¿Por qué? Porque las alabanzas no pueden beneficiarnos ni aumentar nuestras buenas cualidades, y las críticas tampoco pueden perjudicarnos. Además, [21] siempre habrá personas que nos elogien y otras que nos critiquen. Por lo tanto, ¿qué sentido tiene alegrarnos cuando recibimos alabanzas y enfadarnos cuando nos critican?

LAS DESVENTAJAS DE LOS PLACERES MUNDANOS

Es posible que nos preguntemos: «¿No sería incorrecto abandonar a todos los seres sintientes para retirarnos a vivir en soledad? Si deseamos adoptar el modo de vida del Bodhisatva, ¿no sería mejor permanecer con ellos para beneficiarlos?». Esta manera de pensar es errónea. Si de momento no podemos controlar nuestra propia mente, [22] ¿cómo vamos a colmar los deseos de todos los seres sintientes? Cada uno de ellos tiene anhelos y aspiraciones que interfieren entre sí y ni siquiera un Buda podría complacerlos a todos. ¿Cómo alguien tan confundido como nosotros podría hacerlo?

Por lo tanto, durante cierto tiempo debemos dejar de relacionarnos con los seres mundanos y esforzarnos por alcanzar la permanencia apacible y meditar en la vacuidad. De este modo, aumentaremos nuestra habilidad para ayudar a los demás. Luego, cuando hayamos alcanzado realizaciones espirituales, podremos volver a relacionarnos con ellos y beneficiarlos. Esto es similar a lo que haría alguien que desea ser médico, puesto que antes de poder ayudar a los demás, deberá estudiar la carrera de medicina y aprobar todas las asignaturas. Solo después de un intenso adiestramiento tendrá la capacidad de ayudar a sus pacientes a curarse de las enfermedades.

Si nos relacionamos ahora con personas mundanas, no podremos beneficiarlos de manera eficaz y, debido a sus perturbaciones mentales, cometerán acciones perjudiciales contra nosotros. [23] Si mantenemos una vida ascética, nos dirán: «No eres más que un mendigo y un miserable», y si poseemos grandes riquezas, nos lo reprocharán diciendo: «No puedes ser un buen practicante de Dharma, puesto que estás rodeado de lujos». Si

CONCENTRACIÓN

nos relacionamos con personas tan difíciles de complacer, ¿algún día percibirán buenas cualidades en nosotros?

[24] Las personas pueriles solo se interesan por su propio bienestar, y si no las complacemos, se enfadan. Por lo tanto, al relacionarnos con ellas corremos el riesgo de comportarnos del mismo modo y de que nuestra práctica del Bodhisatva degenere. Buda dijo que estos seres pueriles no saben cómo beneficiar a los demás y, por lo tanto, no es aconsejable depender de ellos.

BENEFICIOS DE VIVIR EN SOLEDAD

Cuando hayamos tomado la decisión de abandonar nuestro apego a los placeres mundanos, hemos de pensar en cómo reunir las condiciones necesarias para adiestrarnos en la concentración. Shantideva describe a continuación el deseo que tiene el practicante de Dharma de encontrar un lugar donde vivir en soledad, y nosotros deberíamos rezar del mismo modo:

«Después de abandonar a las personas pueriles, ¿dónde debo ir? Buscaré un lugar aislado donde nadie pueda interrumpir mi práctica de Dharma. Los árboles, los pájaros, los ciervos y demás animales del bosque no me molestarán, sino que me servirán de objetos para generar renuncia y bodhichita, y estas realizaciones aumentarán día a día. No tengo nada que temer de ellos.

»¿Cuándo podré vivir en una cueva, donde no encuentre ningún objeto de apego? En altares vacíos o al pie de los árboles, lejos de mis familiares y sin mirar atrás, ¿cuándo podré retirarme en soledad?

»¿Cuándo podré marcharme a un lugar que no pertenezca a nadie, que no sea objeto de disputas y donde pueda meditar durante tanto tiempo como desee? Un lugar abierto y limpio, donde no tenga apego a mi cuerpo ni a mis posesiones. ¿Cuándo podré vivir sin nada que temer, con solo un cuenco de mendigo, una cazuela para cocinar, unas cuantas prendas de vestir y otras pertenencias sin valor para los demás? De esta manera, ni siquiera tendré que proteger mi cuerpo ni esconderlo, y tampoco temeré a los ladrones porque no poseeré ningún objeto que puedan codiciar». [25-28]

Si aspiramos a vivir de este modo y rezamos para conseguirlo, no hay duda de que algún día lo conseguiremos. Si no encontramos el momento apropiado en esta vida, lo haremos en una vida futura. De momento, debido a nuestro apego a los objetos animados e inanimados, nos resultaría difícil vivir en soledad, pero cuando hayamos abandonado este apego, nos aportará mucha felicidad y satisfacción.

En el pasado, grandes yoguis indios y tibetanos, como Milarepa, pasaron gran parte de sus vidas en soledad. Si los comparamos con nosotros, que estamos rodeados de comodidades, ¿quién es más feliz? Sin lugar a dudas, los yoguis como Milarepa sintieron un gozo miles de veces superior a cualquier placer que nosotros podamos experimentar. Su felicidad insuperable es el resultado de su paz interior y su total carencia de apego a los objetos externos, mientras que nuestro sufrimiento e insatisfacción lo son del sometimiento a las perturbaciones mentales.

Al comprender las ventajas de vivir en soledad, debemos rezar con sinceridad para poder hacerlo algún día. También nos ayudará leer la biografía de Buda o de otros grandes maestros para conocer cómo practicaron la meditación en retiro. Antes de 1959, en el Tíbet había muchos yoguis que vivían en lugares alejados practicando la meditación, y hoy día en la India todavía hay personas que lo hacen. Hemos de alegrarnos de su práctica y rezar para ser capaces de meditar del mismo modo.

De las numerosas historias sobre la vida de practicantes del pasado, destaca la del gran yogui Kachen Yeshe Gyaltsen, tutor del octavo Dalai Lama. Cuando vivía en el monasterio de Tashi Lhumpo, recibió enseñanzas de sutra y tantra de sus Guías Espirituales. Luego, generó un intenso deseo de meditar en las mismas cuevas donde siglos antes lo había hecho Milarepa.

En cierta ocasión, viajó a Kyidrong, una región donde Milarepa había meditado en cuevas durante años. Yeshe Gyaltsen comenzó a buscar una cueva llamada Kar, ubicada en la cara de una montaña, detrás de un bosque denso, a una altitud muy elevada. En el lugar donde estaba la cueva solían caer intensas nevadas y era accesible solo durante los meses de verano, por lo que casi nadie solía visitarlo.

Cuando Yeshe Gyaltsen llegó a Kyidrong, preguntó a un campesino por Kar, la cueva donde había meditado Milarepa. El campesino, sorprendido, le preguntó: «¿Para qué quieres ir

CONCENTRACIÓN

allí?». Cuando Yeshe Gyaltsen le dijo que deseaba instalarse en esa cueva para practicar la meditación, el campesino soltó una carcajada y le dijo: «Quien desee vivir en ese lugar debe tener un cuerpo de cobre y un corazón de hierro. ¿Te consideras capaz de hacerlo?». Al ver que Yeshe Gyaltsen le volvía a preguntar cómo llegar a la cueva, el aldeano, entre risas y burlas, le indicó el camino.

Los habitantes del lugar sabían que Yeshe Gyaltsen estaba en Kar, y cuando pasaron varios meses sin verlo, pensaron que habría muerto. Cuando llegó el verano, algunos hombres decidieron tomar el peligroso camino que conducía a la cueva. Al llegar, vieron con estupor que el yogui estaba sentado tranquilamente realizando sus prácticas. Cuando en las aldeas vecinas corrió la voz de que Yeshe Gyaltsen seguía vivo, sus habitantes generaron fe profunda en él y su cueva se convirtió en un lugar de peregrinación. Fueron tantas las personas que acudieron a rendirle homenaje, que al final tuvo que marcharse a otro lugar para poder practicar en soledad.

De este modo, Yeshe Gyaltsen meditó en las mismas cuevas que Milarepa durante años. Al final de su vida, cuando el octavo Dalai Lama le pidió que escribiese su autobiografía, Yeshe Gyaltse respondió: «Mi práctica de Dharma fue más dura que la del gran yogui Milarepa. Él comía ortigas y mendigaba por las aldeas, pero yo soporté innumerables sufrimientos y dificultades, y permanecí en completa soledad». Finalmente, fue reconocido como la reencarnación de Milarepa. Este es un breve relato de la vida de un gran yogui, pero hay muchos otros que practicaron de este modo en el Tíbet y en la India.

Para intensificar nuestra determinación de vivir en soledad, debemos meditar en la impermanencia y la muerte. Esto aumentará nuestro deseo de practica el Dharma. Si meditamos en que nuestra muerte es inevitable, en que el momento de su llegada es incierto y en que cuando muramos, lo único que nos podrá ayudar será nuestra práctica de Dharma, aumentaremos nuestra determinación de adiestrarnos con sinceridad. [29] También podemos visitar de vez en cuando un cementerio o un crematorio para reducir el apego a nuestro cuerpo. Cuando veamos los cadáveres, debemos recordar que un día nuestro cuerpo se convertirá en uno de ellos y tomar la determinación de meditar en un lugar aislado hasta que muramos. Hemos de pensar que nadie nos echará de menos si morimos en una cueva alejada. [30] La carne se separará de los huesos y, debido a su putrefacción, ni siquiera los animales salvajes se acercarán a nuestro cuerpo.

Si abandonamos la vida mundana y pensamos en todo momento: «¿Cuándo podré practicar en soledad?», sin lugar a dudas alcanzaremos realizaciones. En realidad, si hoy nos fuéramos a vivir a una cueva aislada, nuestra práctica no daría resultados y tendríamos numerosas dificultades. ¿Por qué? Porque tenemos un pie puesto en el Dharma y el otro en las actividades mundanas. Aunque tenemos cierto interés en practicar el Dharma y alcanzar la iluminación, también deseamos experimentar los placeres del samsara. Por lo tanto, no alcanzamos realizaciones con rapidez. ¿Por qué estamos divididos entre estos dos deseos opuestos? Porque no recordamos los sufrimientos de la muerte. Si somos conscientes de que nuestra muerte es inevitable, no desperdiciaremos nuestro potencial humano en asuntos mundanos, sino que desearemos practicar el Dharma con sinceridad.

Hemos de analizar de manera realista nuestra situación como seres humanos. [31] Aunque nuestro cuerpo ha mantenido su integridad desde el momento de su concepción, finalmente nuestra carne se desprenderá de los huesos y se pudrirá, y lo mismo ocurrirá con nuestras relaciones: todas las personas que conocemos se separarán de nosotros, y también entre ellas.

[32] Al nacer, vinimos solos a este mundo. Hasta ahora hemos permanecido unidos a nuestro cuerpo de manera inseparable, pero cuando recibamos las señales de que el Señor de la Muerte viene a visitarnos, comprenderemos que también tendremos que abandonar esta vida solos, y que ni siquiera podremos llevarnos el cuerpo que ahora poseemos. Si nuestro cuerpo y mente se separarán en el momento de la muerte, es evidente que también tendremos que dejar atrás a nuestros familiares y amigos. Sin importar los años que vivamos con nuestros seres queridos, nacemos y morimos solos, y nadie puede compartir nuestro sufrimiento. Por lo tanto, ¿de qué nos sirve tener apego a nuestros familiares y amigos, y llamarlos *mi marido, mi mujer, mi amigo*? Estas personas no pueden beneficiarnos y no hacen más que interrumpirnos en nuestro viaje hacia la iluminación. ¿Para qué queremos tener amigos que obstaculizan nuestro camino espiritual?

CONCENTRACIÓN

[33] Debemos considerarnos como un viajero, que no tiene apego a los hoteles donde se hospeda porque sabe que en poco tiempo tendrá que marcharse. Aunque ahora estemos rodeados de comodidades, antes o después viajaremos a nuestra próxima vida solos y con las manos vacías. Nuestro cuerpo no es más que una casa de huéspedes, y nuestra mente, un viajero que ha de abandonar su alojamiento para trasladarse a otro lugar.

[34] Tarde o temprano nos llamará el Señor de la Muerte y cuatro hombres llevarán a hombros nuestro féretro al cementerio. Nuestros familiares y amigos acudirán al entierro con el corazón compungido y los ojos llenos de lágrimas. [35] Puesto que esto ocurrirá con toda seguridad, es mejor que nos retiremos antes a un lugar aislado. Si vivimos en soledad, no nos encontraremos con objetos que nos causen odio o apego, y tanto nuestros amigos como nuestros enemigos se olvidarán de nosotros. Cuando vayamos a morir, a nadie le importará, ya que nuestros familiares y amigos nos habrán considerado muertos desde hacía tiempo. [36] En el momento de la muerte, nadie nos perturbará con lamentaciones ni tendremos enemigos que intenten perjudicarnos, y podremos dirigir nuestra mente hacia las Tres Joyas preciosas y meditar en el camino espiritual. Después de reflexionar de este modo, [37] debemos tomar la determinación de vivir en soledad, satisfechos y libres de problemas. Hemos de esforzarnos por eliminar nuestras perturbaciones mentales y alcanzar la permanencia apacible con la práctica de la concentración.

CÓMO ABANDONAR LOS OBJETOS DE DESEO
Y LAS ACTIVIDADES MUNDANAS

[38] Cuando hayamos abandonado el apego a nuestros familiares y amigos, y el odio por nuestros enemigos –engaños que alteran nuestra paz mental y obstaculizan nuestro logro de la permanencia apacible–, hemos de actuar motivados por la bodhichita y concentrarnos de manera convergente en el objeto de meditación que hayamos elegido. Poco a poco iremos mejorando nuestra práctica hasta alcanzar una realización clara de la vacuidad con la que podamos eliminar el veneno de las perturbaciones mentales. Para lograr esta meta suprema, hemos de abandonar el apego a los objetos de deseo y a las actividades mundanas.

De lo contrario, en lugar de avanzar hacia la liberación y la iluminación, sufriremos las indeseables consecuencias de nuestras acciones perjudiciales. Shantideva dice:

«Los deseos causan sufrimientos infinitos tanto en esta vida como en las futuras. Por su culpa, en esta vida nos encerrarán en la cárcel y seremos maltratados o asesinados, y en las futuras padeceremos los terribles tormentos de los reinos inferiores». [39]

A continuación, Shantideva describe con detalle las numerosas desventajas del apego y cómo nuestros deseos nos encadenan a una vida de interminable búsqueda, insatisfacción y sufrimiento. Debido a que el placer sexual es una forma universal de deseo, Shantideva hace hincapié en la esclavitud a que nos somete el anhelo obsesivo por experimentarlo. Puesto que su audiencia original estaba compuesta por monjes, Shantideva se refiere al deseo que siente un hombre por una mujer y presenta como antídoto una reflexión sobre la naturaleza repulsiva del cuerpo seductor de esta última. No obstante, también advierte que esta descripción no implica que la naturaleza del sexo femenino sea repulsiva y la del sexo masculino no lo sea, o que solo los hombres padecen este anhelo sexual. Por lo tanto, el lector ha de modificar lo necesario en esta contemplación, como, por ejemplo, aplicarlo al hombre en lugar de a la mujer, para ajustarla a sus condiciones personales.

[40] Algunos hombres son capaces de hacer cualquier cosa para poseer a una mujer y experimentar el placer sexual, desde enviar mensajeros e interponerse entre ella y sus padres, hasta cometer adulterio. Están dispuestos a actuar de este modo sin tener en cuenta los riesgos que conlleva y el daño que puede causar a su reputación. [41] Para conseguir sus objetivos, los hombres gastan mucho dinero, cometen acciones perjudiciales y sacrifican sus riquezas y hasta su propia vida. ¿Qué desean obtener con todo esto? ¿Qué sentido tiene comportarse de este modo?

Su propósito principal es realizar el acto sexual con una mujer. Sin embargo, examinemos la naturaleza del cuerpo que es objeto de tanto deseo. [42] En realidad, es un conjunto de carne, huesos, piel, sangre, pus, médula, intestinos, excremento, orina, pulmones, hígado, intestinos, etcétera. En este conjunto no hay ni una

CONCENTRACIÓN

sola parte que sea pura, y tampoco es independiente ni existe de manera inherente. Tras haber contemplado las impurezas de tan repulsiva aglomeración, ¿cómo es posible que sigamos teniéndole apego de manera tan obsesiva? ¿Por qué no intentamos escapar del vasto océano del samsara y alcanzar el gozo sublime de la iluminación?

¡Qué extraños y efímeros son los deseos de un hombre! [43] En la India de antaño, cuando un hombre se encontraba con una mujer, esta escondía su rostro detrás de un velo. Incluso durante la boda debía mantener su rostro cubierto y comportarse con timidez. Después, cuando el marido finalmente contemplaba su rostro, generaba un intenso deseo de realizar el acto sexual con ella. Si el desvelar el rostro de una mujer puede causar un efecto tan poderoso en el hombre, [44] ¿por qué no siente la misma atracción cuando las aves de rapiña desvelan su rostro después de la muerte? ¿Por qué no desea entonces copular con ella? Su cuerpo yace inmóvil, pero no quiere ni verlo.

[45] Los hombres lascivos desean tanto el cuerpo de su amada que si otro hombre la mirara, se pondrían celosos de inmediato. Entonces, ¿por qué no la protegen cuando las aves de rapiña despedazan su rostro con sus picos? No tiene sentido proteger tan celosamente su cuerpo ahora, cuando va a terminar como alimento de los animales salvajes. [46] ¿Por qué nos esforzamos por obsequiar con guirnaldas de flores, sándalo y ornamentos de oro y plata a alguien que va a terminar devorado por las aves de rapiña? [47] ¿Por qué sentimos tanto horror al ver su esqueleto cuando yace inmóvil en el cementerio, pero no tenemos miedo ahora, cuando es como un cadáver andante dirigido por impulsos momentáneos? Estas actitudes son contradictorias.

[48] Tampoco es lógico tener apego a su cuerpo cuando está cubierto de piel y prendas de vestir, pero rechazarlo cuando yace desnudo en el cementerio.

Pero entonces estará muerta, esa es la diferencia.

No obstante, su cuerpo es el objeto al que tenemos tanto apego, y este sigue siendo el mismo tanto ahora como después. Cuando besamos a una mujer, bebemos de su saliva. [49] ¿Por qué nos gusta su escupitajo que no es más que el producto de los alimentos que ha ingerido, pero no nos atrae su orina o excrementos, cuyo origen es el mismo? [50] Además, el cuerpo de una mujer nos agrada porque es suave al tacto, pero no sentimos el mismo apego por una almohada de algodón, que posee las mismas cualidades. En realidad, deberíamos preferir la almohada, porque al menos no despide malos olores. [51] Sin embargo, somos tan ignorantes que no sabemos distinguir entre lo que es limpio y lo que no lo es. Si nuestra almohada nos resultara incómoda una noche, la tiraríamos, pero no nos importa dormir junto al cuerpo impuro de una mujer.

Pero el objeto de mi apego, el cuerpo de una mujer, en realidad no es sucio.

Analicemos su naturaleza. [52] El cuerpo es un armazón de huesos ligados a los músculos y adheridos con el mortero de la carne. Puesto que por dentro está lleno de impurezas, ¿cómo podemos decir que no es sucio? Si es tan impuro, ¿por qué anhelamos abrazarlo? ¿Es que tenemos apego a la suciedad? [53] ¿No tenemos suficiente con las impurezas de nuestro propio cuerpo? ¿Es que nos agradan tanto los objetos impuros que tenemos que copular con bolsas de basura?

El ejemplo de la almohada de algodón es absurdo. No me interesa tu punto de vista, a mí me gusta acariciar la piel suave del cuerpo de una mujer.

Entonces, ¿por qué no tenemos apego también a su cadáver? Sigue siendo un cuerpo de carne y hueso, y durante cierto tiempo es suave y hermoso.

Pero un cadáver no tiene mente. La mujer me atrae porque posee mente.

De acuerdo, pero [55] puesto que su mente es intangible, ¿por qué perdemos el tiempo copulando?

Debemos recordar que no solo el cuerpo de la mujer es impuro, el del hombre también lo es. Hemos de tener esto claro y no pensar lo contrario. [56] Es comprensible que no reconozcamos la naturaleza impura del cuerpo de otra persona, pero ¿cómo es posible que no admitamos la de nuestro propio cuerpo? Hemos de reflexionar sobre esto e intentar controlar nuestro apego a los demás.

Lo que me atrae es la forma hermosa del cuerpo de una mujer y por eso realizo el acto sexual.

CONCENTRACIÓN

[57] Pero un joven loto y un nenúfar también son hermosos cuando abren sus pétalos a la luz del sol. ¿Por qué no les tenemos apego a ellos en lugar de a este sucio armazón?

[58] Si sentimos repulsión por todo aquello que haya sido contaminado por vómito o excremento, ¿por qué estamos tan ansiosos por tocar las partes de la mujer por las que salen estas sustancias? Todo este vómito y excremento proviene de su cuerpo, que a su vez es el producto de innumerables impurezas.

[59] Su cuerpo se originó en el espermatozoide de su padre y el óvulo de su madre, y durante nueve meses estuvo encerrado en el seno de su madre, que es húmedo y sucio. Tanto la esencia de su cuerpo como sus causas y lo que produce son impuros. Puesto que su cuerpo no posee un solo aspecto que no sea impuro, ¿por qué estamos tan ansiosos por abrazarlo? [60] Si no queremos ni mirar un pequeño insecto que sale de una boñiga, ¿por qué tenemos tanto apego a un cuerpo que está compuesto de treinta y seis clases de impurezas?

[61] No solo no nos desagrada nuestro cuerpo, aunque su naturaleza sea impura, sino que además tenemos apego al conjunto de impurezas de otra persona. Esto es absurdo. ¿No nos damos cuenta de que el cuerpo es un objeto impuro? Fijémonos en lo que ocurre con todo lo que ingiere. [62] Los deliciosos manjares, como un plato de arroz con verduras, están limpios antes de ingerirlos, pero si los escupiéramos después de haberlos metido en la boca, mancharían el suelo donde cayesen.

[63] Si todavía tenemos dudas sobre la naturaleza impura del cuerpo, podemos ir a un cementerio y analizar un cadáver. [64] Si quitásemos la piel de nuestro objeto de apego, el olor a putrefacción que despediría nos llenaría de horror. No obstante, aún seguimos disfrutando de los placeres carnales del cuerpo de una mujer.

Detengámonos un momento e imaginemos lo siguiente. Cuando una mujer se maquilla y unge su cuerpo con perfumes y cremas, es verdaderamente hermosa y digna de contemplar.

Esta manera de pensar también es absurda. [65] Los perfumes fragantes y delicados aromas, como el de sándalo y demás, no tienen ninguna relación con su cuerpo. ¿Le tenemos apego debido a los cosméticos? Si no se pusiera perfume y no se lavase durante unos cuantos días, comprenderíamos de qué está hecho su cuerpo. [66] Entonces, despediría los repulsivos olores que le son propios. Si el cuerpo de una mujer es tan sucio, ¿no sería mejor dejar de tenerle apego?

¡Oh, no! Si se lava, se unge el cuerpo con perfume, se adorna con joyas y se viste con finas prendas, es muy atractiva. ¿No conoces mujeres hermosas?

[67] Sí, pero ¿es suya esta belleza? Sin lugar a dudas es temporal y está creada de manera artificial. Se lava y elimina los malos olores con jabón y se unge el cabello con aceite. Luego se maquilla el rostro y se cubre el cuerpo con hermosas prendas y adornos de brillantes para resultar atractiva. Pero si arregláramos una momia de igual modo, también quedaría hermosa. ¿Cuál es la naturaleza de su cuerpo sin estos ornamentos? [68] Si permaneciera en su estado natural durante cierto tiempo sin arreglarse del modo descrito, ¿qué descubriríamos? Solo un cuerpo desnudo y espantoso, con un cabello desmarañado, las uñas sucias y los dientes amarillentos y malolientes.

Shantideva no ha descrito con detalle la naturaleza repulsiva del cuerpo por morbo, sino para ayudarnos a contrarrestar el apego. Como ya ha indicado, buscar en todo momento los objetos de deseo [69] es como afilar el arma que va a causarnos la muerte. No tiene sentido realizar actividades que solo nos van a perjudicar, pero esto es precisamente lo que la mayoría de las personas hacen en todo el mundo. No saben distinguir entre lo que es virtuoso y perjudicial, lo que es puro e impuro. [70] Cuando ven un montón de huesos en un cementerio tienen miedo, pero no temen vivir en ciudades que no son más que cementerios de esqueletos andantes. Esto es absurdo y revela lo errónea que es su manera de pensar.

[71] Además, su naturaleza impura no es la única desventaja de tener apego al cuerpo deseable de otra persona. Hemos de comprender que con el propósito de realizar el acto sexual, nos involucramos más en los aspectos insatisfactorios del samsara. Como se mencionó con anterioridad, perdemos nuestras riquezas, actuamos de manera indebida y trabajamos duro para poseer el objeto de nuestro deseo. Debido a ello, tenemos numerosos problemas en esta vida y creamos la causa para renacer en los reinos inferiores, donde experimentaremos incluso más

CONCENTRACIÓN

sufrimiento.

[72] Cuando somos jóvenes nos resulta difícil acumular riquezas y después nos esforzarnos por encontrar a una mujer. Finalmente, cuando nos casamos, el trabajo que tenemos que realizar para mantenerla nos impide disfrutar de su compañía, y en ocasiones estar a su lado nos hace sentir peor. Así es la vida de muchas personas.

[73] Aquellos que están bajo la influencia del apego tienen que trabajar duro cada día y soportar dificultades para mantener a su familia. Cuando llegan a casa después del trabajo están tan cansados que no desean ni realizar el acto sexual, solo echarse en la cama como si estuvieran muertos. [74] Otros, para adquirir comida, vestidos y riquezas, viajan a países lejanos o se alistan en el ejército. Lejos de sus hogares, han de permanecer separados de su mujer y no pueden disfrutar de una relación sexual con ella. Nadie quiere separarse de sus seres queridos, pero a menudo nuestro propio apego nos conduce a ello.

[75] Algunas personas están tan deseosas de adquirir riqueza que se venden a sí mismas y se ven obligadas a realizar trabajos denigrantes. Por lo general, para mantener a nuestra familia hemos de trabajar y recibir un salario. En esta situación no tenemos libertad, puesto que dependemos de las decisiones de nuestro jefe. [76] Algunas personas son tan desafortunadas que terminan como esclavos, y cuando sus mujeres tienen que dar a luz, lo hacen en condiciones infrahumanas, incluso bajo un árbol a la intemperie.

[77] El apego hace estúpidas a las personas. Algunas desean tanto adquirir fama y fortuna que se van a luchar en guerras y ponen en peligro sus vidas. A otras, su apego las convierte en esclavos y han de soportar innumerables dolores y sufrimientos. [78] Deseando poseer una mujer y riquezas, algunos roban o cometen otros crímenes y luego son arrestados por las autoridades, torturados, apuñalados e incinerados.

[79] Debemos reflexionar con detenimiento sobre los sufrimientos que conlleva acumular riquezas, protegerlas y finalmente perderlas. Hemos de comprender que esto nos causa infinitos problemas y frustración. Aquel que se deje dominar por el apego a las riquezas, la familia, etcétera, no tendrá la oportunidad de liberarse del ciclo del sufrimiento del samsara y de alcanzar la paz y felicidad de la iluminación.

Las desventajas de tener apego a las actividades mundanas son numerosas y, a pesar de nuestros esfuerzos, no obtenemos de ellas grandes beneficios. [80] Nuestra situación es similar a la del caballo que tiene que tirar de un carruaje. Si se detiene un momento para comer hierba, recibe el azote impaciente de su dueño. [81] Disponemos de una oportunidad tan valiosa para darle sentido a nuestra vida que sería una lástima utilizarla para satisfacer nuestros deseos mundanos. Muchos animales pueden conseguir comida y evitar peligros mejor que nosotros. ¡Qué lamentable sería desperdiciar nuestra vida buscando los mismos objetivos que un animal! Mientras tengamos una existencia humana, debemos esforzarnos por llenarla de significado.

¿De qué nos sirve acumular riquezas con tanto esfuerzo? [82] Tarde o temprano las perderemos, y si nos apegamos a ellas, renaceremos en los reinos inferiores. Desde tiempo sin principio hemos trabajado duro para poder disfrutar de los placeres del samsara, pero ¿qué beneficios hemos obtenido? Si nos hubiéramos esforzado del mismo modo por practicar el Dharma, ya habríamos alcanzado la iluminación. No obstante, [83] puesto que nos hemos involucrado en actividades mundanas y cometido acciones perjudiciales, ahora nos encontramos en una situación absurda. El sufrimiento que hemos tenido que soportar para disfrutar de los placeres del samsara es mayor que el necesario para alcanzar la iluminación. Nuestra lucha por conseguir la felicidad del samsara no tiene sentido y todavía no ha terminado. [84] Si reflexionamos sobre el sufrimiento que vamos a experimentar en los infiernos como resultado de nuestro apego a esta vida, comprenderemos que es millones de veces mayor que el producido por armas, veneno, fuego o posibles enemigos.

[85] Cuando contemplemos las desventajas del samsara y nos desilusionemos de él, generaremos el deseo de vivir en soledad y esforzarnos por alcanzar la permanencia apacible con la práctica de la concentración. ¿Qué requisitos debe reunir el lugar donde nos vayamos a retirar? Ha de ser un lugar donde no haya disputas ni objetos que nos causen perturbaciones mentales. [86] La persona afortunada que genera la bodhichita —el objeto de meditación de los yoguis, como se describe más adelante en este mismo capítulo—, vive en un bosque apacible, refrescado por la luz de la luna y el aroma del sándalo. En una casa hecha de piedras planas y acariciada por la suave brisa del

CONCENTRACIÓN

bosque, medita sobre la renuncia, la bodhichita y la vacuidad, y aplica los métodos para alcanzar la permanencia apacible por el beneficio de los demás.

[87] Si abandonamos el apego a nuestras posesiones y vivimos en casas abandonadas, al pie de los árboles o en cuevas, estaremos libres de preocupaciones y no dependeremos de nadie. [88] Utilizaremos los pocos utensilios que poseamos sin apegarnos a ellos y no necesitaremos mantener relaciones con los demás. De esta manera nos esforzaremos con alegría por alcanzar realizaciones espirituales y ni siquiera Indra, el poderoso señor de los dioses, disfrutará de una vida tan feliz y gozosa como la nuestra. Debemos reflexionar de este modo y tomar la resolución de buscar la verdad en soledad.

CÓMO CULTIVAR LA PERMANENCIA APACIBLE

Este tema, el principal del presente capítulo, tiene dos partes:

1. Etapas de la permanencia apacible.
2. Aplicación de la permanencia apacible a la meditación de igualarse uno mismo con los demás y cambiarnos por ellos.

ETAPAS DE LA PERMANENCIA APACIBLE

Los métodos para cultivar la permanencia apacible no se revelan de manera explícita en el texto raíz de Shantideva. Por lo tanto, a continuación se ofrecen algunos extractos de los trabajos de Maitreya y Asanga sobre este tema en respuesta al gran interés por la práctica de la concentración que hay en Occidente. A pesar de este interés, son pocas las personas que comprenden los métodos para apaciguar la mente y cultivar la concentración y, en consecuencia, que sepan meditar de manera correcta. Con las siguientes instrucciones se desea mejorar la comprensión de los interesados en este tema.

¿Por qué es importante alcanzar el estado de la permanencia apacible (sáns. *samatha*)? Solo cuando nuestra mente alcanza este estado imperturbable, podemos concentrarnos de manera convergente en los diversos objetos de meditación y lograr las realizaciones del camino espiritual. Por ejemplo, uno de los resultados temporales de la práctica espiritual es el logro de poderes sobrenaturales, como la clarividencia. No hay duda de que podemos adquirir estos poderes y de que son útiles para beneficiar a los demás. El gran pandita Atisha dijo: «Si carecemos de clarividencia, aunque deseemos beneficiar a los demás, seremos como el pájaro que quiere volar, pero no tiene alas». Es imposible alcanzar estos estados de percepción elevados sin haber logrado antes la permanencia apacible.

Tanto las realizaciones del camino hinayana, que nos conducen a la liberación propia, como las del camino mahayana, que nos llevan a la iluminación total, surgen de la mente que ha alcanzado la permanencia apacible. Si con la motivación de renuncia tomamos la vacuidad –la verdadera naturaleza de la realidad, que se expone en el siguiente capítulo– como nuestro objeto de meditación aplicando la permanencia apacible, podremos erradicar el aferramiento propio y alcanzar la cesación completa del sufrimiento. Si, además, generamos la preciosa mente de bodhichita, podremos eliminar las obstrucciones a la omnisciencia y alcanzar el despertar total de la Budeidad. Sin la permanencia apacible no es posible lograr estas metas.

Cuando hayamos alcanzado la permanencia apacible, nuestra mente será inamovible, como el Monte Meru, el centro del universo, y podrá enfocarse de manera convergente en cualquier objeto que elijamos. Cuando meditemos, nuestra mente se mezclará por completo con el objeto y adquiriremos una comprensión profunda de él. De momento, aunque meditemos en el Dharma, nuestra mente y su objeto no se mezclan, sino que permanecen separados y por ello no alcanzamos realizaciones. La mente y el objeto de meditación son como dos montañas que nunca se acercan. No obstante, si alcanzamos el estado de la permanencia apacible, superaremos estos obstáculos y conseguiremos resultados en nuestra práctica, ya sea del sutra o del tantra. Nuestras prácticas virtuosas aumentarán, serán cada vez más poderosas y podremos desarrollar nuestra mente de manera ilimitada. Si reflexionamos sobre estos beneficios una y otra vez, tomaremos la determinación de esforzarnos con alegría y entusiasmo por alcanzar la permanencia apacible.

El método para alcanzar la permanencia apacible se presenta en los cuatro apartados siguientes:

1. Las seis condiciones necesarias para cultivar la permanencia apacible.

CONCENTRACIÓN

2. Las nueve permanencias mentales.
3. Los cinco obstáculos que hemos de abandonar.
4. Los ocho oponentes contra los cinco obstáculos.

LAS SEIS CONDICIONES NECESARIAS PARA CULTIVAR LA PERMANENCIA APACIBLE

Aquellos que desean desde lo más profundo de su corazón alcanzar la permanencia apacible, deben reunir al comienzo de su práctica seis condiciones necesarias para poder conseguirlo. Atisha dice en *La lámpara del camino hacia la iluminación* (sáns. *Bodhipathapradipa*) que si carecemos de estas condiciones, nos resultará difícil alcanzar la permanencia apacible aunque practiquemos la meditación durante años. Si, por ejemplo, queremos hacer una taza de té, debemos reunir todas las condiciones necesarias y no será suficiente con tener solo agua caliente. Si esto es cierto a la hora de realizar actividades ordinarias, cuánto más lo será con respecto a la permanencia apacible.

La primera condición para tener éxito en la práctica de la permanencia apacible es encontrar un lugar apropiado para la meditación. Este lugar ha de poseer las cinco características siguientes:

1) Ha de ser un lugar donde las necesidades básicas, como alimentos y prendas de vestir, sean fáciles de encontrar.
2) Es preferible que haya sido bendecido por la presencia de yoguis o incluso Budas. Si no podemos encontrar un lugar así, al menos hemos de elegir uno donde no corramos el riesgo de ser atacados por animales salvajes o ladrones, y donde no haya peleas ni disputas.
3) Ha de ser un lugar limpio y saludable, en el que no haya riesgo de contraer enfermedades.
4) Debemos estar cerca de uno o dos amigos espirituales que tengan las mismas creencias que nosotros y practiquen la disciplina moral.
5) Ha de ser un lugar tranquilo, donde no haya ruidos molestos ni de día ni de noche, ya sean producidos por humanos o animales.

Estas son las preparaciones externas necesarias para realizar un retiro con éxito. La preparación interna, que es la más importante, consiste en conocer los métodos para meditar en la permanencia apacible. Cuando hayamos recibido estas instrucciones de un maestro cualificado, nos resultará fácil encontrar un lugar apropiado para hacer retiros y reunir las demás condiciones externas.

La segunda condición consiste en no tener apego a los objetos materiales, como la comida y las prendas de vestir, y abandonar la mente que piensa en adquirir posesiones. La tercera condición es sentirnos satisfechos con nuestras posesiones, sin tener en cuenta su calidad. La cuarta es abandonar las actividades que no tengan relación con la práctica de la permanencia apacible, como escribir cartas, leer libros sobre otros temas, recibir visitas, etcétera. En quinto lugar, es importante mantener una disciplina moral pura y, en particular, abstenernos de cometer las diez acciones perjudiciales relacionadas con el cuerpo, la palabra y la mente, que se describen en el capítulo quinto del presente libro. Por último, hemos de evitar los pensamientos que nos alejen del objeto de meditación y nos distraigan con los objetos de deseo de los cinco sentidos: las formas visuales, los sonidos, los olores, los sabores y los objetos tangibles atractivos.

Se dice que si estudiamos y comprendemos bien los métodos para adiestrarnos en la permanencia apacible, reunimos las seis condiciones mencionadas y practicamos con perseverancia y esfuerzo, podemos alcanzar esta realización en seis meses.

Después de encontrar un lugar apropiado para hacer retiros, hemos de preparar un cojín de meditación y sentarnos en la postura correcta. Por lo general, la calidad de nuestro asiento o cojín de meditación no es importante, pero si queremos alcanzar la permanencia apacible, necesitamos uno que sea cómodo o, de lo contrario, nos causará distracciones. El cojín de meditación ha de ser un poco más elevado por detrás que por delante para poder sentarnos en la postura del loto durante largos períodos de tiempo. Para que nuestro asiento sea estable y firme, podemos dibujar una *esvástica*, el antiguo símbolo indio de la inmovilidad y buen augurio, y colocarlo en el suelo debajo del cojín, en el centro. Encima del dibujo podemos colocar dos ramilletes de hierba *grama*, que simboliza la larga vida, y dos de hierba

CONCENTRACIÓN

kusha, que simboliza la claridad de la sabiduría, juntas y con los extremos superiores apuntando hacia nosotros, es decir, con los tallos hacia afuera. Si no podemos conseguir estos últimos objetos, no importa, puesto que son útiles, pero no indispensables.

En los retiros tántricos, después de haber preparado el asiento de meditación, no debemos moverlo hasta que terminemos el retiro. No obstante, cuando hagamos un retiro para alcanzar la permanencia apacible, podemos cambiar su posición dependiendo de las circunstancias. Por ejemplo, si sentimos excitación mental, podemos meditar mirando hacia la pared; y si padecemos de somnolencia y hundimiento mental, podemos sentarnos en la parte de la habitación más iluminada para refrescar la mente. En resumen, hemos de analizar nuestro estado mental y sentarnos a meditar en el lugar más apropiado.

Lo siguiente a tener en cuenta es la postura de meditación. Debemos colocar siete partes de nuestro cuerpo de manera correcta: las piernas, las manos, la espalda, la cabeza, los ojos, los hombros y los dientes, lengua y labios. Lo mejor es cruzar las piernas de manera que cada pie descanse sobre el muslo opuesto, con las plantas de los pies hacia arriba. Esta posición se denomina *postura vajra completa*, pero si no podemos sentarnos de este modo, podemos hacerlo en la postura de medio vajra, con un pie sobre el muslo opuesto y el otro en el suelo, o de cualquier otra manera que nos resulte cómoda.

Hemos de colocar la mano derecha encima de la izquierda a unos cuatro dedos por debajo del ombligo, con las palmas hacia arriba y las puntas de los dedos pulgares elevadas y tocándose ligeramente. La espalda ha de mantenerse recta pero relajada, la cabeza inclinada un poco hacia adelante y los ojos entreabiertos mirando hacia abajo, en dirección a la nariz. Debemos mantener la boca cerrada, con los labios relajados de forma natural. Para impedir la segregación excesiva de saliva, dejamos que los dientes superiores se coloquen sobre los inferiores de manera natural, sin que la mandíbula quede agarrotada, y tocamos con la punta de la lengua la parte posterior de los dientes frontales superiores.

Esta es la mejor postura de meditación porque nos ayuda a evitar la somnolencia, las distracciones y otros obstáculos para la concentración, y nos proporciona claridad mental. Esta manera de sentarnos se conoce como *postura de las siete características de*

Vairochana porque fue bendecida por este Buda, que, por lo general, aparece representado en esta posición. Si nos familiarizamos con ella, crearemos la causa para alcanzar el estado de Buda Vairochana. El gran yogui y traductor Marpa era famoso por su profunda concentración. Este maestro dominaba la postura de las siete características y, en cierta ocasión, dijo: «Aunque se reunieran las buenas cualidades de todos los grandes meditadores tibetanos, no se podrían comparar con mi postura de meditación». Esto no lo dijo por orgullo, sino para hacer hincapié en la importancia de adoptar esta postura en la práctica del tantra. Conociendo las ventajas de esta postura, debemos pedir a un practicante con experiencia que nos la enseñe y acostumbrarnos a ella, puesto que es la más estable.

Lo primero que debemos hacer después de adoptar una postura correcta es fijarnos en nuestra motivación: el estado mental con el que comenzamos la meditación. Si descubrimos que nuestra mente está llena de distracciones, hemos de intentar disiparlas. Podemos reducir el apego, el odio o cualquier otra perturbación mental con la siguiente meditación en la respiración. Primero, respiramos con normalidad por la nariz, en silencio y de manera pausada, y mentalmente contamos cada ciclo de aspiración y espiración. (Si lo deseamos, también podemos imaginar todas las acciones perjudiciales que hemos cometido y nuestras perturbaciones mentales en forma de humo negro y denso, que abandona nuestra mente al exhalar y desaparece por completo en la lejanía. Cuando aspiramos, visualizamos que las bendiciones de los Budas entran por nuestros orificios nasales en el aspecto de luz blanca, que se disuelve en nuestro cuerpo y nos llena de inspiración. Sin embargo, no es imprescindible realizar esta visualización y podemos omitirla o practicarla según lo consideremos oportuno.) Entonces, seguimos respirando de esta manera hasta completar veintiún ciclos. Si esto no bastara para calmar nuestra mente, podemos repetir el proceso hasta que consigamos reducir las perturbaciones mentales. Cuando nuestra mente esté libre de distracciones, podemos empezar a buscar el objeto de la permanencia apacible, que puede ser una Deidad visualizada, una sílaba semilla, la mente de renuncia, de amor, etcétera.

Es importante eliminar los pensamientos conceptuales durante la meditación. Para meditar de manera correcta, debemos impedir que la mente se distraiga e intentar que permanezca enfocada en el objeto de meditación. Si no tenemos un objeto de meditación, nuestra mente será como un pájaro que no encuentra dónde aterrizar. Y si tenemos un objeto, pero nuestra mente vaga de un sitio a otro, será como un pájaro que después de aterrizar en un lugar no puede permanecer en él. Por lo tanto, debemos abandonar las distracciones mentales practicando la meditación en la respiración que se ha descrito.

Cuando hayamos pacificado las distracciones burdas, hemos de enfocar nuestra mente en el objeto que hayamos elegido para la meditación en la permanencia apacible. Por ejemplo, podemos desarrollar nuestra concentración utilizando la figura de una Deidad. Si elegimos la forma de Buda Shakyamuni, debemos conseguir una imagen, estatua o pintura que tenga las proporciones correctas y examinar todos sus detalles de arriba a abajo. Cuando nos hayamos familiarizado con el aspecto general de Buda y podamos visualizarlo, habremos encontrado el objeto de meditación. Debemos sostener este objeto, la imagen visualizada, con comodidad, sin aflojarlo ni apretarlo demasiado. Cuando podamos enfocar nuestra mente de manera correcta en el objeto, habremos alcanzado la primera permanencia mental que describiremos a continuación. Luego, hemos de continuar practicando de este modo, y cuando logremos sostener el objeto durante unos cinco minutos, habremos alcanzado la segunda de las nueve permanencias mentales.

Al principio de nuestra práctica debemos esforzarnos por alcanzar estos dos niveles de manera correcta, puesto que son el fundamento para acceder a los niveles restantes. Las siguientes instrucciones muestran la relación entre las nueve permanencias mentales y cómo alcanzarlas, y han sido extraídas de los comentarios de Buda Maitreya y del Bodhisatva Asanga.

LA NUEVE PERMANENCIAS MENTALES

1. Emplazamiento de la mente. Como ya se ha mencionado, el nivel de concentración denominado *emplazamiento de la mente* consiste en encontrar el objeto de meditación y enfocar nuestra mente en él, aunque no podamos mantenerlo durante mucho tiempo. Esta etapa inicial se alcanza como resultado del poder de la escucha, es decir, de escuchar o leer las instrucciones sobre la meditación en la permanencia apacible. Gracias al poder de escuchar estas instrucciones impartidas por nuestro Guía Espiritual, podemos enfocar nuestra mente en un objeto de meditación. En este nivel, debemos reconocer la multitud de pensamientos conceptuales que aparecen en nuestra mente.

2. Emplazamiento continuo. Si seguimos familiarizándonos con la práctica de la primera permanencia mental, alcanzaremos la segunda. Cuando podamos mantener el objeto durante unos cinco minutos, lo habremos conseguido. El poder que utilizamos para lograr este nivel de concentración es el de reflexionar sobre las enseñanzas que hemos escuchado. En esta etapa somos capaces de pacificar algunas perturbaciones mentales, y otras, cuando surgen, no son tan activas y parece como si se fueran a desvanecer.

El practicante que ha alcanzado estas dos permanencias mentales todavía tiene más distracciones que poder de concentración, por lo que debe esforzarse por abandonarlas y mantener el objeto de meditación con mayor intensidad. Por lo tanto, el tipo de atención que utiliza se denomina *atención forzada*.

3. Reemplazamiento. En la segunda permanencia mental, cuando perdemos el objeto, no podemos recuperarlo de inmediato. Sin embargo, en la tercera etapa, cuando la mente se distrae, somos capaces de recuperar enseguida el objeto. En esta etapa y en la cuarta utilizamos la retentiva fuerte.

4. Emplazamiento cercano. Cuando alcanzamos la cuarta permanencia mental, nuestra retentiva es tan poderosa que durante toda la sesión de meditación no olvidamos el objeto. En este nivel de concentración completamos el poder de nuestra retentiva.

5. Control. En la cuarta permanencia mental, el poder de nuestra retentiva puede causar que la mente se absorba demasiado y corremos el riesgo de experimentar hundimiento mental. Por lo tanto, en la quinta etapa aplicamos el poder de la vigilancia mental para elevar la mente. En este nivel de concentración no hay peligro de experimentar el hundimiento mental burdo.

CONCENTRACIÓN

6. Pacificación. En la etapa anterior, si el meditador eleva demasiado su mente, corre el riesgo de experimentar la excitación mental sutil. No obstante, puede contrarrestarla con el poder de la vigilancia mental, que completa en la sexta etapa. En esta última, ni el hundimiento mental burdo ni el sutil perturban su mente mientras está concentrada en el objeto de meditación.

7. Pacificación completa. Debido a que el meditador ha perfeccionado los poderes de la retentiva y la vigilancia mental, su mente ha logrado un estado de equilibrio. No está ni demasiado elevada como resultado de contrarrestar el hundimiento mental, ni demasiado absorta como resultado de contrarrestar la excitación mental. Aunque ya no corre el riesgo de encontrarse con estos dos obstáculos, todavía es posible que genere hundimiento mental o excitación sutiles. No obstante, el meditador puede contrarrestar estos obstáculos sutiles con el poder del esfuerzo.

A partir de la tercera permanencia mental adquirimos una poderosa concentración, pero hasta la séptima todavía experimentamos hundimiento y excitación mentales. Por lo tanto, la clase de atención que empleamos se denomina *atención interrumpida*. Como se expone en el apartado siguiente, es muy importante que sepamos reconocer las formas burdas y sutiles de hundimiento y excitación mentales, distinguirlas y aplicar los oponentes apropiados.

8. Convergencia. En esta etapa, con poco esfuerzo podemos mantener nuestra concentración en el objeto durante toda la sesión de meditación, sin peligro de experimentar hundimiento o excitación mentales. La concentración que hemos alcanzado se denomina *convergencia de la mente* y, debido a que podemos permanecer enfocados en el objeto sin vacilaciones, nuestra atención es ininterrumpida. Tanto la séptima permanencia mental como la octava se alcanzan con el poder del esfuerzo.

9. Emplazamiento estabilizado. En los niveles de concentración anteriores empleamos esfuerzo para emplazar la mente en el objeto de meditación. No obstante, en esta última etapa no necesitamos este esfuerzo, puesto que podemos mantener la mente enfocada en su objeto durante tanto tiempo como deseemos. Este nivel de concentración se alcanza aplicando el poder de la familiaridad completa, y la atención que empleamos se denomina *atención espontánea*.

Cuando hayamos alcanzado la novena permanencia mental, podremos realizar acciones virtuosas sin esfuerzo durante tanto tiempo como deseemos. Durante este tiempo, todos los problemas, obstáculos y somnolencia desaparecerán. Alcanzamos un estado continuo de flexibilidad mental en el que nuestro cuerpo se llena de energía beneficiosa. Esta energía elimina los obstáculos físicos y la sensación de pesadez e incomodidad que nos impide practicar el Dharma de manera continua. Como resultado, alcanzamos una gran flexibilidad física y nuestro cuerpo se siente ligero, como si fuera de algodón. Esto nos conduce al logro de un gran gozo físico y adquirimos la habilidad de no percibir, durante la sesión de meditación, otro objeto que no sea el que hayamos elegido. Sentimos como si nuestro cuerpo se hubiera disuelto por completo en el objeto de meditación.

Cuando sentimos que nuestro cuerpo se disuelve de este modo, alcanzamos una gran flexibilidad mental. En ese momento, debido a la intensidad de nuestro gozo, parece como si fuéramos a perder el objeto de meditación. Debido a que es nuestra primera experiencia de este gozo especial, que aumenta la vibración de nuestra mente, sentimos como si no pudiésemos mantener la mente enfocada en su objeto. Como resultado, nuestra sensación de gozo disminuye un poco, pero esto no es un defecto, puesto que a continuación experimentaremos el gozo inmutable de la concentración, denominado *flexibilidad inmutable*. Cuando sentimos esta flexibilidad mental, alcanzamos el estado de la permanencia apacible o *samatha* en sánscrito.

Después de alcanzar la permanencia apacible, podemos seguir el camino mundano o el supramundano. Si solo estamos interesados en adquirir clarividencia y poderes sobrenaturales, renacer como un dios (sáns. *deva*) en el reino de la forma o en el inmaterial, etcétera, podemos seguir el camino mundano. No obstante, si nuestro deseo principal es alcanzar la iluminación y, por lo tanto, utilizar el poder de nuestra permanencia apacible para cultivar la renuncia y la bodhichita, y alcanzar la visión superior de la naturaleza verdadera de la realidad, debemos seguir el camino supramundano, que nos conducirá a la iluminación.

Para progresar a lo largo de las nueve etapas de permanencia mental y alcanzar la permanencia apacible, hemos de superar ciertos obstáculos con la aplicación de sus poderes oponentes. A continuación, se describen estos obstáculos y la manera de contrarrestarlos.

LOS CINCO OBSTÁCULOS QUE HEMOS DE ABANDONAR

1. La pereza. La pereza es el mayor obstáculo para la meditación y la razón principal de que no hayamos alcanzado todavía la permanencia apacible. En este contexto, la pereza es la mente que piensa que practicar la meditación es demasiado difícil. Nos resistimos a hacerlo y nos desagrada meditar de manera convergente. Debido este obstáculo, ni siquiera intentamos adiestrarnos en la permanencia apacible, por lo que perdemos la oportunidad de alcanzar este estado.

2. El olvido. Se refiere a perder el objeto de meditación cuando intentamos concentrarnos en él y a no poder recordar las instrucciones que hemos recibido de nuestro Guía Espiritual.

3. La excitación y el hundimiento mentales. Hay dos clases de excitación mental: burda y sutil. La excitación mental burda ocurre cuando la mente vaga hacia un objeto de apego y, como resultado, pierde el objeto de meditación. (Cuando la mente se distrae con un objeto que no sea de apego, se denomina *divagación mental*). La excitación mental sutil sucede cuando solo una parte de la mente se distrae con un objeto de apego, por lo que no pierde por completo el objeto de meditación.

El hundimiento mental puede ser también de dos clases: burdo y sutil. El burdo se produce cuando sostenemos el objeto de meditación con la soga de la retentiva. Si nuestra concentración convergente es firme, pero disminuyen su claridad e intensidad en gran medida, caemos bajo la influencia del hundimiento mental burdo. El sutil ocurre cuando nuestra concentración y su claridad son firmes, pero la intensidad solo disminuye ligeramente. Por lo general, el hundimiento mental surge cuando estamos concentrados en el objeto de meditación y, debido a las distracciones, disminuye la claridad o intensidad de nuestra concentración.

A menudo es difícil reconocer el hundimiento mental. Como resultado, corremos el riesgo de confundirlo, sobre todo en su forma sutil, con un estado de concentración profunda. Si no sabemos distinguir entre un estado de concentración puro y uno contaminado por el hundimiento mental, no podremos alcanzar la permanencia apacible y tendremos problemas durante la meditación. Algunas personas piensan que el hundimiento mental es lo mismo que la somnolencia, pero, en realidad, esta última es la causa del primero. La somnolencia es una pesadez física y mental que nos produce adormecimiento, y también una forma de ignorancia.

4. La falta de aplicación. En una misma sesión de meditación pueden surgir las diferentes clases de excitación y hundimiento mentales una y otra vez. Si cuando esto ocurre no aplicamos los oponentes apropiados, caeremos en la falta de aplicación. Permitir que surjan los obstáculos contra la meditación sin contrarrestarlos es lo mismo que dejar que un ladrón entre en nuestra casa y nos robe. El hundimiento y la excitación mentales son los ladrones que roban las riquezas de la permanencia apacible. Si no aplicamos los oponentes apropiados para contrarrestarlos, seremos siempre espiritualmente pobres.

5. La aplicación innecesaria. Durante las sesiones de meditación, hay momentos en que no corremos el riesgo de generar hundimiento o excitación mentales. Si entonces seguimos aplicando sus oponentes, caemos en la falta de la aplicación innecesaria. Esta clase de aplicación interrumpirá nuestra concentración convergente. Es como una madre que castiga a su hija aunque la obedezca. De este modo, lo único que conseguirá es reducir el amor que su hija siente por ella.

Estos cinco obstáculos se eliminan aplicando los siguientes ocho oponentes.

Los ocho oponentes contra los cinco obstáculos

1. Fe. Es una actitud mental que disfruta de meditar en la permanencia apacible y se genera contemplando una y otra vez los beneficios de alcanzar este estado ya mencionados.

2. Aspiración. Es la intención sincera, que surge de la fe, de alcanzar la permanencia apacible.

3. Esfuerzo. Surge de la aspiración y nos anima a esforzarnos con entusiasmo y perseverancia por alcanzar la permanencia apacible.

CONCENTRACIÓN

4. Flexibilidad. Es la ligereza física y mental que obtenemos como resultado del esfuerzo. Los cuatro primeros oponentes eliminan el obstáculo de la pereza.

5. Retentiva. Es el factor mental que impide que la mente se olvide de su objeto de meditación y que le permite sostenerlo de manera continua. Es el oponente contra el obstáculo de olvidar las instrucciones que hemos recibido y de perder el objeto de meditación.

6. Vigilancia mental. Es un aspecto de la sabiduría que actúa como un espía, observando la mente para comprobar si surgen obstáculos para la concentración. Elimina el hundimiento y la excitación mentales al reconocer estos obstáculos en cuanto aparecen e impulsa la aplicación de los oponentes.

Debemos utilizar la vigilancia mental con destreza. Si no la aplicamos nunca, no podremos reconocer los obstáculos que interrumpen nuestra concentración, pero si la aplicamos demasiado, interferirá en su convergencia. Por lo tanto, debemos utilizarla justo en la medida necesaria. La analogía siguiente nos muestra la manera correcta de hacerlo. Si andamos por un camino con alguien que sospechamos que desea matarnos, pondremos parte de nuestra atención en el camino y la otra parte en nuestro posible enemigo. De igual manera, cuando practicamos la concentración, nuestra mente ha de concentrarse sobre todo en el objeto de meditación, pero una parte de ella debe estar alerta para detectar la presencia de los obstáculos de la excitación y el hundimiento mentales.

7. Aplicación. Cuando el espía de la vigilancia mental reconoce los enemigos de la excitación y el hundimiento mentales, lo comunica al general de la aplicación para que ordene a su ejército de fuerzas oponentes que los ataque. El modo de utilizar este ejército de oponentes depende de los obstáculos que tengamos que eliminar.

a) Cuando aparezca el *hundimiento mental sutil*, hemos de aumentar la intensidad de nuestra concentración, pero debemos hacerlo con destreza y precisión, como si afináramos una guitarra. Si intensificamos demasiado la concentración, corremos el riesgo de que surja la excitación mental, y si la relajamos demasiado, de que aparezca el hundimiento mental burdo.

b) Si aparece el *hundimiento mental burdo*, debemos elevar y refrescar la mente. Por ejemplo, si estamos meditando en la imagen visualizada de Buda Shakyamuni y generamos hundimiento mental burdo, hemos de poner más atención en sus detalles. Si esto no nos ayuda a mejorar nuestra concentración, debemos abandonar temporalmente el objeto de meditación, mirar a nuestro alrededor, sobre todo a objetos luminosos o donde se refleje la luz del sol, y meditar en temas como nuestro precioso renacimiento humano y los beneficios de la permanencia apacible. Si con estos métodos tampoco conseguimos refrescar la mente, podemos aplicar otra técnica más poderosa. Primero visualizamos nuestra mente como una pequeña esfera de luz blanca en el corazón. Entonces, recitamos con firmeza la sílaba PHE al mismo tiempo que imaginamos que esta esfera sale disparada hacia arriba por nuestra coronilla. Nuestra mente, en el aspecto de esta luz blanca, se eleva en el espacio y se funde con él de manera inseparable. Esta técnica es muy eficaz para dar energía a la mente y contrarrestar el hundimiento mental burdo.

c) Si surge la *excitación mental sutil*, es porque estamos sosteniendo el objeto con demasiada intensidad. Por lo tanto, hemos de reducirla ligeramente y continuar con la meditación. Si no conseguimos eliminar este obstáculo y perdemos el objeto por completo, aparecerá la excitación mental burda.

d) Si entonces surge la *excitación mental burda*, debemos calmar la mente meditando en la impermanencia y la muerte, en las desventajas del samsara, etcétera, para sentir decepción por la naturaleza insatisfactoria del samsara. Si esto no nos ayuda, podemos meditar en la respiración como se ha descrito con anterioridad hasta que nuestra mente se calme y se pacifiquen las distracciones burdas. Luego, podemos recordar el objeto de meditación y continuar nuestra práctica.

8. Falta de aplicación. Si no hay peligro de que surjan la excitación ni el hundimiento mentales y nuestra concentración

CONCENTRACIÓN

es correcta, no hemos de aplicar ninguno de los oponentes. Es suficiente con mantener la concentración, puesto que si aplicamos cualquier oponente, la interrumpiremos.

Es importante estudiar los métodos para alcanzar la permanencia apacible con la ayuda de un Guía Espiritual cualificado. Luego, debemos completar las seis condiciones, encontrar un lugar retirado, adoptar la postura de las siete características de Vairochana y generar una motivación pura. Después, hemos de superar los cinco obstáculos aplicando los ocho oponentes e ir alcanzando cada una de las nueve permanencias mentales con la ayuda de los seis poderes y las cuatro atenciones. En resumen, debemos poner en práctica las instrucciones recibidas.

Las condiciones para alcanzar la permanencia apacible no son fáciles de reunir. Hoy día resulta difícil encontrar un lugar apropiado para practicar la meditación y suficiente tiempo libre, seis meses o más, para dedicarlo a esta práctica. Sin embargo, esto no significa que debamos abandonar la práctica de la concentración. No debemos preocuparnos si no logramos reunir las seis condiciones necesarias ni esperar alcanzar las permanencias mentales más elevadas de inmediato, sino esforzarnos por encontrar el objeto de meditación y enfocar nuestra mente en él. En nuestras prácticas diarias podemos adiestrarnos en alcanzar las dos primeras permanencias mentales e intentar sostener el objeto de meditación durante períodos de tiempo cada vez más largos. Cuando hayamos alcanzado la segunda permanencia mental, podremos comenzar a reunir las condiciones necesarias para realizar un retiro estricto. De este modo, cuando llegue el momento, tendremos más posibilidades de alcanzar la permanencia apacible.

APLICACIÓN DE LA PERMANENCIA APACIBLE A LA MEDITACIÓN DE IGUALARSE UNO MISMO CON LOS DEMÁS Y CAMBIARNOS POR ELLOS

Este apartado se divide en dos partes:

1. Cómo meditar en igualarse uno mismo con los demás.
2. Cómo cambiarse uno mismo por los demás.

TESORO DE CONTEMPLACIÓN

CÓMO MEDITAR EN IGUALARSE UNO MISMO CON LOS DEMÁS

Se presenta en cinco apartados:

1. Introducción a la meditación.
2. El significado de igualarse uno mismo con los demás.
3. Meditación en sí de igualarse uno mismo con los demás.
4. Beneficios de meditar en igualarse uno mismo con los demás.
5. Habilidad para desarrollar la mente con esta meditación.

INTRODUCCIÓN A LA MEDITACIÓN

[89] Después de haber contemplado los beneficios de la vida en soledad como se ha descrito, debemos retirarnos a un lugar aislado, renunciar a las preocupaciones mundanas y generar la motivación de bodhichita. [90] Lo primero que debemos hacer es meditar en igualarnos con los demás. Para ello, hemos de reconocer que al igual que nosotros deseamos ser felices y evitar el sufrimiento, los demás lo desean también, por lo que debemos protegerlos tanto como a nosotros mismos. Del mismo modo que nos estimamos a nosotros mismos, hemos de estimar también a los demás comprendiendo que en este sentido todos somos iguales.

EL SIGNIFICADO DE IGUALARSE UNO MISMO CON LOS DEMÁS

¿Qué significa que somos iguales que los demás? La siguiente analogía nos ayudará a contestar a esta pregunta. [91] El cuerpo tiene varias partes, como los brazos, las piernas, etcétera, y las estimamos y protegemos por igual. Del mismo modo, aunque en el universo habitan diferentes clases de seres, como los dioses, los seres humanos, los animales, etcétera, todos desean ser felices tanto como nosotros. Por lo tanto, debemos estimarlos y protegerlos al igual que nos protegemos a nosotros mismos. En este sentido, no hay diferencia entre nosotros. La felicidad y el sufrimiento de los demás no son diferentes de los nuestros. Si meditamos sobre esto y generamos la mente que desea que los demás sean felices y se liberen del sufrimiento al igual que lo deseamos para nosotros, estamos igualándonos con los demás.

Esta mente bondadosa es un tesoro incomparable que pocos seres poseen. En estos momentos disponemos de las condiciones necesarias para cultivar esta preciosa mente. Si ni siquiera los reyes, que disfrutan de respeto y una posición elevada, ni Indra o Brahma, los seres celestiales más elevados, la poseen, ¿cómo van a disponer de ella los seres ordinarios?

MEDITACIÓN EN SÍ DE IGUALARSE UNO MISMO CON LOS DEMÁS

Igualarse uno mismo con los demás no es una actitud habitual porque contradice la manera egoísta en que estamos acostumbrados a relacionarnos con ellos. Por lo tanto, es normal que nos resistamos a la posibilidad de actuar de manera altruista. De nuevo, Shantideva se anticipa a estas objeciones y las refuta.

El sufrimiento que experimento no perjudica a los demás y el suyo no me perjudica a mí. Por lo tanto, ¿por qué debo eliminar el sufrimiento de los demás del mismo modo que intento evitar el mío? En realidad, solo debo preocuparme de solucionar mis propios problemas.

[92] Aunque es cierto que nuestro sufrimiento no perjudica a los demás, y viceversa, el que padecen los demás no es diferente del nuestro. Cuando nos cortamos con un objeto afilado, sentimos dolor y pensamos: «Es mi sufrimiento», solo porque estimamos nuestro cuerpo y no podemos soportar que sufra. [93] Del mismo modo, si estimáramos a los demás al igual que nos estimamos a nosotros, tampoco podríamos soportar que sufran. [94] Si lo analizamos con detenimiento, comprenderemos que es necesario eliminar el sufrimiento de los demás del mismo modo que evitamos el nuestro y ofrecerles la felicidad que nosotros mismos deseamos. En realidad, todos somos seres sintientes y queremos evitar el sufrimiento.

Para aquellos que no conocen las enseñanzas de Dharma y, en particular, los razonamientos lógicos que las acompañan, la práctica de igualarse uno mismo con los demás puede parecer extraña y es normal que piensen así. Estas enseñanzas están basadas en la experiencia de Bodhisatvas con elevadas realizaciones y en razonamientos lógicos. Por lo tanto, no es algo que pueda comprenderse fácilmente sin un adiestramiento mental. Aquel que tenga un deseo sincero de estudiar estas enseñanzas, debe permanecer bajo la tutela de un Guía Espiritual cualificado y someterse a un adiestramiento gradual para adquirir una experiencia directa de la verdad contenida en ellas.

¿Por qué no podemos aceptar que el sufrimiento de los demás es igual que el nuestro? El obstáculo principal que nos impide hacerlo es nuestro hábito arraigado de aferrarnos a nuestro yo identificándolo con nuestro cuerpo y pensar que los otros cuerpos son los demás. Como resultado, nos aferramos a estas apariencias como si fueran verdaderas y, por ello, nos resulta difícil escuchar enseñanzas sobre la práctica de cambiarse uno mismo por los demás.

Debemos hacernos la siguiente pregunta: «¿El yo y los demás son tan diferentes como parecen?». Analicemos esta cuestión. El color amarillo y el color azul son siempre diferentes. Es imposible que una percepción clara del color azul sea una percepción clara del color amarillo. Cuando nuestra consciencia visual percibe uno, no puede percibir el otro, esto es evidente. Sin embargo, no ocurre lo mismo con el yo y los demás, puesto que no son tan distintos como parecen. A pesar de ello, nos aferramos con intensidad a nuestro yo en relación con nosotros mismos y ponemos la etiqueta *otros* a todos aquellos que no somos nosotros. Debido a que nos empeñamos en hacer esta distinción entre lo que es nuestro y lo que no lo es, permanecemos atrapados en el samsara. ¿Por qué? Porque a causa de nuestro discernimiento erróneo, generamos celos, apego, odio y otras perturbaciones mentales que nos impulsan a crear karma negativo cuyo resultado es sufrimiento e insatisfacción.

Si lo analizamos con detenimiento, nos daremos cuenta de que los términos *yo* y *los demás* no se relacionan entre sí al igual que los términos *amarillo* y *azul*, sino como *esta montaña* y *aquella montaña*. Si subimos a una montaña que se encuentra en el este, nos referiremos a ella como *esta montaña* y a la que está en el oeste como *aquella montaña*; pero si luego descendemos de ella y subimos la que se encuentra en el oeste, nos referiremos a esta última como *esta montaña*, y a la del este, como *aquella*. Esto plantea varias cuestiones. ¿Es la montaña del este ambas, *esta montaña* y *aquella*? Si lo es, lo mismo se puede decir acerca de la montaña del oeste. Además, si las dos montañas son siempre diferentes, ¿cuál es verdaderamente *esta montaña* y cuál es verdaderamente *aquella*? Estos términos son relativos y dependen

CONCENTRACIÓN

del lugar en que nos encontremos. Este mismo razonamiento podemos aplicarlo a los términos *yo* y *los demás*.

Los términos *yo* y *los demás* pueden compararse con los términos *alto* y *bajo*. Por ejemplo, un niño de ocho años es al mismo tiempo alto y bajo. Si lo comparamos con un niño de tres años, es alto, pero si lo hacemos con un hombre de veinte años, es bajo. Por lo tanto, no podemos decir que siempre sea lo uno o lo otro. *Alto* y *bajo* no son siempre fenómenos diferentes del mismo modo que lo son el color amarillo y el azul. De igual modo, *yo* y *los demás* no son siempre diferentes como los son dos colores distintos. Es un error aferrarse a esta concepción errónea.

Si analizamos estos ejemplos y otros razonamientos lógicos, y reflexionamos sobre las desventajas de nuestra actitud egoísta y los beneficios de estimar a los demás, podremos practicar la meditación de igualarnos con los demás y cambiarnos realmente por ellos. No obstante, si no preparamos nuestra mente de este modo, nos resultará difícil, si no imposible, obtener resultados en esta práctica. Puesto que la capacidad para generar la preciosa mente de bodhichita depende de reconocer la igualdad de estos dos objetos que normalmente nos parecen diferentes, debemos poner esfuerzo en este adiestramiento.

[95] Nosotros y los demás somos iguales en el sentido de que todos deseamos ser felices. Por lo tanto, ¿por qué nos consideramos tan especiales que solo nos interesamos por nuestra propia felicidad? [96] Además, puesto que nosotros y los demás somos iguales en que deseamos liberarnos del sufrimiento, ¿por qué nos esforzamos solo por eliminar nuestro propio sufrimiento?

[97] *Como ya he mencionado antes, no tengo ningún motivo para proteger a los demás de su sufrimiento, puesto que no me perjudica ni me atañe.*

Pero, entonces, ¿por qué nos esforzamos por evitar enfermedades que podemos padecer en la vejez o incluso molestias que podemos experimentar mañana o pasado mañana? Estos sufrimientos no nos afectan hoy.

[98] *Pero si ahora no hago algo para evitar este sufrimiento, lo tendré que experimentar en el futuro.*

Esta manera de pensar es errónea. El yo de esta vida no puede experimentar el sufrimiento de las vidas futuras. Esta vida y las futuras son completamente distintas. Lo mismo se puede decir con respecto al sufrimiento futuro. No es correcto pensar que el sufrimiento que vamos a padecer mañana lo puede experimentar el yo de hoy. ¿Por qué? Porque mañana, el yo de hoy habrá cesado. Cuando nos encontramos con una persona que no habíamos visto desde hacía un año, pensamos que es la misma que la de hoy, pero aferrarnos a la permanencia de este modo es una concepción errónea.

[99] *Pero estarás de acuerdo conmigo en que cada persona debe librarse de su propio sufrimiento. No sería lógico que los demás lo hicieran por ella.*

¿Acaso no nos quitamos un pincho del pie con la mano? Según este razonamiento, debido a que la mano no experimenta el sufrimiento del pie, no tendría por qué ayudarlo.

Sigo pensando que no tengo necesidad de aliviar el sufrimiento de los demás porque no estoy relacionado con ellos. Sin embargo, esto no se puede aplicar a tus ejemplos. [100] *Es apropiado aliviar el sufrimiento de nuestro pie y el de nuestras vidas futuras porque nos aferramos a ellos como el sufrimiento «de mi pie» y «de mis vidas futuras».*

No hay nada que justifique el aferramiento a la existencia independiente del yo y a la de los demás. Debemos dejar de aferrarnos a la existencia independiente porque es la causa principal de que sigamos sufriendo en la prisión del samsara desde tiempo sin principio.

La razón por la que afirmo que debo aliviar el dolor de mi pie con la mano y evitar ahora el sufrimiento de mis vidas futuras, es que tanto mi pie y mi mano como mi yo presente y futuro pertenecen, respectivamente, a un mismo conjunto y continuo, mientras que el yo y los demás no.

[101] Sin embargo, no existe un conjunto o continuo propio e independiente tal y como sugieres. Un conjunto está formado por varias partes sobre las que designamos *conjunto*. De igual manera, un continuo consiste en varios momentos anteriores y posteriores sobre los que designamos *continuo*. Por ejemplo, un rosario es un conjunto de ciento ocho cuentas y un cordón sobre

CONCENTRACIÓN

el cual designamos *rosario*. Del mismo modo, podemos designar *guerra* sobre un grupo de soldados que están luchando.

Por lo general, nos aferramos con intensidad a la existencia propia e independiente de los fenómenos y, por ejemplo, decimos: «Mi rosario» cuando, en realidad, no existe un rosario independiente. Este es designado por nuestra mente sobre sus partes. Si analizamos el conjunto de sus partes e intentamos encontrar entre ellas un rosario verdadero, no lo conseguiremos. De igual manera, no podremos encontrar una guerra verdadera, con existencia propia e independiente, por mucho que busquemos entre los soldados.

[102] No es posible encontrar un poseedor de sufrimiento con existencia propia e independiente. Además, el sufrimiento mismo tampoco tiene existencia propia. Por lo tanto, ¿quién lo controla?, ¿quién lo posee? Aunque ni la persona ni el sufrimiento que padece tienen existencia propia, debemos intentar aliviar ese sufrimiento que existe por designación. Y puesto que no hay un yo con existencia inherente que posea el sufrimiento, tampoco hay diferencia entre el sufrimiento propio y el de los demás. Ambos son reales por designación y hemos de aliviarlos por el mero hecho de que son dolorosos.

Si el yo y los demás carecen de existencia propia, no hay razón para diferenciarlos con tanta claridad. ¿De qué nos sirve aferrarnos a nuestra existencia propia y a la de los demás basándonos en esta visión errónea, y pensar que debemos eliminar nuestro sufrimiento, pero no el de los demás? [103] ¿Cómo podemos afirmar que no tenemos por qué ayudarlos? Si deseamos acabar con el sufrimiento, hemos de eliminar tanto el nuestro como el suyo. En cambio, si no tenemos interés en hacerlo, tampoco deberíamos esforzarnos por eliminar el nuestro.

[104-105] *Estimar a los demás tanto como a mí mismo es demasiado pesado. Los demás experimentan innumerables sufrimientos. ¿Por qué tengo que soportar más sufrimiento del que ya padezco?*

Si el Bodhisatva ha de sacrificarse para ayudar a los demás, lo hará complacido. El bondadoso Bodhisatva hará lo posible por beneficiarse a sí mismo y a los demás. Sin embargo, no debemos pensar que sus prácticas le causan sufrimiento. Cuando ayuda a alguien, su propia compasión lo protege del dolor y acepta las dificultades con paciencia. Su verdadero deseo es trabajar en todo momento por el beneficio de los demás.

A continuación, se relata una historia en la que se ilustra cómo un Bodhisatva puede enfrentarse con grandes dificultades con alegría. [106] En tiempos del Tathagata Ratna Padmachandra, un Buda del pasado, había un monje Bodhisatva llamado Supushpachandra. En cierta ocasión, este monje junto con otros siete mil Bodhisatvas practicaban la meditación en un bosque llamado Samantabhadra. Con sus poderes de clarividencia, Supushpachandra pudo ver que si se marchaba al reino del rey Viradata y enseñaba el Dharma a sus habitantes, diez mil personas alcanzarían la iluminación, aunque el rey Viradata finalmente lo mataría. Entonces, anunció a los demás Bodhisatvas que iba a viajar a aquel lugar aunque fuera a perder la vida. Sus compañeros le suplicaron: «Por favor, no te vayas, quédate con nosotros y conserva tu vida, piensa en el bienestar de todos los seres sintientes y no solo en el de diez mil personas». Sin embargo, Supushpachandra no los escuchó y partió hacia aquel reino para enseñar el Dharma a sus habitantes y conducirlos a la liberación y la iluminación. Al cabo de un tiempo, como él mismo había predicho, el rey, celoso de la influencia que estaba ejerciendo sobre sus súbditos, ordenó matarlo. No obstante, el Bodhisatva deseaba tanto eliminar el sufrimiento de los demás que sacrificó su vida por ello. Puesto que había alcanzado la realización de igualarse con los demás, pudo realizar esta acción tan compasiva.

BENEFICIOS DE MEDITAR EN IGUALARSE UNO MISMO CON LOS DEMÁS

[107] Puesto que el valiente Bodhisatva está familiarizado con la meditación de igualarse con los demás, se deleita en aliviar su sufrimiento. Al igual que el ganso salvaje se zambulle con placer en un hermoso lago lleno de flores de loto, el Bodhisatva se arrojará a los fuegos ardientes de los infiernos si con ello puede beneficiar a un solo ser. Su inamovible fuerza interior proviene de su meditación de igualarse con los demás. El Bodhisatva los ayuda a liberarse de su sufrimiento según la capacidad de cada uno de ellos. Aunque ni los Budas ni los Bodhisatvas pueden eliminar el sufrimiento de los demás como si de quitar un pincho del pie se tratara, están dispuestos a hacer

lo posible, incluso perder la vida, para conducirlos por el camino que lleva a la cesación completa del sufrimiento. Si gracias a su esfuerzo logran rescatar a un solo ser sintiente del océano del samsara, se alegrarán aunque hayan tenido que hacer un gran sacrificio. [108] El deseo supremo del Bodhisatva es ayudar a los demás.

Para él no tiene sentido buscar solo su propia liberación. [109] Cuando realiza acciones virtuosas para liberar a los demás, lo hace sin orgullo ni arrogancia, de manera incondicional y sin esperar nada a cambio. Por ejemplo, si practica la generosidad, dedica sus méritos por el beneficio de los demás, y lo mismo hace con cualquier otro adiestramiento de Dharma. El Bodhisatva carece de interés por sí mismo y realiza todas sus acciones por el beneficio de los demás. Su fuerza interior para realizar estas acciones de amor y compasión proviene de su meditación de igualarse con los demás.

Si meditamos de manera correcta en igualarnos con los demás, podremos sustituir nuestra estimación propia por la actitud altruista de estimar a los demás. Entonces, generaremos la preciosa mente de bodhichita y alcanzaremos la iluminación con rapidez. Si contemplamos las numerosas ventajas de meditar en igualarnos con los demás, llegaremos a la siguiente conclusión:

«Al igual que me protejo de lo que me resulta desagradable, por pequeño que sea, debo proteger también a los demás con afecto y compasión». [110]

HABILIDAD PARA DESARROLLAR LA MENTE CON ESTA MEDITACIÓN

Es posible que tengamos dudas sobre la eficacia de estas prácticas altruistas y pensemos: «No soy capaz de identificarme con el cuerpo de los demás. ¿Cómo voy a pensar que los ojos de otra persona son los míos? ¿Cómo voy a considerar que el sufrimiento de los demás es tan importante como el mío? ¿Cómo puedo desear que los demás sean tan felices como yo? ¡Esto es imposible!».

No debemos culparnos por pensar de este modo, puesto que no hemos practicado el igualarnos con los demás. De momento, estamos tan habituados al aferramiento propio que todas nuestras experiencias están basadas en esta actitud. [111] Nos aferramos a la unión del espermatozoide de nuestro padre y el óvulo de nuestra madre, a partir de los cuales se han desarrollado nuestra carne y huesos, respectivamente, como si formaran un yo con existencia inherente. [112] No obstante, si nos acostumbramos a pensar de manera apropiada, podremos identificarnos con el cuerpo de los demás. En realidad, nuestro cuerpo pertenece a los demás. Como ya se mencionó en el capítulo cuarto, nuestro cuerpo lo hemos tomado prestado de otras personas. Thogme Zsangpo, en *Las treinta y siete prácticas de todos los Bodhisatvas* (tib. *Leglen sodunma*), dice que nuestro cuerpo es como una casa de huéspedes, y nuestra mente, como el viajero que se hospeda en ella durante una temporada. Si el Señor de la Muerte nos visitara ahora, tendríamos que abandonar esta casa y marcharnos solos; pero si nuestro cuerpo realmente nos perteneciera, deberíamos poder llevárnoslo con nosotros al morir, cuando tengamos que dejar atrás este mundo.

[113] Si nos familiarizamos con esta manera de pensar y recordamos las ventajas de estimar a los demás y las desventajas de la estimación propia, nos resultará fácil igualarnos con los demás y cambiar nuestro cuerpo por el suyo. Comprender las desventajas de la estimación propia es un poderoso método para impedir que surja el aferramiento propio. Si luego nos concentramos en las ventajas de estimar a los demás y nos preocupamos por ellos tanto como por nosotros mismos, nuestros problemas desaparecerán. Si recibimos las enseñanzas completas sobre cómo realizar la meditación de igualarnos con los demás de un Guía Espiritual cualificado y nos esforzamos por ponerlas en práctica, sin lugar a dudas alcanzaremos la realización de la bodhichita. Lo único que necesitamos para conseguirlo es una buena motivación y un esfuerzo continuo.

CÓMO CAMBIARSE UNO MISMO POR LOS DEMÁS

Cuando hayamos comprendido que somos iguales que los demás, podremos adiestrarnos en cambiarnos por ellos. Esta práctica se expone en cuatro apartados:

1. Introducción a la práctica de cambiarse uno mismo por los demás.
2. Cómo cambiarse uno mismo por los demás.
3. Cómo completar la práctica de cambiarse uno mismo por los demás por medio del pensamiento.

CONCENTRACIÓN

4. Cómo completar la práctica de cambiarse uno mismo por los demás por medio de acciones.

INTRODUCCIÓN A LA PRÁCTICA DE CAMBIARSE UNO MISMO POR LOS DEMÁS

Después de reconocer que la estimación propia es la raíz del sufrimiento, debemos intentar eliminarla por todos los medios. Y cuando comprendamos que estimar a los demás tanto como a nosotros mismos es la fuente de toda felicidad, hemos de esforzarnos por cultivar esta actitud.

¿Cómo podemos estimar a los innumerables seres sintientes? Acostumbrándonos a ello. Por ejemplo, [114] nuestro cuerpo tiene varias partes y, debido a nuestra familiaridad con ellas, las estimamos por igual. Del mismo modo, si nos habituamos a estimar a todos los seres, los consideraremos como parte de nosotros mismos.

CÓMO CAMBIARSE UNO MISMO POR LOS DEMÁS

Se presenta en cuatro apartados:

1. Cómo familiarizarnos con la actitud de estimar a los demás.
2. Cómo abandonar la estimación propia.
3. Desventajas de la estimación propia y ventajas de estimar a los demás.
4. Resumen.

CÓMO FAMILIARIZARNOS CON LA ACTITUD DE ESTIMAR A LOS DEMÁS

[115] Como ya se ha mencionado, designamos nuestro yo sobre un cuerpo que carece de existencia inherente solo porque estamos habituados a hacerlo. De igual manera, podemos designar este mismo yo sobre la base de los cuerpos de los demás si nos acostumbramos a ello. [116] De este modo, evitaremos el orgullo y la arrogancia aunque trabajemos por el beneficio de los demás. El Bodhisatva se identifica tanto con los demás que los beneficia sin intenciones ocultas. Cuando alimentamos nuestro cuerpo, no esperamos nada a cambio, puesto que pensamos que es natural cuidar de aquello que consideramos nuestro. De igual

manera, el Bodhisatva beneficia a los demás sin esperar retribución alguna, pensando que es lo más apropiado. A medida que nos vayamos adiestrando en el modo de vida del Bodhisatva, haremos por los demás lo mismo que haríamos por nosotros mismos. [117] Al igual que evitamos la más pequeña incomodidad o pérdida de reputación, debemos cultivar una mente afectuosa y compasiva, y esforzarnos por proteger a los demás de su sufrimiento, por pequeño que sea. Los grandes Bodhisatvas han hecho siempre todo lo posible para beneficiar a los demás y protegerlos del sufrimiento. [118] El Bodhisatva Superior Avalokiteshvara, motivado por su gran compasión, bendijo su nombre para que todos los seres puedan disipar sus temores con solo pronunciarlo. Con esta intención, dijo: «Si aquellos que están atemorizados recitan mi nombre tres veces, dejarán de tener miedo». Tanto si la causa de nuestros temores es grave como si es leve, ya sea que tengamos que hablar en público o nos encontremos en medio de una revuelta, esta bendición compasiva será tan eficaz como lo ha sido en el pasado. Este es solo un ejemplo de la manera en que los Bodhisatvas elevados estiman a los demás y desean protegerlos.

Estoy de acuerdo en que sería beneficioso alcanzar la realización de cambiarme por los demás, pero esto es muy difícil de conseguir.

[119] Aunque es cierto que al principio de nuestro adiestramiento espiritual nos puede resultar difícil estimar a los demás, no debemos desanimarnos y abandonar nuestra práctica por esta razón. Si nos adiestramos en ella con perseverancia, sin lugar a dudas generaremos esta mente tan especial. Consideremos el siguiente ejemplo. Es posible que una persona que haya sido nuestro enemigo durante mucho tiempo se convierta de repente en nuestro mejor amigo, de quien no queramos separarnos ni un solo momento. ¿Cuál es la causa de este cambio tan radical? Este cambio se produce como resultado de familiarizarnos con la actitud de estimar a esa persona. Si es posible estimar a nuestro enemigo, no hay duda de que podemos aprender a cambiarnos por los demás.

[120] Si de verdad deseamos liberarnos del océano del samsara y proteger a los demás del sufrimiento, debemos practicar el misterio más sagrado: cambiarse uno mismo por los demás. Estas enseñanzas y las de la vacuidad no son apropiadas para

CONCENTRACIÓN

cualquier persona. Aquellos que no tienen experiencia de Dharma pueden malinterpretar su significado. Por esta razón, Shantideva llamó a la práctica de cambiarse uno mismo por los demás *el misterio sagrado*. Muchos otros grandes maestros del pasado pensaban de igual modo. Atisha mantuvo estas enseñanzas en secreto y solo las impartió a unos cuantos discípulos afortunados. Sin embargo, el gueshe kadampa Chekhaua las impartió más tarde en público y compuso un famoso texto sobre el adiestramiento de la mente donde se expone este misterio sagrado.

El mejor método para cambiarse uno mismo por los demás es reflexionar una y otra vez sobre las desventajas de la estimación propia y las ventajas de estimar a los demás. Como ya se ha mencionado, la causa de nuestro sufrimiento es la estimación propia, mientras que nuestra felicidad proviene de estimar a los demás. Tomemos esta preciosa existencia humana como ejemplo. El gran maestro indio Chandrakirti dice en su *Guía del camino medio* (sáns. *Madhyamakavatara*) que la causa principal de renacer como un ser humano o un dios es practicar la disciplina moral.

¿Cómo practicamos la moralidad en nuestras vidas pasadas para poder disfrutar ahora de esta preciosa existencia humana? Debido a que respetamos la vida de los demás, nos abstuvimos de matar, y puesto que valoramos sus posesiones, nos abstuvimos de robar; puesto que estimamos a otros hombres y a sus mujeres, evitamos mantener relaciones sexuales incorrectas. Gracias a que no deseamos engañar a los demás, perturbarlos o hacerles perder el tiempo, nos abstuvimos de cometer las cuatro acciones verbales perjudiciales: mentir, causar desunión con la palabra, pronunciar palabras ofensivas y chismorrear. Además, puesto que los apreciamos y nos consideramos inferiores a ellos, abandonamos nuestra codicia y malicia. Por último, debido a que aceptamos las instrucciones que recibimos de otras personas, confiamos con sinceridad en las enseñanzas de Dharma y rechazamos las creencias erróneas.

Por lo tanto, es evidente que todas las acciones virtuosas, ya sean físicas, verbales o mentales –la práctica completa de la moralidad básica– dependen de estimar a los demás. Como resultado de haber realizado estas acciones virtuosas, hemos obtenido esta preciosa existencia humana. Además, las cualidades especiales que caracterizan esta existencia dependen también de estimar a los demás. La belleza es el resultado de practicar la paciencia y abandonar el deseo de venganza; la longevidad lo es de proteger la vida de los demás y abstenernos de matar; la buena reputación, de haber estimado a los demás; y la buena salud, de haber cuidado enfermos. Así pues, podemos comprobar que toda la felicidad proviene de estimar a los demás.

CÓMO ABANDONAR LA ESTIMACIÓN PROPIA

Todos los sufrimientos del samsara, desde el más grave hasta el más leve, tienen su origen en la estimación propia. [121] ¿Por qué tenemos miedo cuando vemos una serpiente venenosa o un escorpión? Porque tenemos un intenso apego a nuestro cuerpo. Por supuesto, los temores de los reinos inferiores son también el resultado de esta mente egoísta.

Si no estimásemos tanto nuestro cuerpo, no le tendríamos apego y seríamos capaces incluso de ofrecerlo a los demás. Entonces, no habría motivos para tener problemas. Si alguien nos perjudicase, no nos importaría porque careceríamos de apego a nuestro cuerpo. Por lo tanto, al comprender que la estimación propia es la causa de todos nuestros temores y problemas, debemos considerarla nuestro peor enemigo.

Debido al apego que tenemos a nuestro cuerpo, deseamos protegerlo del hambre y la sed, del frío y el calor, y de las enfermedades. Cuando es el cuerpo de otra persona el que sufre, no deseamos aliviar su dolor con tanta rapidez, pero si se trata del nuestro, actuamos de inmediato. [122] Si tenemos hambre, matamos pájaros, peces, ciervos y otros animales para saciarla, y merodeamos por los caminos esperando asaltar a los viajeros. [123] Para obtener ganancias, mentimos y, en ocasiones, estamos dispuestos a matar incluso a nuestros propios padres. Tampoco nos importa robar la propiedad de las Tres Joyas y así, de diferentes maneras, creamos un inmenso karma negativo. El resultado de estas acciones perjudiciales es renacer en los infiernos, donde seremos consumidos por fuegos ardientes durante eones. Incluso en esta misma vida como seres humanos experimentamos numerosas dificultades, como ser encarcelados, tener una vida corta y llena de enfermedades, etcétera. ¿Quién es el creador de todos estos sufrimientos? Si lo analizamos con detenimiento, comprobaremos que es el apego que tenemos a nuestro cuerpo. [124] Con un poco de sabiduría, nos daremos cuenta de que la estimación propia es nuestro peor enemigo.

CONCENTRACIÓN

DESVENTAJAS DE LA ESTIMACIÓN PROPIA Y VENTAJAS DE ESTIMAR A LOS DEMÁS

[125ab] «Si abandono mis riquezas y posesiones, prendas de vestir, etcétera, ¿cómo podré ser feliz?, ¿de qué me alimentaré?, ¿con qué me vestiré?». La mente que piensa de este modo es egoísta y nos conduce por el camino de los espíritus malignos.

Por lo general, tenemos miedo a los espíritus, pero a lo que realmente debemos temer es a la estimación propia que se esconde en nuestro interior. Tememos a los espíritus porque creemos que nos van a perjudicar, pero si eliminamos nuestra estimación propia, no tendremos miedo aunque un ejército de espíritus apareciese ante nosotros.

Desde los más poderosos monarcas hasta el más pequeño de los insectos, todos los seres tienen miedo debido a su mente egoísta. Si estamos preocupados porque hemos recibido una predicción desfavorable, debemos recordar que no hay peor augurio que el egoísmo. Los gueshes kadampas llamaban al egoísmo *el demonio con cabeza de búho*. El miedo, la ansiedad, la insatisfacción y el sufrimiento seguirán surgiendo sin cesar mientras no eliminemos por completo el egoísmo.

[125cd] «Si utilizo mis posesiones, riqueza, prendas de vestir, etcétera, ¿qué voy a ofrecer a los demás?». La mente que piensa de esta forma altruista es la que estima a los demás y nos conduce por el camino gozoso de las deidades. Las deidades son seres elevados que conceden bendiciones y poderes espirituales. Si confiamos en la deidad de estimar a los demás, no tendremos necesidad de venerar a ningún dios, puesto que colmará todos nuestros deseos tanto en esta vida como en las futuras.

Shantideva continúa su razonamiento mostrándonos tres pares de opciones opuestas. [126] En primer lugar, si perjudicamos a los demás por nuestro propio beneficio, tendremos dificultades en esta vida, y en las futuras padeceremos los terribles sufrimientos de los infiernos; en cambio, si nos sacrificamos por el beneficio de los demás, renaceremos como un dios o un ser humano, y finalmente alcanzaremos el estado supremo de la Budeidad. [127] En segundo lugar, si nos preocupamos solo de nosotros mismos, renaceremos en los reinos inferiores, y cuando finalmente logremos renacer como ser humano, perteneceremos a una clase social inferior, tendremos un físico desagradable y seremos estúpidos; en cambio, si dejamos de preocuparnos por nosotros mismos y estimamos a los demás, obtendremos un renacimiento afortunado, seremos respetados y disfrutaremos de un entorno y compañía agradables. [128] Por último, si nos aprovechamos de los demás por beneficio propio, renaceremos en una clase social inferior y estaremos sometidos a servidumbre; no obstante, si ayudamos a los demás, obtendremos un renacimiento afortunado y disfrutaremos de una posición social elevada. En resumen, [129] toda la felicidad de este mundo es el resultado de estimar a los demás y desear su bienestar, mientras que el sufrimiento lo es de estimarnos a nosotros mismos y buscar nuestro propio beneficio. ¿Podemos acaso encontrar un solo sufrimiento que no tenga su origen en el demonio de la estimación propia?

La estimación propia proviene del aferramiento propio, lo cual se expondrá en el capítulo noveno. Primero nos aferramos a un yo con existencia propia e independiente. Luego, nos aferramos a «mi cuerpo», «mi mujer», «mi marido», etcétera, y generamos un intenso apego a los familiares y amigos, y a los objetos que consideramos nuestros. Debido a que los Arjats, los seres que han alcanzado la liberación o nirvana, han abandonado por completo el aferramiento propio y carecen de estimación propia, están libres del sufrimiento.

Shantideva dice [130] que no es necesario describir con detalle la diferencia entre la actitud de estimarse a uno mismo y la de estimar a los demás. Solo tenemos que comparar a los seres pueriles con los Budas. Los primeros trabajan por su propio beneficio y renacen una y otra vez en los reinos del samsara, donde han de experimentar sufrimiento sin cesar, mientras que los últimos han conquistado al demonio del egoísmo y trabajan por el beneficio de los demás. Si comparamos el sufrimiento y la insatisfacción que han de experimentar los seres pueriles con el gozo y la felicidad de que disfrutan los Budas, nos convenceremos de la superioridad de la mente que estima a los demás.

[131] Aunque tengamos el deseo sincero de alcanzar la iluminación, si no nos adiestramos en cambiarnos por los demás, no lo conseguiremos. Si no nos esforzamos por alcanzar la Budeidad y no nos importa seguir atrapados en el samsara, nunca encontraremos la verdadera felicidad. Aunque renazcamos como un rey, mientras permanezcamos en el samsara, no disfrutaremos

CONCENTRACIÓN

de felicidad pura y permanente.

Si no abandonamos la estimación propia y seguimos actuando de manera egoísta, como ya se ha mencionado, experimentaremos innumerables sufrimientos en el futuro. [132] Sin embargo, esta no es la única desventaja del egoísmo; si no lo eliminamos, no podremos colmar nuestros deseos ni siquiera en esta misma vida. Por ejemplo, si un sirviente no atiende de manera apropiada a su señor y este no se preocupa por su sirviente, ninguno de los dos recibirá lo que desea del otro.

[133] Si permitimos que el egoísmo domine nuestra mente, echaremos a perder el gran potencial de esta preciosa existencia humana, y también el de nuestras vidas futuras. Desperdiciaremos las cualidades especiales de esta vida. Además, si nuestra estimación propia nos impulsa a perjudicar a los demás, como resultado de nuestras malas acciones experimentaremos sufrimientos insoportables. Debemos comprender que donde sea que renazcamos, el daño que nos causen los seres humanos, no humanos, animales salvajes, etcétera, al igual que nuestros temores y desgracias, serán también el resultado de nuestra estimación propia. [134] Si considerarnos tan importantes es la causa de todos los tormentos, ¿por qué aceptamos al demonio más perjudicial, el que mora en nuestro interior? ¿Qué necesidad tenemos de tan terrible y malvado espíritu?

[135] Si cogemos un trozo de madera ardiendo, sin lugar a dudas nos quemaremos. De igual manera, si no abandonamos nuestra estimación propia, la mente que considera que somos lo más importante, no podremos liberarnos del sufrimiento. [136] Por lo tanto, si deseamos con sinceridad resolver nuestros problemas y los de los demás, hemos de abandonar nuestra estimación propia y considerar a los demás tan importantes como nosotros.

RESUMEN

[137] Cuando nos hayamos cambiado por los demás de la manera descrita, hemos de pensar: «Ahora estoy a disposición de los demás, no puedo actuar por beneficio propio». Debemos asegurarnos de que nuestra mente comprenda esta nueva situación, y recordar en todo momento que solo podemos trabajar por el beneficio de los demás. Esta actitud ha de estar presente en todas nuestras acciones, palabras y pensamientos. [138] Por

ejemplo, nuestros ojos deben estar al servicio de los demás, por lo que no podemos contemplar objetos por interés propio ni mirar a otros de forma colérica o amenazante. [139] Considerando que los demás son más importantes que nosotros mismos, debemos robar a nuestro ego cualquier objeto que tenga, como nuestras prendas de vestir, alimentos y posesiones, y ofrecerlo a los demás. Hemos de considerar que todos nuestros bienes son de los demás y actuar como el sirviente que utiliza las prendas de vestir, los alimentos y posesiones de su señor sin olvidar que, en realidad, no le pertenecen. Es muy importante que aquellos que deseen recorrer el camino mahayana, y en particular los que hayan recibido los votos del Bodhisatva, reflexionen sobre esta actitud en todo momento y la adopten con sinceridad.

CÓMO COMPLETAR LA PRÁCTICA DE CAMBIARSE UNO MISMO POR LOS DEMÁS POR MEDIO DEL PENSAMIENTO

Este apartado se presenta en cinco partes:

1. Introducción.
2. Meditación utilizando los celos que sentimos hacia un superior.
3. Meditación utilizando el deseo de competir con un igual.
4. Meditación utilizando la arrogancia que mostramos hacia un inferior.
5. Resultados de la meditación.

INTRODUCCIÓN

A continuación, Shantideva presenta un método radical, pero eficaz, para adiestrar la mente en cambiarse uno mismo por los demás. Por lo general, nuestra estimación propia nos impulsa a dividir a las personas en tres grupos: las que son inferiores a nosotros de alguna manera, las que son iguales que nosotros y consideramos nuestros rivales, y las que son mejores que nosotros. Tras haber realizado esta clasificación, mostramos arrogancia hacia las personas que pertenecen al primer grupo, deseamos competir con las del segundo y tenemos celos de las del tercero. Estos estados mentales nos causan sufrimiento tanto ahora como en el futuro y son mentes perturbadas. Shantideva nos enseña

CONCENTRACIÓN

cómo hacer que estas mentes perturbadas se autodestruyan, con lo que aumentará el poder de nuestra bodhichita.

En los apartados anteriores, Shantideva nos ha explicado que el egoísmo, en lugar de proporcionarnos la felicidad que deseamos, nos causa insatisfacción y otros sufrimientos. Además, ha comparado nuestro egoísmo con la mente gozosa de un Buda, que trabaja de manera espontánea y continua por el beneficio de los demás. Si contemplamos estos razonamientos, tomaremos la determinación de combatir al demonio de la estimación propia y alcanzar la Budeidad por el beneficio de los demás. Esta motivación es la preciosa mente de bodhichita, y cuando la hayamos generado, recibiremos el título de *Bodhisatva*.

A continuación, Shantideva nos muestra cómo el Bodhisatva, o el practicante que aspira a serlo, puede mejorar su bodhichita completando la práctica de cambiarse uno mismo por los demás presentada con anterioridad. Utilizando la imaginación, [140] el practicante debe ponerse en el lugar de aquellos que considera inferiores, iguales o superiores a él, y desde su punto de vista observar a su yo anterior y sentir celos, tener el deseo de competir con él o mostrar arrogancia, respectivamente. Esto ha de realizarse sin albergar dudas y sin permitir que surja la mente indecisa que piensa que no puede hacerlo. Con una intensa determinación y una firme convicción en su capacidad para realizar esta práctica, el Bodhisatva se cambia por los demás y genera celos, etcétera. No debemos preocuparnos de que estos pensamientos aumenten nuestras perturbaciones mentales, puesto que están dirigidos hacia uno mismo. En realidad, debido a que ayudan al practicante a identificarse con los demás y a estimarlos tanto como a sí mismo, estas actitudes aumentan el poder de su mente virtuosa.

Es importante recordar que este no es un cambio físico. No vamos a convertirnos en otra persona, sino a trasplantar nuestra estimación desde el lugar donde se encuentra ahora, es decir, nuestro yo, hasta un nuevo campo, los pensamientos, sentimientos y preocupaciones de los demás. Para mostrar con mayor claridad cómo hacerlo, Shantideva cambia los sujetos gramaticales en las estrofas siguientes y utiliza la palabra *yo* para referirse a la otra persona, y *él* para hacer alusión al practicante que realiza el cambio, es decir, al futuro Bodhisatva o nosotros mismos.

MEDITACIÓN UTILIZANDO LOS CELOS QUE SENTIMOS HACIA UN SUPERIOR

Para realizar la primera de estas tres meditaciones, hemos de ponernos en el lugar de alguien que consideremos inferior a nosotros por algún motivo, ya sea por su reputación, educación, riqueza, etcétera, e identificarnos con él tanto como podamos. Entonces, volvemos a observar a nuestro yo anterior, el supuesto Bodhisatva, y sentimos celos de él pensando lo siguiente:

«Esta persona es respetada por sus buenas cualidades, mientras que yo no recibo ninguna alabanza. Posee riquezas en abundancia, mientras que yo estoy sumido en la pobreza. Ella recibe elogios mientras que a mí se me desprecia. Ella es feliz y yo no. Yo estoy siempre ocupado con mi trabajo, mientras que ella tiene tiempo para divertirse. Todos la conocen por su buena reputación, mientras que a mí se me conoce por mis defectos». [141-142]

De este modo, nos identificamos con esta persona «inferior» hasta que comprendamos que la única razón de que el Bodhisatva posea buenas cualidades es que se ha esforzado por practicar la virtud. Si los seres inferiores hicieran lo mismo, también disfrutarían de buena fortuna. Luego, para aliviar el desánimo que hayamos podido generar al identificarnos con una persona de posición inferior, pensamos lo siguiente:

«Es posible que este Bodhisatva sea superior a mí, pero hay otros Bodhisatvas que son superiores a él. Además, aunque es cierto que muchos seres son superiores a mí, también hay otros que son inferiores. Por lo tanto, no tengo por qué desanimarme». [143]

Después de hacer esta reflexión, hemos de analizar si este Bodhisatva Superior, que en realidad es nuestro yo anterior, se merece un título tan elevado:

«Aunque es cierto que mi moralidad y mis creencias han degenerado, no es culpa mía. No tengo elección, puesto que estoy bajo la influencia de mis perturbaciones mentales. Si este Bodhisatva Superior fuera realmente compasivo, me ayudaría a renovar mis virtudes degeneradas y trabajaría para que yo y los demás cultiváramos buenas cualidades y

CONCENTRACIÓN

alcanzáramos realizaciones espirituales. Además, mientras actúa para beneficiarnos, debería aceptar con alegría todos los problemas y dificultades que le surjan.

»Pero, en realidad, este supuesto Bodhisatva no se esfuerza por ayudarnos. Aunque tiene la capacidad de hacerlo, nos ha abandonado. Por lo tanto, ¿por qué me mira por encima del hombro? ¿Acaso hemos recibido alguna ayuda de él?

»Aunque nosotros, desdichados seres, debido a nuestra falta de moralidad, seguimos atrapados en los reinos inferiores del samsara, este supuesto Bodhisatva no tiene ninguna compasión por nosotros. No hace más que sentirse orgulloso de sus falsos logros. Presume de competir incluso con los sabios, a quienes trata con aires de superioridad». [144-146]

El objetivo de sentir celos en esta meditación es contrarrestar el orgullo que, por lo general, sentimos hacia las personas que consideramos inferiores a nosotros. Si nos identificamos con ellas y comparamos nuestra actitud egoísta con el voto del Bodhisatva de ayudar a los demás, nuestro orgullo desaparecerá.

MEDITACIÓN UTILIZANDO EL DESEO DE COMPETIR CON UN IGUAL

En esta meditación, nos ponemos en el lugar de una persona que tenga la misma posición, cualidades o inteligencia que nosotros, y nos identificamos con ella con tanta intensidad que la llamamos *yo*. Luego, volvemos a observar a nuestro yo anterior, el Bodhisatva, y sentimos un intenso deseo de competir con él, pensando lo siguiente:

«Este Bodhisatva es igual que yo, pero para ponerme por encima de él, voy a derrotarlo en los debates y en cualquier otra ocasión. Haré públicas mis cualidades y ocultaré las suyas para que nadie las conozca. Esconderé mis defectos y proclamaré los suyos. Haré todo lo posible para ser respetado y para que él no reciba alabanzas. Yo tendré buena reputación, posesiones y riqueza, y él lo perderá todo. Me alegraré cuando tenga problemas y abusen de él, lo pondré en ridículo, será el hazmerreír de todos y lo culparé de todas las desgracias». [147-150]

Si meditamos de este modo en relación con nuestros rivales, aumentaremos nuestro esfuerzo y nos familiarizaremos con la práctica de cambiarnos por los demás.

MEDITACIÓN UTILIZANDO LA ARROGANCIA QUE MOSTRAMOS HACIA UN INFERIOR

Por último, debemos ponernos en el lugar de alguien que consideremos superior a nosotros y despreciar a nuestro yo anterior del siguiente modo:

«Este insensato intenta competir conmigo. ¿Cómo se atreve a comparar sus conocimientos, sabiduría, familia y riqueza con los míos? Quiero que todos conozcan mis grandes cualidades y que, como resultado, se queden tan impresionados que se les pongan los pelos de punta y se regocijen de ellas. Además, con mi poder e influencia, voy a despojar a este engreído Bodhisatva de sus posesiones, buenas cualidades, alimentos y prendas de vestir, para que los podamos utilizar tanto yo como los demás. Puesto que trabaja por nuestro beneficio, le permitiré guardar lo suficiente para sobrevivir, pero le quitaremos el resto. Acabaré con su felicidad y lo abrumaré con nuestros sufrimientos, problemas y dificultades». [151-154ab]

Esta meditación contrarresta, en particular, la pereza del desánimo y nos motiva a trabajar con entusiasmo por el beneficio de los demás.

RESULTADOS DE ESTA MEDITACIÓN

¿Qué objetivo tienen estas tres meditaciones? ¿Por qué tenemos que imaginar que nos ponemos en el lugar de otra persona y sentir celos, tener el deseo de competir con nosotros mismos y mostrar arrogancia? El propósito de estas meditaciones es aumentar nuestra capacidad de cambiarnos por los demás y, por lo tanto, eliminar la estimación propia. Al realizar este cambio, surgirá con intensidad una mente de gran compasión, gracias a la cual podremos generar una bodhichita especial. En realidad, la bodhichita que se cultiva de esta forma es, por lo general, más poderosa que la que se genera con la meditación de las siete causas y un efecto, que se describió en el capítulo primero.

CONCENTRACIÓN

Todas las meditaciones que se presentan en el presente libro, incluidas estas últimas, no nos servirán de nada si no las ponemos en práctica. Con solo leerlas recibiremos muy pocos beneficios. Además, ya que estos métodos de cambiarse uno mismo por los demás pueden parecer extraños a algunas personas, una lectura superficial les hará dudar acerca de ellos y los rechazarán.

Si deseamos obtener beneficios, debemos estudiar estas meditaciones con detenimiento, familiarizarnos con los razonamientos que demuestran su validez, importancia y eficacia, y meditar en ellas con profundidad. Debemos eliminar todas las dudas y malentendidos que tengamos al respecto con la ayuda de un maestro cualificado que se haya adiestrado en estas técnicas. Sin embargo, lo más importante es practicar con la motivación de beneficiar a todos los seres y proporcionarles felicidad temporal y última.

CÓMO COMPLETAR LA PRÁCTICA DE CAMBIARSE UNO MISMO POR LOS DEMÁS POR MEDIO DE ACCIONES

[154cd-155] Desde tiempo sin principio, nuestra estimación propia nos ha perjudicado sin cesar. Por lo tanto, debemos decirle a esta mente: «Durante eones solo has pensado en tu propio bienestar, pero ¿qué has conseguido con ello? Solo desgracias, problemas y sufrimientos». [156] Después de realizar esta contemplación una y otra vez hasta que comprendamos con claridad las desventajas del egoísmo, debemos dedicar nuestra práctica por el beneficio de los demás. Si confiamos en las enseñanzas de Buda, en el futuro disfrutaremos de los resultados positivos de nuestra práctica y apreciaremos las buenas cualidades de estas instrucciones.

[157] Si hubiésemos realizado en el pasado la práctica de cambiarnos por los demás, no padeceríamos ahora sufrimiento e insatisfacción, sino que estaríamos cerca del supremo y gozoso logro de la iluminación total. ¿Qué nos impide cambiarnos por los demás? Nuestra falta de familiaridad con esta práctica. Sin embargo, es posible cultivar esta familiaridad. Por ejemplo, de momento nos identificamos por completo con nuestro cuerpo y nos aferramos a él como si fuera nuestro yo. Pero, en realidad, este cuerpo no nos pertenece, puesto que, como se mencionó con anterioridad, no es más que un conjunto de partes que pro-

ceden de la unión del óvulo y el espermatozoide de nuestros padres. [158] Al igual que nos hemos habituado a identificar las células embrionarias de otras personas con nuestro yo, también podemos acostumbrarnos a estimar a los demás como a nosotros mismos. No hay ninguna razón por la que no podamos alcanzar este logro aparte de nuestra propia pereza y falta de motivación.

[159] Es importante que analicemos con detenimiento nuestra conducta para comprobar si en realidad estamos trabajando por el beneficio de los demás. Después, según nuestra capacidad, debemos utilizar nuestras posesiones y riquezas para servir a los demás sin permitir que nuestro egoísmo contamine nuestras intenciones. Debemos pensar lo siguiente:

«Yo soy feliz y disfruto de una posición social elevada, pero los demás no. Trabajo por mi propio beneficio, pero no hago nada por los demás. ¿De qué me sirve preocuparme solo de mi felicidad? ¿Por qué no siento celos de mí mismo y amor verdadero por los demás?» [160]

Tras haber reflexionado de este modo, tomamos la siguiente determinación:

«¿Por qué tengo estas actitudes erróneas? En lugar de pensar en mi felicidad, debo ofrecérsela a los demás y tomar su sufrimiento. He de analizar en todo momento mis acciones para comprobar si están contaminadas y preguntarme por qué actúo de la manera en que lo hago». [161]

[162] Cuando alguien nos perjudique, en lugar de echarle la culpa, debemos transformar la situación y culparnos a nosotros mismos. Debemos incluso rezar para que el resultado kármico de esa mala acción madure en nosotros. Y cuando perjudiquemos lo más mínimo a los demás, debemos confesarlo sin reservas en su presencia.

[163] Si alguien disfruta de buena reputación, hemos de difundirla, al mismo tiempo que ocultamos la nuestra. Debemos considerarnos en todo momento siervos de los demás y trabajar por su beneficio. [164] Hemos de reconocer nuestros defectos, que son muchos, y evitar alabarnos a nosotros mismos. No debemos mencionar nuestras buenas cualidades, sino mantenerlas en secreto.

En resumen, debemos pensar lo siguiente:

CONCENTRACIÓN

«Por mi propio beneficio he perjudicado a los demás. ¡Que en el futuro caiga sobre mí todo el daño que les he causado!». [165]

[166] No debemos ser dominantes o engreídos ni actuar con aires de superioridad. En cambio, debemos comportarnos como las mujeres recién casadas en algunas sociedades orientales, con moderación y cierta timidez. Hemos de abstenernos de cometer acciones perjudiciales, y si nuestra mente se rebela y no quiere mantener la disciplina moral, debemos enjaezarla con los arreos de la retentiva y la vigilancia mental. Si aún así tenemos pensamientos egoístas, no nos quedará más remedio que amenazar a nuestra mente como sigue:

«Si no actúas de manera virtuosa como te aconsejo, puesto que eres la causa de todo mi sufrimiento, tendré que destruirte.

»En el pasado, puesto que no conocía el Dharma, caí bajo tu influencia y, como resultado, he sufrido continuas derrotas y tormentos. Pero ahora comprendo que eres la causa de todos mis problemas y, por lo tanto, no voy a dejar que me domines. Voy a erradicarte por completo y dondequiera que vayas te aniquilaré». [167-169]

Si después de esta advertencia vuelve a aparecer nuestra estimación propia, debemos decirle lo siguiente:

«Tú ya no me perteneces, te he vendido a los demás y, por lo tanto, has de trabajar para ellos; no te desanimes y sigue haciéndolo.

»Si no te hubiera puesto al servicio de los demás, me habrías entregado a los guardianes de los infiernos. Esto es lo has hecho una y otra vez en el pasado y, de este modo, me has causado infinidad de problemas. Te odio por haberme perjudicado y voy a eliminarte por completo». [170-172]

[173] Si deseamos alcanzar la felicidad tanto ahora como en el futuro, no debemos considerar a nuestra estimación propia como un amigo. Además, para liberarnos de nuestro sufrimiento, debemos proteger a los demás del suyo. Mientras sigamos preocupados por nuestro cuerpo y nos comportemos de manera

egoísta por su culpa, tendremos problemas y dificultades, y no lograremos satisfacer nuestros deseos. [174] Cuantos más deseos egoístas tengamos, más sufriremos al no poder colmarlos. [175] Es imposible satisfacer todos los deseos de la mente egoísta. Aunque poseamos un universo lleno de riquezas, seguiremos insatisfechos. No es posible colmar todos nuestros deseos, puesto que nuestra ansia no tiene límites. Se cuenta la historia de un antiguo rey llamado Manthada que conquistó todo el planeta Tierra, pero no contento con ello, se apoderó también de la mitad del reino celestial del dios Indra. Podemos encontrar innumerables ejemplos en el pasado, y otros que conocemos por propia experiencia, que confirman que los deseos egoístas son como un pozo sin fondo.

[176] Cuando no podemos satisfacer nuestros deseos insaciables, surgen las perturbaciones mentales. Como resultado, se deteriora la virtud que hayamos acumulado y sentimos un intenso sufrimiento. En cambio, la persona que se contenta con lo que tiene, no experimenta el dolor de la insatisfacción, sino que disfruta de felicidad inagotable. De todas las clases de riqueza, el sentirse satisfecho es la suprema.

Había una vez un vagabundo en la India que encontró una joya preciosa. Puesto que era una persona espiritual, decidió practicar la generosidad, pero no encontró entre sus amigos vagabundos a nadie apropiado para entregársela. Aunque eran pobres y disponían de escasos alimentos y prendas de vestir, estaban contentos con lo que tenían. Finalmente, después de buscar por toda la ciudad, se la ofreció al rey. Cuando le preguntaron por qué había entregado la joya a la persona más opulenta del reino, contestó: «Puesto que el rey nunca está satisfecho con lo que tiene, es un verdadero mendigo y, por lo tanto, la persona más apropiada con quien practicar la generosidad. No he encontrado a nadie más insatisfecho que este rey, supuestamente rico, pero que solo desea recibir obsequios de los demás, como un gato hambriento que no hace más que pensar en cazar ratones. Por esta razón, le he entregado la joya».

[177] Es importante que abandonemos la estimación propia a nuestro cuerpo, dejemos de guiarnos por el apego y evitemos abrir la puerta de la insatisfacción. La persona que carezca de apego a los objetos externos descubrirá en su interior una mente

CONCENTRACIÓN

de inconcebible belleza. Permanecer satisfecho es la riqueza suprema, y no aferrarse a lo que es atractivo, la mejor posesión.

Cuando reconozcamos las desventajas de nuestro egoísmo, debemos abandonarlo por completo. Esto es fácil de decir, pero no de hacer. Por ejemplo, es posible que comprendamos los defectos e impurezas de nuestro cuerpo, pero sigamos aferrándonos a él como si nos perteneciera. Según sea la costumbre de nuestro país, este cuerpo acabará enterrado bajo tierra, incinerado o devorado por animales salvajes. [178] Aunque finalmente se convertirá en polvo, cenizas o incluso alimento, a este cuerpo, que sin el poder de la mente no puede ni moverse, lo estimamos profundamente como si nos perteneciera y por él cometemos acciones que nos arrojarán a los reinos inferiores del samsara. Si comprendemos esto con claridad, ¿por qué seguimos aferrándonos a este cuerpo y estimándolo con tanta intensidad?

Debemos analizar estos razonamientos detenidamente. [179] Tanto si nos morimos como si seguimos vivos, ¿qué conseguiremos aferrándonos a esta simple máquina como si fuera nuestro yo? Puesto que no es diferente de un puñado de arena, ¿por qué no abandonamos el orgullo cuando no aferramos a «mi cuerpo»? [180] Debido al apego que tenemos a nuestro cuerpo, padecemos sufrimiento sin cesar. ¿De qué nos sirve generar odio o apego hacia algo similar a un trozo de madera y que por mucho que lo cuidemos no nos va a corresponder en el futuro? [181] Aunque nos pasamos la vida protegiendo nuestro cuerpo, tarde o temprano acabará como alimento de los buitres. [182] Puesto que el cuerpo mismo no se siente complacido cuando lo cuidamos ni se enfada cuando es devorado por los animales, ¿por qué le tenemos tanto apego? Del mismo modo, tanto si alguien elogia nuestro cuerpo por su belleza como si lo critica por sus imperfecciones, al cuerpo mismo no le importa. Por lo tanto, ¿por qué nos importa a nosotros? ¿Por qué nos complicamos la vida por su culpa?

Alguien puede refutar este razonamiento del siguiente modo: [183] «Aunque mi cuerpo carece de mente, lo aprecio porque es mi amigo. Deseo cuidarlo porque mi mente sabe cuándo lo elogian o critican y, como consecuencia, me siento complacido o disgustado». A esta objeción, Shantideva responde: «Si lo que dices es cierto, ¿por qué no te sientes complacido o disgustado cuando alguien elogia o critica el cuerpo de los demás? Después de todo, cuando esto ocurre, tu mente también lo sabe».

Cuando hayamos estudiado todos estos razonamientos y reflexionado con detenimiento sobre los defectos de nuestro cuerpo contaminado, debemos tomar la siguiente resolución:

«Para beneficiar a todos los seres sintientes, voy a ofrecerles mi cuerpo sin apego y a acostumbrarme a pensar de esta manera altruista». [184ab]

¿Esta determinación implica que debemos abandonar nuestro cuerpo y dejar de cuidarlo? No, en absoluto. Aunque nuestro cuerpo es impuro y posee numerosos defectos, debemos considerarlo como la embarcación con la que podemos atravesar el océano del samsara y llegar a la isla de la iluminación. [184cd] Así pues, es importante que lo cuidemos para poder trabajar por el beneficio de los demás. Lo que hemos de abandonar es la actitud egoísta con la que utilizamos nuestro cuerpo para buscar los placeres efímeros del samsara.

[185] Por ello, no debemos pensar de manera pueril, sino seguir el camino de los sabios Bodhisatvas. Hemos de recordar las instrucciones sobre la recta conducta y abandonar los estados mentales que obstaculizan nuestro progreso, como el dormir demasiado, la somnolencia, la excitación y el hundimiento mentales. [186] Al igual que hacen los hijos compasivos del Buda victorioso, debemos aumentar el poder de los factores mentales que se oponen a nuestros engaños. Si no nos esforzamos día y noche, ¿cuándo dejaremos de sufrir? ¿Cuándo alcanzaremos la iluminación? Debemos reflexionar de este modo y esforzarnos por alcanzar la permanencia apacible, la esencia de la concentración meditativa, y adiestrar nuestra mente en cambiarnos por los demás.

En resumen, [187] para eliminar las obstrucciones a la liberación y a la iluminación total, debemos desviar nuestra mente de los caminos erróneos y mantenerla en todo momento en concentración convergente en un objeto apropiado de meditación.

Aquí concluye la «Concentración», el capítulo octavo del libro *Tesoro de contemplación*, comentario a la *Guía de las obras del Bodhisatva*, de Shantideva.

Sabiduría

CÓMO PRACTICAR LA SABIDURÍA DE LA VISIÓN SUPERIOR

El presente capítulo se divide en cinco partes:
1. La importancia de cultivar la sabiduría que comprende la vacuidad para quienes desean alcanzar la liberación.
2. Las dos verdades.
3. Razones por las que quienes buscan la liberación personal deben cultivar la sabiduría que comprende la vacuidad.
4. Exposición extensa de los razonamientos lógicos que establecen la vacuidad.
5. Animar al practicante para que se esfuerce por cultivar la sabiduría.

LA IMPORTANCIA DE CULTIVAR LA SABIDURÍA QUE COMPRENDE LA VACUIDAD PARA QUIENES DESEAN ALCANZAR LA LIBERACIÓN

[1] Para aquellos que siguen el camino mahayana, Buda mostró el aspecto del método de la práctica de Dharma, en el que se incluyen la generación de la mente de bodhichita y el adiestramiento en la generosidad, la disciplina moral, etcétera, con el fin de que puedan cultivar la sabiduría que comprende la vacuidad, y con ella eliminar las obstrucciones a la omnisciencia, que nos impiden alcanzar la meta suprema de la Budeidad. Incluso aquellos que solo desean liberarse de su propio sufrimiento y alcanzar el estado de la liberación, tienen que cultivar esta sabiduría, puesto que sin ella es imposible eliminar la raíz de nuestro sufrimiento y del de los demás.

La raíz del sufrimiento es nuestra percepción incorrecta de la entidad propia de las personas y de los fenómenos junto con sus impresiones. Para arrancar esta raíz debemos cultivar la sabiduría que comprende la vacuidad apoyándonos en la mente de

Yongdzsin Triyhang Rimpoché

SABIDURÍA

bodhichita y las seis perfecciones. Puesto que para lograrlo es necesario adquirir esta sabiduría, hemos de esforzarnos por cultivarla. Para ello, debemos comprender que las dos verdades, la convencional y la última, no son contradictorias, sino complementarias. Debemos ser capaces de establecer la naturaleza convencional de un objeto sin refutar su naturaleza última, y viceversa. Cuando comprendamos que estas dos no son contradictorias, habremos entendido la unión de las dos verdades. Para ello, es necesario que el practicante alcance realizaciones tanto del aspecto del método del camino, para comprender la verdad convencional, como del de la sabiduría, para entender la verdad última.

Si consideramos que los aspectos del método y la sabiduría constituyen prácticas separadas, aunque los cultivemos durante eones, no alcanzaremos la Budeidad. Si meditamos en uno de estos aspectos sin tener en cuenta el otro, seremos como el pájaro que intenta volar con una sola ala. Quien desee sostener la visión correcta debe esforzarse por comprender las dos verdades, al igual que los pájaros utilizan sus dos alas para volar. Por lo tanto, en este capítulo noveno, Shantideva revela de manera extensa la naturaleza de estas dos verdades, cuyo entendimiento nos servirá de alas para volar hacia la iluminación.

LAS DOS VERDADES

Se presenta en cinco apartados:

1. Diferencias entre las dos verdades.
2. Definición de las dos verdades.
3. Diferencias entre las personas que presentan las dos verdades.
4. Diferencias entre los diversos niveles de capacidad mental.
5. Refutación del argumento de que no es necesario comprender la vacuidad para alcanzar la liberación.

DIFERENCIAS ENTRE LAS DOS VERDADES

[2] Todos los fenómenos se pueden dividir en dos: verdades convencionales y verdades últimas. Los fenómenos que no son la vacuidad son verdades convencionales, y todas las vacuidades son verdades últimas. Por ejemplo, la persona junto con

sus agregados físicos y mentales son verdades convencionales, mientras que su vacuidad de existencia inherente es una verdad última. Sin embargo, estas dos verdades no son objetos diferentes como, por ejemplo, los dos cuernos de un toro. Con respecto a cualquier fenómeno, sus verdades convencional y última constituyen una misma entidad aunque son nominalmente distintas. Mientras las consideremos como entidades separadas, no sostendremos la visión correcta. En numerosos sutras y en otras escrituras podemos encontrar razonamientos que demuestran que las dos verdades no son entidades fundamentalmente distintas. Así pues, es importante conocer estos razonamientos.

DEFINICIÓN DE LAS DOS VERDADES

Algunos eruditos han malinterpretado la afirmación de Shantideva en la segunda estrofa del capítulo noveno según la cual las verdades últimas no son objetos que puedan experimentarse con la mente. De ello deducen que las verdades últimas no son objetos de conocimiento. Otros concluyen que las verdades últimas no son ni objetos existentes ni inexistentes. Sin embargo, en sus obras sobre filosofía madhyamika, Yhe Tsongkhapa refuta con claridad estas teorías y revela el significado de la naturaleza de las verdades últimas de la misma manera en que lo hace Shantideva. Aquellos que deseen profundizar en este tema, deben consultar los textos de Yhe Tsongkhapa.

La *verdad última* se define como «aquello que es comprendido por una percepción válida directa que no posee apariencias duales». La *verdad convencional* se define como «aquello que es comprendido por una percepción válida directa que posee apariencias duales». La apariencia dual es la apariencia del objeto junto con la de su existencia inherente.

En la filosofía budista, el término *existencia inherente* se refiere a la supuesta existencia propia de los fenómenos, que en realidad es falsa. La mente que la aprehende es una percepción incorrecta que se aferra de manera equivocada a lo que se conoce como *existencia verdadera*.

Según Shantideva y la escuela prasanguika a la que pertenece, los términos *existencia inherente*, *existencia verdadera*, *existencia propia* y *autoexistencia independiente* se refieren a este tipo de existencia falsa y son sinónimos.

SABIDURÍA

Es precisamente este falso modo de existencia, es decir, que los fenómenos existen por sí mismos sin ser designados por la mente conceptual, el objeto que niega la vacuidad. Por lo tanto, cuando se utilicen estos términos en el presente capítulo, hemos de recordar que se refieren a la manera equivocada en que creemos que los objetos existen, es decir, la visión incorrecta que causa todo el sufrimiento en el samsara. Por lo tanto, el objetivo de Shantideva es debatir con las escuelas, ya sean budistas o no budistas, que defienden estos postulados.

Para distinguir las dos verdades, veamos algunos ejemplos. Cuando los seres sintientes perciben visualmente una verdad convencional, como, por ejemplo, una taza, aparecen dos objetos: la apariencia de la taza y la de su existencia inherente. No obstante, ante la percepción directa de la verdad última de la taza, es decir, de su carencia de existencia inherente, tanto la apariencia de la taza como la de su existencia inherente desaparecen y solo percibimos su vacuidad. Así pues, cuando Shantideva afirma que las verdades últimas no son objetos que la mente pueda experimentar, se refiere a que la percepción directa que posee apariencias duales no puede hacerlo. Solo las percepciones directas que no poseen apariencias duales pueden percibirlas.

DIFERENCIAS ENTRE LAS PERSONAS QUE PRESENTAN LAS DOS VERDADES

[3] Hay dos clases de personas que presentan las dos verdades: los yoguis que reconocen que todos los fenómenos carecen de existencia inherente y, por lo tanto, defienden los postulados de la escuela suprema, la madhyamika-prasanguika, y los yoguis comunes que proponen que todos los objetos existen de manera inherente y, por lo tanto, pertenecen a las escuelas madhyamika-svatántrika, chitamatra, sautrántika o vaibhashika.

DIFERENCIAS ENTRE LOS DIVERSOS NIVELES DE CAPACIDAD MENTAL

Los yoguis que sostienen la visión prasanguika, como Shantideva, refutan el punto de vista de los yoguis comunes que afirman que todos los fenómenos existen de manera inherente. [4] Además, entre los mismos yoguis que comparten la visión prasanguika existen varios niveles de comprensión, y los que poseen un entendimiento más profundo están por encima de aquellos cuyas realizaciones son inferiores. En este contexto, *yogui* es la persona que ha alcanzado la concentración de la unión de la permanencia apacible y la visión superior. Shantideva menciona los diferentes niveles de comprensión de los yoguis para indicar que el sistema prasanguika que él representa es superior a las demás escuelas filosóficas y que estas no pueden contradecirlo.

Según lo anterior, algunos se preguntarán por qué Buda enseñó cuatro escuelas filosóficas. Buda enseñó dos sistemas de filosofía hinayana, el vaibhashika y el sautrántika, y dos mahayanas, el chitamatra y el madhyamika. Estos sistemas presentan la vacuidad de diferentes maneras, pero la visión final de Buda se encuentra en la escuela prasanguika, que es una rama de la madhyamika. Esta escuela afirma que la vacuidad es la mera ausencia de existencia inherente y, por lo tanto, la vacuidad de un fenómeno es su carencia de existencia inherente. Se dice que la existencia inherente es el objeto de negación de la vacuidad, lo cual significa que para comprender esta última hemos de negar la existencia inherente. Al darnos cuenta de que no hay existencia inherente, comprendemos la vacuidad. Así pues, para lograr un entendimiento correcto de la vacuidad, es imprescindible saber con exactitud lo que ha de negarse. Hemos de conocer con claridad el significado del término *existencia inherente*, el objeto de negación, pues solo entonces podremos refutarlo. Puesto que estamos acostumbrados a percibir el mundo de manera ordinaria, nos cuesta comprender la visión prasanguika. Por ello, debemos adiestrarnos de manera gradual para acercarnos a la visión última correcta. Esta es la razón por la que Buda enseñó cuatro escuelas de filosofía distintas.

Veamos lo que significa la existencia inherente en relación con nuestro yo. A partir de nuestros agregados físicos y mentales nos aferramos al yo, pero no todas las percepciones que tenemos de él es lo que se denomina *aferramiento propio*. Al aprehender el yo o entidad propia de la persona, se manifiestan dos clases de mentes. Una de ellas es válida y aprehende el mero yo que existe de manera convencional, y la otra no lo es y aprehende el yo con existencia inherente. Esta última es la mente de aferramiento propio. De momento, estos dos modos de existencia, el verdadero y el falso, aparecen mezclados y resulta difícil distinguirlos. Sin embargo, hay ocasiones en las que la concepción falsa del yo aparece con mayor claridad. Por ejemplo, si estamos en peligro al borde de un precipicio, no pensamos que nuestro cuerpo o mente se vayan a caer, sino que «yo me voy a caer». En estos casos, se manifiesta un yo que aparece de forma vívida e independiente del cuerpo y de la mente. Si este yo existiera, sería inherente. Además, la mente que lo concibe es una percepción incorrecta y el objeto al que se aferra no existe en absoluto. Esta mente es un ejemplo de aferramiento propio y el yo al que se aferra con intensidad es uno de los objetos de negación de la vacuidad. De igual manera, la apariencia vívida de todos los demás fenómenos como si tuvieran existencia inherente también son objetos que debemos negar para comprender la vacuidad.

Es posible que después de este razonamiento dudemos de la existencia de nuestro yo, pero en realidad sí que existe, aunque solo una mente penetrante puede distinguirlo de la falsa concepción que tenemos de él. Además, no debemos pensar que solo generamos una percepción incorrecta de nuestro yo en determinadas circunstancias, como cuando estamos en peligro al borde de un precipicio. Los seres ordinarios nos aferramos al yo con existencia inherente en todo momento. Incluso los insectos tienen su aferramiento propio. Por ejemplo, si ponemos un dedo delante de una hormiga, se detendrá y cambiará de dirección. ¿Por qué lo hace? Porque tiene miedo a que algo o alguien la perjudique. En ese momento no se aferra ni a su cuerpo ni a su mente, sino a un yo que aparece con intensidad y es independiente de ellos. La mente que concibe este yo es su aferramiento propio.

Según la visión prasanguika, el objeto de negación de la vacuidad es la existencia inherente de los fenómenos, pero las escuelas budistas inferiores presentan otros objetos de negación. Aunque estas difieren en su presentación del modo de existencia de los fenómenos, están de acuerdo en que es posible alcanzar la liberación del samsara realizando la vacuidad sutil de la entidad propia de las personas. Con excepción de algunos vaibhashikas, las demás escuelas inferiores afirman que la vacuidad sutil de la entidad propia de las personas es su ausencia de existencia autosuficiente y sustancial. Por lo tanto, según estas escuelas, el objeto de negación de la vacuidad sutil de la entidad propia de las personas es la persona con existencia autosuficiente y sustancial. No obstante, los prasanguikas afirman que este es el objeto de negación de la vacuidad burda de la entidad propia de las personas y que la sutil es su vacuidad de existencia inherente. Además, afirman que para alcanzar la liberación propia no basta con comprender que la persona es vacía de existencia autosuficiente y sustancial, sino también que carece de existencia inherente.

Como Shantideva imparte sus enseñanzas según el sistema prasanguika, en ellas se revela con detalle la vacuidad sutil de la entidad propia de la persona, pero no la que presentan las escuelas inferiores. Por lo tanto, y ya que se han escrito numerosos textos desde el punto de vista de estas escuelas inferiores, a continuación se muestra la diferencia entre las vacuidades burda y sutil de la entidad propia de la persona para evitar confusiones.

La vacuidad burda de la entidad propia de las personas, lo que para las escuelas inferiores es la sutil, es su carencia de existencia autosuficiente y sustancial. Para comprender esto, debemos conocer lo que se niega, es decir, la persona con existencia autosuficiente y sustancial. Esta es la que aparece ante la mente sin que lo hagan sus agregados; pero como, en realidad, nunca percibimos a una persona sin percibir alguno de sus agregados, esto indica que carece o es vacía de existencia autosuficiente y sustancial.

Aunque el yo depende de los agregados del cuerpo y de la mente, puesto que normalmente nos aferrarnos a ellos como si fueran nuestros, sostenemos la visión opuesta. Nos parece que nuestros agregados dependen de nuestro yo. Por lo general, consideramos que nuestros agregados del cuerpo y de la mente son nuestros y concebimos un yo que los posee y domina. Por lo tanto, decimos: «Mi cuerpo», «mi mente». De este modo, nos aferramos a un yo independiente de los agregados que puede aparecer en la mente sin depender de la apariencia de estos últimos. Si este yo existiera, sería una persona con existencia autosuficiente y sustancial. Esta persona es el objeto de negación de la vacuidad burda de las personas, y la mente que concibe su existencia es el aferramiento burdo a la entidad propia de las personas.

La vacuidad sutil de la entidad propia de las personas es su vacuidad de existencia inherente. La diferencia entre la vacuidad burda y la sutil de la entidad propia de las personas está en el objeto de negación. La vacuidad burda de la entidad propia de las personas es la negación de la existencia de la persona que puede aparecer en la mente sin depender de la apariencia de sus agregados. La vacuidad sutil de la entidad propia de la persona niega algo más, puesto que es la negación de todo ser con existencia inherente. Según los prasanguikas, ni siquiera entre los agregados se puede encontrar una persona con existencia inherente. Aunque las escuelas inferiores niegan la existencia de la persona autosuficiente y sustancial, aceptan la existencia inherente. La mente que concibe que la persona existe de manera inherente es el aferramiento sutil a la entidad propia de la persona.

La realización de la vacuidad burda de la entidad propia de la persona resulta útil, pero para alcanzar la liberación, tenemos que lograr la realización de la vacuidad sutil de la entidad propia de la persona. Por lo tanto, es importante distinguir con claridad estas dos vacuidades. En las escrituras budistas encontraremos que a menudo se describen los objetos de negación de estas dos vacuidades utilizando las mismas palabras, por lo que debemos tener cuidado al interpretar su significado. Por ejemplo, cuando Khedrubyhe, uno de los discípulos principales de Yhe Tsongkhapa, describe el objeto de negación de la vacuidad sutil de la entidad propia de la persona según la escuela chitamatra, dice que la persona con existencia autosuficiente y sustancial es el yo que aparece de forma vívida y que no depende de ninguna de sus partes ni del conjunto de sus agregados. Otros eruditos y meditadores han utilizado esta misma frase para describir a la persona con existencia inherente que constituye el objeto de negación de la vacuidad sutil de la entidad propia de la persona, según la escuela prasanguika. Aunque las palabras sean las mismas, su significado es diferente. Por lo tanto, es importante no confiar solo en las palabras, sino adquirir una experiencia profunda basándonos en textos de autoridad, razonamientos lógicos y análisis correctos. Exponer con detalle las diferencias entre la persona con existencia autosuficiente y sustancial y la persona con existencia inherente excede el propósito del presente libro. Aquellos que deseen conocer con claridad estas diferencias, pueden consultar los textos *Esencia de excelentes enseñanzas* (tib. *Legs shed nying po*), de Yhe Tsongkhapa, y *Exposición clara de los sistemas filosóficos* titulada '*Hermoso ornamento de la montaña de la doctrina de Buda'*, de Yhangkya (tib. *Thubten lhunpoi dzse gyen*).

Aunque a aquellos que no hayan estudiado la vacuidad les resulte difícil distinguir entre el yo que existe y el que no, cuando la comprendan, podrán hacerlo con claridad. Las cuatro escuelas principales de filosofía budista identifican el yo que existe de manera distinta. Puesto que las cuatro escuelas principales coinciden en que la persona es vacía de existencia autosuficiente y sustancial, aceptan que no es más que una mera designación a partir de los agregados. No obstante, para las escuelas inferiores, el término *mera designación* no significa lo mismo que para los prasanguikas. Para las escuelas inferiores, el término *mera designación* solo significa que la persona aparece en la mente porque aparecen sus agregados. Por ejemplo, decimos que vemos a Pedro, pero en realidad solo vemos su cuerpo; debido a que vemos este último, decimos que lo vemos a él. Si lo analizamos con detenimiento, comprenderemos que Pedro no es más que una mera designación a partir de uno o más de sus agregados, como, por ejemplo, su cuerpo. En este contexto, *mera* se utiliza para excluir a la persona que se supone que existe separada de sus agregados. Sin embargo, todas las escuelas inferiores aceptan la presencia de una persona con existencia inherente que se encuentra entre sus agregados, aunque difieren en la manera de identificarla.

Por lo general, cuando los seguidores de la escuela vaibhashika buscan la persona o el yo entre los agregados del cuerpo y de la mente, concluyen que ninguno de ellos es el yo que existe, pero lo identifican con el mero conjunto de los cinco agregados. De las dos ramas de la escuela sautrántika, la que se basa en textos de autoridad y la que se basa en razonamientos, la primera sostiene una teoría similar a la de los vaibhashikas, mientras que la segunda considera que solo la consciencia mental es el yo que existe. Los seguidores de la escuela chitamatra afirman que las teorías de los vaibhashikas y los sautrántikas presentan grandes contradicciones. Cuando buscan el yo que existe entre los agregados, afirman que ni la forma ni la sensación ni el discernimiento ni los factores productores lo es, y al buscarlo en el agregado de la consciencia, concluyen que las seis consciencias, la visual, etcétera, tampoco lo son, ni tan siquiera la mente perturbadora. Por lo tanto, establecen una mente base de todo

SABIDURÍA

(sáns. *alayavijnana*) y aseguran que esta es el yo que existe. Los svatántrikas, que junto con los prasanguikas constituyen la escuela madhyamika, refutan todo estos argumentos y afirman que la consciencia mental que carece de existencia verdadera es el yo que existe.

En realidad, ninguna de estas escuelas presenta una teoría satisfactoria. Ninguna identifica de manera correcta el yo que existe. Los sautrántikas se acercan más a la verdad que los vaibhashikas, los chitamatrins más que los sautrántikas, y los svatántrikas más que los chitamatrins. Sin embargo, solo la escuela más elevada, la incomparable prasanguika, identifica correctamente la naturaleza del yo que existe. Según esta escuela, las teorías de las demás son erróneas. Los prasanguikas demuestran que el yo no puede encontrarse en ninguno de los agregados ni en su conjunto. Entonces, ¿cómo establecen la existencia del yo? Afirman que el yo que existe no es más que una mera designación de la mente conceptual a partir de cualquiera de los agregados de la persona. Además de este yo, no existe ningún otro. De ello se deduce que la existencia del yo depende por completo del pensamiento conceptual, y que no hay ningún fenómeno inherente que constituya el yo. Además, insisten en que el yo designado por la mente conceptual existe siempre que sus bases de designación sean las apropiadas. Por convención, cualquiera de los agregados puede actuar como base válida para designar a una persona, por lo que la persona meramente designada sobre estas bases existe convencionalmente.

Los prasanguikas afirman que todos los objetos existen como meras designaciones conceptuales. Para ellos, todos los fenómenos son como el elefante que percibimos en sueños. ¿Dónde estaba ese elefante tan grande con el que soñamos la noche pasada? ¿En nuestra habitación o en nuestra mente? El elefante no estaba en ninguno de estos dos lugares, puesto que no era más que una apariencia ante la mente. En este caso está claro que el elefante no existía de manera inherente y que no era más que una mera designación de la mente conceptual. De igual manera, todos los fenómenos que percibimos, incluso cuando estamos despiertos, no son más que una mera designación de la mente conceptual.

De todas las escuelas de filosofía budista, la prasanguika es la única que no incurre en contradicciones y presenta con exactitud la visión última de Buda. El protector Nagaryhuna, Aryadeva, Budapalita, Chandrakirti, Shantideva, Atisha y Yhe Tsongkhapa fueron proponentes de esta escuela. El estudio de los diferentes sistemas de filosofía permite a las personas dotadas de mayor inteligencia comprender los postulados de la escuela superior, la prasanguika, y adquirir un entendimiento correcto de la vacuidad.

REFUTACIÓN DEL ARGUMENTO DE QUE NO ES NECESARIO COMPRENDER LA VACUIDAD PARA ALCANZAR LA LIBERACIÓN

Todas las escuelas, excepto la prasanguika, aseguran que para alcanzar la liberación no es necesario comprender que todos los fenómenos son vacíos de existencia inherente. A continuación, Shantideva refuta este argumento en particular y sigue analizando las teorías erróneas de los proponentes de [la existencia verdadera de] los fenómenos. Esta sección consta de dos partes:

1. Refutación general de las teorías de los proponentes de los objetos funcionales.
2. Refutación de la posición específica de la escuela chitamatra.

REFUTACIÓN GENERAL DE LAS TEORÍAS DE LOS PROPONENTES DE LOS OBJETOS FUNCIONALES

El proponente de los objetos funcionales es aquel que afirma que los objetos funcionales tienen existencia verdadera. Las escuelas budistas vaibhashika, sautrántika y chitamatra pertenecen a esta categoría. Todas las escuelas inferiores aseguran que los prasanguikas no pueden demostrar que todos los fenómenos carecen de existencia inherente. No obstante, Shantideva presenta los argumentos prasanguikas para demostrar sus puntos de vista ante los críticos de las escuelas inferiores. En todas las escuelas se acepta que las ilusiones creadas por un mago y las imágenes que percibimos en sueños no son objetos reales. Por lo tanto, con la ayuda de estos ejemplos, los prasanguikas consiguen demostrar a sus oponentes que todos los fenómenos carecen de existencia inherente.

Proponente de los objetos funcionales: Si mantienes que todos los fenómenos carecen de existencia inherente, se deduce que lo

SABIDURÍA

mismo ocurre con las seis perfecciones. Por lo tanto, puesto que no existen, ¿por qué debemos practicarlas?

Prasanguika: Aunque tanto la perfección de la generosidad como las demás carecen de existencia inherente, debemos practicarlas sin analizar su verdadera naturaleza para poder alcanzar el estado resultante de la Budeidad. Existen de manera convencional como designaciones conceptuales y, mientras no las analicemos, actúan como vehículos para avanzar a lo largo del camino espiritual y alcanzar la meta final. Por lo tanto, no hay contradicción al afirmar que debemos practicar las seis perfecciones, aunque carezcan de existencia inherente.

Proponente de los objetos funcionales: Sin embargo, podemos comprobar con una percepción directa que, por ejemplo, el fuego consume la madera. En nuestra tradición se dice que cualquier objeto que percibamos de manera directa tiene existencia verdadera y, por lo tanto, no tiene sentido afirmar que estos objetos no la tienen.

Prasanguika: Este argumento se basa en una falta de comprensión de las dos verdades. [5] Tanto los yoguis de la escuela madhyamika como los de las escuelas de los proponentes de los objetos funcionales pueden percibir de manera directa que, por ejemplo, el fuego consume la madera. La diferencia está en que vosotros, al percibir estos objetos, concebís de inmediato que poseen existencia inherente y no reconocéis su carácter ilusorio. En cambio, nosotros comprendemos su carencia de existencia inherente y su naturaleza ilusoria. Es precisamente en este tema donde los proponentes de los objetos funcionales y los madhyamikas no estamos de acuerdo.

Proponente de los objetos funcionales: [6] En ese caso, si las formas y los demás objetos funcionales no existen de manera verdadera, es una contradicción afirmar que pueden ser objetos de una percepción válida directa.

Prasanguika: Estas percepciones directas de objetos funcionales como las formas son válidas en el sentido de que perciben objetos que existen de manera convencional, pero no lo son con respecto a su existencia última. Las formas existen, pero no son más que una mera designación de la mente conceptual y son establecidas por convención.

En realidad, el cuerpo humano es impuro aunque normalmente se considere como algo puro y limpio. Del mismo modo, los fenómenos carecen por completo de existencia inherente, aunque aparezcan en las mentes de los seres ordinarios como si la tuvieran. Por lo tanto, la forma en que los fenómenos parecen existir no se corresponde con la manera en que realmente existen. Los fenómenos no existen como parecen. Por ejemplo, una mujer creada por el conjuro de un mago no es una mujer verdadera, pero el público que tiene la vista afectada por el hechizo percibe esta ilusión y cree que es real. Por lo tanto, se dice que esta mujer es un engaño. Del mismo modo, los seres cuyas mentes están ofuscadas por el aferramiento a la existencia inherente, perciben los fenómenos con existencia inherente, aunque en realidad no existen de este modo. Por lo tanto, se dice que los fenómenos son falsos y engañosos, pues la manera en que parecen existir no se corresponde con el modo en que realmente existen.

Proponente de los objetos funcionales: Negar la existencia inherente o verdadera de los objetos funcionales es lo mismo que no admitir que existen o que poseen alguna naturaleza. Por lo tanto, tu argumento contradice las enseñanzas de Buda cuando dicen que todos los fenómenos condicionados son impermanentes por naturaleza.

Prasanguika: No hay ninguna contradicción. [7] Buda enseñó que los objetos funcionales poseen una naturaleza impermanente burda y otra sutil para conducir a los seres de manera gradual hacia la visión más elevada que revela su carencia de existencia inherente o verdadera. Cuando giró la primera rueda del Dharma en Varanasi, es cierto que mostró con claridad que todos los fenómenos condicionados son impermanentes. No obstante, no prentendía afirmar que su surgimiento y cesación momentáneos poseen existencia inherente, sino que solo surgen y cesan de manera convencional.

Proponente de los objetos funcionales: Sin embargo, es incorrecto afirmar que desde un punto de vista convencional los fenómenos condicionados son impermanentes, es decir, que están sometidos a un cambio continuo, porque las personas corrientes no pueden percibir esta transición. Así pues, al no ser percibida, la impermanencia no se ajusta a tu criterio para establecerla como verdad convencional. Cuando las personas corrientes ven por la tarde un objeto que ya habían visto por la mañana, no perciben ninguna señal visible de cambio y, por lo tanto, concluyen que es permanente.

Prasanguika: Aunque las personas corrientes vean los objetos funcionales de este modo, su percepción es incorrecta. Nunca hemos afirmado que para que un fenómeno sea una verdad convencional válida, las personas corrientes han de poder percibirlo. Este no es nuestro criterio. La naturaleza impermanente de los fenómenos condicionados, por ejemplo, es establecida por la percepción válida convencional de los yoguis que han adquirido una comprensión de la naturaleza sutil transitoria de los objetos funcionales. [8] Así pues, no hay contradicción entre la experiencia de los yoguis y nuestra afirmación de que los objetos funcionales existen solo de manera convencional.

Proponente de los objetos funcionales: Pero, entonces, ¿tus argumentos no contradicen las enseñanzas de Buda cuando dicen que al percibir la impermanencia vemos la realidad?

Prasanguika: Esta afirmación va dirigida a las personas que creen que las formas son permanentes y que el cuerpo es puro y limpio. En comparación con su punto de vista, es correcto decir que percibir la impermanencia es ver la realidad. Normalmente se considera que el cuerpo es algo limpio y puro, pero en realidad no lo es. Si lo fuera, la visión de las personas corrientes sería contraria a la realización del yogui de que la naturaleza de los cuerpos de los seres ordinarios es impura.

Proponente de los objetos funcionales: Si ningún fenómeno tuviera existencia verdadera, Buda tampoco la tendría. En ese caso, puesto que no habría un verdadero Buda, ¿cómo podríamos acumular méritos haciéndole ofrendas?

Prasanguika: [9] Al igual que tú acumulas méritos, que consideras que existen de manera verdadera, al mostrar respeto a Buda, que también crees que existe de este modo, nosotros también acumulamos méritos, que consideramos como una ilusión, al mostrar respeto a Buda, a quien asimismo reconocemos como una ilusión. Tanto si consideramos que Buda existe de manera inherente como si no, si por nuestra parte confiamos en él con fe y lo respetamos, acumularemos méritos.

Proponente de los objetos funcionales: Si los seres sintientes no existen de manera verdadera y son como una ilusión, ¿cómo renacen después de morir? Cuando una mujer creada por el conjuro de un mago cesa, no vuelve a surgir.

Prasanguika: Los seres sintientes no son como una ilusión en todos los aspectos. Los comparamos con una ilusión para demostrar que carecen de existencia inherente. La mujer creada por el conjuro de un mago no existe por su propio lado como mujer, sino que somos nosotros quienes pensamos que es una mujer verdadera. Del mismo modo, los seres sintientes no existen de manera inherente, por su propio lado, pero lo hacen como una designación conceptual. Solo en este aspecto son similares a las ilusiones.

[10] Cuando se reúnen las causas y condiciones necesarias para que aparezca una mujer ilusoria, esta aparece. Del mismo modo, siempre que un ser sintiente reúna las causas y condiciones necesarias para renacer en el samsara, lo seguirá haciendo. Por lo tanto, ambas apariencias dependen de un conjunto específico de causas y condiciones.

Proponente de los objetos funcionales: Pero hay una gran diferencia. La mujer creada por el mago solo permanece durante un breve periodo de tiempo, mientras que los seres sintientes han existido desde tiempo sin principio. Por lo tanto, podemos decir que la primera es falsa, pero estos últimos existen de manera inherente y verdadera.

Prasanguika: La diferencia en su duración no es una razón válida para establecer que una existe de manera verdadera y la otra es falsa. Si lo fuera, se deduciría que las ilusiones o los sueños que duran mucho tiempo son más verdaderos que los que duran poco. Puesto que evidentemente esto no es cierto, todas las ilusiones y los sueños son igualmente falsos.

Proponente de los objetos funcionales: Si los seres sintientes fueran como ilusiones, no sería perjudicial matarlos, al igual que no lo es matar a una mujer ilusoria creada por un mago.

Prasanguika: [11] La razón de que no acumulemos karma negativo al matar a una mujer creada por un mago es que carece de mente. Sin embargo, si perjudicamos a una persona que sí la

SABIDURÍA

tenga, crearemos karma negativo, y si por el contrario la beneficiamos, acumularemos méritos. De todas formas, al matar a una mujer creada por un mago, no nos libramos por completo del karma negativo y de padecer las malas consecuencias de esta acción. Aunque no creamos el karma completo de matar, todavía acumulamos cierto karma negativo debido a nuestra intención de hacerlo.

Proponente de los objetos funcionales: Si tanto los seres sintientes como la mujer creada por un mago carecen de existencia verdadera, ¿cómo es posible que uno tenga mente y el otro no?

Prasanguika: [12] La mujer creada por el mago no tiene mente porque sus causas, como el conjuro, los ingredientes mágicos, las piedras y los trozos de madera, no pueden generar una mente. Diferentes causas producen distintas clases de ilusiones, [13] y no hay ninguna causa que por sí misma pueda producir distintos resultados.

Proponente de los objetos funcionales: Vosotros, los madhyamikas, afirmáis que la vacuidad de existencia inherente es el estado natural del nirvana. Por lo tanto, los seres sintientes poseen el estado del nirvana porque este es su naturaleza última. En este caso, habría algo en común entre el samsara y el nirvana. [14] También se deduciría que aunque Buda ha alcanzado el nirvana, también está en el samsara, en cuyo caso, ¿qué sentido tendría adoptar el modo de vida del Bodhisatva para alcanzar la Budeidad?

Prasanguika: Aunque a la vacuidad de la existencia verdadera del samsara la llamamos *nirvana natural*, no nos referimos al verdadero estado del nirvana que alcanzan los Budas y los Arjats. Por lo tanto, nuestra intención no es afirmar que alguien pueda estar al mismo tiempo en el samsara y en el nirvana. Solo al eliminar la causa del samsara, la ignorancia, podremos lograr el nirvana. Mientras la causa del samsara continúe, no habrá posibilidad de alcanzar la liberación. Lo mismo ocurre con las ilusiones, es decir, que mientras no eliminemos sus causas, seguirán manifestándose y solo dejarán de hacerlo cuando estas desaparezcan. [15] Cuando hayamos eliminado la causa del samsara, este no podrá existir ni siquiera convencionalmente.

REFUTACIÓN DE LA POSICIÓN ESPECÍFICA DE LA ESCUELA CHITAMATRA

En ambos sistemas mahayanas de filosofía, el chitamatra y el madhyamika, se considera que las consciencias sensoriales de los seres sintientes son estados mentales incorrectos. Para los chitamatrins esto es así porque los objetos de las consciencias sensoriales parecen existir de manera externa, pero para los prasanguikas lo es porque estos objetos parecen existir de forma inherente. Por lo tanto, ambos llegan a la misma conclusión, aunque por medio de razonamientos distintos. Puesto que los chitamatrins niegan la existencia externa, es decir, que la naturaleza de los objetos sea distinta que la de la consciencia que los aprehende, y los prasanguikas niegan la existencia inherente, es decir, que los objetos existan por su propio lado o por su propia naturaleza sin ser designados por la mente, ambos consideran que las consciencias sensoriales son incorrectas.

Chitamatrin: Si, como afirmas, todos los fenómenos carecieran de existencia verdadera, las consciencias sensoriales incorrectas no existirían. Por lo tanto, ¿qué consciencia puede percibir objetos ilusorios como las formas? Puesto que no habría consciencia, los objetos ilusorios también dejarían de existir.

Prasanguika: [16] Según tu opinión, ¿las formas, etcétera, existen de la manera en que aparecen ante la consciencia o no? Si lo hacen, tendrás que reconocer que son objetos externos, porque así es como aparecen, y no podrás afirmar que son como ilusiones. Si, por el contrario, no existen del modo en que aparecen, se deduce que no pueden existir de manera verdadera, puesto que *existir de manera verdadera* significa 'existir de la manera en que aparece'. En tu escuela, *no existir de manera verdadera* significa 'no existir'. Por lo tanto, también tendrías que admitir que las formas ilusorias no existen y, en ese caso, no podría haber percepciones de formas.

Chitamatrin: Es cierto que las formas no existen de la manera en que las percibe la consciencia visual porque esta lo hace como si existieran externamente. Por lo tanto, no son objetos que existan de manera externa, sino que su naturaleza es la misma que la de la mente. Sin embargo, no son mente porque carecen de sus propiedades, pero su naturaleza tampoco es distinta de la de ella y, por lo tanto, decimos que es inexpresable. Es similar al elefante que vemos en sueños, que también es inexpresable porque, aunque no es mente, tampoco es diferente de ella.

Cuando vemos una película, las imágenes aparecen como si salieran de la pantalla aunque en realidad provienen del proyector que está detrás de nosotros. Esto resulta fácil de entender. Del mismo modo, cuando vemos un color azul, este aparece de forma vívida como si existiera por su propio lado. Sin embargo, el azul no existe de manera externa, sino que no es más que la percepción subjetiva que tenemos de él. Lo mismo ocurre con cualquier otro objeto de las consciencias sensoriales. Para nosotros, no existe ningún otro azul que el que aparece a la consciencia que lo aprehende. Cuando nos demos cuenta de que el azul carece de toda clase de existencia externa, comprenderemos su vacuidad.

(Puesto que la visión de la realidad de la escuela chitamatra es similar a la de la prasanguika, nos resultará muy útil estudiar su sistema filosófico. Sin embargo, debemos recordar que sus creencias no son exactamente las mismas que las del sistema prasanguika y que finalmente tendremos que abandonarlas.)

Prasanguika: [17] Si las formas ilusorias que aparecen en la mente carecen de existencia externa, ¿cómo puede surgir la mente sin tener un objeto condicionante? Si, como vosotros mismos reconocéis, la mente surge, ¿qué conocedor válido la aprehende y establece?

Chitamatrin: La consciencia visual que aprehende la forma tiene dos aspectos: uno que conoce lo ajeno, es decir, que solo aprehende objetos distintos de la consciencia, y otro autoconocedor, que solo aprehende la consciencia misma, y que nosotros denominamos *autoconocedor válido*. El autoconocedor es una consciencia que nunca decepciona y es la mente que establece la existencia de la consciencia visual de la forma y demás consciencias.

Para contrarrestar los argumentos de la escuela chitamatra, es necesario refutar la existencia de los autoconocedores, según los cuatro apartados siguientes:

1. Refutación de los autoconocedores basada en escrituras de autoridad.

2. Refutación de los autoconocedores basada en razonamientos lógicos.
3. Refutación de los argumentos de los chitamatrins para demostrar la existencia de los autoconocedores.
4. Refutación del argumento de que todos los objetos designados que existen deben tener una base de designación con existencia verdadera.

REFUTACIÓN DE LOS AUTOCONOCEDORES BASADA EN ESCRITURAS DE AUTORIDAD

Prasanguika: [18] La afirmación de que la aprehensión de la forma puede conocerse a sí misma contradice las escrituras de autoridad. Tanto en el *Sutra del descenso a Lanka* (sáns. *Lankavatarasutra*) como en el *Sutra Ratnachudapariprcha*, Buda establece que al igual que una espada no puede cortarse a sí misma, la mente tampoco puede percibirse a sí misma. Si afirmas que la mente es autoconocedora, en realidad estás postulando la existencia de una consciencia que no depende de un objeto para poder percibir. En ese caso, el sujeto y el objeto serían lo mismo, un estado mental, y sería imposible distinguirlos. Si esta consciencia existiera de este modo, tendría que ser independiente y tener existencia verdadera, y esta clase de existencia se puede refutar con numerosos razonamientos lógicos.

REFUTACIÓN DE LOS AUTOCONOCEDORES BASADA EN RAZONAMIENTOS LÓGICOS

Chitamatrin: Por ejemplo, al igual que una lámpara se ilumina tanto a sí misma como a otros objetos, la mente también puede percibirse tanto a sí misma como a otros fenómenos.

Prasanguika: [19] Esta analogía no es válida porque la luz de una lámpara no se ilumina a sí misma. Si lo hiciera, también podría decirse que la oscuridad se oscurece a sí misma, en cuyo caso sería imposible observarla, cuando en realidad es algo visible.

Chitamatrin: Entonces, tomemos otro ejemplo. Un trozo de cristal transparente se ve azul cuando lo ponemos sobre un objeto de este color. Por lo tanto, el que aparezca de color azul depende de un objeto diferente a él. En cambio, el lapislázuli no

SABIDURÍA

necesita ningún otro objeto para aparecer de color azul porque este es su color por naturaleza. [20] Del mismo modo, la consciencia visual, etcétera, están relacionadas con otros objetos que no son consciencias, mientras que los autoconocedores existen como consciencias sin estar relacionados con otros objetos que no lo son.

Prasanguika: Este ejemplo tampoco es válido. Es evidente que el color azul del lapislázuli no existe sin depender de otros fenómenos, puesto que depende de causas y condiciones. No crea su propia naturaleza.

Chitamatrin: [21] Volviendo al ejemplo de la lámpara, aunque aceptamos que no se ilumina a sí misma, su naturaleza sigue siendo iluminación.

Prasanguika: Entonces, también deberías afirmar que la mente no se conoce a sí misma, sino que su mera naturaleza es *iluminación consciente*. En este caso, ¿qué aprehende la consciencia? ¿Esta es aprehendida por otra consciencia sustancialmente distinta de sí misma? Si lo fuera, sería necesaria una serie interminable de consciencias sustancialmente distintas que fueran conscientes cada una de la anterior. De lo contrario, ¿cómo puede haber un aprehensor de consciencia? [22] Si no se puede establecer una aprehensión de la consciencia, se deduce que esta no puede ser un objeto de conocimiento y, por lo tanto, no existe. En este caso, no tendría sentido debatir si la consciencia se conoce a sí misma o no, puesto que sería como describir el aspecto de la hija de una mujer estéril.

REFUTACIÓN DE LOS ARGUMENTOS DE LOS CHITAMATRINS PARA DEMOSTRAR LA EXISTENCIA DE LOS AUTOCONOCEDORES

Chitamatrin: [23] Si la consciencia visual y demás consciencias no tienen capacidad para autoconocerse, ¿cómo es posible recordarlas en el futuro? No solo recordamos el objeto, sino también la consciencia que lo aprehendió. De ello se deduce que además de aprehender un objeto que es distinto de ella, la consciencia también se aprehende a sí misma. Por lo tanto, la memoria establece la existencia de los autoconocedores.

Prasanguika: Esta razón no es válida. Recordamos la consciencia [que aprehendió] el objeto debido a la relación que tuvo con él. Por ejemplo, existen unos roedores que muerden a los seres humanos y otros animales durante el invierno, y cuyo veneno no actúa hasta la primavera siguiente. Por lo tanto, una persona puede sentir su mordedura sin darse cuenta de que ha sido envenenada. Más tarde, cuando llegue la primavera, esta persona se pondrá enferma, se acordará de que el invierno anterior uno de estos roedores la mordió y llegará a la conclusión de que fue envenenada. Del mismo modo, el recuerdo de la consciencia que experimentó una forma en particular conlleva el de su objeto, la forma misma.

Chitamatrin: Aunque no aceptes que la memoria establece la existencia de los autoconocedores, tengo otro argumento. [24] Si alguien puede ver un pequeño objeto, como una aguja, a lo lejos, sin lugar a dudas verá una montaña que esté más cerca. Del mismo modo, si una persona que ha alcanzado la permanencia apacible puede conocer con su clarividencia la mente de personas que estén lejos, no tendrá dificultades para conocer la suya propia, puesto que la tiene tan cerca.

Prasanguika: Cuando alguien se pone una loción mágica en los ojos, puede ver con claridad tesoros enterrados bajo tierra, pero no puede ver la propia loción. Del mismo modo, el que la mente esté cerca no significa que pueda percibirse a sí misma.

Chitamatrin: Pero si refutas la existencia de los autoconocedores, ¿cómo es posible que exista la consciencia? Estarías negando la percepción de formas, sonidos, etcétera.

Prasanguika: [25] No tenemos la intención de refutar la existencia de las consciencias visual, auditiva y demás, sino solo la de los autoconocedores. Al hacerlo, no estamos negando las demás consciencias. En realidad, no es necesario abandonar estas últimas porque no son la causa del sufrimiento en el samsara y los Arjats también las poseen. La mente que hemos de abandonar es el aferramiento conceptual a las formas, los sonidos, etcétera, con existencia verdadera, puesto que este sí es la causa fundamental del sufrimiento en el samsara.

En este momento, los chitamatrins presentan un nuevo razonamiento acerca de lo que consideran que son las formas con existencia verdadera.

Chitamatrin: [26] Las formas ilusorias no son ni objetos externos distintos de la mente ni la mente misma. Por lo tanto, decimos que son inexpresables.

Prasanguika: No obstante, afirmas que las formas son fenómenos con existencia verdadera. Si la tuvieran, puesto que serían verdaderas, deberían existir de la manera en que aparecen a la consciencia visual que las percibe y ser lo que parecen ser, objetos con existencia externa. Entonces, ¿por qué mantienes que la forma no es algo distinto de la mente? Además, si la forma no existe de la manera en que la percibe la consciencia visual, no se puede decir que tenga existencia verdadera.

Por lo tanto, negar la existencia externa de los objetos y afirmar su existencia verdadera y la de la consciencia son ambas creencias erróneas. [27] Tanto los objetos de las consciencias, como las formas, etcétera, como las consciencias mismas, son ilusorios y carecen de existencia verdadera.

REFUTACIÓN DEL ARGUMENTO DE QUE TODOS LOS OBJETOS DESIGNADOS QUE EXISTEN DEBEN TENER UNA BASE DE DESIGNACIÓN CON EXISTENCIA VERDADERA

Según la escuela chitamatra, los fenómenos son o bien sustancialmente existentes o bien existentes por designación. Un objeto sustancialmente existente es aquel que puede aparecer ante la mente sin que esta tenga que referirse a otros objetos distintos a él. Los colores, una jarra, etcétera, son ejemplos de objetos sustancialmente existentes. Un objeto existente por designación es aquel cuya aprehensión depende de la de otros objetos distintos de él. Por ejemplo, la persona es un objeto que existe por designación porque no puede aprehenderse sin que la mente aprehenda o bien su cuerpo o bien su mente, que son objetos distintos de ella. Del mismo modo, no se puede aprehender el samsara sin una aprehensión de los seres que lo experimentan y, por lo tanto, también es un objeto existente por designación. Sin embargo, en la escuela prasanguika no se hace esta distinción, sino que se afirma que todos los fenómenos que existen lo hacen por designación.

Chitamatrin: El samsara y los objetos existentes por designación han de tener como bases de designación algo real y que tenga existencia verdadera. De lo contrario, serían abstractos y no tendrían ninguna función, como el espacio.

Prasanguika: [28] Pero si el samsara tuviera como base de designación algo real y con existencia verdadera, ¿cómo podríamos alcanzar la liberación o renacer en él? Por lo tanto, es imposible que el samsara dependa de una base de designación con existencia verdadera.

Si, según vuestras creencias, la mente tuviera existencia verdadera, no podría relacionarse con ningún objeto ni depender de él; no sería más que una percepción de sí misma, aislada e independiente y, por lo tanto, no podría ser contaminada por ninguna obstrucción. [29] De ello se deduciría que todos los seres son Tathagatas, seres completamente iluminados, por el mero hecho de poseer mente. Por lo tanto, ¿en qué nos beneficia intentar demostrar que la naturaleza de todos los fenómenos es solo mente?

En este momento, los chitamatrins presentan el siguiente argumento para refutar la afirmación de los prasanguikas de que los objetos no tienen existencia verdadera, sino que son como meras ilusiones.

Chitamatrin: [30] ¿Cómo es posible que al comprender que todos los fenómenos son como ilusiones podamos eliminar las perturbaciones mentales? El mago que ha manifestado una mujer ilusoria todavía puede sentir deseo por ella aunque sepa que no es una mujer de verdad. Del mismo modo, aunque sepamos que todos los fenómenos son como ilusiones, ¿qué nos impedirá tener apego y otras perturbaciones mentales?

La refutación de este argumento se presenta en los tres apartados siguientes:

1. Razón por la que el mago puede sentir deseo por la mujer ilusoria que manifiesta.
2. Razón por la que la meditación en la vacuidad puede eliminar todas las perturbaciones mentales y sus impresiones.
3. Resultados excelentes que se obtienen al abandonar el aferramiento a la existencia verdadera y sus impresiones.

SABIDURÍA

RAZÓN POR LA QUE EL MAGO PUEDE SENTIR DESEO POR LA MUJER ILUSORIA QUE MANIFIESTA

Prasanguika: [31] Mientras el mago no elimine su aferramiento a la existencia verdadera de sus mujeres ilusorias, seguirá deseándolas porque al verlas, su predisposición a percibir la carencia de existencia verdadera de estas mujeres será muy débil. Aunque el mago sepa que la mujer es una manifestación suya y, por lo tanto, no es real, esta continúa apareciendo ante él como verdadera y, debido a su tendencia instintiva a aprehenderla como si tuviera existencia verdadera, seguirá deseándola.

RAZÓN POR LA QUE LA MEDITACIÓN EN LA VACUIDAD PUEDE ELIMINAR TODAS LAS PERTURBACIONES MENTALES Y SUS IMPRESIONES

Prasanguika: [32] Solo familiarizándonos con la visión de la vacuidad durante mucho tiempo, eliminaremos todo rastro de aferramiento a la existencia verdadera. Además, al comprender que la vacuidad también es vacía de existencia inherente, descubriremos la vacuidad de la misma vacuidad. De este modo, podremos eliminar la concepción de que la vacuidad tiene existencia inherente. Cuando entendamos que todos los fenómenos carecen de existencia inherente, deberemos meditar, de entre las dieciséis vacuidades, en la vacuidad de la vacuidad. Puesto que con esta meditación disminuirá con rapidez nuestra apariencia dual, es importante practicarla en cuanto logremos una comprensión inicial de la vacuidad.

[33-34] Cuando, gracias a un razonamiento perfecto, nuestra mente realice la vacuidad de la existencia verdadera, no percibirá la existencia verdadera de la vacuidad de la propia existencia verdadera. Puesto que ya habrá establecido la carencia de existencia verdadera, no podrá volver a generar esta concepción errónea. Si seguimos meditando en esta realidad con perseverancia, finalmente lograremos el estado del Dharmakaya resultante, donde no existe actividad conceptual.

RESULTADOS EXCELENTES QUE SE OBTIENEN AL ABANDONAR EL AFERRAMIENTO A LA EXISTENCIA VERDADERA Y SUS IMPRESIONES

Es importante señalar que cuando Shantideva utiliza la dialéctica prasanguika con las demás escuelas, como los chitamatrins, no es para que adopten de inmediato su forma de pensar. En realidad, sus razonamientos solo pueden ser aceptados por aquellos que defienden de antemano la visión prasanguika o, al menos, creen en ella. En el caso del chitamatrin que está firmemente convencido de sus argumentos, la función inicial de la crítica prasanguika es hacer que reconsidere la validez de sus argumentos y se familiarice con la posición prasanguika. Solo cuando el chitamatrin haya descubierto las contradicciones de su propio sistema, podrá entender la vacuidad gracias a los silogismos prasanguikas.

Además, no debemos pensar que Shantideva solo intenta refutar la posición de ciertos adherentes a determinadas escuelas estrictas de filosofía; esta dialéctica también la podemos utilizar en nuestras contemplaciones y meditaciones. A medida que vayamos progresando en el análisis de los fenómenos para descubrir su naturaleza última, es posible que lleguemos a ciertas conclusiones similares a las de los samkhyas, chitramatrins, etcétera. Entonces, podremos utilizar el examen crítico prasanguika para comprobar si nuestras convicciones son válidas o no. De este modo, examinaremos nuestra comprensión desde otros puntos de vista y profundizaremos en ella.

Otras escuelas: Si Buda no tiene mente conceptual, ¿cómo puede enseñar el Dharma a los seres sintientes? Es una contradicción mantener que Buda carece de concepciones y al mismo tiempo enseña el Dharma.

Prasanguika: No hay ninguna contradicción. [35] Aunque los árboles y gemas que colman todos los deseos no tienen mente conceptual, pueden satisfacer los deseos de los hombres y dioses que los veneran. Del mismo modo, aunque Buda no tenga concepciones, gracias a las oraciones que realizó cuando era un Bodhisatva y a los méritos acumulados por sus discípulos, se manifiesta con una forma física y gira la rueda del Dharma para beneficiar a los seres sintientes. En realidad, no tiene mente conceptual aunque aparezca como si la tuviera.

SABIDURÍA

Otras escuelas: Pero esas oraciones las realizó en el pasado, cuando todavía era un Bodhisatva. Ahora que ha alcanzado la Budeidad, ¿cómo es posible que estos ruegos le afecten?

Prasanguika: [36] Por ejemplo, si un brahmán con poderes mántricos consagra ciertas sustancias especiales y las coloca en un relicario, estas seguirán teniendo propiedades curativas, como servir de antídoto contra venenos, incluso después de su muerte. [37] Del mismo modo, con las dos acumulaciones de méritos y sabiduría, el Bodhisatva crea el «relicario» de Buda. Aunque finalmente pase más allá del dolor al alcanzar el nirvana, podrá seguir beneficiando de manera temporal y última a los seres sintientes.

Aunque el Bodhisatva que realizó las oraciones para convertirse en Buda y acumuló méritos ha dejado de existir, su continuo mental permanece y se convierte en la mente del Dharmakaya de un Buda. Por lo tanto, el resultado de las acciones de un Bodhisatva se puede producir después de que este haya alcanzado la Budeidad.

Otras escuelas: [38] Sin embargo, si Buda no tiene mente conceptual, ¿qué sentido tiene hacerle ofrendas? Puesto que no es capaz de aceptarlas de manera consciente, ¿qué méritos creamos al ofrecérselas?

Prasanguika: Aunque Buda no tenga mente conceptual, en las escrituras se dice que acumulamos los mismos méritos al hacer una ofrenda a un Buda encarnado que al hacerla a un relicario que contenga sus restos. [39] Del mismo modo, tanto si creemos que nuestra ofrenda posee existencia verdadera como si comprendemos su vacuidad, los méritos que recibimos se corresponderán con el grado de nuestra fe. Por lo tanto, nosotros acumulamos los mismos méritos al hacer ofrendas a un Buda que consideramos ilusorio como vosotros al venerar a un Buda que creéis que posee existencia verdadera.

RAZONES POR LAS QUE QUIENES BUSCAN LA LIBERACIÓN PERSONAL DEBEN CULTIVAR LA SABIDURÍA QUE COMPRENDE LA VACUIDAD

Los prasanguikas afirman que la realización de la vacuidad no solo es necesaria para alcanzar la iluminación, sino también para lograr la liberación del samsara. En el debate que se presenta a continuación, un proponente de los principios de filosofía hinayana (vaibhashika o sautrántika) desafía esta visión de los prasanguikas.

Hinayana: [40] Si logramos una percepción directa de las cuatro noble verdades que Buda enseñó al girar por primera vez la rueda del Dharma, nos convertiremos en un Arjat y nos liberaremos del samsara. Entonces, ¿qué necesidad hay de realizar la vacuidad de la existencia verdadera?

Prasanguika: Sin realizar la vacuidad es imposible lograr la liberación, y mucho menos la iluminación. En los *Sutras de la perfección de la sabiduría* (sáns. *Prajnaparamitasutra*), Buda dijo que es necesario comprender la vacuidad para alcanzar tanto la meta hinayana como la mahayana. (Shantideva cita este texto de autoridad para introducir el debate sobre si los sutras mahayanas son o no la palabra de Buda, puesto que los hinayanas consideran que no lo son).

Hinayana: Las citas que utilizas para respaldar tus argumentos provienen de los *Sutras de la perfección de la sabiduría*, que son mahayanas. Puesto que no aceptamos estos textos como la palabra de Buda, es inútil que intentes apoyarte en su supuesta autoridad. En realidad, ¿cómo puedes demostrar que son la palabra de Buda?

Prasanguika: [41] Y tú, ¿cómo demuestras que vuestras escrituras lo son?

Hinayana: Es evidente que los sutras hinayanas son la palabra de Buda porque los dos estamos de acuerdo en ello.

Prasanguika: Sin embargo, vosotros no considerabais estos sutras como la palabra de Buda hasta que aceptasteis la validez de vuestra propia tradición. Solo lo hicisteis después de aplicar ciertos razonamientos [42] que también son válidos para demostrar que los sutras mahayanas son la palabra de Buda. Además, el que dos personas estén de acuerdo en que algo es cierto no puede utilizarse como prueba válida. Si así fuera, las escrituras védicas serían correctas, puesto que muchas personas creen en ellas.

Hinayana: [43] El hecho de que existan numerosos debates sobre las escrituras mahayanas pone en duda su autenticidad.

SABIDURÍA

Prasanguika: Aunque las escuelas no budistas debaten sobre las escrituras hinayanas, vosotros seguís pensando que son auténticas. Además, las dieciocho escuelas secundarias de los mismos vaibhashikas debaten entre ellas sobre si los sutras que revelan la existencia del estado intermedio entre la muerte y el renacimiento son, en realidad, enseñanzas de Buda. Por lo tanto, si rechazáis los sutras mahayanas porque son objeto de debate, también deberíais rechazar los vuestros.

[44] Vosotros afirmáis que para considerar un sutra como la palabra de Buda, debe de poder incluirse en el *Tripitaka*, las tres clases o «tres cestas» de enseñanzas. La mayoría de los sutras mahayanas enseñan los tres adiestramientos superiores y, por lo tanto, también pueden incluirse en el Tripitaka. Si reconocéis que las enseñanzas del primer giro de la rueda del Dharma son la palabra de Buda, ¿por qué no aceptáis que las del segundo y tercer giros también lo son? [45] ¿El mero hecho de que los *Sutras de la perfección de la sabiduría* enseñen que todos los fenómenos carecen de existencia verdadera es prueba suficiente para no considerarlo como la palabra de Buda? Quizás no reconozcáis que estos sutras son enseñanzas de Buda, pero en realidad cumplen vuestras condiciones para serlo y en ellos se imparten los tres adiestramientos superiores.

Ya que no aceptáis que los *Sutras de la perfección de la sabiduría* son la palabra de Buda, ¿por qué no rechazáis también el resto de los textos mahayanas? Y puesto que reconocéis que el *Sutra que aclara el pensamiento* (sáns. *Samdhinirmochanasutra*) es la palabra de Buda, ¿por qué no aceptáis que los demás sutras mahayanas también lo son?

Hinayana: Si los *Sutras de la perfección de la sabiduría* fueran la palabra de Buda, su antecesor inmediato, el gran Kashyapa, debería haberlos conocido. Sin embargo, es evidente que no los conocía porque nunca los mencionó y, por lo tanto, no pueden ser la palabra de Buda.

Prasanguika: [46] El hecho de que vosotros y el gran Kashyapa no conozcáis los sutras mahayanas no significa que no sean la palabra de Buda. Este razonamiento es incorrecto.

[47] Después de que Buda falleciera, los monjes Arjats fueron los responsables de propagar las enseñanzas de Buda y se convirtieron en sus depositarios. No obstante, si como vosotros

afirmáis, ellos no comprendían que todos los fenómenos carecen de existencia inherente, resulta difícil aceptar que en realidad eran Arjats. Es imposible que un Arjat, un ser liberado del samsara, siga aferrándose a la existencia verdadera.

Proponente de los objetos funcionales: [48] Meditando solo en los dieciséis aspectos de las cuatro nobles verdades, como la impermanencia, es posible acabar con el sufrimiento y alcanzar la liberación. No es necesario realizar la vacuidad de la que tú hablas para convertirse en un Arjat.

Prasanguika: Esta creencia es errónea. Si meditamos en los dieciséis aspectos de las cuatro nobles verdades, como la impermanencia, solo es posible abandonar de forma temporal las perturbaciones mentales manifiestas. Vosotros pensáis que al hacerlo se alcanza el nirvana, pero en realidad el potencial kármico de renacer en el samsara todavía existe.

Proponente de los objetos funcionales: [49] El abandono de las perturbaciones mentales que se alcanza al meditar en los dieciséis aspectos de las cuatro nobles verdades no es temporal, sino definitiva, e incluye también la eliminación de todas las impurezas. Estos Arjats carecen de ansia, la causa principal para renacer en el samsara y, por lo tanto, es imposible que vuelvan a hacerlo.

Prasanguika: Según vosotros, hay dos clases de ignorancia: perturbada y no perturbada. Si habláis de ignorancia no perturbada, ¿por qué no aceptáis también el ansia no perturbada? Este tipo de ansia sería el que tendrían los que vosotros consideráis *Arjats*. Aunque de manera temporal no experimenten el ansia que surge de la aprehensión de un yo con existencia autosuficiente y sustancial, seguirán teniendo el que surge del aferramiento al yo con existencia verdadera.

Hasta que no comprendamos que las sensaciones agradables carecen de existencia inherente, seguiremos deseándolas. [50] Vosotros afirmáis que el Arjat tiene sensaciones agradables y las aprehende como si tuvieran existencia inherente. Por lo tanto, debe de estar sometido al ansia que surge a partir de ellas. [51] Mientras concibamos que los fenómenos tienen existencia verdadera, seguiremos generando el ansia que proviene de estas concepciones. Al igual que una persona que haya entrado en la absorción sin discernimiento carece de manera temporal de sensaciones y discernimientos para volverlos a experimentar en cuanto surge de su absorción, vuestro supuesto Arjat volverá a tener perturbaciones mentales burdas aunque haya eliminado de forma temporal sus manifestaciones. Esto le ocurrirá a todo el que no haya abandonado el aferramiento a la existencia verdadera.

Por lo tanto, debemos esforzarnos por realizar la vacuidad de la existencia verdadera no solo para alcanzar la Budeidad, sino también para lograr el nirvana.

Es posible que nos preguntemos por qué los prasanguikas mantienen este debate con las escuelas hinayanas y los chitamatrins. Hay dos razones para ello: primero, demostrar que solo la visión última de los prasanguikas puede cortar la raíz del samsara, y segundo, refutar las creencias que contradicen esta visión y son un obstáculo para comprenderla. No obstante, si la única visión correcta es la de los prasanguikas, ¿por qué Buda enseñó las demás?

Las enseñanzas de las cuatro escuelas de filosofía budista demuestran con claridad la destreza de Buda. Un buen médico no receta la misma medicina a todos sus pacientes, sino que los trata según su enfermedad. Del mismo modo, cuando Buda giraba la rueda del Dharma, impartía sus enseñanzas según las inclinaciones de sus diferentes discípulos. Al igual que un doctor prescribe a cada paciente un tratamiento distinto, los Budas también conducen a los seres sintientes hacia la iluminación según su capacidad. Si solo enseñaran la visión prasanguika, sería como el médico que receta la misma medicina a todos sus pacientes.

La intención de Buda Shakyamuni es conducir de forma gradual a todos sus discípulos a la escuela más elevada, la prasanguika, y para ello enseñó las escuelas vaibhashika, sautrántika, chitamatra y svatántrika. Estas últimas son como los peldaños de una escalera que nos lleva a la visión prasanguika. Aunque Buda enseñó diferentes sistemas filosóficos, su visión verdadera es la prasanguika. Por lo tanto, si deseamos alcanzar la iluminación perfecta, debemos estudiar con sinceridad esta escuela y meditar en sus postulados.

Prasanguika: [52] Los Bodhisatvas Superiores no caen en los extremos del apego ni del miedo. En este contexto, el extremo del apego, también llamado *extremo del samsara*, se refiere a tener apego a la existencia verdadera de los fenómenos y, como resultado, renacer en el samsara bajo el control de las acciones y los engaños. El extremo del miedo o *extremo de la paz solitaria* se refiere a tener miedo a los sufrimientos del samsara y, en consecuencia, buscar el nirvana para uno mismo. Evitando estos dos extremos, los Bodhisatvas Superiores, motivados por su gran compasión, renacen en el samsara para beneficiar a los seres sintientes que, debido a su confusión, experimentan sufrimiento. La habilidad que tienen los Bodhisatvas Superiores para seguir renaciendo de este modo es el fruto de su meditación en la vacuidad. Puesto que meditan en la vacuidad motivados por su gran compasión, evitan los dos extremos.

[53] El aferramiento a la existencia verdadera es la raíz del samsara. Mientras no refutemos su objeto concebido, la existencia verdadera, no podremos cortar esta raíz y alcanzar el nirvana. Las dos obstrucciones, las de las perturbaciones mentales y las obstrucciones al conocimiento, se eliminan al realizar que todos los fenómenos carecen de existencia verdadera. Por lo tanto, ¿por qué aquellos que desean alcanzar la iluminación lo antes posible no meditan en ello?

[54] Por todas estas razones es incorrecto rechazar la sagrada vacuidad de la existencia verdadera. En las siguientes estrofas seguiremos estableciendo la vacuidad para consolidar nuestra convicción en el sistema filosófico que la comprende. Todo aquel que desee alcanzar la iluminación o el nirvana debe esforzarse por meditar sin vacilaciones en esta visión perfecta de la vacuidad.

Otras escuelas: [55] Aunque estamos de acuerdo contigo, no queremos meditar en la vacuidad porque nos da miedo.

Prasanguika: Sin embargo, ¿no es el aferramiento al yo la causa de todos los temores del samsara? Por lo tanto, deberíamos tener más miedo a este aferramiento que a la vacuidad. Es absurdo tenerle miedo a la vacuidad porque si meditamos en ella, eliminaremos todos los temores del samsara. Entonces, ¿por qué temerla? [56] Si existiera en realidad el yo con existencia verdadera, tendría sentido tener miedo, pero como no existe,

SABIDURÍA

¿quién con existencia inherente es el que teme? Si lo pensáis con detenimiento, comprenderéis que este yo no existe. Esforzaos por comprenderlo correctamente y os liberaréis de todos los temores.

EXPOSICIÓN EXTENSA DE LOS RAZONAMIENTOS LÓGICOS
QUE ESTABLECEN LA VACUIDAD

Como ya se ha mencionado, la vacuidad o *shunyata* se refiere a la carencia de existencia verdadera o inherente de todos los fenómenos. Por lo tanto, la sabiduría que realiza la vacuidad comprende que, a pesar de las apariencias, todos los fenómenos carecen de un yo. Los razonamientos utilizados para demostrarlo se presentan en los dos apartados siguientes:

1. Exposición extensa de los razonamientos que establecen la vacuidad de la entidad propia de las personas.
2. Exposición extensa de los razonamientos que establecen la vacuidad de la entidad propia de los fenómenos.

EXPOSICIÓN EXTENSA DE LOS RAZONAMIENTOS QUE ESTABLECEN
LA VACUIDAD DE LA ENTIDAD PROPIA DE LAS PERSONAS

Este apartado se divide en tres partes:

1. Refutación del objeto concebido del aferramiento innato a la entidad propia de las personas.
2. Refutación del objeto concebido del aferramiento adquirido intelectualmente a la entidad propia de las personas.
3. Refutación de los argumentos contrarios a las refutaciones anteriores.

Hay dos clases de perturbaciones mentales: adquiridas intelectualmente e innatas. Las primeras solo surgen en la mente de aquellos que están bajo la influencia de creencias que no son las que ellos tienen de manera instintiva. Por ejemplo, podemos escuchar a un chitamatrin exponer su doctrina acerca de que los fenómenos activados por otros tienen existencia verdadera y, al convencernos de sus argumentos, adoptar su punto de vista. La creencia en esta existencia verdadera sería una perturbación mental adquirida intelectualmente. En cambio, todos tenemos una tendencia natural e instintiva a considerar que tanto nosotros mismos como los objetos que nos rodean tenemos existencia verdadera, sin necesidad de recibir enseñanzas de nadie. Esta creencia engañosa es una perturbación mental innata. Por lo general, solo los seres humanos tienen perturbaciones mentales adquiridas intelectualmente, mientras que las innatas surgen en la mente de todos los seres sintientes.

REFUTACIÓN DEL OBJETO CONCEBIDO DEL AFERRAMIENTO INNATO A LA ENTIDAD PROPIA DE LAS PERSONAS

Antes de negar el objeto concebido del aferramiento innato de las personas, es importante conocer su naturaleza. El aferramiento innato a la entidad propia de las personas es la mente innata que concibe que las personas tienen existencia inherente. Cuando alguien se dirige a nosotros, pensamos de inmediato: «Me está hablando a 'mí'». No pensamos que lo está haciendo a nuestro cuerpo o mente. Pensamos que habla a un yo que no tiene relación con nuestro cuerpo o mente. Este yo que aparece tan vívido es el objeto concebido por el aferramiento innato a la entidad propia de las personas. Este es el objeto sutil de negación de la vacuidad. Hay quien pueda pensar que este yo que aparece tan vívido es el objeto burdo que niega la vacuidad de la entidad propia de las personas, pero en realidad no es así. Si todavía no comprendemos la diferencia entre este yo y el objeto de negación de la vacuidad burda, debemos leer de nuevo el apartado *Diferencias entre los diversos niveles de capacidad mental*. El objetivo de los razonamientos que se presentan a continuación, y que establecen la vacuidad de la entidad propia de las personas, es eliminar este yo que aparece de manera tan intensa.

Todo lo que aparece en la mente de los seres ordinarios es aprehendido como si tuviera existencia propia y verdadera. Sin embargo, esta clase de existencia no es real. Si el yo existiera tal y como aparece, con existencia verdadera, deberíamos de poder encontrarlo en uno de los tres lugares siguientes: en uno de los agregados del cuerpo o de la mente de la persona, en el conjunto de ellos o en cualquier otro lugar. No obstante, si lo analizamos con detenimiento, descubriremos que el yo no puede encontrarse en ninguno de estos lugares.

¿Por qué no es posible hallarlo en algún agregado? [57] Los dientes, el cabello y las uñas no son el yo; los huesos, la sangre, las mucosidades o las flemas tampoco lo son; ni tampoco la linfa o la pus. [58] La grasa y el sudor no son el yo; ni lo son los pulmones, el hígado o los demás órganos internos ni tampoco el excremento ni la orina. [59] La carne y la piel, el calor del cuerpo y los aires internos no son el yo. Las cavidades del cuerpo, como las del abdomen, tampoco son el yo; y los ojos, los oídos, la nariz, la lengua, las consciencias sensoriales y la mental, tampoco lo son. Cada una de estas partes individuales no pueden ser el yo porque si lo fueran, la persona tendría tantos yoes como partes. Es posible que pensemos que el cerebro es el yo, pero por propia experiencia sabemos que esto no es cierto porque cuando nos referimos al él, decimos: «Mi cerebro», y pensamos que pertenece al yo, por lo que no puede ser el propio yo.

Algunos piensan que el mero conjunto de todas estas partes es el yo. Puesto que hemos demostrado que el yo no puede encontrarse en ninguna de las partes que forman este conjunto, el conjunto mismo tampoco puede ser el yo. También está claro que no es posible encontrar el yo en ningún otro lugar que no sean los cinco agregados. Por lo tanto, tras este análisis descubriremos que el yo no puede encontrarse en ningún lugar. Puesto que no es más que una mera designación que depende del conjunto de los agregados, queda demostrado que es vacío de existencia propia y verdadera.

Todas las vacuidades se incluyen en la categoría de la vacuidad de la entidad propia de las personas o en la de la vacuidad de la entidad propia de los fenómenos. La vacuidad de la existencia inherente de la persona se denomina *vacuidad sutil de la persona*, y la de los fenómenos, como los agregados, *vacuidad sutil de los fenómenos*. Las dos clases de vacuidad son sutiles.

La vacuidad de los fenómenos se tratará con posterioridad en el presente capítulo. A continuación, se utiliza un ejemplo para ayudarnos a comprender la carencia de existencia verdadera y sutil de la persona. Si al anochecer vemos una cuerda a rayas, la podemos confundir con una serpiente y, en consecuencia, tener miedo. En ese momento, no percibimos una cuerda a rayas, sino una serpiente. Al igual que nos aferramos a esta cuerda como si fuera una serpiente, también nos aferramos a la persona como si tuviera existencia inherente. Tanto la serpiente como el yo con existencia inherente son los objetos concebidos de sus respectivas concepciones, y la cuerda a rayas y nuestros agregados actúan como bases para generar estas concepciones erróneas respectivamente. Al aferrarnos a la serpiente, tenemos miedo, y al hacerlo a un yo con existencia inherente, experimentamos los sufrimientos del samsara. Cuando nos demos cuenta de que la serpiente, en realidad, no existe, dejaremos de percibirla, y lo mismo ocurrirá con el yo si comprendemos su carencia de existencia inherente. Cuando estas aprehensiones erróneas cesen, nos liberaremos de los temores que producen.

La primera de las concepciones erróneas no aprehende una cuerda a rayas, sino una serpiente que hemos designado sobre la cuerda. Del mismo modo, nuestro aferramiento innato a la identidad propia de la persona no aprehende los agregados del cuerpo y la mente, sino un yo con existencia inherente que aparece con intensidad. Ambas concepciones erróneas nos hacen tener miedo. Para eliminarlas, primero debemos reconocer sus respectivos objetos concebidos, la serpiente y el yo con existencia inherente, y luego comprender que no existen en absoluto. Si meditamos en esto con perseverancia, eliminaremos el aferramiento a un yo con existencia inherente y, puesto que este aferramiento es la raíz de los sufrimientos del samsara, nos liberaremos también de ellos.

Este análisis requiere una reflexión detallada. Si analizamos el ejemplo anterior y comprendemos su significado, podremos reconocer el objeto sutil que se niega en la meditación de la vacuidad. La serpiente que aprehendemos sobre la base de la cuerda y el yo con existencia inherente que aprehendemos sobre la base de los agregados no son más que meras designaciones de la mente y, por lo tanto, no existen. Cuando identifiquemos el yo con existencia inherente, habremos encontrado el objeto de negación sutil de la vacuidad. Entonces, podremos comprender esta última con facilidad. Es importante que identifiquemos con exactitud el objeto de negación para poder determinar su vacuidad. Cuando realicemos este análisis, es posible que encontremos contradicciones en los razonamientos, pero si reflexionamos con detenimiento una y otra vez, se disiparán las nubes de la confusión.

SABIDURÍA

REFUTACIÓN DEL OBJETO CONCEBIDO DEL AFERRAMIENTO ADQUIRIDO INTELECTUALMENTE A LA ENTIDAD PROPIA DE LAS PERSONAS

Este apartado se divide en dos partes:
1. Refutación del yo permanente postulado por la escuela samkhya.
2. Refutación del yo permanente postulado por las sescuelas vaisheshika y naiyayika.

REFUTACIÓN DEL YO PERMANENTE POSTULADO POR LA ESCUELA SAMKHYA

Los samkhyas defienden la existencia de un yo que posee las cinco cualidades siguientes: consciencia, cognición, experiencia, intención y permanencia. La creencia en este yo no surge de manera innata, sino que es una especulación intelectual. Por lo tanto, según lo mencionado, es un objeto concebido por el aferramiento a la entidad propia de la persona adquirido intelectualmente. En el siguiente debate, el prasanguika Shantideva refuta este objeto concebido y demuestra que dicha entidad permanente es fruto de una elaboración mental.

Prasanguika: [60] Si el yo consciente que aprehende el sonido fuera permanente, tanto si hubiera un sonido como si no, seguiría existiendo un aprehensor consciente del sonido. No obstante, ¿cómo es posible que un aprehensor consciente del sonido continúe cuando su objeto ha dejado de existir? [61] Si una consciencia, el sujeto, pudiera existir sin necesidad de un objeto, se deduciría que un trozo de madera también podría ser un sujeto consciente aprehensor. Sin un objeto del que ser consciente, es imposible que surja una consciencia.

Samkhya: No caemos en esta contradicción. El aprehensor consciente del sonido es permanente; cuando no hay ningún sonido, aprehende formas visuales u otros objetos de los sentidos. Por lo tanto, aunque no haya sonido, todavía hay un objeto de la consciencia, por ejemplo, las formas visuales.

Prasanguika: [62] Entonces, ¿por qué el aprehensor de las formas visuales no aprehende el sonido? En teoría debería hacerlo porque la aprehensión consciente del sonido es permanente.

Samkhya: Cuando se aprehenden las formas visuales, no se oye ningún sonido porque no suena ninguno en ese momento.

Prasanguika: Entonces, ¿cómo puede haber un aprehensor consciente del sonido cuando no suena ninguno? Si no hay aprehensor del sonido en ese momento, el yo que aprehende el sonido no puede ser permanente porque primero lo aprehende, y luego, no. Si fuera realmente permanente, no estaría sometido a ningún cambio. [63] Además, un aprehensor consciente no podría percibir sonidos y formas visuales al mismo tiempo, porque la aprehensión de la forma visual y la del sonido son consciencias mutuamente excluyentes.

Samkhya: Tomemos el ejemplo de un hombre: es aprehendido como hijo por su padre y como padre por su hijo. Por lo tanto, puede considerarse tanto hijo como padre aunque sea la misma persona. Del mismo modo, se puede considerar que el yo consciente es aprehensor tanto de sonido como de formas visuales según el objeto de que sea consciente en ese momento. Así pues, podemos considerar que estos dos aprehensores, aunque distintos, tienen una misma naturaleza.

Prasanguika: Tu ejemplo no sirve como prueba. El hombre es considerado padre o hijo por designación conceptual. El que sea padre, hijo o cualquier otra cosa depende de la mente que lo percibe. Por lo tanto, es un fenómeno dependiente y no tiene existencia verdadera. Sin embargo, vosotros aseguráis que los sonidos, las formas visuales y el yo consciente tienen existencia verdadera, puesto que pensáis que existen por su propio lado sin depender de ninguna designación conceptual.

[64] En vuestra escuela creéis en un principio general con existencia última cuya naturaleza es la de un estado equilibrado de las tres cualidades siguientes: actividad, luz y oscuridad. Este principio general establece la naturaleza de todos los fenómenos que se manifiestan a partir de él, como los sonidos, las formas visuales, etcétera. Se dice que estas manifestaciones tienen la misma naturaleza porque comparten la del principio general sin partes del que surgen. Por lo tanto, para vosotros, padre e hijo, fuego y agua, una columna y una jarra comparten la misma naturaleza aunque sean entidades distintas. De ello se deduce que el aprehensor del sonido y el de las formas visuales

tienen la misma naturaleza, pero ¿hay alguien que pueda atestiguarlo? Si fuera cierto, debería ser evidente, pero nunca ha sido percibido por una mente válida.

Samkhya: [65] El yo es como un actor que interpreta varios papeles. Cuando el yo consciente aprehende la forma visual, deja de aprehender el sonido.

Prasanguika: En ese caso, el yo sería impermanente porque, al igual que un actor, cambiaría de papel y de aspecto.

Samkhya: Eso no es cierto porque, aunque los aspectos cambian, su naturaleza sigue siendo la misma. Por lo tanto, el aprehensor del sonido y el de la forma visual tienen la misma naturaleza.

Prasanguika: Así pues, vosotros aseguráis que dos fenómenos no relacionados, como la aprehensión del sonido y la de las formas visuales, pueden tener la misma naturaleza, pero esto nadie lo ha propuesto antes.

Samkhya: [66] Los aspectos particulares de estos aprehensores son, en realidad, falsos, pero su naturaleza es la que es una, verdadera y permanente.

Prasanguika: Sin embargo, si los aspectos particulares son falsos, ¿cómo podéis decir que su naturaleza es verdadera?

Samkhya: Su naturaleza es verdadera y la misma porque ambos son meros aprehensores conscientes.

Prasanguika: En ese caso, todos los seres sintientes serían uno y el mismo porque también son aprehensores conscientes. [67] Además, tanto los fenómenos animados como los inanimados serían uno y el mismo porque todos comparten la naturaleza del principio general sin partes.

Samkhya: Aunque los aspectos particulares de los diferentes aprehensores son falsos, su carácter general es el mismo y verdadero.

Prasanguika: Si todos los aspectos particulares son falsos, ¿cómo es posible que el principio general del que surgen sea verdadero? Esto no tiene sentido. Además, los resultados falsos –las manifestaciones del principio general–, no pueden surgir a partir de una causa verdadera, el principio general mismo. Si la causa es verdadera, los resultados también deben serlo, y viceversa.

REFUTACIÓN DEL YO PERMANENTE QUE POSTULAN LAS ESCUELAS VAISHESHIKA Y NAIYAYIKA

Además de ser permanente, estas dos escuelas afirman que el yo es material.

Prasanguika: [68] El yo material que defendéis no puede ser el yo porque no tiene mente, al igual que una jarra tampoco la tiene.

Vaisheshika y naiyayika: Aunque el yo es material, está relacionado con la mente y, por lo tanto, puede conocer objetos.

Prasanguika: [69] Aquí hay una contradicción. Por un lado, decís que el yo es permanente, y por otro, que puede relacionarse con algo distinto a él y, como resultado, conocer y experimentar objetos. Antes de establecer esta relación, el yo no experimenta objetos, pero después de encontrar la condición causal de la mente, se convierte en un conocedor de objetos. Si el yo puede cambiar de este modo, no es permanente como aseguráis, puesto que si lo fuera, no podría sufrir ningún cambio. Además, si nunca cambia, ¿cómo puede relacionarse con la mente y convertirse en un conocedor de objetos? En resumen, se deduce que defendéis un yo que no puede realizar ninguna acción, en cuyo caso sería como afirmar que el espacio es el yo. Es absurdo hablar de un yo que no puede beneficiar ni perjudicar.

REFUTACIÓN DE LOS ARGUMENTOS CONTRARIOS A LAS REFUTACIONES ANTERIORES

Hasta ahora, Shantideva ha negado la existencia de un yo permanente con existencia verdadera que es aprehendido, bien de manera innata por todos los seres, o bien intelectualmente por los proponentes de las diferentes escuelas. A continuación, estas escuelas presentan otros argumentos para defender sus teorías y Shantideva también los refuta.

No budistas: [70] Si el yo no es permanente, ha de morir al momento siguiente, en cuyo caso, ¿cómo puede existir una relación entre el yo que comete una acción y el que experimenta su

SABIDURÍA

resultado? Si el yo muere al momento siguiente en que se comete la acción, ¿cómo puede sobrevivir para experimentar sus efectos? Se deduciría que el yo que comete una acción nunca experimentará su resultado. (Esto sería contrario a una de las enseñanzas básicas del pensamiento budista, la ley de causa y efecto, por la que una acción perjudicial produce como resultado sufrimiento, y una virtuosa, felicidad.) Por esta razón, afirmamos que el yo es permanente.

Prasanguika: [71] No tiene sentido debatir este asunto porque los dos estamos de acuerdo en que la persona que comete la acción y la que experimenta los resultados tienen aspectos diferentes. Aunque defendéis la existencia de un yo permanente que no cambia, este aparece de diferentes maneras y en momentos distintos. Decís que este yo sirve de cohesión subyacente para los diferentes aspectos que asume, y que es inmutable. Por lo tanto, ambos aceptamos que en el momento de experimentar el resultado, la persona que realizó la acción causal ya no existe. Aunque esta afirmación es correcta, sigue habiendo errores en vuestros argumentos. [72] En el momento en que se comete la acción causal, la persona que experimenta sus resultados todavía no existe.

No budistas: Entonces, ¿cómo explicáis en vuestro sistema que la misma persona que realiza la acción experimenta su resultado?

Prasanguika: Nosotros pensamos que tanto el que realiza la acción como el que experimenta su resultado no son más que meras designaciones de la mente conceptual sobre el continuo de un conjunto de agregados. Aunque la relación entre el que realiza la acción y el que experimenta su resultado se establece gracias a este continuo, no significa que una causa, la persona que comete la acción, exista cuando se produce el resultado.
[73] Además, la mente del pasado y la del futuro no pueden ser el yo porque aquella ha dejado de existir y esta todavía no existe. La mente que surge en el momento presente tampoco puede ser el yo porque, tras un análisis, no podemos encontrarlo. [74] Al igual que no hay nada dentro del tronco hueco de un platanero, tampoco encontraremos en la mente ningún yo o entidad propia tras un detenido análisis. Aunque alguien piense

que puede descubrir un yo con existencia verdadera, no podrá refutar nuestra lógica analítica.

Otras escuelas: [75] Si los seres sintientes no tienen existencia verdadera, ¿por quién debemos sentir amor y compasión?

Prasanguika: Aunque los seres sintientes no tienen existencia verdadera, defendemos la existencia convencional del amor, la compasión y la bodhichita, etcétera, que nos conducen a la meta de la iluminación. Estas mentes virtuosas las generamos en relación con los seres sintientes aunque estos sean designados por una mente ignorante como si tuvieran existencia verdadera.

Otras escuelas: [76] Si los seres sintientes existen de este modo, ¿por qué no existe también la serpiente designada sobre una cuerda a rayas? ¿Qué diferencia hay entre ambos? La serpiente también es una designación realizada por una mente ignorante.

Prasanguika: Aunque son designados de manera similar, los seres sintientes existen, pero la serpiente no.

Otras escuelas: No obstante, ¿dónde está la diferencia? Decís que los dos no son más que una mera designación de la mente ignorante y que carecen de existencia verdadera.

Prasanguika: La diferencia consiste en que la concepción que designa a los seres sintientes es una mente válida, mientras que la que designa a la serpiente no lo es. ¿Por qué la primera mente es válida? Porque surge a partir de bases válidas para designar a los seres sintientes. En cambio, la concepción de la serpiente no es válida porque en ese momento no depende de bases válidas para designar a la serpiente. Los agregados del cuerpo y la mente son bases válidas para designar a un ser sintiente porque pueden realizar las funciones que le son propias. Sin embargo, una cuerda a rayas no es una base válida para designar a una serpiente porque no puede realizar las funciones de este animal ni actuar como tal.

Es posible que nos preguntemos cómo se produce una designación válida. Imaginemos una persona que se llama Pedro. Primero, al nacer, sus padres le dieron el nombre de *Pedro* sobre el conjunto de sus cinco agregados, sus bases de designación. Por esta razón, todos, incluido el mismo Pedro, piensan: «Él es

SABIDURÍA

Pedro» o «Yo soy Pedro». Estas concepciones que surgen a partir de los agregados de Pedro son mentes válidas y, por lo tanto, Pedro existe. Sin embargo, Pedro no es más que una mera designación conceptual y, por lo tanto, no tiene existencia verdadera, es decir, no puede encontrarse entre sus bases de designación, ni de manera individual ni como un conjunto.

Los seres sintientes existen del mismo modo. En el caso de la serpiente designada sobre una cuerda, no hay bases válidas y, por lo tanto, la concepción de este animal no es una mente válida. Esta es la razón por la que decimos que esta serpiente no existe. Así pues, aunque el ser sintiente designado sobre sus agregados del cuerpo y de la mente y la serpiente designada sobre la cuerda no son más que meras designaciones y no tienen existencia verdadera, se diferencian en que uno existe y la otra no.

Otras escuelas: No obstante, si ningún fenómeno tiene existencia verdadera, aunque meditemos en la compasión y demás virtudes, ¿quién alcanzará finalmente la meta de la Budeidad?

Prasanguika: Aunque es cierto que la causa, la compasión, y el resultado, la Budeidad, carecen de existencia verdadera, si meditamos en una compasión designada de manera conceptual y dirigida hacia unos seres sintientes designados también de esta forma, alcanzaremos asimismo una Budeidad designada de manera conceptual.

Otras escuelas: Pero, puesto que los seres sintientes aparecen como si tuvieran existencia verdadera ante nuestra compasión, y esta última es una mente errónea, ¿no deberíamos rechazarla igual que al aferramiento propio?

Prasanguika: [77] Para eliminar el sufrimiento de los seres sintientes, es necesario meditar en la compasión. Por lo tanto, nunca debemos rechazar esta mente. En cambio, puesto que del aferramiento propio surgen las perturbaciones mentales de la ignorancia, el apego y el odio, y hace aumentar el sufrimiento, no hay duda de que debemos eliminarlo. En realidad, la compasión no se aferra a los seres sintientes como si tuvieran existencia verdadera, sino que solo se enfoca en ellos y en su sufrimiento. Por lo tanto, incluso una mente sin ignorancia puede tener compasión. Es la ignorancia la que se aferra a la entidad propia o existencia verdadera de los seres sintientes y demás fenómenos.

Así pues, es la ignorancia, y no la compasión, la que hemos de eliminar.

Otras escuelas: Sin embargo, es imposible eliminar el aferramiento propio de manera permanente.

Prasanguika: Pensáis de este modo porque no sabéis cómo hacerlo. La meditación sincera y continua en la vacuidad de la existencia verdadera es el mejor método para eliminar el aferramiento propio por completo.

EXPOSICIÓN EXTENSA DE LOS RAZONAMIENTOS QUE ESTABLECEN LA VACUIDAD DE LA ENTIDAD PROPIA DE LOS FENÓMENOS

Este apartado se divide en tres partes:

1. Comprensión de la vacuidad de la entidad propia de los fenómenos por medio de los cuatro emplazamientos cercanos de retentiva mental.
2. Debate sobre las dos verdades.
3. Razonamiento lógico que establece la vacuidad de la entidad propia.

COMPRENSIÓN DE LA VACUIDAD DE LA ENTIDAD PROPIA DE LOS FENÓMENOS POR MEDIO DE LOS CUATRO EMPLAZAMIENTOS CERCANOS DE RETENTIVA MENTAL

1. Emplazamiento cercano de retentiva sobre el cuerpo.
2. Emplazamiento cercano de retentiva sobre las sensaciones.
3. Emplazamiento cercano de retentiva sobre la mente.
4. Emplazamiento cercano de retentiva sobre los fenómenos.

EMPLAZAMIENTO CERCANO DE RETENTIVA SOBRE EL CUERPO

1. La carencia de existencia verdadera del cuerpo como poseedor de sus partes.
2. La carencia de existencia verdadera de las partes del cuerpo.
3. Es inapropiado tener apego a este cuerpo que carece de existencia verdadera y es como un sueño.
4. Establecer, en consecuencia, la carencia de existencia verdadera de la persona.

SABIDURÍA

LA CARENCIA DE EXISTENCIA VERDADERA DEL CUERPO COMO POSEEDOR DE SUS PARTES

Las personas corrientes como nosotros percibimos el cuerpo como si tuviera existencia verdadera, la aceptamos y nos aferramos a ella. Sin embargo, el cuerpo carece por completo de existencia verdadera. ¿De qué manera nos aferramos a él como si tuviera existencia verdadera? En lugar de considerarlo como un fenómeno que no es más que una mera designación de la mente conceptual, lo aprehendemos como si existiera por su propio lado. Esta ignorancia que aprehende los fenómenos como si tuvieran existencia verdadera es la raíz del samsara, y a partir de ella generamos el aferramiento a la entidad propia de las personas. Puesto que hasta ahora no hemos encontrado un Guía Espiritual que nos imparta estas enseñanzas, seguimos considerando que el cuerpo tiene existencia verdadera según el modo erróneo en que lo aprehendemos. Ahora debemos examinar cómo nos aferramos a este cuerpo como si tuviera existencia verdadera.

Cuando, por ejemplo, pensamos: «Mi cuerpo es atractivo», no pensamos que nuestras manos o nuestra cabeza lo sean. Percibimos de manera instintiva un cuerpo que aparece de forma vívida, que está separado de sus partes y que no tiene ninguna relación con ellas, es decir, un cuerpo con existencia verdadera. En realidad, el cuerpo no existe del modo en que lo aprehendemos y es vacío de esta aparente existencia verdadera. Si el cuerpo tuviera existencia verdadera, deberíamos poder encontrarlo en uno de los tres lugares siguientes: en una de sus partes, en el conjunto de sus partes o en cualquier otro lugar. Si lo analizamos con detenimiento, comprobaremos que no podemos encontrar un cuerpo con existencia verdadera.

[78] Ninguna de las partes del cuerpo es el cuerpo. Los pies y las piernas no son el cuerpo ni tampoco lo son los muslos ni la cintura. El estómago y la espalda no son el cuerpo ni tampoco el pecho ni los hombros. [79] Las costillas, las manos las axilas y la nuca tampoco son el cuerpo. Estas solo son partes del cuerpo, pero ninguna de ellas es el cuerpo mismo. Si cada una de las partes del cuerpo fuese el cuerpo, una persona tendría varios cuerpos.

El conjunto del tronco y las extremidades tampoco es el cuerpo porque este es meramente designado sobre este conjunto. El conjunto es la base de designación, y el cuerpo, el fenómeno designado, pero el conjunto mismo no es el cuerpo. Este tampoco puede encontrarse fuera de sus partes individuales ni del conjunto de ellas. Por lo tanto, queda demostrado que el cuerpo no es más que una mera designación de la mente conceptual y que no existe de manera inherente por su propio lado.

Otras escuelas: Nosotros pensamos que el cuerpo existe como un fenómeno separado de sus partes.

Prasanguika: [80] ¿El cuerpo existe de modo parcial entre sus partes o el cuerpo entero existe en cada parte? En el primer caso sería correcto afirmar que las partes del cuerpo existen en las manos, piernas, etcétera, pero entonces, ¿dónde encontramos ese cuerpo que posee sus partes pero está separado de ellas? No se podría encontrar ni entre sus partes ni fuera de ellas. Por lo tanto, es evidente que no es más que una mera designación a partir de sus partes. [81] En el segundo caso, si todo el cuerpo existiera en cada parte, se deduciría que las manos y las demás partes son cuerpos enteros. Por lo tanto, habría tantos cuerpos como partes.

[82] Después de realizar este análisis, hemos comprobado que el cuerpo con existencia verdadera no puede encontrarse ni dentro ni fuera del cuerpo. Por lo tanto, ¿cómo puede haber un cuerpo con existencia verdadera entre las manos y demás partes, y cómo puede haberlo fuera de ellas? Por lo tanto, queda demostrado que el cuerpo no tiene existencia verdadera.

[83] En realidad, no hay un cuerpo con existencia verdadera, pero debido a que la ignorancia aprehende las partes del cuerpo como si tuvieran existencia inherente, lo aprehendemos así. Por ejemplo, al anochecer podemos confundir un montón de piedras apiladas con un hombre. Del mismo modo, no hay ningún cuerpo con existencia verdadera ni en las manos ni en otras partes del cuerpo, pero aún así las aprehendemos de manera errónea como si fueran un cuerpo con existencia verdadera.

[84] Mientras existan las causas para confundir un montón de piedras con un hombre, generaremos la aprehensión errónea de un hombre. De igual manera, mientras sigamos aferrándonos a las manos y demás partes del cuerpo como si tuvieran existencia verdadera, seguiremos generando la aprehensión de un cuerpo con existencia verdadera.

SABIDURÍA

LA CARENCIA DE EXISTENCIA VERDADERA DE LAS PARTES DEL CUERPO

Prasanguika: [85] Al igual que el cuerpo es meramente designado sobre el conjunto de sus partes, la mano también lo es sobre el conjunto de las suyas, como los dedos, las uñas, la palma, las articulaciones, los nudillos, etcétera. Por lo tanto, la mano tampoco tiene existencia verdadera. Del mismo modo, un dedo carece de existencia verdadera porque también es designado sobre el conjunto de sus partes, como las articulaciones, la uña, etcétera. Cada articulación también es designada sobre el conjunto de sus partes y, por lo tanto, tampoco tiene existencia verdadera. [86] Las distintas partes de cada articulación son meramente designadas sobre el conjunto de partículas que las forman y tampoco tienen existencia verdadera. Las partículas, a su vez, también son designadas sobre sus partes direccionales, el norte, el sur, el este y el oeste, y, por lo tanto, tampoco tienen existencia verdadera. Asimismo, incluso las partes de las direcciones pueden subdividirse revelando una carencia, vacía como el espacio, de partes con existencia verdadera.

ES INAPROPIADO TENER APEGO A ESTE CUERPO QUE CARECE DE EXISTENCIA VERDADERA Y ES COMO UN SUEÑO

[87] Después de haber analizado el cuerpo de este modo, no podemos encontrar ni una sola parte con existencia verdadera. Por lo tanto, ¿qué persona inteligente tendría apego a este cuerpo ilusorio que es como un sueño? Es inapropiado tenerle tanto apego.

ESTABLECER, EN CONSECUENCIA, LA CARENCIA DE EXISTENCIA VERDADERA DE LA PERSONA

Puesto que el cuerpo de la persona carece de existencia verdadera, la persona misma también carece de ella. En este caso, ¿cómo es posible que haya un cuerpo masculino o uno femenino con existencia verdadera? No pueden existir de este modo. Por lo tanto, no hay motivo para tener apego a los cuerpos del sexo opuesto. Cuando hayamos comprendido la carencia de existencia verdadera del cuerpo, para dejar de aferrarnos a él, debemos recordarla en todo momento. Esta meditación se denomina *emplazamiento cercano de retentiva sobre el cuerpo.*

EMPLAZAMIENTO CERCANO DE RETENTIVA SOBRE LAS SENSACIONES

Este apartado se divide en cuatro partes:
1. Refutación de la existencia verdadera de la naturaleza de la sensación.
2. Refutación de la existencia verdadera de la causa de la sensación.
3. Refutación de la existencia verdadera del objeto de la sensación.
4. Refutación de la existencia verdadera del sujeto que experimenta la sensación.

REFUTACIÓN DE LA EXISTENCIA VERDADERA DE LA NATURALEZA DE LA SENSACIÓN

Se presenta en tres apartados:
1. Refutación de la existencia verdadera de las sensaciones desagradables.
2. Refutación de la existencia verdadera de las sensaciones agradables.
3. El yoga de meditar en la carencia de existencia verdadera de las sensaciones.

REFUTACIÓN DE LA EXISTENCIA VERDADERA DE LAS SENSACIONES DESAGRADABLES

De momento, nuestras sensaciones contaminadas actúan como causa para que sigamos atrapados en el samsara porque cuando las experimentamos, consideramos que tienen existencia verdadera. A partir de las sensaciones agradables generamos apego, y a partir de las desagradables, odio y aversión. Debido a estas perturbaciones mentales actuamos de manera perjudicial y creamos karma negativo, que producirá más sufrimiento en el futuro. Por lo tanto, no podemos liberarnos del sufrimiento hasta que dejemos de aferrarnos a nuestras sensaciones como si tuvieran existencia verdadera.

Otras escuelas: ¿Cómo puedes afirmar que las sensaciones agradables y desagradables no tienen existencia verdadera?

Prasanguika: [88] Si las sensaciones desagradables tuvieran existencia verdadera, sería imposible experimentar una sensación agradable porque aquellas nunca cambiarían bajo ninguna causa o condición. En este caso, ¿cómo podríamos tener alguna sensación agradable? Las sensaciones desagradables no permitirían que experimentásemos las agradables. Sin embargo, todos sabemos que podemos tener sensaciones agradables, lo que indica que las desagradables carecen de existencia verdadera.

REFUTACIÓN DE LA EXISTENCIA VERDADERA DE LAS SENSACIONES AGRADABLES

Prasanguika: Si las sensaciones agradables tuvieran existencia verdadera, las que tiene una persona al disfrutar de una comida deliciosa no cambiarían y tendría que experimentarlas siempre. Por lo tanto, si después muriera su hijo, no podría ponerse triste porque la sensación agradable que tuvo al ingerir la comida le proporcionaría un placer con existencia verdadera y, en consecuencia, permanente.

Otras escuelas: [89] Aunque está triste por la muerte de su hijo, sigue teniendo sensaciones agradables, pero son anuladas por el dolor y, por lo tanto, no las experimenta.

Prasanguika: ¿Cómo puede existir una sensación sin experimentarla? Si no se experimenta, no podemos decir que sea una sensación.

Otras escuelas: [90] Cuando tenemos una sensación agradable, al mismo tiempo experimentamos una sensación desagradable sutil. La presencia de una sensación agradable no implica la ausencia total del dolor.

Prasanguika: En ese momento, ¿diríais que hay una sensación desagradable? Si hay una sensación desagradable sutil, ¿cómo puede ser anulada por la intensa sensación de placer? Si hay dolor, es absurdo afirmar que también hay una sensación intensa de placer. ¿No es cierto que mientras haya dolor es imposible que haya placer?

Otras escuelas: La intensa sensación de placer anula la débil sensación de dolor, y el dolor sutil que subyace adopta la naturaleza de una sensación sutil de placer.

Prasanguika: Entonces, si decís que en realidad su naturaleza es placer, ¿cómo podéis afirmar que al mismo tiempo es dolor?

Otras escuelas: [91] De acuerdo, cuando disfrutamos de una comida deliciosa y sentimos placer, no tenemos sensaciones de dolor porque la comida actúa como condición para que se produzca el placer. Por lo tanto, la comida deliciosa es una causa inherente de placer.

Prasanguika: No obstante, una misma comida puede ser la condición para sentir placer o dolor según la persona que la ingiera. Por lo tanto, en el ejemplo anterior es una causa de placer porque la persona lo ha designado conceptualmente así. Al igual que la causa es una mera designación conceptual, las sensaciones resultantes también lo son. De este modo, queda claro que las sensaciones carecen de existencia verdadera.

EL YOGA DE MEDITAR EN LA CARENCIA DE EXISTENCIA VERDADERA DE LAS SENSACIONES

[92] Para eliminar el aferramiento a las sensaciones como si tuvieran existencia verdadera, hemos de meditar en la sabiduría que realiza que carecen de existencia verdadera. Este es el antídoto directo contra este aferramiento. La visión superior resultante, que se logra al meditar en la vacuidad con la concentración de la permanencia apacible, es el alimento de las realizaciones del yogui, y también de su cuerpo físico. Por lo tanto, debemos esforzarnos por meditar en la visión perfecta de la vacuidad.

REFUTACIÓN DE LA EXISTENCIA VERDADERA DE LA CAUSA DE LA SENSACIÓN

Este apartado se divide en tres partes:

1. Refutación de un encuentro con existencia verdadera entre el poder sensorial y el objeto.
2. Refutación de un encuentro con existencia verdadera entre el objeto y la consciencia.
3. Establecer, en consecuencia, la carencia de existencia verdadera del contacto que surge del encuentro entre el objeto, el poder sensorial y la consciencia.

REFUTACIÓN DE UN ENCUENTRO CON EXISTENCIA VERDADERA ENTRE EL PODER SENSORIAL Y EL OBJETO

A continuación, Shantideva refuta los argumentos de aquellos que afirman que los átomos no tienen partes. La causa de la sensación es el factor mental contacto, que es la respuesta mental inicial al encuentro entre la consciencia, el poder sensorial y el objeto. Es posible demostrar que este contacto no tiene existencia verdadera porque su causa, el encuentro entre la consciencia, el poder sensorial y el objeto, también carece de existencia verdadera.

[93] En primer lugar, si el encuentro entre el poder sensorial y el objeto tuviera existencia verdadera, ¿el encuentro entre las partículas atómicas, que no tienen partes, del poder sensorial y las del objeto tendría también existencia verdadera? Si fuera así, debería ocurrir bajo una de las dos condiciones siguientes: con un espacio que separe las partículas atómicas o sin él. En el primer caso, ¿cómo es posible que se encuentren? Y en el segundo caso, las dos partículas atómicas deberían convertirse en una, puesto que si no tienen partes, el encuentro ha de ser total en todos sus aspectos; un encuentro parcial, por ejemplo, entre la parte superior de un átomo y la parte inferior de otro, implicaría que una parte se encontraría, y la otra, no. En este caso, la naturaleza sin partes del átomo quedaría en entredicho.

Si los dos átomos se convirtieran en uno en un encuentro total, ¿qué es lo que se encontraría con qué? [94] Además, un átomo tendría que disolverse en el otro, y esto es imposible porque ambos tienen el mismo tamaño y no hay espacio dentro de ellos. Sin que uno se disuelva en el otro, los átomos no se pueden mezclar y, por lo tanto, no se pueden encontrar de manera total. [95] En resumen, si dos objetos carecen de partes, ¿cómo van a encontrarse? Si encontráis un fenómeno así, sería interesante conocerlo, pero en realidad es imposible.

REFUTACIÓN DE UN ENCUENTRO CON EXISTENCIA VERDADERA ENTRE EL OBJETO Y LA CONSCIENCIA

[96] No puede haber un encuentro con existencia verdadera entre una consciencia y un objeto porque aquella carece de cualidades materiales. Para que la consciencia tuviera un encuentro con existencia verdadera con un objeto material también con

existencia verdadera, debería adoptar la naturaleza de lo que encuentra y convertirse en materia. El motivo es el siguiente: puesto que el objeto material tiene existencia verdadera, ha de existir de manera inherente e inalterable. Un encuentro parcial, solo con uno de sus aspectos, sería imposible porque su modo de existencia cambiaría y tendría dos maneras de existir: una en la que se ha encontrado con algo y otra en la que no se ha encontrado con nada. Como esto es inaceptable, el encuentro ha de ser total y debe implicar necesariamente una unificación de entidad. Por lo tanto, un encuentro con una consciencia supondría que esta se unificara con el objeto y adquiriera, en consecuencia, una naturaleza material. En este caso, dejaría de ser consciencia y sería absurdo seguir hablando de este encuentro.

Del mismo modo, puesto que ya se ha refutado la existencia verdadera de un conjunto, el conjunto de partículas materiales tampoco puede tener existencia verdadera. Por lo tanto, es evidente que no puede haber un encuentro con existencia verdadera con él.

ESTABLECER, EN CONSECUENCIA, LA CARENCIA DE EXISTENCIA VERDADERA DEL CONTACTO QUE SURGE DEL ENCUENTRO ENTRE EL OBJETO, EL PODER SENSORIAL Y LA CONSCIENCIA

Prasanguika: [97] En los dos apartados anteriores hemos refutado la existencia verdadera del encuentro entre el poder sensorial y el objeto, y entre la consciencia y el objeto. De este modo, se ha demostrado que la condición que produce el contacto carece de existencia verdadera. Si el contacto que, a su vez, produce la sensación, no tiene existencia verdadera, ¿cómo podemos afirmar que la sensación la tiene?

Es imposible que una causa con existencia falsa, es decir, sin existencia verdadera y que aparece de una forma pero existe de otra, produzca un resultado con existencia verdadera, es decir, que aparezca tal y como existe. Si la causa tiene existencia falsa, su resultado también debe tenerla, los dos deben tener el mismo tipo de existencia. Por lo tanto, si la causa de la sensación, el contacto, no tiene existencia verdadera, la sensación resultante tampoco puede tenerla. En este caso, ¿qué sentido tiene esforzarse por experimentar sensaciones agradables?

Otras escuelas: Nuestro objetivo principal es eliminar toda sensación desagradable con existencia verdadera, y por ello nos esforzamos.

Prasanguika: [98] Esto también es innecesario. ¿A quién podría perjudicar una sensación con existencia verdadera? Puesto que el dolor con existencia verdadera no existe, no puede dañar a nadie, y puesto que no hay sensaciones con existencia verdadera, tampoco puede haber una persona con existencia verdadera que las experimente. Así pues, ¿por qué no intentamos eliminar las ansias de experimentar sensaciones? Si en realidad comprendiéramos que carecen de existencia verdadera, dejaríamos de anhelarlas. El ansia surge al aferrarnos a las sensaciones como si tuvieran existencia verdadera, y a partir de ahí aparecen todas las demás perturbaciones mentales, como el apego y el odio, que nos mantienen atrapados en la prisión del samsara. Si comprendemos que tanto las sensaciones como la persona que las experimenta carecen de existencia verdadera, podremos eliminar nuestro aferramiento y cortar la raíz del samsara.

REFUTACIÓN DE LA EXISTENCIA VERDADERA DEL OBJETO DE LA SENSACIÓN

[99] Todos los objetos de la consciencia, desde las formas visuales hasta los objetos tangibles, a partir de los cuales se generan las sensaciones, son como un sueño y una ilusión, y carecen por completo de existencia verdadera. No existen del modo en que aparecen ante la consciencia que los aprehende. Puesto que las causas de la sensación carecen de existencia verdadera, queda otra vez demostrado que la sensación resultante tampoco tiene existencia verdadera.

REFUTACIÓN DE LA EXISTENCIA VERDADERA DEL SUJETO QUE EXPERIMENTA LA SENSACIÓN

[100] La mente que experimenta la sensación también carece de existencia verdadera. Si el sujeto, la mente, existiera de este modo, le resultaría imposible experimentar sensaciones porque surgiría al mismo tiempo que la sensación y no podría relacionarse con su objeto. La mente y la sensación serían fenómenos inherentemente distintos uno del otro y, por lo tanto, incapaces

de relacionarse entre sí. Además, la mente que surge antes de la sensación no puede experimentarla porque esta última todavía no existe; la mente que surge después de la sensación tampoco puede experimentarla porque esta ya habría cesado; y, puesto que ya se ha demostrado que los autoconocedores no existen, es evidente que la sensación no puede experimentarse a sí misma. Además de estas, no hay ninguna otra consciencia con existencia verdadera que pueda experimentar sensaciones porque su existencia verdadera no le permitiría relacionarse con ningún fenómeno. [101] Si la consciencia que experimenta la sensación tuviera existencia verdadera, la persona que la experimenta también la tendría, y esto es imposible porque ya se ha refutado la persona con existencia verdadera.

Ahora que hemos establecido que la naturaleza, la causa, el objeto, la consciencia subjetiva y la persona que experimenta las sensaciones carecen de existencia verdadera, podemos deducir que las sensaciones tampoco la tienen. Por lo tanto, ¿qué sensaciones con existencia verdadera pueden perjudicar o beneficiar al conjunto de unos agregados? No es lógico que nos dejemos controlar por las sensaciones y el ansia que resultan de ellas porque no tienen existencia propia ni verdadera. Para eliminar el aferramiento a las sensaciones como si tuvieran existencia verdadera, debemos comprender su carencia de esta clase de existencia por medio de un detenido análisis y luego familiarizarnos profundamente con ella. Esta meditación se denomina *emplazamiento cercano de retentiva sobre las sensaciones*.

EMPLAZAMIENTO CERCANO DE RETENTIVA SOBRE LA MENTE

Este apartado se divide en dos partes:

1. La carencia de existencia verdadera de la consciencia mental.
2. La carencia de existencia verdadera de las cinco conscienciaa sensoriales.

LA CARENCIA DE EXISTENCIA VERDADERA DE LA CONSCIENCIA MENTAL

[102] Como se ha demostrado con anterioridad, la consciencia mental carece de existencia verdadera porque cuando la buscamos por medio de un análisis, no la podemos encontrar ni

SABIDURÍA

entre los seis poderes sensoriales ni entre los seis objetos de las consciencias ni en el conjunto de ambos. No es posible encontrar una consciencia mental con existencia verdadera ni dentro ni fuera del cuerpo ni en ningún otro lugar. [103] La consciencia mental no es el cuerpo ni está separada de él. Finalmente, nuestro análisis nos lleva a la conclusión de que ni la más pequeña parte de la consciencia mental tiene existencia verdadera. Esta vacuidad de existencia verdadera de las mentes de los seres sintientes se denomina *nirvana natural*.

LA CARENCIA DE EXISTENCIA VERDADERA DE LAS CINCO CONSCIENCIAS SENSORIALES

[104] Las cinco consciencias sensoriales, la de la vista, el oído, el olfato, el gusto y el tacto, tampoco tienen existencia verdadera. Si la tuvieran, se producirían numerosas contradicciones. Si una consciencia sensorial tuviera existencia verdadera, tendría que surgir antes que su objeto, al mismo tiempo que él o después de él. Si surgiera antes, ¿qué objeto percibiría? En ese momento el objeto aún no existiría. Si la consciencia sensorial y su objeto surgieran al mismo tiempo, ¿de qué objeto dependería para surgir? Antes de que surja la consciencia, ha de producirse la condición causal de su objeto o, de lo contrario, no habría ninguna relación entre la mente y su objeto. [105] Además, si la consciencia tuviera existencia verdadera e «independiente», ¿cómo podría surgir luego «en dependencia» de la condición de un objeto?

De este modo, podemos comprobar que las seis consciencias sensoriales carecen de existencia verdadera. Para eliminar el aferramiento a las consciencias, hemos de comprender su carencia de existencia verdadera por medio de un detenido análisis y luego familiarizarnos profundamente con ella. Esta meditación se denomina *emplazamiento cercano de retentiva sobre la mente*.

EMPLAZAMIENTO CERCANO DE RETENTIVA SOBRE LOS FENÓMENOS

Al igual que la persona, el cuerpo, las sensaciones y la mente carecen de existencia verdadera, todos los demás fenómenos también carecen de ella. Si, por ejemplo, un coche tuviera existencia verdadera e independiente, al buscarlo entre sus partes y en el conjunto de ellas, deberíamos poder encontrarlo, pero esto es imposible. El coche no es ninguna de sus partes ni el conjunto de ellas. Si cada una de sus partes fuera el coche, habría tantos coches como partes. Por lo tanto, puesto que ninguna de las partes son el coche, ¿cómo pueden serlo el conjunto de ellas? El conjunto de las partes del coche no es el coche, sino su base de designación. El coche es el fenómeno designado «en dependencia» del conjunto de sus partes. Como en el ejemplo de Pedro mencionado con anterioridad, primero se reúnen las partes del coche y luego se da el nombre *coche* a este conjunto. El coche no es ninguna de las partes ni el conjunto de ellas, sino una mera designación conceptual que depende de bases válidas y, por lo tanto, carece de existencia propia. Todos los demás fenómenos también existen de este modo.

Para eliminar el aferramiento a todos los fenómenos como si tuvieran existencia verdadera, hemos de comprender su carencia de esta clase de existencia por medio de un detenido análisis y luego familiarizarnos profundamente con ella. Esta meditación se denomina *emplazamiento cercano de retentiva sobre los fenómenos*.

DEBATE SOBRE LAS DOS VERDADES

Otras escuelas: [106] Si todos los fenómenos carecieran de existencia verdadera, no podrían existir de manera convencional y, por lo tanto, la presentación de las verdades convencionales no sería válida. Y si no hubiera verdades convencionales, tampoco sería posible establecer las verdades últimas, es decir, su naturaleza última. Si las verdades convencionales no son más que una mera designación de la mente errónea del aferramiento a la existencia verdadera, ¿cómo pueden ser «verdades» convencionales? Además, ¿cómo podrían los seres sintientes trascender el dolor y alcanzar el nirvana?

Prasanguika: [107] No hay ninguna contradicción. Según nuestro sistema, existir de manera convencional no significa ser designado por la concepción errónea que se aferra a la existencia verdadera. Las verdades convencionales son designadas por una mente conceptual válida, que a su vez surge a partir de bases válidas de designación. Primero deben existir estas bases válidas y, a continuación, se establece una verdad convencional cuando la mente que surge a partir de ellas la aprehende. Sin la designación de esta mente válida, no podemos considerar que un fenómeno sea una verdad convencional.

[108] Según la escuela madhyamika-prasanguika, la concepción subjetiva y el objeto aprehendido y designado por ella se establecen en dependencia mutua. Por lo tanto, ninguno de los dos tiene existencia verdadera e independiente. Todos los fenómenos se establecen según lo válidamente aceptado por la mayoría de las personas. Los fenómenos no son más que una mera designación de la mente conceptual y ni el más pequeño de sus átomos tiene existencia verdadera.

Otras escuelas: [109] Cuando la mente analítica llega a la conclusión de que todos los fenómenos carecen de existencia verdadera, no puede comprender que ella misma también carece de ella. Por lo tanto, ¿hay alguna otra mente analítica que comprenda que la mente analítica original no tiene existencia verdadera? Si no la hubiera, la mente analítica original tendría existencia verdadera, algo que no aceptáis en vuestro sistema. Si fuera necesaria otra mente analítica, haría falta otra más para comprender su carencia de existencia verdadera, y así seguiríamos sucesivamente en un absurdo proceso sin fin.

Prasanguika: [110] No es necesaria ninguna mente analítica para establecer la carencia de existencia verdadera de la mente analítica original. La mente analítica que comprende que todos los fenómenos carecen de existencia verdadera no encuentra ni un solo átomo con esta clase de existencia. Puesto que se niega de manera directa la existencia verdadera de todos los fenómenos, la de la propia mente analítica también es negada de manera implícita. Por lo tanto, no es necesario que otra mente analítica niegue la existencia verdadera de la mente analítica original. Esta carencia de existencia verdadera del sujeto y del objeto se denomina *estado natural del nirvana*. Y si meditamos en la vacuidad con perseverancia, alcanzaremos el nirvana verdadero y nos liberaremos de todas las faltas transitorias.

Por lo tanto, en nuestra escuela establecemos de forma válida la carencia de existencia verdadera tanto del sujeto como del objeto. En realidad, nosotros podemos probar nuestros argumentos, mientras que los proponentes de las escuelas inferiores, no. Por ejemplo, [111] los chitamatrins no pueden demostrar la existencia verdadera de la consciencia aprehensora ni la de su objeto porque no encuentran una prueba clara y convincente para poder hacerlo.

Chitamatrin: [112] El hecho de que la consciencia aprehenda las formas y otros objetos con existencia verdadera es prueba suficiente de que la tienen.

Prasanguika: Pero, ¿cómo pretendéis demostrar la existencia verdadera de los objetos de la consciencia con este razonamiento? La consciencia y sus objetos se establecen como tales en dependencia mutua. Por lo tanto, ambos carecen de existencia verdadera e independiente.

Chitamatrin: Puesto que la mente percibe de forma inmediata y directa que sus objetos tienen existencia verdadera, la mente misma también debe de existir de este modo.

Prasanguika: Entonces, ¿qué mente es la que comprende que la consciencia tiene existencia verdadera? Puesto que ya hemos refutado la existencia de autoconocedores, si proponéis otra consciencia que establezca la existencia verdadera de la consciencia original, tendréis que admitir un proceso sin fin de tales cogniciones.

Chitamatrins: Todos los objetos de la consciencia tienen existencia verdadera porque así lo establece la cognición válida.

Prasanguika: [113] ¿Cómo es posible esto? La consciencia y sus objetos se establecen en dependencia mutua y, por lo tanto, no tienen existencia verdadera. Lo largo se establece en dependencia de lo corto, y viceversa; la montaña lejana se establece en relación con la montaña cercana, y viceversa. Si un hombre no tiene hijos, no es padre, y sin un padre no puede haber hijos. Por lo tanto, el padre y el hijo dependen el uno del otro y carecen de existencia propia y verdadera. Del mismo modo, la consciencia se establece en dependencia del objeto al que conoce, y el objeto de la consciencia, en dependencia de la consciencia que lo percibe. Por lo tanto, la consciencia y sus objetos son fenómenos que existen en dependencia mutua y carecen de existencia verdadera e independiente.

Chitamatrin: [114] El que un brote con existencia verdadera surja de una semilla es una clara indicación de que esta también tiene esta clase de existencia. De igual modo, puesto que una consciencia con existencia verdadera surge del objeto de la consciencia, ¿no es una clara indicación de que este también existe también así?

Prasanguika: [115] Es correcto afirmar que una mente sustancialmente distinta del brote puede comprender que este tenía una semilla como causa, puesto que lo prueba el mismo brote. Sin embargo, ¿qué mente puede conocer la consciencia con existencia verdadera que, según vosotros, es una clara indicación de la existencia verdadera de sus objetos? Ya hemos refutado la posibilidad de autoconocedores que ejerzan esta función y, además, no aceptáis la posibilidad de que exista una consciencia sustancialmente distinta.

RAZONAMIENTO LÓGICO QUE ESTABLECE LA VACUIDAD DE LA ENTIDAD PROPIA

Este apartado se divide en tres partes:

1. El razonamiento lógico del rayo vajra.
2. El razonamiento lógico de la relación dependiente.
3. El razonamiento lógico que refuta la producción inherente de los objetos existentes e inexistentes.

EL RAZONAMIENTO LÓGICO DEL RAYO VAJRA

Se presenta en cinco apartados:

1. Refutación de la producción sin causa.
2. Refutación de la producción de una causa permanente distinta.
3. Refutación de la producción del principio general permanente.
4. Resumen de la refutación de la producción sin causa.
5. Refutación de la producción a partir de uno mismo y a partir de otros.

REFUTACIÓN DE LA PRODUCCIÓN SIN CAUSA

La escuela no budista charvaka afirma que los fenómenos, como la salida del sol, el fluir del agua hacia abajo, la redondez de los guisantes, la agudeza de un pincho, los colores de la cola de un pavo real y la suavidad del tallo de una flor de loto, no son producidos a partir de causas, sino que surgen por su propia naturaleza.

Prasanguika: [116] Esto es obviamente incorrecto porque cualquier persona puede percibir de manera directa que la mayoría de los fenómenos, tanto internos como externos, como por ejemplo las cosechas, tienen causas. Del mismo modo, se puede deducir que la salida del sol, el fluir del agua hacia abajo, etcétera, surgen también a partir de causas.

Charvaka: [117] Pero, ¿qué es lo que crea las diferentes causas?

Prasanguika: Cada causa es creada a partir de sus propias causas.

Charvaka: ¿Cómo es posible que una causa específica produzca un resultado determinado? ¿Cuál es la causa particular de la agudeza de un pincho o la de los colores de la cola de un pavo real?

Prasanguika: Cada fenómeno surge a partir de un potencial que existe en sus causas. Por ejemplo, en la semilla de un pincho existe el potencial de producir su agudeza. Por lo tanto, todos los objetos funcionales proceden de una causa anterior. En resumen, todos los fenómenos impermanentes son producidos por causas porque son cambiantes, es decir, existen en un momento determinado y dejan de hacerlo en otro.

REFUTACIÓN DE LA PRODUCCIÓN DE UNA CAUSA PERMANENTE DISTINTA

Este apartado se divide en tres partes:
1. Refutación de la existencia del dios Ishvara.
2. Refutación de que Ishvara es la causa de todos los fenómenos porque es permanente.
3. Refutación de que las partículas atómicas son la causa de todos los fenómenos.

REFUTACIÓN DE LA EXISTENCIA DEL DIOS ISHVARA

Las escuelas no budistas naiyayika y vaisheshika afirman que el dios Ishvara tiene cinco características: es divino, puro y digno de veneración, permanente, carece de partes y es el crea-

SABIDURÍA

dor de todos los fenómenos. Por lo tanto, estas escuelas mantienen que Ishvara es la causa de todos los seres y los mundos en que habitan.

Prasanguika: [118] Si Ishvara es el creador y la causa de todos los fenómenos, decidme quién es.

Naiyayika y vaisheshika: Puesto que los fenómenos crecen debido al incremento de sus elementos y decrecen debido a su disminución, pensamos que los cuatro grandes elementos, tierra, agua, fuego y viento, son el mismo Ishvara.

Prasanguika: Sin embargo, nosotros pensamos lo mismo: el crecimiento y decrecimiento de los fenómenos se debe al incremento y disminución de sus elementos. Por lo tanto, ¿porqué añadís el nombre *Ishvara* a estos elementos? [119] Además, los elementos tierra, etcétera, son por naturaleza impermanentes, múltiples, inamovibles por la consciencia, no divinos, pisados y, en consecuencia, no venerados y sucios. Así pues, ¿cómo podéis afirmar que son Ishvara? Está claro que no tienen las cinco características por las que lo definís. [120] No podéis asegurar que Ishvara es el espacio porque este es inanimado e incapaz de producir efectos, ni tampoco que es el yo permanente porque eso ya lo hemos refutado.

Naiyayika y vaisheshika: El creador, el dios Ishvara, en realidad es incognoscible, por lo que vuestra crítica es irrelevante.

Prasanguika: ¿Qué sentido tiene hablar de algo que es indescriptible e incognoscible? El mero hecho de que Ishvara sea así demuestra su inexistencia.

REFUTACIÓN DE QUE ISHVARA ES LA CAUSA DE TODOS LOS FENÓMENOS PORQUE ES PERMANENTE

Prasanguika: [121] Puesto que la felicidad y el sufrimiento son el resultado de acciones realizadas en el pasado, ¿podríais decirnos con exactitud cuáles son los fenómenos creados por Ishvara?

Naiyayika y vaisheshika: Ishvara crea el yo, los átomos de la tierra, etcétera, y también el continuo subsiguiente de sí mismo.

Prasanguika: Ishvara no puede crear ningún fenómeno porque es permanente. Aquello que es permanente no puede producir efectos. Con respecto a los demás fenómenos, todas las consciencias, como la aprehensión del color azul, son producidas por los mismos objetos percibidos por ellas. [122] Y desde tiempo sin principio, la felicidad y el sufrimiento son el resultado de acciones virtuosas y perjudiciales, respectivamente. Es imposible encontrar un solo fenómeno que haya sido creado por un dios permanente. Por lo tanto, ¿qué es lo que ha creado Ishvara? Según vosotros, la felicidad y el sufrimiento son producidos por este dios que, además, no tiene principio. Si Ishvara, la causa directa, no tiene principio, ¿no llegaríamos a la conclusión absurda de que la felicidad y el sufrimiento, el resultado, tampoco lo tienen? Si la causa directa de un objeto no tiene principio, ¿cómo es posible que el objeto lo tenga?

[123] Además, para producir su creación, Ishvara tendría que ser independiente de cualquier condición o, de lo contrario, no seguiría siendo autónomo y la creación no dependería solo de él. Entonces, ¿por qué la felicidad y el sufrimiento no surgen de manera continua y sin interrupción? Deberían hacerlo puesto que su producción no dependería de ninguna otra condición y nada podría interrumpirlos. Según vosotros, todos los fenómenos han sido creados por Ishvara, y también sus condiciones. Entonces, cuando crea un resultado, ¿de qué causas y condiciones depende? El hecho de ser autónomo implica que no depende de ningún otro fenómeno.

[124] Si dijerais que depende de causas sustanciales y condiciones circunstanciales para producir su creación, la causa principal de la creación serían aquellas y no Ishvara. Por lo tanto, ¿cómo podéis afirmar que es el creador de todos los seres y los mundos en que habitan? Sin estas causas y condiciones sería imposible que Ishvara manifestase su creación. Solo cuando se reuniesen estas causas y condiciones tendría la capacidad de producir fenómenos. Por lo tanto, Ishvara sería un ser heterónomo activado por otros.

[125] El dios Ishvara no puede desear producir sufrimiento porque este es creado por nuestras propias acciones. Por lo tanto, Ishvara no puede ser el creador de todos los resultados. Si, a pesar de todo, afirmáis que sí puede serlo, también sería responsable del sufrimiento de sus criaturas. Además, si Ishvara deseara ocasionar todos los resultados, la creación dependería de sus deseos. Puesto que estos deseos son impermanentes,

SABIDURÍA

mientras que Ishvara es permanente, la creación no sería producida por el Ishvara permanente, sino por sus deseos impermanentes. Por lo tanto, ¿cómo podéis afirmar que Ishvara es la causa de todos los fenómenos?

REFUTACIÓN DE QUE LAS PARTÍCULAS ATÓMICAS
SON LA CAUSA DE TODOS LOS FENÓMENOS

La escuela no budista vaisheshika afirma que todos los seres y los mundos en que habitan son producidos por partículas atómicas permanentes. [126] Esto es incorrecto, puesto que Shantideva ya ha refutado la existencia de las partículas atómicas en la estrofa 86.

REFUTACIÓN DE LA PRODUCCIÓN DEL PRINCIPIO
GENERAL PERMANENTE

La escuela no budista samkhya, que sigue a Rishi Kapila, mantiene que todos los objetos de conocimiento pueden clasificarse en veinticinco categorías: el yo, el principio general, el intelecto y el principio del yo; las formas visuales, los sonidos, los olores, los sabores y los objetos tangibles; la vista, el oído, el olfato, el gusto y el tacto; la palabra, el brazo, la pierna, el ano y los genitales; las facultades mentales; los elementos tierra, agua, fuego, aire y espacio. De estas categorías, se considera que el principio general es la única causa o naturaleza y no un resultado o manifestación. Esto se debe a que es el origen de todas las demás categorías excepto el yo y no es causado por ningún otro fenómeno. El intelecto, el principio del yo, las formas visuales, los sonidos, los olores, los sabores y los objetos tangibles son tanto causas como resultados porque son producidos por el principio general, pero son también la causa de sus propios efectos. Las otras dieciséis categorías, como la vista, etcétera, las cinco facultades físicas de la palabra, etcétera, las facultades mentales y los cinco elementos, como la tierra, etcétera, son solo resultados y no causas. Por último, el yo no es ni causa ni resultado, sino un experimentador y utilizador de objetos.

El principio general es la raíz natural o causa fundamental de todos los resultados, y se compara con un hombre ciego sin piernas porque aunque es capaz de manifestar resultados, no puede experimentarlos ni utilizarlos. En cambio, el yo es como un hombre con vista que no tiene piernas porque puede experimentar y utilizar objetos, pero no manifestarlos.

Según esta escuela no budista, los términos *naturaleza* y *causa* son sinónimos. No obstante, diferencian entre *naturaleza general* y *naturaleza*. El intelecto y sus seis categorías acompañantes son naturalezas, pero no naturalezas generales. Solo el principio general es una naturaleza general porque es la causa principal de todos los fenómenos. Los términos *naturaleza general, causa general* y *principio general* son sinónimos. Además, el principio general tiene cinco características: es permanente, carece de partes, es material, invisible y el creador de todos los fenómenos.

El proceso de creación y manifestación ocurre del siguiente modo. Al principio, el yo piensa que le gustaría experimentar un objeto. Entonces, el principio general comienza a producir manifestaciones. A continuación, el yo experimenta y utiliza varios objetos, como las formas visuales, los sonidos, etcétera. Tanto los objetos externos como el yo aparecen ante el intelecto, que los concibe de manera falsa como si fueran uno. Al no comprender que todos los fenómenos externos son manifestaciones del principio general, los seres sintientes siguen atrapados en el samsara.

Para liberarnos de este estado, los samkhyas presentan la siguiente solución. Primero, debemos recibir instrucciones de un guía espiritual samkhya que nos enseñe el proceso de producción de todas las manifestaciones a partir del principio general. De este modo, comprenderemos que todas las manifestaciones son producidas por el principio general. Al meditar en esta verdad, iremos eliminando el apego a los objetos. Además, debemos cultivar con una profunda concentración la clarividencia del ojo divino. Cuando nuestro ojo divino perciba el principio general, este reaccionará como la querida que se ruboriza al ver a la mujer de su amante y reabsorberá en sí mismo todas sus manifestaciones. Las formas visuales, los sonidos, etcétera, desaparecerán y el yo permanente quedará solo e inactivo, libre de experimentar objetos. Esto es lo que los samkhyas consideran liberación.

[127] Las tres cualidades: luz, actividad y oscuridad, conocidas también como *tres sensaciones de indiferencia, placer y dolor en estado de equilibrio*, son la naturaleza del principio general. Los estados de desequilibrio de estas tres cualidades son las diver-

sas manifestaciones del principio general y constituyen el mundo. De este modo, se afirma que el principio general es la causa de todos los fenómenos.

La refutación de esta teoría se expone en los cuatro apartados siguientes:

1. Refutación del argumento de que el principio general es la causa de todas las manifestaciones.
2. Refutación del argumento de que el principio general es permanente.
3. Refutación del argumento de que un resultado puede existir al mismo tiempo que su causa.
4. Refutación del argumento de que la escuela madhyamika está equivocada.

REFUTACIÓN DEL ARGUMENTO DE QUE EL PRINCIPIO GENERAL ES LA CAUSA DE TODAS LAS MANIFESTACIONES

[128] Si el principio general carece de partes, es una contradicción afirmar que su naturaleza es un estado de equilibrio entre el placer, el dolor y la indiferencia. Si su naturaleza fuera estos tres componentes, no sería singular, y vosotros aseguráis que tampoco es plural. Por lo tanto, parece que no es ni singular ni plural, en cuyo caso debe ser inexistente porque todo lo que existe debe ser o bien singular o bien plural.

La naturaleza de cada uno de los tres componentes tampoco puede ser singular porque afirmáis que están formados a su vez por los mismos tres componentes. Por ejemplo, consideráis que el placer está compuesto por placer, dolor e indiferencia, pero si su naturaleza es la misma que la del principio general sin partes, también debería carecer de partes. Como en el caso del principio general, los componentes que mencionáis no podrían ser ni singulares ni plurales y, por lo tanto, deberían ser inexistentes. [129] Al negar la existencia de los tres componentes, se refuta también la del principio general, cuya naturaleza es un estado de equilibrio entre ellos. Además, si no se pueden establecer los tres componentes, tampoco es posible establecer sus manifestaciones, como las formas visuales y los sonidos.

También es absurdo afirmar que la naturaleza de ciertos objetos burdos manifiestos, como por ejemplo un vestido, es placer, dolor e indiferencia, cuando en realidad son materiales y carecen de cualidades mentales. Puesto que el placer, el dolor y la indiferencia son fenómenos mentales, cualquier otro fenómeno de cuya naturaleza formen parte, también deberá ser mental. [130] Además, afirmáis que todas las manifestaciones del principio general existen de modo verdadero en la naturaleza de sus causas, pero como ya hemos refutado la existencia verdadera de todos los fenómenos, vuestra teoría es incorrecta. En cualquier caso, es imposible que un vestido y otras manifestaciones surjan del principio general porque ya hemos refutado la existencia de este último.

REFUTACIÓN DEL ARGUMENTO DE QUE EL PRINCIPIO GENERAL ES PERMANENTE

Prasanguika: [131] Puesto que experimentamos placer con objetos como una prenda de lana, se deduce que estos son causas de placer. Si no existen las causas, no se puede producir el resultado, en este caso el placer, y sin este, tampoco puede haber un estado de equilibrio entre las tres sensaciones en el principio general. Por lo tanto, el principio general habría existido primero en un estado de equilibrio entre los tres componentes, pero luego habría cambiado a otro de desequilibrio. En este caso, habría sufrido un cambio, y esto contradice vuestra afirmación de que es permanente.

Además, [132] es incorrecto establecer que el principio general es permanente porque, por ejemplo, su componente de placer tendría que serlo también y esto es algo que nunca ha sido percibido por una cognición válida. Si el placer fuera permanente, ¿por qué no lo sentimos cuando experimentamos dolor? Si aseguráis que en ese momento el estado burdo de placer se vuelve más sutil, ¿no estáis afirmando que cambia? Por lo tanto, ¿cómo podéis mantener que es permanente?

Samkhya: Simplemente, el estado burdo se vuelve más sutil.

Prasanguika: [133] Pero esto demuestra que el placer es impermanente, puesto que cambia. Además, debéis reconocer que todos los fenómenos son impermanentes porque primero surgen y terminan por desaparecer. [134] ¿Es la naturaleza del placer burdo la misma que la del placer propiamente dicho? Si fuera distinta, aunque el placer burdo cesara, el placer en sí debería continuar. Y si fuera la misma, cuando el placer burdo desapareciera, el placer mismo lo haría también, en cuyo caso dejaría de ser permanente. Si las sensaciones cambian, el principio general también debe de hacerlo y, por lo tanto, no puede ser permanente.

REFUTACIÓN DEL ARGUMENTO DE QUE UN RESULTADO PUEDE EXISTIR AL MISMO TIEMPO QUE SU CAUSA

Los samkhyas afirman que todo fenómeno producido existe al mismo tiempo que su causa. Para ellos, un resultado se produce a partir de una causa cuya naturaleza es la misma que la suya. Por ejemplo, un brote, que es un resultado, es producido por una semilla, su causa, y existe al mismo tiempo que esta; por lo tanto, la naturaleza de ambos es la misma. Según ellos, el brote existe al mismo tiempo que su causa en un estado no manifiesto, y cuando cambia a uno manifiesto, dicen que ha sido producido por la semilla. Lo mismo ocurre con cualquier otro fenómeno condicionado.

Prasanguika: [135] Vosotros afirmáis que el fenómeno manifiesto no existe al mismo tiempo que su causa y, por lo tanto, el resultado tampoco. También aseguráis que ningún fenómeno surge por primera vez, aunque en realidad debéis reconocer que algunos de ellos sí lo hacen. Por ejemplo, un brote manifiesto no existe al mismo tiempo que su causa, sino que es producido después. Cualquier objeto que no exista al mismo tiempo que su causa, pero lo haga después, es un ejemplo claro de fenómeno que acaba de surgir. Si creéis que el brote existe al mismo tiempo que la semilla, ¿también pensáis que el excremento existe al mismo tiempo que su causa, los alimentos? En este caso, al ingerir alimentos, en realidad, estaríamos comiendo excremento. [136] Además, en lugar de comprar una prenda de algodón, bastaría con obtener su causa, el algodón en rama, y vestirse con él.

Samkhya: Aunque los alimentos y el excremento tienen la misma naturaleza, las personas no aprehenden este último en sus alimentos debido a la confusión y, por lo tanto, no lo ingieren.

Prasanguika: Entonces, ¿qué ocurre con vuestro maestro Rishi Kapila? Puesto que es omnisciente y percibe que el excremento existe al mismo tiempo que los alimentos, ¿come excremento?

[137] Además, puesto que enseñáis esta filosofía a personas corrientes, ¿cómo es que no comprenden que los resultados existen en sus causas?

Samkhya: Las percepciones de las personas corrientes no son cogniciones válidas y, por lo tanto, no pueden percibir el resultado al mismo tiempo que su causa.

Prasanguika: Entonces, las percepciones visuales de las personas corrientes de un fenómeno manifiesto tampoco serían válidas, sino erróneas. Sin embargo, estas percepciones, en realidad, son correctas con respecto a su objeto.

Aquellos que deseen analizar estos argumentos con más detenimiento, pueden consultar los comentarios de Chandrakirti y Budapalita al *Tratado fundamental del camino medio* titulado *'Sabiduría'* (sáns. *Prajnanamamulamadhyamikakarika*), de Nagaryhuna.

REFUTACIÓN DEL ARGUMENTO DE QUE LA ESCUELA MADHYAMIKA ESTÁ EQUIVOCADA

Otras escuelas: [138] Según vosotros, puesto que la cognición válida no tiene existencia verdadera, debe de ser falsa, al igual que cualquier objeto establecido por ella. Por lo tanto, la vacuidad de la que habláis debe de ser falsa porque la mente válida que la comprende también lo es y, en consecuencia, no tiene sentido meditar en esta vacuidad.

Prasanguika: [139] Aunque la cognición válida que comprende la vacuidad y esta misma no tienen existencia verdadera, sino falsa, para poder entender lo que esto significa debemos identificar de manera correcta el objeto de negación: la existencia verdadera. De lo contrario, una mente válida no podrá aprehender su inexistencia o vacuidad. Además, puesto que una negación no tiene existencia verdadera, la vacuidad misma tampoco la tiene. Por lo tanto, cuando afirmamos que los fenómenos no tienen existencia verdadera, sino falsa, no queremos decir que sean falsos por completo, sino que carecen de la existencia verdadera que percibimos de manera errónea. [140] Al igual que no podemos considerar la muerte del hijo de una mujer estéril sin identificar primero a este último, tampoco podemos comprender la vacuidad de la existencia verdadera sin saber lo que esta última significa. Si comprendemos de modo correcto qué es la existencia verdadera, nos daremos cuenta de que no hay contradicción al afirmar que un sujeto falso puede aprehender un objeto con existencia falsa.

Cuando una madre sueña que su hijo ha muerto, aprehende la inexistencia de su hijo. Esta aprehensión elimina la concepción de que su hijo está vivo. Aunque ambas concepciones, la de su hijo muerto y la de su hijo vivo, son en realidad falsas porque ocurren en un sueño, la primera puede contrarrestar la segunda. Del mismo modo, tanto la realización de la vacuidad como la concepción que se aferra a la existencia verdadera son falsas, es decir, carecen de existencia verdadera, pero la primera puede contrarrestar la segunda. Por lo tanto, podemos afirmar que la realización con existencia falsa de la vacuidad comprende esta última cuya existencia también es falsa.

Es importante conocer la diferencia entre los fenómenos falsos y los que tienen existencia falsa. Todos los fenómenos tienen existencia falsa porque carecen de existencia verdadera. Incluso la verdad última, la vacuidad, carece de existencia verdadera y, por lo tanto, su existencia es falsa. No obstante, solo las verdades convencionales son fenómenos falsos. En este caso, *falso* significa que la manera en que aparece el fenómeno y el modo en que existe no coinciden. Un fenómeno convencional es falso porque aparece como si tuviera existencia verdadera, pero en realidad esta apariencia es falsa. Sin embargo, la verdad última, es decir, la vacuidad, no es un fenómeno falso porque cuando es aprehendida, el modo en que aparece se corresponde con la manera en que existe.

RESUMEN DE LA REFUTACIÓN DE LA PRODUCCIÓN SIN CAUSA

[141] Por medio de estos razonamientos hemos establecido que la producción no ocurre sin causas y que ni el dios Ishvara ni el principio general son los creadores de los seres y los mundos en que habitan. No obstante, si no son producidos de este modo, ¿cómo lo son?

Los fenómenos condicionados dependen para su producción de una causa sustancial y de condiciones circunstanciales. Por ejemplo, la causa sustancial de una cosecha son las semillas. Estas son su causa sustancial porque son lo que se transforma en la cosecha. Las condiciones circunstanciales de la cosecha son la luz del sol, el agua, el abono, la tierra, etcétera. Estas son causas circunstanciales porque ayudan a las semillas, la causa sustancial, a que crezcan y se conviertan en una cosecha. Sin ellas, las semillas no podrían germinar. Del mismo modo, todo fenómeno condicionado, ya sea interno o externo, es producido a partir de determinadas causas y condiciones.

La producción de los seres y los mundos en que habitan es el resultado de una serie interminable de causas y condiciones. Pero, ¿cuáles son la causa sustancial y las condiciones circunstanciales para que la consciencia de un niño entre en el vientre de su madre? La causa sustancial es el continuo mental que proviene de su vida anterior, y las condiciones circunstanciales, las acciones que realizó en sus vidas pasadas. La comprensión de que los fenómenos condicionados son producidos a partir de causas y condiciones, nos permite aceptar la reencarnación.

Algunas personas creen en las vidas pasadas, pero no en las futuras. Sin embargo, puesto que esta vida es futura con relación a la pasada, ¿por qué no puede haber una vida futura en relación con la presente? Si se acepta que a una vida pasada le sigue la presente, no tiene sentido negar que esta vida pueda tener una futura.

REFUTACIÓN DE LA PRODUCCIÓN A PARTIR DE UNO MISMO Y A PARTIR DE OTROS

Aunque el brote resultante no existe en la semilla, en el agua, en la tierra ni en el abono, ya sea de manera individual o colectiva, mantener que el resultado es producido a partir de una causa cuya naturaleza es una consigo mismo es igual que aceptar la teoría de la autoproducción de la escuela samkhya, que ya hemos refutado.

Además, el brote no es el producto de una causa distinta de sí mismo de manera inherente. Si lo fuera, el brote y su causa no estarían relacionados y, por lo tanto, no podría haber una relación de causa y efecto entre ellos. Si un resultado pudiera ser producido a partir de una causa con la que no tiene ninguna relación, se podría asegurar incluso que la oscuridad surge del fuego. Aquellos que afirman que los resultados son producidos a partir de causas distintas de ellos de manera inherente, sos-

SABIDURÍA

tienen la teoría de la producción a partir de otros. Todas las escuelas budistas, excepto la prasanguika, defienden esta teoría porque a pesar de que aceptan correctamente la producción a partir de causas, creen de manera incorrecta que las causas y sus efectos tienen existencia inherente.

Tras haber refutado la posibilidad de estos dos modos de producción, a partir de uno mismo y a partir de otros, los prasanguikas llegan a la conclusión de que todos los fenómenos condicionados no son producidos ni por uno mismo ni por otros. Por lo tanto, tampoco pueden ser producidos por los dos juntos.

El razonamiento lógico del rayo vajra puede resumirse con el siguiente silogismo: la persona y los agregados (el sujeto) no son producidos de manera inherente o verdadera (el hecho que se debe demostrar o predicado) porque no son producidos a partir de uno mismo, de otros, de ambos ni sin causa (la prueba o razón concluyente). Esta razón dividida en cuatro partes es la prueba analítica para refutar la producción inherente. Para una presentación más detallada de este razonamiento, véanse los trabajos extensos de Nagaryhuna y Chandrakirti sobre la filosofía madhyamika.

RAZONAMIENTO LÓGICO DE LA RELACIÓN DEPENDIENTE

El *fenómeno de relación dependiente* se define como «aquel que se establece en dependencia de sus partes». Todos los fenómenos existen de este modo. Además de esta clase de relación dependiente general, hay otra más burda y otra más sutil. La más burda es la existencia a partir de causas y condiciones, que solo afecta a los fenómenos impermanentes o condicionados. Se dice que es burda porque resulta relativamente fácil de entender. La relación dependiente más sutil es la existencia como una mera designación de la mente conceptual, y atañe a todos los fenómenos. Esta clase de relación dependiente resulta difícil de comprender, pero debemos esforzarnos por conseguirlo.

[142-143] Aunque la mujer creada por el conjuro de un mago no es real, tanto este como el público la perciben como si lo fuera. Del mismo modo, aunque ningún fenómeno tiene existencia verdadera, los seres sintientes los perciben como si la tuvieran

debido a su ignorancia. Por lo tanto, decimos que todos los fenómenos son como un sueño, una ilusión y un reflejo en el espejo.

Al igual que los caballos y elefantes ilusorios del mago son, en realidad, manifestaciones creadas por él, todos los objetos funcionales, como las formas visuales, son producidos a partir de sus propias causas y condiciones. Tanto las ilusiones del mago como los objetos funcionales carecen de existencia verdadera. En caso contrario, cuando son producidos, vendrían de algún lugar, y cuando desaparecen, se irían a algún otro. No obstante, si lo analizamos con detenimiento, nos daremos cuenta de que cuando un objeto funcional es producido, no viene de ningún lugar, y cuando desaparece, no se va a ningún otro.

[144] Todos sabemos por propia experiencia que un brote es producido a partir de una semilla y que sin ella es imposible que el brote germine. Este es el producto de sus causas y condiciones, y carece de existencia verdadera, propia e independiente. Por ello, afirmamos que es como un reflejo en el espejo: surge como resultado de ciertas causas y condiciones. En resumen, todos los objetos funcionales son producidos a partir de sus propias causas y condiciones, y no son más que meras designaciones sobre el conjunto de sus partes. Por lo tanto, carecen de existencia verdadera.

El razonamiento de la relación dependiente se conoce en las escrituras madhyamikas como *el rey de los razonamientos*. Al igual que un ministro está subordinado a su rey, los demás razonamientos que demuestran la vacuidad también están subordinados al de la relación dependiente.

RAZONAMIENTO LÓGICO PARA REFUTAR LA PRODUCCIÓN INHERENTE DE LOS FENÓMENOS EXISTENTES E INEXISTENTES

Este apartado se divide en tres partes:

1. Refutación de la producción con existencia inherente por medio del presente razonamiento.
2. Refutación de la cesación con existencia verdadera.
3. El samsara y el nirvana son iguales porque ambos carecen de existencia verdadera.

SABIDURÍA

REFUTACIÓN DE LA PRODUCCIÓN CON EXISTENCIA INHERENTE POR MEDIO DEL PRESENTE RAZONAMIENTO

Prasanguika: [145] ¿Qué necesidad tiene un objeto funcional con existencia inherente, es decir, natural o verdadera, de ser causado? Ninguna, porque si en realidad existiera de este modo, no necesitaría ser producido. Por el contrario, si el resultado no existiera, ¿qué necesidad tendría de que lo produjera una causa? No podría ser producido por ella. Sin embargo, puesto que estamos de acuerdo en que ningún resultado existe al mismo tiempo que su causa, no pretendemos refutarlo. Lo que estamos refutando es la producción de un objeto funcional que no existe en absoluto. Del mismo modo, para refutar la producción de un objeto que existe, nos limitamos a negar la teoría que defiende que los resultados tienen existencia inherente. Además, las causas y los efectos sin existencia inherente sí que existen y consideramos que son como ilusiones y reflejos en un espejo.

A continuación, vamos a demostrar que un objeto no funcional no puede actuar como causa. Los objetos no funcionales se dividen en dos: los fenómenos permanentes, como el espacio, y los inexistentes, como el hijo de una mujer estéril. Quedan excluidos los objetos funcionales, es decir, los impermanentes, que pueden producir efectos, por lo que se los conoce también como *fenómenos causantes*.

No budistas: Puesto que un objeto funcional existe, estamos de acuerdo en que no necesita ser producido. Sin embargo, ¿por qué no podemos afirmar que un objeto inexistente pueda convertirse en uno existente?

Esta pregunta surge del siguiente razonamiento. Las escuelas budistas mantienen que un efecto o resultado, como, por ejemplo, un brote, no existe al mismo tiempo que su causa, la semilla. Por lo tanto, los no budistas deducen que debe de haber algún modo en que un objeto inexistente se convierta en uno existente. ¿Por qué? Porque primero el brote era inexistente, cuando solo había una semilla, y luego se convierte en uno existente, cuando se produce el efecto, el brote mismo.

Antes de conocer los argumentos con los que Shantideva refuta que un fenómeno inexistente puede transformarse en uno existente, convendría analizar los ejemplos que utilizan los no budistas para defender su teoría. Estos afirman que al igual que no es necesario que un libro amarillo adquiera este color porque ya es amarillo, un objeto funcional no necesita producir otro. Entonces, según ellos, ¿cómo se producen los objetos funcionales? Al igual que un monje no se convierte en monje cuando ya lo es, sino antes, cuando era laico, un objeto funcional surge a partir de haber sido no funcional. Este razonamiento, aunque sutil, es incorrecto, como Shantideva demostrará a continuación, porque los no budistas no comprenden que un momento anterior de un continuo, una causa, puede transformarse en uno posterior del mismo continuo, un efecto o resultado. Por lo tanto, los no budistas afirman que un objeto funcional surge a partir de uno inexistente, es decir, que un objeto no funcional debe de transformarse de algún modo en uno funcional.

Prasanguika: [146] Ni siquiera con un millón de causas, un objeto no funcional puede convertirse en uno funcional. No hay ninguna condición que pueda producir esto. En realidad, nadie puede cambiar los objetos no funcionales.

Para que un objeto no funcional se convierta en uno funcional, tiene que hacerlo de uno de los dos modos siguientes: o bien manteniendo su condición de objeto no funcional o bien abandonándola, pero ambos casos son imposibles. En el primero, ¿cómo es posible que un objeto que mantenga la condición de ser no funcional se convierta en uno funcional? Esto es imposible porque la condición de efectividad, el estado de un objeto funcional, y la condición de inefectividad, el estado de un objeto no funcional, son mutuamente excluyentes. El segundo caso también es imposible, puesto que no hay un estado intermedio en el que un objeto no funcional pueda dejar de serlo para convertirse luego en uno funcional.

[147] Además, sin descartar la condición de ser un objeto no funcional, no puede existir como objeto funcional. Por lo tanto, ¿cuándo se convierte en un objeto funcional? Si lo hiciera después de descartar la condición de ser un objeto no funcional sin haberse convertido primero en un objeto funcional, no podría dejar de ser un objeto no funcional. [148] Y sin dejar de ser un objeto no funcional, es imposible que se convierta en uno funcional. Al igual que un objeto no funcional no puede convertirse

en uno funcional, uno funcional tampoco puede hacerlo en uno no funcional al dejar de existir. Si la mitad de un objeto fuera funcional y la otra no funcional, este tendría dos naturalezas mutuamente excluyentes, lo cual es absurdo. Con estos razonamientos se refuta que cualquier objeto inexistente o no funcional pueda producir resultados. Por lo tanto, de manera implícita negamos la producción inherente, y el silogismo puede establecerse del siguiente modo: un brote (el sujeto) no es producido de manera inherente (el hecho que se debe demostrar o predicado) porque ni los objetos existentes ni los inexistentes son producidos de manera inherente (la prueba o razón concluyente), como, por ejemplo, el hijo de una mujer estéril (el ejemplo). Si no hay un brote existente ni uno inexistente que sea producido de manera inherente, está claro que el sujeto, el brote, tampoco puede ser producido de este modo. Como ya se ha mencionado, ni los objetos funcionales con existencia inherente ni los inexistentes necesitan ser producidos.

REFUTACIÓN DE LA CESACIÓN CON EXISTENCIA VERDADERA

[149] Al igual que se ha demostrado que la producción no tiene existencia verdadera, la cesación tampoco la tiene. Por lo tanto, todos los fenómenos carecen de existencia verdadera. El nacimiento de los seres sintientes no tiene existencia verdadera ni su muerte tampoco. Desde tiempo sin principio, los seres han carecido de existencia inherente, y por ello se afirma que están en el estado del nirvana natural.

EL SAMSARA Y EL NIRVANA SON IGUALES PORQUE AMBOS CARECEN DE EXISTENCIA VERDADERA

[150] Si analizamos los razonamientos anteriores, comprenderemos que todos los seres sintientes carecen de existencia verdadera y son como un sueño. Si buscamos en los seres sintientes una identidad última, no la encontraremos. Será como buscar madera en el interior de un árbol platanero. Si no estamos satisfechos conque los fenómenos existan como una mera designación conceptual e intentamos buscar una esencia sólida y real, no encontraremos ni un solo átomo de esta esencia. Lo mismo ocurre con todos los demás fenómenos. Así pues, tanto el estado del nirvana, que está más allá del dolor, como el del

samsara, carecen por completo de existencia verdadera. Según este punto de vista, son idénticos y no se diferencian en lo más mínimo.

ANIMAR AL PRACTICANTE PARA QUE SE ESFUERCE POR CULTIVAR LA SABIDURÍA

Se presenta en cuatro apartados:

1. El significado sublime de la preciosa vacuidad.
2. La importancia de esforzarse por realizar la vacuidad.
3. La gran compasión y las desventajas del samsara.
4. El objeto concebido por la gran compasión.

EL SIGNIFICADO SUBLIME DE LA PRECIOSA VACUIDAD

[151] Si buscamos algún objeto que exista por su propio lado, no encontraremos ni uno solo al que tener apego. Por lo tanto, ¿qué puede ofrecernos un objeto de apego? ¿Qué placer podemos experimentar al adquirir ese objeto o qué dolor al no conseguirlo? Si comprendemos que los objetos de apego carecen de existencia propia, podremos abandonar las dos primeras de las ocho preocupaciones mundanas: alegrarse al obtener riqueza y entristecerse al experimentar pobreza. Puesto que los seres sintientes carecen de existencia propia, ¿de quién recibimos alabanzas o críticas? Si comprendemos que ambas carecen de existencia propia, abandonaremos la tercera y cuarta de las preocupaciones mundanas: alegrarse al recibir alabanzas y entristecerse al recibir críticas.

[152] Puesto que ni un solo átomo de materia tiene existencia propia y el daño y el beneficio tampoco la tienen, ¿por qué alegrarnos al recibir algún beneficio o enfadarnos cuando alguien nos perjudica? Debemos comprender que tanto la felicidad como el sufrimiento carecen de existencia propia y abandonar la quinta y sexta de las ocho preocupaciones mundanas: alegrarse al obtener felicidad y entristecerse al experimentar sufrimiento. Puesto que tanto la buena reputación como el que la busca carecen de existencia propia, ¿por qué alegrarnos cuando tenemos una buena reputación o entristecernos cuando la perdemos? Debemos comprender que tanto la buena como la mala reputación carecen de existencia propia y abandonar las dos últimas

preocupaciones mundanas: alegrarse al tener una buena reputación y entristecerse al tener una mala reputación.

Si meditamos en la vacuidad de este modo, podemos abandonar las ocho preocupaciones mundanas. Este método es muy poderoso y eficaz. Puesto que se ha demostrado que ningún sujeto tiene existencia propia, ¿quién se aferra a los objetos de apego? [153] Si buscamos por todo el universo a algún ser sintiente que exista por su propio lado, no encontraremos ni uno solo. Por lo tanto, todos los seres sintientes carecen de existencia propia. Entonces, ¿quién está vivo en el universo y quién muere? ¿Qué ocurrirá en las vidas futuras? ¿Qué ha ocurrido en las pasadas? ¿Dónde están los familiares agradables y benefactores, y los amigos amables y atractivos? Todos carecen de existencia propia.

LA IMPORTANCIA DE ESFORZARSE POR REALIZAR LA VACUIDAD

Como dice Shantideva:

«¡Oh, vosotros que buscáis lo mismo que yo! Después de recibir los consejos que os he dado, esforzaos por comprender que todos los fenómenos son vacíos, como el espacio, de existencia propia. Esta es la espada más afilada para cortar la raíz del samsara y el camino que conduce al logro de la iluminación». [154]

LA GRAN COMPASIÓN Y LAS DESVENTAJAS DEL SAMSARA

Se presenta en cinco apartados:

1. Reflexión sobre las desventajas de esta vida.
2. Reflexión sobre las desventajas de las vidas futuras.
3. Aunque renazcamos como un dios o un ser humano, resulta difícil dedicar tiempo a la práctica de Dharma.
4. La dificultad y el gran significado de haber encontrado este precioso renacimiento humano.
5. Tanto nosotros como los demás experimentamos los sufrimientos del samsara y es apropiado sentir compasión.

REFLEXIÓN SOBRE LAS DESVENTAJAS DE ESTA VIDA

[155] Todos los seres humanos deseamos ser felices, pero seguimos sufriendo la mayor parte del tiempo. Para obtener algo de placer o felicidad, luchamos contra nuestros enemigos y complacemos a nuestros familiares y amigos. Cuando no se cumplen nuestros deseos, sufrimos ansiedad e insatisfacción, y nos causamos problemas. Para conseguir nuestros propósitos, trabajamos duro y soportamos numerosas dificultades. Cuando una persona nos perjudica, intentamos vengarnos, y discutimos y nos peleamos con ella hasta llegar incluso a herirnos. De este modo, padecemos grandes sufrimientos. Además, debido a nuestro apego a los placeres mundanos, cometemos acciones perjudiciales físicas, verbales y mentales. Echamos a perder este precioso renacimiento humano tan difícil de conseguir, desperdiciamos nuestro tiempo en buscar la felicidad efímera de esta vida y nos exponemos a dificultades innecesarias.

REFLEXIÓN SOBRE LAS DESVENTAJAS DE LAS VIDAS FUTURAS

[156] Es posible que en vidas futuras nos encontremos con un Guía Espiritual y que, como resultado, obtengamos un renacimiento superior durante un breve período de tiempo. Sin embargo, los placeres de un dios o un ser humano no son duraderos, y después de morir caeremos en los reinos inferiores, donde permaneceremos durante incontables eones. [157] En el samsara no hay más que sufrimiento. Nunca, desde tiempo sin principio, hemos tenido la oportunidad de liberarnos del samsara.

¿Por qué no hemos logrado todavía la liberación? El noble camino que nos libera de la prisión del samsara es la realización de la vacuidad, pero hasta ahora no lo hemos encontrado. Por lo tanto, seguimos atados al samsara por la cadena del aferramiento propio y vagamos sin rumbo sufriendo sin cesar. Mientras no comprendamos la vacuidad, seguiremos atrapados en el samsara por la cadena del aferramiento propio. [158] En el samsara es muy difícil encontrar el camino de la vacuidad, pero mientras no lo hagamos, continuaremos experimentando sufrimientos insoportables que no podemos ni imaginar. Por lo tanto, debemos esforzarnos por comprender la visión correcta de la vacuidad.

SABIDURÍA

AUNQUE RENAZCAMOS COMO UN DIOS O UN SER HUMANO, RESULTA DIFÍCIL DEDICAR TIEMPO A LA PRÁCTICA DE DHARMA

Aunque renazcamos en los reinos superiores, mientras sigamos en el samsara, tendremos pocas oportunidades para practicar la virtud. Aunque esta vida dotada de dones y libertades es muy breve, hacemos planes a largo plazo. [159] Para asegurarnos una larga vida y prevenir enfermedades, tomamos medicinas; para saciar el hambre y la sed y evitar el frío, trabajamos duro, y soportamos dificultades con el fin de obtener alimentos, bebida y prendas de vestir. [160] Con tantos obstáculos externos e internos, siendo perjudicados por los demás y bajo la influencia de malos amigos, transcurre nuestra vida de manera fugaz sin poder llenarla de significado ni dedicar tiempo a practicar el Dharma.

Es muy difícil cultivar la sabiduría que comprende la vacuidad y corta la raíz del samsara. Por lo tanto, ya que conocemos bien el círculo vicioso del samsara, debemos reconocer lo afortunados que somos ahora que hemos encontrado un precioso renacimiento humano perfectamente dotado, que nos ofrece la gran oportunidad de practicar el Dharma y nos permite distinguir entre lo virtuoso y lo perjudicial. Hemos encontrado las enseñanzas completas de Buda Shakyamuni que nos conducen al estado de la iluminación total. No debemos echar a perder esta ocasión tan difícil de encontrar. Debemos esforzarnos por lograr el estado perfecto de la Budeidad.

LA DIFICULTAD Y EL GRAN SIGNIFICADO DE HABER ENCONTRADO ESTE PRECIOSO RENACIMIENTO HUMANO

[161] Nunca, desde tiempo sin principio, hemos abandonado nuestro aferramiento propio ni durante un solo momento. Por lo tanto, estamos tan familiarizados con el odio, el apego y las distracciones, que no tenemos capacidad para combatirlos. Numerosos obstáculos y dificultades nos impiden alcanzar la iluminación. En raras ocasiones hemos tenido la oportunidad de adiestrarnos en el Dharma y, cuando lo hemos hecho, el malvado Devaputra, con sus engaños, nos ha impedido practicar y nos ha arrojado a los reinos inferiores. Por lo tanto, son innumerables las condiciones y circunstancias que nos impiden liberarnos del samsara y pocas las que nos conducen a la liberación.

Aunque hayamos renacido como un ser humano o un dios, al haber confiado en caminos y maestros falsos, nos resulta difícil generar fe y convicción en un maestro y un camino espiritual correctos. Tenemos dudas con respecto al karma y la vacuidad, por lo que no podemos atravesar el océano del sufrimiento del samsara. [162] Hoy hemos encontrado un maestro cualificado que nos enseña el camino perfecto y correcto hacia la iluminación. Si no nos esforzamos ahora por alcanzar la liberación o la iluminación, en el futuro nos costará volver a encontrar las condiciones necesarias para poder hacerlo.

No es frecuente que un Buda se manifieste en el universo o encontrar un Guía Espiritual cualificado. Por lo tanto, es muy difícil atravesar el río de las perturbaciones mentales. Mientras no alcancemos la liberación o la iluminación, nuestra mente seguirá contaminada por los engaños. Por desgracia, los seres sintientes padecen un sufrimiento tras otro sin cesar. Teniendo en cuenta las desventajas del samsara y cultivando la mente de renuncia, debemos meditar en la bodhichita y en la vacuidad a diario, y esforzarnos por alcanzar la iluminación.

TANTO NOSOTROS COMO LOS DEMÁS EXPERIMENTAMOS LOS SUFRIMIENTOS DEL SAMSARA Y ES APROPIADO SENTIR COMPASIÓN

[163] A pesar del dolor y las penas que nos produce el sufrimiento no deseado, creemos que ciertos estados en el samsara son felicidad y no reconocemos que en realidad también son sufrimiento. Debemos sentir compasión de aquellos que, debido a su ignorancia, son incapaces de reconocer el sufrimiento, y pensar: «¡Qué maravilloso sería si fueran liberados de su ignorancia y rescatados del océano del samsara!». Es apropiado sentir profunda compasión porque los maternales seres sintientes se están hundiendo en la ciénaga del samsara.

Debemos esforzarnos por cultivar la mente de gran compasión y contemplar cómo los seres sintientes se perjudican a sí mismos debido a su ignorancia. [164] Por ejemplo, algunos ascetas realizan abluciones con agua helada y se queman el cuerpo. No les importa someterse a estos castigos porque creen que de este modo alcanzarán la liberación. [165] De igual manera, los seres humanos padecen el nacimiento, la vejez, las enfermedades, la muerte, el no satisfacer sus deseos y encontrarse con circunstancias desfavorables, pero no reconocen que están sufriendo. En cambio, piensan que las actividades mundanas les proporcionan verdadera felicidad y, sin temer al samsara en general ni a los terribles sufrimientos de los reinos inferiores en particular, creen que son felices y libres, como los Arjats, y no se preocupan de los sufrimientos que les esperan en el futuro. Sin embargo, no podrán evitarlos. La vejez, las enfermedades y la muerte los visitarán pronto. El Señor de la Muerte vendrá a robarles la vida y no tendrán otra opción que padecer los dolores de la muerte. Después, serán arrojados a uno de los reinos inferiores durante incontables eones.

EL OBJETO CONCEBIDO POR LA GRAN COMPASIÓN

[166] Recordamos que todos los seres sintientes padecen inmenso sufrimiento, comparable a los tormentos de ser consumidos por el fuego. A continuación, de las nubes de nuestros méritos enviamos una lluvia de felicidad que alivia su sufrimiento. Pensamos en lo maravilloso que sería beneficiar a todos los seres sintientes de este modo y tomamos la siguiente determinación: «Voy a esforzarme por liberar a los demás del sufrimiento». Meditamos en ella durante tanto tiempo como podamos. Este pensamiento es la gran compasión.

[167] Además, debemos cultivar la sabiduría que realiza que todos los fenómenos carecen de existencia propia y acumular méritos realizando incontables acciones positivas, como practicar la generosidad, la paciencia y otras virtudes.

Debido al aferramiento propio, los seres sintientes padecen miserias y desgracias. Por lo tanto, para eliminar su sufrimiento, debemos pensar: «¡Qué maravilloso sería si todos los seres sintientes se liberaran de los sufrimientos del samsara! Que yo pueda enseñarles la vacuidad». De este modo, meditamos con gran compasión.

La mente de bodhichita consiste en desear de manera espontánea alcanzar la iluminación para liberar a todos los seres sintientes del sufrimiento y conducirlos al estado de la felicidad última. Los métodos para generar la bodhichita, así como la ceremonia para tomar los votos del Bodhisatva, ya se han expuesto con detenimiento en los capítulos anteriores. Por lo tanto, Shantideva nos ha revelado todos los aspectos esenciales del camino mahayana. La visión correcta de la realidad se muestra en el presente capítulo noveno, el desarrollo de la concentración meditativa en el octavo, y la conducta propia de un Bodhisatva en los anteriores. Con la unión de la visión, meditación y acción correctas, podemos alcanzar la iluminación con rapidez. Por lo tanto, debemos considerar estas enseñanzas como consejos fidedignos y ponerlos en práctica por el beneficio de todos los seres.

Aquí concluye la «Sabiduría», el capítulo noveno del libro *Tesoro de contemplación*, comentario a la *Guía de las obras del Bodhisatva*, de Shantideva.

Dedicación

DEDICACIÓN Y PRÁCTICA DE LA GENEROSIDAD POR EL BENEFICIO DE TODOS LOS SERES SINTIENTES

El último capítulo de la *Guía* de Shantideva se divide en tres partes:

1. Dedicación breve.
2. Dedicación extensa.
3. Reconocimiento de la bondad de nuestros Guías Espirituales y postraciones.

DEDICACIÓN BREVE

En el capítulo décimo, Shantideva dedica los méritos acumulados al escribir el presente texto por su propio beneficio y el de los demás del siguiente modo:

«Que por los méritos acumulados al componer este texto, donde se revelan las enseñanzas de Buda que conducen a la iluminación a través de las etapas del camino del Bodhisatva, que todos los seres sintientes generen la bodhichita y se adiestren en las seis perfecciones y demás prácticas del Bodhisatva». [1]

Por lo general, es importante dedicar los méritos de nuestra práctica de Dharma. En un texto de la tradición kadampa sobre el adiestramiento de la mente se enseña que para que una práctica de Dharma sea completa, debemos comenzar y terminar de un modo determinado. Al principio de cada práctica es importante generar una motivación especial, y al final, dedicar los méritos acumulados. De la motivación inicial depende que nuestra práctica sea pura o no. Por ejemplo, si nos adiestramos en el Dharma para beneficiarnos en esta vida, es decir, para disfrutar de una buena reputación, etcétera, nuestra práctica no

Gueshe Kelsang Gyatso Rimpoché

DEDICACIÓN

será pura. Si la motivación es renacer como un ser humano o un dios, nuestra práctica será la de un ser de capacidad inferior; si la motivación es liberarnos del sufrimiento y alcanzar la liberación, será la de un ser de capacidad media; y si es alcanzar la iluminación por el beneficio de todos los seres sintientes, será la de un ser de capacidad superior. Por lo tanto, puesto que el resultado de nuestro adiestramiento espiritual depende de la motivación con que lo realicemos, esta ha de ser la mejor posible.

Debemos generar una buena motivación al comenzar cualquier acción y dedicar los méritos al concluirla. Si una gota de lluvia cae en el océano, no se evaporará mientras este siga existiendo. Del mismo modo, si dedicamos los méritos de nuestra práctica para alcanzar la iluminación, no se agotarán hasta que la logremos. Como se mencionó en el capítulo sexto, las virtudes dedicadas no pueden ser destruidas por el odio, sino que aumentan sin cesar.

La *dedicación* se define como «el factor mental intención que dirige nuestras virtudes acumuladas y actúa como causa para obtener los resultados que deseamos». Por lo tanto, la dedicación es como las riendas del caballo de la virtud. Al igual que los caballos se dirigen con las riendas, el resultado de nuestra práctica depende de la dedicación. Así pues, es importante dedicar los méritos después de cada práctica de Dharma, por pequeña que sea.

DEDICACIÓN EXTENSA

Este apartado se divide en tres partes:

1. Dedicación por el beneficio de los demás.
2. Dedicación por nuestro propio beneficio.
3. Dedicación para que florezca el Budadharma, la fuente de toda felicidad.

DEDICACIÓN POR EL BENEFICIO DE LOS DEMÁS

Consta de cinco apartados:

1. Dedicación para que desaparezcan las enfermedades.
2. Dedicación para eliminar el sufrimiento de los seres en los tres reinos inferiores.
3. Dedicación por el beneficio de los seres humanos y dioses.

4. Dedicación por el beneficio de todos los seres.
5. Dedicación por el beneficio de los Bodhisatvas y Seres Superiores.

DEDICACIÓN PARA QUE DESAPAREZCAN LAS ENFERMEDADES

[2] Que gracias a los méritos que he acumulado, todos los seres se liberen de sus sufrimientos físicos y mentales, y de sus enfermedades, y que disfruten de alegría y felicidad ilimitadas.

DEDICACIÓN PARA ELIMINAR EL SUFRIMIENTO DE LOS SERES EN LOS TRES REINOS INFERIORES

[3] Que mientras exista el samsara, todos los seres disfruten de la felicidad temporal de los seres humanos y los dioses, y que finalmente alcancen la Budeidad.

Seres de los infiernos. [4] Que todos los seres atrapados en los infiernos se liberen de ellos y renazcan en la tierra pura de Sukhavati. [5] Que los que están en los infiernos fríos reciban calor. Que los que arden en los infiernos calientes se refresquen con una lluvia inagotable de las nubes de méritos y sabiduría de los Bodhisatvas. [6] Que el bosque de árboles con hojas de cuchillas afiladas, cercano a los infiernos calientes, se transforme en una hermosa y placentera arboleda; que los árboles de espinos de hierro se transformen en árboles que colman todos los deseos, y se escuchen a su alrededor los cantos de gansos, patos y cisnes.

[7] Que los infiernos se transformen en tierras gozosas llenas de grandes lagos y fragantes flores de loto. [8] Que el carbón encendido de los infiernos calientes se convierta en joyas, y el suelo de hierro candente se transforme en un hermoso cristal. Que las horribles montañas aplastantes, con forma de cabeza de cabra y carnero, se conviertan en palacios llenos de Sugatas, aquellos que han pasado al estado de gozo. [9] Que la lava y las rocas en llamas se transformen en una lluvia de flores. Que los que luchan y se aniquilan con armas de fuego y espadas en el infierno resucitante se ofrezcan flores. [10] Que los que se ahogan en ríos de ácido y cuya carne se desprende de los huesos blancos como un lirio, renazcan en el reino de los dioses y se bañen con hermosas doncellas en plácidos arroyos.

DEDICACIÓN

Cuando los seres de los infiernos se liberen de repente del sufrimiento, se preguntarán: [11] «¿Cómo es posible que huyan despavoridos los torturadores del Señor de la Muerte, los buitres y demás aves de rapiña? ¿Quién tiene poder para concedernos el estado de gozo y liberarnos de las tinieblas del sufrimiento?».

Entonces, que al mirar hacia arriba vean la brillante figura de Vajrapani, y que por el poder de su fe y felicidad se liberen de su desdichado pasado y permanezcan junto al glorioso Sostenedor del Vajra.

[12] Que cuando vean que una lluvia de flores y agua perfumada apaga el fuego de los infiernos, se llenen de alegría y que, al preguntarse sorprendidos quién ha realizado esta maravilla, contemplen a Padmapani, el Sostenedor del Loto.

Entonces, que los seres de los infiernos se digan entre ellos: «Queridos amigos, acercaos, no temáis, ya no tenéis que huir. Mirad, encima de nosotros está el joven y radiante Manyhugosha, con su cabello recogido en un moño, protegiendo a todos los seres con su preciosa mente de gran compasión y bodhichita. Además, tiene el poder de eliminar el sufrimiento y conceder felicidad. [14] Contempladlo en su hermoso palacio donde resuenan los cantos celestiales de miles de diosas y cien dioses se postran ante él y reclinan sus tiaras hacia sus pies de loto. Una lluvia de flores desciende sobre su cabeza y sus ojos están humedecidos por lágrimas de compasión».

Que todos los seres de los infiernos lloren de felicidad al ver a Manyhugosha. [15] Que gracias a mis virtudes, reciban una lluvia dulce, fresca y fragante de las nubes formadas por los Bodhisatvas Samantabhadra, Maitreya, Ksitigarbha, Akashagarbha y Sarvanivaranaviskambini, y disfruten de verdadera felicidad.

Animales. [16ab] Que gracias a mis virtudes y las de los demás, los animales dejen de tener miedo a ser devorados.

Espíritus ávidos. [16cd-17] Que al igual que los seres del continente norte disfrutan sin dificultad de manjares deliciosos, prendas de vestir y otros deleites, los espíritus ávidos queden satisfechos con los alimentos y bebidas que fluyen como un torrente de leche de la mano del noble Señor Avalokiteshvara, y se refresquen al bañarse en su manantial.

DEDICACIÓN POR EL BENEFICIO DE LOS SERES HUMANOS Y DIOSES

Este apartado se divide en dos partes:

1. Dedicación para eliminar el sufrimiento de los seres humanos y dioses.
2. Dedicación para colmar sus deseos.

DEDICACIÓN PARA ELIMINAR EL SUFRIMIENTO DE LOS SERES HUMANOS Y DIOSES

[18] Que los ciegos y sordos puedan ver y oír. Que las mujeres embarazadas den a luz sin dificultad, como Mayadevi, la madre de Buda Shakyamuni. [19] Que los que están desnudos puedan vestirse, los hambrientos reciban alimentos, y los sedientos, agua pura y otras bebidas deliciosas. [20] Que los pobres reciban riquezas y posesiones, los debilitados por el dolor y la ansiedad disfruten de alegría, y los deprimidos por la pérdida de su riqueza recuperen el ánimo. [21] Que los enfermos se curen y las enfermedades desaparezcan para siempre. [22] Que los que temen a sus enemigos dejen de hacerlo, y los prisioneros, encerrados contra su voluntad, sean liberados. Que los impotentes recuperen sus facultades y sin celos se respeten entre ellos.

[23] Que los viajeros y mercaderes sean felices allí donde vayan y consigan lo que deseen sin esfuerzo. [24] Que los marineros encuentren lo que buscan y vuelvan a tierra firme sanos y salvos para reunirse con sus familiares y amigos. [25] Que los que se han perdido encuentren compañeros de viaje, dejen de tener miedo a los ladrones y animales salvajes, y no se fatiguen ni tengan dificultades. [26] Que los que viajan por lugares difíciles y peligrosos, así como los niños, ancianos, desprotegidos, desorientados y dementes, estén bajo el cuidado de bondadosos seres celestiales.

DEDICACIÓN PARA COLMAR SUS DESEOS

Consta de dos apartados:

1. Dedicación general para todos los seres humanos.
2. Dedicación en particular para los que han recibido la ordenación monástica.

DEDICACIÓN

DEDICACIÓN GENERAL PARA TODOS LOS SERES HUMANOS

[27] Que todos los seres humanos se liberen de las ocho clases de cautiverio, que tengan fe, sabiduría y compasión, que disfruten de deliciosos manjares y mantengan una conducta pura teniendo en cuenta sus vidas pasadas y futuras. [28] Que los oprimidos reciban riquezas extensas como el espacio y sean liberados sin peleas ni perjuicios. [29] Que los que carecen de esplendor lo consigan. Que los extenuados por el ascetismo obtengan cuerpos nobles y majestuosos. [30] Que las mujeres que deseen renacer como hombre lo consigan, y viceversa. Que los esclavos sean liberados y los sirvientes logren la posición social que desean, pero sin dejarse llevar por el orgullo.

[31] Que por el poder de mis méritos, todos los seres sintientes, sin excepción, abandonen el camino del mal y practiquen la virtud. [32] Que siempre generen la bodhichita y realicen las prácticas del Bodhisatva, como la generosidad y otras perfecciones. Que estén bajo el cuidado de los Guías Espirituales y Budas, y dejen de cometer acciones perjudiciales. [33] Que renazcan en los reinos superiores, disfruten de larga vida y sean felices, y no tengan ni que oír la palabra *muerte*.

[34] Que todos los lugares se conviertan en jardines con árboles que colman todos los deseos, donde el melodioso sonido del Dharma sea proclamado por los Budas y sus nobles hijos e hijas espirituales. [35] Que toda la tierra sea transformada en un lugar completamente puro, tan suave como el lapislázuli, sin rocas ni espinos, y liso como la palma de la mano. [36] Que aumenten los Bodhisatvas con clarividencia, poderes sobrenaturales y otras cualidades extraordinarias, para beneficiar a sus discípulos. [37] Que todos los seres escuchen el sonido del Dharma en el canto de los pájaros, el murmullo de los árboles y el espacio, al igual que los Bodhisatvas Superiores. [38] Que todos los seres se encuentren con los Budas y sus hijos espirituales, y los Guías Espirituales sean venerados con nubes de ofrendas.

[39] Que los gloriosos dioses envíen lluvia para que las cosechas sean abundantes. Que los monarcas reinen de acuerdo con el Dharma y haya prosperidad en el mundo. [40] Que las medicinas sean eficaces para curar enfermedades y que con la recitación de mantras se colmen todos los deseos. Que los espíritus, los caníbales, los animales salvajes, etcétera, cultiven la

mente de gran compasión. [41] Que nadie tenga dolores físicos, frustraciones o infelicidad, y que nadie tenga miedo ni sea menospreciado.

DEDICACIÓN EN PARTICULAR PARA LOS QUE HAN RECIBIDO LA ORDENACIÓN MONÁSTICA

[42] Que en todos los templos y monasterios se reciten las escrituras y se medite en ellas. Que los miembros de la Sangha vivan en armonía y se colmen sus deseos de beneficiar a los demás. [43] Que los monjes con la ordenación completa que desean mantenerla con pureza y practicar con sinceridad, encuentren lugares solitarios y tranquilos, abandonen sus distracciones y dispongan de flexibilidad mental para meditar.

[44] Que las monjas con la ordenación completa reciban la ayuda material que necesiten y que durante su retiro no sean asaltadas por ningún hombre. Que la moralidad de los monjes y monjas no disminuya, sino que aumente sin cesar. [45] Que todos los que han roto sus votos se arrepientan y purifiquen sus caídas morales por el poder de la confesión. Entonces, que renazcan en los reinos afortunados y nunca vuelva a degenerar su moralidad.

[46] Que los eruditos de las tres colecciones de enseñanzas budistas sean respetados y reciban las donaciones y ayuda que necesiten. Que sus mentes sean apacibles y su reputación se difunda en todas las direcciones. [47] Que nunca padezcan los sufrimientos de los reinos inferiores ni tengan dificultades físicas, verbales o mentales. Que obtengan un cuerpo físico superior al de los dioses, dotado de cualidades excelentes, y alcancen con rapidez la Budeidad.

DEDICACIÓN POR EL BENEFICIO DE TODOS LOS SERES

[48] Que todos los seres sintientes hagan continuas ofrendas a los Budas. Que adopten el modo de vida del Bodhisatva y que, como resultado, experimenten el gozo inconcebible de la iluminación.

DEDICACIÓN

DEDICACIÓN POR EL BENEFICIO DE LOS BODHISATVAS Y SERES SUPERIORES

[49] Que por las virtudes acumuladas al componer este texto, los Bodhisatvas puedan beneficiar a la humanidad según sus deseos. Que los seres sintientes reciban todo aquello que los Budas protectores deseen para ellos. [50] Además, que los Oyentes y Conquistadores Solitarios alcancen el nirvana.

DEDICACIÓN POR NUESTRO PROPIO BENEFICIO

[51] Que por los méritos acumulados al componer este texto y gracias a la bondad de Manyhugosha, pueda recordar mis vidas pasadas y futuras, y recibir la ordenación monástica hasta que alcance el plano Muy Gozoso. [52] Que disponga de alimentos básicos y que durante todas mis vidas viva aislado y tenga las condiciones necesarias para alcanzar mis metas espirituales.

[53] Que cuando desee estudiar una enseñanza de Buda o componer un verso de Dharma, pueda ver al protector Manyhugosha sin obstrucciones. [54] Que para colmar los deseos de todos los seres sintientes, tan numerosos como el espacio infinito, mi modo de vida sea como el de Manyhugosha.

[55] Que mientras exista el espacio y haya seres en el samsara, permanezca en él para liberarlos del sufrimiento. [56] Que todos los sufrimientos de los seres sintientes maduren en mí, y que por el poder de las virtudes y aspiraciones de los Bodhisatvas, disfruten de felicidad.

DEDICACIÓN PARA QUE FLOREZCA EL BUDADHARMA, LA FUENTE DE TODA FELICIDAD

[57] Que por el poder de mis virtudes y las de los demás, se practique y respete el Budadharma, la fuente de toda felicidad y la medicina para eliminar el sufrimiento, y permanezca para siempre.

RECONOCIMIENTO DE LA BONDAD DE NUESTROS GUÍAS ESPIRITUALES Y POSTRACIONES

[58] Me postro ante Manyhugosha, gracias a cuya bondad he podido cultivar la preciosa bodhichita, practicar las seis perfecciones y adquirir la sabiduría para componer esta obra sobre el

camino perfecto que conduce a la Budeidad. Me postro también ante mis Guías Espirituales, gracias a cuya bondad he podido recibir la ordenación monástica, adquirir las tres sabidurías, de la escucha, contemplación y meditación, y aumentar, en consecuencia, mis buenas cualidades.

En el presente capítulo, Shantideva ha expuesto la dedicación de su cuerpo, riqueza y, en particular, de sus virtudes, por el beneficio de los demás. Por lo tanto, también es una enseñanza sobre cómo practicar la perfección de la generosidad. Para un comentario más extenso sobre esta perfección, se pueden consultar capítulos anteriores.

Aquí concluye la «Dedicación», el capítulo décimo del libro *Tesoro de contemplación*, comentario a la *Guía de las obras del Bodhisatva*, de Shantideva.

Conclusión

EL SIGNIFICADO DE LA CONCLUSIÓN

Se divide en dos partes:

1. El autor.
2. Los traductores.

EL AUTOR

La *Guía de las obras del Bodhisatva* es el texto principal utilizado por los yoguis del pasado, y por los sabios y eruditos de las cuatro tradiciones de budismo tibetano, para la escucha, contemplación y meditación. Con este texto cualquier persona, ya sea inteligente o torpe, ordenada o laica, hombre o mujer, puede adiestrar su mente, puesto que todo el camino mahayana y, en particular, la renuncia, la bodhichita y la visión correcta de la vacuidad, se exponen con claridad, detenimiento y profundidad.

En resumen, esta obra contiene el camino completo y correcto hacia la iluminación. El autor de esta *Guía* es el gran Bodhisatva Shantideva, Hijo del Conquistador. Bajo el cuidado de Manyhushri abandonó su reino, que para él no tenía más valor que el polvo. Shantideva siguió el camino mahayana en general, y el tantra del yoga supremo en particular, y alcanzó la iluminación en una sola vida.

LOS TRADUCTORES

El texto *Bodhisatvacharyavatara* fue traducido por primera vez del sánscrito al tibetano a partir de la edición de Cachemira, por el abad Sarvajnadeva y el traductor tibetano Bende Paltseg. Más tarde, el abad indio Dharmashribhadra y el traductor tibetano Rinchen Zsangpo revisaron esta traducción. Después, el abad indio Shakyamati, también con la ayuda de Rinchen Zsangpo, hizo una nueva traducción siguiendo la edición de Magadha y sus comentarios. Finalmente, el abad indio Sumatikirti y el traductor tibetano Guelong Loden Sherab revisaron de nuevo la traducción de la edición de Cachemira.

Apéndice 1
Significado conciso del comentario

Significado conciso del comentario

Introducción.
El comentario a la *Guía de las obras del Bodhisatva* se presenta en tres partes:

1. Las cualidades especiales del autor.
2. Introducción al texto.
3. Comentario del texto.

El comentario del texto tiene cuatro partes:

1. El significado del título.
2. Homenaje de los traductores.
3. El significado del texto.
4. El significado de la conclusión.

Capítulo primero: *Beneficios de la bodhichita.*

El significado del texto tiene dos partes:

1. Preliminares de la composición.
2. Etapas del camino hacia la iluminación.

Los preliminares de la composición tiene tres partes:

1. Muestra de veneración.
2. Promesa de componer el texto.
3. Razones para componer el texto.

Las etapas del camino hacia la iluminación tiene dos partes:

1. Consejos para comprender el significado de nuestra preciosa existencia humana.
2. Método para llenar de significado nuestra preciosa existencia humana.

El método para llenar de significado nuestra preciosa existencia humana tiene dos partes:

1. Contemplación de los beneficios de la mente de bodhichita.
2. Cómo practicar las seis perfecciones tras haber generado la mente de bodhichita.

La contemplación de los beneficios de la mente de bodhichita tiene cuatro partes:

1. Los beneficios de la bodhichita.
2. La mente de bodhichita.
3. Razones por las que recibimos los beneficios de la mente de bodhichita.
4. Alabanza a quien genera la mente de bodhichita.

La mente de bodhichita tiene tres partes:

1. Clases de bodhichita.
2. Beneficios de la bodhichita aspirante.
3. Beneficios de la bodhichita comprometida.

Capítulo segundo: *Confesión*.

Cómo practicar las seis perfecciones tras haber generado la mente de bodhichita tiene dos partes:

1. Cómo mantener la bodhichita.
2. Cómo practicar las seis perfecciones.

Cómo mantener la bodhichita tiene dos partes:

1. Cómo eliminar los obstáculos y purificar las faltas.
2. Cómo aceptar y mantener la verdadera bodhichita.

Cómo eliminar los obstáculos y purificar las faltas tiene dos partes:

1. Prácticas preliminares.
2. Confesión.

Las prácticas preliminares tiene tres partes:

1. Ofrendas.
2. Postraciones.
3. Refugio en las Tres Joyas.

SIGNIFICADO CONCISO DEL COMENTARIO

Las ofrendas tiene dos partes:

1. Finalidad de las ofrendas y sus receptores.
2. Ofrendas.

Las ofrendas tiene tres partes:

1. Ofrendas sin dueño.
2. Ofrenda de nuestro cuerpo.
3. Ofrendas visualizadas.

Las ofrendas visualizadas tiene dos partes:

1. Ofrendas ordinarias.
2. Ofrendas sublimes.

El refugio en las Tres Joyas tiene cinco partes:

1. Las causas del refugio.
2. Los objetos de refugio.
3. La señal de haber practicado el refugio de manera correcta.
4. Los compromisos del refugio.
5. Los beneficios del refugio.

Los compromisos del refugio tiene tres partes:

1. Tres abandonos.
2. Tres reconocimientos.
3. Seis compromisos generales.

La confesión tiene cuatro partes:

1. El poder del arrepentimiento.
2. El poder de la dependencia.
3. El poder de la fuerza oponente.
4. El poder de la promesa.

Capítulo tercero: *Aceptación de la bodhichita.*

Cómo aceptar y mantener la verdadera bodhichita tiene tres partes:

1. Las prácticas preparatorias para acumular méritos.
2. Aceptación de la bodhichita.
3. Conclusión.

Las prácticas preparatorias para acumular méritos tiene cinco partes:

1. Regocijo en la virtud.
2. Súplica a los Budas y Guías Espirituales para que giren la rueda del Dharma.
3. Ruego a los Budas y Guías Espirituales para que permanezcan junto a nosotros.
4. Dedicación.
5. Adiestramiento de la mente en la práctica de la generosidad.

La dedicación tiene cuatro partes:

1. Dedicación general.
2. Dedicación para los enfermos.
3. Dedicación para eliminar el hambre y la sed.
4. Dedicación para colmar los deseos de los seres sintientes.

La conclusión tiene tres partes:

1. Meditación sobre la alegría de satisfacer nuestros propios deseos.
2. Meditación sobre la alegría de beneficiar a los demás y de satisfacer sus deseos.
3. Invitación a meditar en la vacuidad.

La meditación sobre la alegría de beneficiar a los demás y de satisfacer sus deseos tiene tres partes:

1. Liberar a los demás de su sufrimiento.
2. Eliminar las dos obstrucciones.
3. Proporcionar grandes beneficios y felicidad a los demás.

Capítulo cuarto: *Recta conducta.*

Cómo practicar las seis perfecciones tiene cuatro partes:

1. Adiestramiento en la recta conducta para que no degeneren la práctica de la bodhichita ni sus compromisos.
2. Aplicación de la retentiva y la vigilancia mental en la práctica de la disciplina moral.

SIGNIFICADO CONCISO DEL COMENTARIO

3. Las cuatro perfecciones restantes: paciencia, esfuerzo, concentración y sabiduría.
4. Dedicación y práctica de la generosidad para beneficiar a todos los seres sintientes.

El adiestramiento en la recta conducta para que no degeneren la práctica de la bodhichita ni sus compromisos tiene tres partes:

1. Breve descripción de la recta conducta.
2. Presentación extensa de la recta conducta.
3. Resumen.

La presentación extensa de la recta conducta tiene dos partes:

1. Meditación sobre la recta conducta con respecto a la bodhichita.
2. Meditación sobre la recta conducta con respecto a los preceptos.

La meditación sobre la recta conducta con respecto a la bodhichita tiene dos partes:

1. Razones por las que no debe abandonarse la bodhichita.
2. Las malas consecuencias de abandonar la bodhichita.

Las malas consecuencias de abandonar la bodhichita tiene tres partes:

1. Renaceremos en los reinos inferiores.
2. Disminuirá nuestra capacidad para beneficiar a los demás.
3. Nos alejaremos de los planos del Bodhisatva.

La meditación sobre la recta conducta con respecto a los preceptos tiene tres partes:

1. Aplicación de la recta conducta para abandonar las acciones perjudiciales.
2. Aplicación de la recta conducta para meditar en la virtud.
3. Aplicación de la recta conducta para abandonar las perturbaciones mentales.

La aplicación de la recta conducta para meditar en la virtud tiene seis partes:

1. Esforzarnos por abandonar las malas acciones que hemos cometido en vidas pasadas.
2. La mera experiencia de los reinos inferiores no nos libera.
3. Si no nos esforzamos por practicar la virtud ahora que poseemos una existencia humana, nos estamos engañando a nosotros mismos.
4. Si no practicamos la virtud ahora, experimentaremos sufrimientos en esta vida.
5. Si no practicamos la virtud ahora, renaceremos en los reinos inferiores.
6. Teniendo en cuenta todo lo anterior, lo más sensato es abandonar el mal y cultivar la virtud.

La aplicación de la recta conducta para abandonar las perturbaciones mentales tiene tres partes:

1. Reflexión sobre las faltas de las perturbaciones mentales.
2. No debemos lamentarnos de las dificultades que tendremos para abandonar las perturbaciones mentales.
3. Alegrémonos de poder abandonar las perturbaciones mentales.

La reflexión sobre las faltas de las perturbaciones mentales tiene seis partes:

1. Las perturbaciones mentales nos privan de libertad.
2. Las perturbaciones mentales nos producen innumerables sufrimientos.
3. Las perturbaciones mentales nos perjudican durante mucho tiempo.
4. Es absurdo hacer amistad con las perturbaciones mentales.
5. No debemos ser pacientes con nuestras perturbaciones mentales.
6. Exhortación para eliminar las perturbaciones mentales.

Alegrémonos de poder abandonar las perturbaciones mentales tiene tres partes:

1. A diferencia de los enemigos externos, cuando eliminamos las perturbaciones mentales por completo, no vuelven a surgir.
2. Puesto que la causa de las perturbaciones mentales son las creencias erróneas, si practicamos con perseverancia, las abandonaremos.
3. Por estas razones, debemos abandonar las perturbaciones mentales.

Capítulo quinto: *Vigilancia mental.*

La aplicación de la retentiva y la vigilancia mental en la práctica de la disciplina moral tiene cinco partes:

1. El método para mantener nuestra práctica es proteger la mente.
2. El método para proteger nuestra mente es practicar la retentiva y la vigilancia mental.
3. Cómo mantener la disciplina moral con la ayuda de la retentiva y la vigilancia mental.
4. Cómo impedir que nuestra práctica degenere.
5. Conclusión: lo importante no son las palabras [de los textos de Dharma], sino su significado.

El método para proteger nuestra mente es practicar la retentiva y la vigilancia mental tiene seis partes:

1. Breve descripción de los factores mentales de la retentiva y la vigilancia mental.
2. Si perdemos la retentiva y la vigilancia mental, se debilitará el poder de nuestras virtudes.
3. Si perdemos la retentiva y la vigilancia mental, no cultivaremos la sabiduría verdadera.
4. Si perdemos la retentiva y la vigilancia mental, no podremos mantener una disciplina moral pura.
5. Si perdemos la retentiva y la vigilancia mental, las virtudes que hemos acumulado degenerarán.
6. Si perdemos la retentiva y la vigilancia mental, no podremos acumular más méritos.

Cómo mantener la disciplina moral con la ayuda de la retentiva y la vigilancia mental tiene tres partes:

1. La disciplina moral de la abstención.
2. La disciplina moral de acumular virtudes.
3. La disciplina moral de beneficiar a los seres sintientes.

La disciplina moral de acumular virtudes tiene dos partes:

1. Abandonar el apego a nuestro cuerpo.
2. Practicar la virtud con destreza.

Practicar la virtud con destreza tiene tres partes:

1. Mantener una conducta física pura.
2. Mantener una conducta apropiada al relacionarnos con los demás.
3. Mantener una conducta física, verbal y mental apropiadas.

Capítulo sexto: *Paciencia.*

Las cuatro perfecciones restantes: paciencia, esfuerzo, concentración y sabiduría tiene cuatro partes:

1. Cómo practicar la paciencia.
2. Cómo practicar el esfuerzo.
3. Cómo practicar la concentración de la permanencia apacible.
4. Cómo practicar la sabiduría de la visión superior.

Cómo practicar la paciencia tiene dos partes:

1. Método para meditar sobre la paciencia.
2. Método para practicar la paciencia.

El método para meditar sobre la paciencia tiene dos partes:

1. Las faltas del odio.
2. Los beneficios de la paciencia.

El método para practicar la paciencia tiene cinco partes:

1. Destrucción de la causa del odio.
2. Meditación sobre la paciencia de aceptar voluntariamente el sufrimiento.

3. Meditación sobre la paciencia de pensar definitivamente sobre el Dharma.
4. Meditación sobre la paciencia de no vengarse.
5. Exposición extensa de los beneficios de la paciencia.

La meditación sobre la paciencia de pensar definitivamente sobre el Dharma tiene cuatro partes:

1. Puesto que tanto la persona que odia como el odio mismo dependen de causas, no hay posibilidad de elección.
2. Refutación del argumento de que la causa del odio es independiente.
3. Por qué debemos abandonar el odio.
4. Resumen.

La refutación del argumento de que la causa del odio es independiente tiene tres partes:

1. Refutación del argumento de la escuela samkhya de que hay un principio general y un yo que existen de manera inherente.
2. Refutación del argumento de la escuela vaisheshika de que hay un yo que existe de manera inherente.
3. Reconocimiento de que todos los seres son apariencias ilusorias y de que no es apropiado enfadarse con ellos.

La meditación sobre la paciencia de no vengarse tiene tres partes:

1. Métodos para cultivar la compasión.
2. Cómo eliminar la causa del odio.
3. Cómo reconocer que somos culpables de nuestros problemas.

Capítulo séptimo: *Esfuerzo.*

Cómo practicar el esfuerzo tiene cuatro partes:

1. Invitación a practicar el esfuerzo.
2. ¿Qué es el esfuerzo?
3. Cómo destruir el oponente del esfuerzo.
4. Cómo practicar el esfuerzo.

Cómo destruir el oponente del esfuerzo tiene dos partes:
1. ¿Qué es la pereza?
2. Cómo eliminar la pereza.

Cómo eliminar la pereza tiene tres partes:
1. Cómo eliminar la pereza de la inactividad.
2. Cómo eliminar la pereza que surge del apego a las actividades que nos distraen.
3. Cómo eliminar la pereza que surge del desánimo.

Cómo eliminar la pereza de la inactividad tiene tres partes:
1. La causa de la pereza de la inactividad.
2. El sufrimiento que la pereza de la inactividad nos causa en esta vida.
3. El sufrimiento que la pereza de la inactividad nos causará en vidas futuras.

Cómo practicar el esfuerzo tiene cuatro partes:
1. Introducción a los cuatro poderes que aumentan el esfuerzo.
2. Exposición extensa de los cuatro poderes que aumentan el esfuerzo.
3. Cómo practicar con retentiva y vigilancia mental.
4. Cómo aplicar las flexibilidades física y mental para mantener una conducta virtuosa.

La exposición extensa de los cuatro poderes que aumentan el esfuerzo tiene cuatro partes:
1. Exposición extensa del poder de la aspiración.
2. Exposición extensa del poder de la perseverancia.
3. Exposición extensa del poder del gozo.
4. Exposición extensa del poder de la relajación.

Capítulo octavo: *Concentración.*

Cómo alcanzar la concentración de la permanencia apacible tiene cuatro partes:
1. Por qué debemos alcanzar la permanencia apacible.
2. Invitación a eliminar los oponentes de la permanencia apacible.

SIGNIFICADO CONCISO DEL COMENTARIO

3. Cómo eliminar los oponentes de la permanencia apacible.
4. Cómo alcanzar la permanencia apacible.

Cómo eliminar los oponentes de la permanencia apacible tiene seis partes:

1. Las causas de nuestro apego a la vida mundana.
2. Los oponentes de nuestro apego a la vida mundana.
3. Cómo cultivar los oponentes del apego.
4. Las desventajas de los placeres mundanos.
5. Los beneficios de vivir en soledad.
6. Cómo abandonar los objetos de deseo y las actividades mundanas.

Cómo cultivar los oponentes del apego tiene dos partes:

1. Cómo abandonar el apego a los seres sintientes.
2. Cómo abandonar el apego a los objetos inanimados.

Cómo cultivar la permanencia apacible tiene dos partes:

1. Etapas de la permanencia apacible.
2. Aplicación de la permanencia apacible a la meditación de igualarse uno mismo con los demás y cambiarnos por ellos.

Las etapas de la permanencia apacible tiene cuatro partes:

1. Las seis condiciones necesarias para cultivar la permanencia apacible.
2. Las nueve permanencias mentales.
3. Los cinco obstáculos que hemos de abandonar.
4. Los ocho oponentes contra los cinco obstáculos.

La aplicación de la permanencia apacible a la meditación de igualarse uno mismo con los demás y cambiarnos por ellos tiene dos partes:

1. Cómo meditar en igualarse uno mismo con los demás.
2. Cómo cambiarse uno mismo por los demás.

TESORO DE CONTEMPLACIÓN

Cómo meditar en igualarse uno mismo con los demás tiene cinco partes:

1. Introducción a la meditación.
2. El significado de igualarse uno mismo con los demás.
3. Meditación en sí de igualarse uno mismo con los demás.
4. Beneficios de meditar en igualarse uno mismo con los demás.
5. Habilidad para desarrollar la mente con esta meditación.

Cómo cambiarse uno mismo por los demás tiene cuatro partes:

1. Introducción a la práctica de cambiarse uno mismo por los demás.
2. Cómo cambiarse uno mismo por los demás.
3. Cómo completar la práctica de cambiarse uno mismo por los demás por medio del pensamiento.
4. Cómo completar la práctica de cambiarse uno mismo por los demás por medio de acciones.

Cómo cambiarse uno mismo por los demás tiene cuatro partes:

1. Cómo familiarizarnos con la actitud de estimar a los demás.
2. Cómo abandonar la estimación propia.
3. Desventajas de la estimación propia y ventajas de estimar a los demás.
4. Resumen.

Cómo completar la práctica de cambiarse uno mismo por los demás por medio del pensamiento tiene cinco partes:

1. Introducción.
2. Meditación utilizando los celos que sentimos hacia un superior.
3. Meditación utilizando el deseo de competir con un igual.
4. Meditación utilizando la arrogancia que mostramos hacia un inferior.
5. Resultados de la meditación.

Capítulo noveno: *Sabiduría.*

Cómo practicar la sabiduría de la visión superior tiene cinco partes:

1. La importancia de cultivar la sabiduría que comprende la vacuidad para quienes desean alcanzar la liberación.
2. Las dos verdades.
3. Razones por las que quienes buscan la liberación personal deben cultivar la sabiduría que comprende la vacuidad.
4. Exposición extensa de los razonamientos lógicos que establecen la vacuidad.
5. Animar al practicante para que se esfuerce por cultivar la sabiduría.

Las dos verdades tiene cinco partes:

1. Diferencias entre las dos verdades.
2. Definición de las dos verdades.
3. Diferencias entre las personas que presentan las dos verdades.
4. Diferencias entre los diversos niveles de capacidad mental.
5. Refutación del argumento de que no es necesario comprender la vacuidad para alcanzar la liberación.

La refutación del argumento de que no es necesario comprender la vacuidad para alcanzar la liberación tiene dos partes:

1. Refutación general de las teorías de los proponentes de los objetos funcionales.
2. Refutación de la posición específica de la escuela chitamatra.

La refutación de la posición específica de la escuela chitamatra tiene cuatro partes:

1. Refutación de los autoconocedores basada en escrituras de autoridad.
2. Refutación de los autoconocedores basada en razonamientos lógicos.
3. Refutación de los argumentos de los chitamatrins para demostrar la existencia de los autoconocedores.

4. Refutación del argumento de que todos los objetos designados que existen deben tener una base de designación con existencia verdadera.

La refutación del argumento de que todos los objetos designados que existen deben tener una base de designación con existencia verdadera tiene tres partes:

1. Razón por la que el mago puede sentir deseo por la mujer ilusoria que manifiesta.
2. Razón por la que la meditación en la vacuidad puede eliminar todas las perturbaciones mentales y sus impresiones.
3. Resultados excelentes que se obtienen al abandonar el aferramiento a la existencia verdadera y sus impresiones.

La exposición extensa de los razonamientos lógicos que establecen la vacuidad tiene dos partes:

1. Exposición extensa de los razonamientos que establecen la vacuidad de la entidad propia de las personas.
2. Exposición extensa de los razonamientos que establecen la vacuidad de la entidad propia de los fenómenos.

La exposición extensa de los razonamientos que establecen la vacuidad de la entidad propia de las personas tiene tres partes:

1. Refutación del objeto concebido del aferramiento innato a la entidad propia de las personas.
2. Refutación del objeto concebido del aferramiento adquirido intelectualmente a la entidad propia de las personas.
3. Refutación de los argumentos contrarios a las refutaciones anteriores.

La refutación del objeto concebido del aferramiento adquirido intelectualmente a la entidad propia de las personas tiene dos partes:

1. Refutación del yo permanente postulado por la escuela samkhya.
2. Refutación del yo permanente postulado por las escuelas vaisheshika y naiyayika.

SIGNIFICADO CONCISO DEL COMENTARIO

La exposición extensa de los razonamientos que establecen la vacuidad de la entidad propia de los fenómenos tiene tres partes:

1. Comprensión de la vacuidad de la entidad propia de los fenómenos por medio de los cuatro emplazamientos cercanos de retentiva mental.
2. Debate sobre las dos verdades.
3. Razonamiento lógico que establece la vacuidad de la entidad propia.

La comprensión de la vacuidad de la entidad propia de los fenómenos por medio de los cuatro emplazamientos cercanos de retentiva mental tiene cuatro partes:

1. Emplazamiento cercano de retentiva sobre el cuerpo.
2. Emplazamiento cercano de retentiva sobre las sensaciones.
3. Emplazamiento cercano de retentiva sobre la mente.
4. Emplazamiento cercano de retentiva sobre los fenómenos.

El emplazamiento cercano de retentiva sobre el cuerpo tiene cuatro partes:

1. La carencia de existencia verdadera del cuerpo como poseedor de sus partes.
2. La carencia de existencia verdadera de las partes del cuerpo.
3. Es inapropiado tener apego a este cuerpo que carece de existencia verdadera y es como un sueño.
4. Establecer, en consecuencia, la carencia de existencia verdadera de la persona.

El emplazamiento cercano de retentiva sobre las sensaciones tiene cuatro partes:

1. Refutación de la existencia verdadera de la naturaleza de la sensación.
2. Refutación de la existencia verdadera de la causa de la sensación.
3. Refutación de la existencia verdadera del objeto de la sensación.
4. Refutación de la existencia verdadera del sujeto que experimenta la sensación.

La refutación de la existencia verdadera de la naturaleza de la sensación tiene tres partes:

1. Refutación de la existencia verdadera de las sensaciones desagradables.
2. Refutación de la existencia verdadera de las sensaciones agradables.
3. El yoga de meditar en la carencia de existencia verdadera de las sensaciones.

La refutación de la existencia verdadera de la causa de la sensación tiene tres partes:

1. Refutación de un encuentro con existencia verdadera entre el poder sensorial y el objeto.
2. Refutación de un encuentro con existencia verdadera entre el objeto y la consciencia.
3. Establecer, en consecuencia, la carencia de existencia verdadera del contacto que surge del encuentro entre el objeto, el poder sensorial y la consciencia.

El emplazamiento cercano de retentiva sobre la mente tiene dos partes:

1. La carencia de existencia verdadera de la consciencia mental.
2. La carencia de existencia verdadera de las cinco consciencias sensoriales.

El razonamiento lógico que establece la vacuidad de la entidad propia tiene tres partes:

1. El razonamiento lógico del rayo vajra.
2. El razonamiento lógico de la relación dependiente.
3. El razonamiento lógico que refuta la producción inherente de los objetos existentes e inexistentes.

El razonamiento lógico del rayo vajra tiene cinco partes:

1. Refutación de la producción sin causa.
2. Refutación de la producción de una causa permanente distinta.
3. Refutación de la producción del principio general permanente.

SIGNIFICADO CONCISO DEL COMENTARIO

4. Resumen de la refutación de la producción sin causa.
5. Refutación de la producción a partir de uno mismo y a partir de otros.

La refutación de la producción de una causa permanente distinta tiene tres partes:

1. Refutación de la existencia del dios Ishvara.
2. Refutación de que Ishvara es la causa de todos los fenómenos porque es permanente.
3. Refutación de que las partículas atómicas son la causa de todos los fenómenos.

La refutación de la producción del principio general permanente tiene cuatro partes:

1. Refutación del argumento de que el principio general es la causa de todas las manifestaciones.
2. Refutación del argumento de que el principio general es permanente.
3. Refutación del argumento de que un resultado puede existir al mismo tiempo que su causa.
4. Refutación del argumento de que la escuela madhyamika está equivocada.

El razonamiento lógico para refutar la producción inherente de los fenómenos existentes e inexistentes tiene tres partes:

1. Refutación de la producción con existencia inherente por medio del presente razonamiento.
2. Refutación de la cesación con existencia verdadera.
3. El samsara y el nirvana son iguales porque ambos carecen de existencia verdadera.

Animar al practicante para que se esfuerce por cultivar la sabiduría tiene cuatro partes:

1. El significado sublime de la preciosa vacuidad.
2. La importancia de esforzarse por realizar la vacuidad.
3. La gran compasión y las desventajas del samsara.
4. El objeto concebido por la gran compasión.

La gran compasión y las desventajas del samsara tiene cinco partes:

1. Reflexión sobre las desventajas de esta vida.
2. Reflexión sobre las desventajas de las vidas futuras.
3. Aunque renazcamos como un dios o un ser humano, resulta difícil dedicar tiempo a la práctica de Dharma.
4. La dificultad y el gran significado de haber encontrado este precioso renacimiento humano.
5. Tanto nosotros como los demás experimentamos los sufrimientos del samsara y es apropiado sentir compasión.

Capítulo décimo: *Dedicación.*

La dedicación y práctica de la generosidad por el beneficio de todos los seres sintientes tiene tres partes:

1. Dedicación breve.
2. Dedicación extensa.
3. Reconocimiento de la bondad de nuestros Guías Espirituales y postraciones.

La dedicación extensa tiene tres partes:

1. Dedicación por el beneficio de los demás.
2. Dedicación por nuestro propio beneficio.
3. Dedicación para que florezca el Budadharma, la fuente de toda felicidad.

La dedicación por el beneficio de los demás tiene cinco partes:

1. Dedicación para que desaparezcan las enfermedades.
2. Dedicación para eliminar el sufrimiento de los seres en los tres reinos inferiores.
3. Dedicación por el beneficio de los seres humanos y dioses.
4. Dedicación por el beneficio de todos los seres.
5. Dedicación por el beneficio de los Bodhisatvas y Seres Superiores.

SIGNIFICADO CONCISO DEL COMENTARIO

La dedicación por el beneficio de los seres humanos y dioses tiene dos partes:

1. Dedicación para eliminar el sufrimiento de los seres humanos y dioses.
2. Dedicación para colmar sus deseos.

La dedicación para colmar sus deseos tiene dos partes:

1. Dedicación general para todos los seres humanos.
2. Dedicación en particular para los que han recibido la ordenación monástica.

Capítulo undécimo: *Conclusión.*

El significado de la conclusión tiene dos partes:

1. El autor.
2. Los traductores.

Glosario de términos

Acumulación de méritos Cualquier acción virtuosa motivada por la bodhichita y que constituye la causa principal para alcanzar el Cuerpo de la Forma de un Buda. Por ejemplo, hacer ofrendas a los seres sagrados y postrarnos ante ellos con la motivación de bodhichita, y practicar las perfecciones de la generosidad, la disciplina moral y la paciencia. Véase CUERPOS DE BUDA.

Acumulación de sabiduría Cualquier acción mental virtuosa motivada por la bodhichita que constituye la causa principal para alcanzar el Cuerpo de la Verdad de un Buda. Por ejemplo, escuchar enseñanzas sobre la vacuidad, contemplarlas y meditar en ellas con la motivación de bodhichita. Véase CUERPOS DE BUDA.

Agregado Por lo general, todo objeto funcional es un agregado porque está compuesto de varias partes. En particular, los seres de los reinos del deseo y de la forma poseen los cinco agregados siguientes: forma, sensación, discernimiento, factores productores y consciencia. Los seres del reino inmaterial carecen del agregado de la forma, pero poseen los otros cuatro. El agregado de la forma de una persona es su cuerpo, mientras que su mente está incluida en los otros cuatro. Véase *Corazón de la sabiduría*.

Amitabha Manifestación del agregado del discernimiento de todos los Budas. Su cuerpo es de color rojo.

Análisis Factor mental que analiza un objeto para lograr una comprensión de su naturaleza sutil. Véase *Comprensión de la mente*.

Arjat Véase DESTRUCTOR DEL ENEMIGO.

Arya Véase SER SUPERIOR.

Atisha (982-1054) Famoso erudito budista indio y gran meditador. Fue abad del gran monasterio de Vikramashila en los tiempos en que el budismo mahayana florecía en la India. Posteriormente viajó al Tíbet donde restableció el Dharma puro. Autor del primer texto sobre las etapas del camino, *La lámpara del camino*. Su tradición fue conocida más tarde como la *tradición kadampa*. Véase *El camino gozoso de buena fortuna*.

Avalokiteshvara Personificación de la compasión de todos los Budas. Su nombre en tibetano es *Chenrezsig*. En tiempos de Buda Shakyamuni se manifestó bajo el aspecto de uno de sus discípulos Bodhisatvas. Véase *Caminos y planos tántricos*.

Bendición Proceso de transformación de la mente de un estado impuro a uno virtuoso, de uno de infelicidad a uno de felicidad, o de uno de debilidad a uno de fortaleza, que se produce como resultado de recibir la inspiración de seres sagrados, como nuestro Guía Espiritual, los Budas o los Bodhisatvas.

Budista Aquel que desde lo más profundo de su corazón se refugia en las Tres Joyas –Buda, Dharma y Sangha–. Véase *Introducción al budismo*.

Causa sustancial Causa principal.

Chandrakirti Gran erudito budista indio y maestro de meditación que compuso el famoso texto *Guía del camino medio*, en el que se presenta con claridad la visión del sistema madhyamika-prasanguika según las enseñanzas que Buda impartió en los *Sutras de la perfección de la sabiduría*. Véase *Océano de néctar*.

Conocedor válido Conocedor que no es engañoso con respecto a su objeto conectado. Puede ser de dos clases: conocedor válido inferencial y conocedor válido directo. Véanse *Comprensión de la mente* y *Corazón de la sabiduría*.

Conocedor válido directo Conocedor no engañoso que aprehende un objeto manifiesto. Véase *Comprensión de la mente*.

Conquistador Solitario Una clase de practicante hinayana. También recibe el nombre de *Realizador Solitario*. Véase OYENTE.

Consciencia Las seis consciencias, o mentes primarias, son: la visual, la auditiva, la olfativa, la gustativa, la corporal y la mental. Véase *Comprensión de la mente*.

Consideración por los demás Factor mental cuya función es impedir que cometamos acciones indebidas por razones que atañen a los demás. Véanse *Comprensión de la mente* y *Tesoro de contemplación*.

Cuatro maneras de reunir discípulos Las cuatro manera de reunir discípulos que practican lo Bodhisatvas son: complacer a los demás dándoles ayuda material o cualquier cosa que necesiten; enseñar el Dharma para conducir a los demás hacia la liberación; ayudar a los demás en su práctica de Dharma dándoles ánimos; y mostrar buen ejemplo poniendo siempre en práctica lo que se enseña. Véase *El camino gozoso de buena fortuna*.

Cuatro maras Véase DEMONIO.

GLOSARIO DE TÉRMINOS

Cuatro nobles verdades Las verdades de los sufrimientos, orígenes, cesaciones y caminos. Se denominan *nobles* porque son los objetos supremos de meditación. Si meditamos en estos cuatro objetos, terminaremos realizando directamente la verdad última y nos convertiremos en un Ser Noble o Superior. También se las conoce como *las cuatro verdades de los Seres Superiores*. Véanse *Corazón de la sabiduría* y *El camino gozoso de buena fortuna*.

Cuerpo de Emanación *Nirmanakaya* en sánscrito. El Cuerpo de la Forma de un Buda, que puede ser percibido por los seres ordinarios. Por lo general, los Budas se manifiestan de diferentes maneras. Aunque en esencia son Budas, el aspecto de algunas de estas emanaciones son mundanas. Los Budas pueden manifestarse también como practicantes con realizaciones hinayanas o como Bodhisatvas. La emanación que realiza las doce obras mayores, como Buda Shakyamuni, se denomina *Cuerpo de Emanación Supremo*. Considerando su aspecto externo, esta emanación es suprema, pero desde el punto de vista de su naturaleza, todos los seres que emana un Buda, por muy mundano que sea su aspecto, son seres supremos. Por lo tanto, no debemos pensar que se llama *Cuerpo de Emanación Supremo* porque esta emanación de Buda es superior a las demás, sino que todas ellas son seres iluminados.

Cuerpo de la Verdad Véase CUERPOS DE BUDA.

Cuerpos de Buda Un Buda posee cuatro cuerpos –el Cuerpo de la Sabiduría de la Verdad, el Cuerpo de Entidad, el Cuerpo de Deleite y el Cuerpo de Emanación–. El primero es la mente omnisciente de un Buda; el segundo es la vacuidad o naturaleza última de su mente; el tercero es su Cuerpo de la Forma en sí, que es muy sutil; y el cuarto está constituido por los Cuerpos burdos de la Forma, que los seres ordinarios pueden ver, y de los que cada Buda manifiesta un número ilimitado. El Cuerpo de la Sabiduría de la Verdad y el Cuerpo de Entidad constituyen el Cuerpo de la Verdad, y el Cuerpo de Deleite y los Cuerpos de Emanación constituyen el Cuerpo de la Forma. Véanse *El camino gozoso de buena fortuna* y *Océano de néctar*.

Deidad *Yidam* en sánscrito. Un ser tántrico iluminado.

Demonio *Mara* en sánscrito. Se refiere a todo aquello que obstaculiza el logro de la liberación o la iluminación. Hay cuatro clases de maras: el mara de las perturbaciones mentales, el de los agregados contaminados, el de la muerte y los maras Devaputra. De ellos, solo los últimos son seres sintientes. El mara Devaputra principal es el Ishvara colérico, el dios más elevado del reino del deseo que habita en la Tierra en la que se Controlan las Emanaciones de los Demás. A Buda se lo llama *Ser Vencedor* o *Victorioso* porque ha conquistado los cuatro tipos de maras. Véanse *Corazón de la sabiduría* y *Océano de néctar*.

Destructor del Enemigo *Arjat* en sánscrito. Practicante que al haber abandonado todas las perturbaciones mentales y sus semillas, se ha liberado del samsara. En este contexto, *Enemigo* se refiere a las perturbaciones mentales.

Dharmakaya Término sánscrito que significa 'Cuerpo de la Verdad'. Véase CUERPOS DE BUDA.

Dieciséis aspectos de las cuatro nobles verdades Buda mostró que cada una de las cuatro nobles verdades tiene cuatro aspectos. Los aspectos de los sufrimientos verdaderos son: impermanencia, sufrimiento, vacuidad y carencia de entidad propia; los de los orígenes verdaderos: causa, origen, producción intensa y condición; los de las cesaciones verdaderas: cesación, paz, logro supremo y abandonador definitivo; y los de los caminos verdaderos: camino, antídoto, realizador y abandono definitivo. Véase *Océano de néctar*.

Diez direcciones Los cuatro puntos cardinales, los cuatro intermedios, el cenit y el nadir.

Dioses Seres del reino celestial o de los dioses, el más elevado de los seis reinos del samsara. Existen numerosas clases de dioses: algunos pertenecen al reino del deseo, otros al reino de la forma y otros al reino inmaterial. Véase *El camino gozoso de buena fortuna*.

Dos obstrucciones A la liberación y a la omnisciencia. Los Destructores hinayanas del Enemigo y los Bodhisatvas que están por encima del séptimo plano han eliminado las obstrucciones a la liberación, pero no las obstrucciones a la omnisciencia. Por lo tanto, cuando no están en meditación estabilizada en la vacuidad, los objetos aparecen en su mente como si tuvieran existencia inherente.

Duda Factor mental que vacila respecto a su objeto. Véase *Comprensión de la mente*.

El que ha Entrado en la Corriente Véase OYENTE.

El que Nunca Regresa Véase OYENTE.

El que Regresa Una Vez Véase OYENTE.

Escuelas de filosofía budista Los cuatros sistemas filosóficos que enseñó Buda según las tendencias y capacidades de sus discípulos. Estos son: el sistema vaibashika, el sautrántika, el chitamatra y el madhyamika. Suelen estudiarse en orden pues las escuelas inferiores nos ayudan a comprender las superiores. Las dos primeras escuelas son hinayanas, y las dos últimas, mahayanas. Véanse *Océano de néctar* y *Tesoro de contemplación*.

GLOSARIO DE TÉRMINOS

Factor mental Conocedor que aprehende principalmente una característica específica de un objeto. Existen cincuenta y un factores mentales. Véase *Comprensión de la mente*.

Fenómeno impermanente Los fenómenos son permanentes o impermanentes. *Impermanente* significa 'transitorio', por lo que un fenómeno impermanente es aquel que es producido y se desintegra momento a momento. *Fenómeno impermanente*, *objeto funcional* y *producto* son términos sinónimos. La impermanencia puede ser de dos clases: burda y sutil. La primera es la que se percibe a través de la percepción sensorial ordinaria −por ejemplo, el envejecimiento y la muerte de un ser sintiente−, y la segunda, la desintegración momento a momento de todo objeto funcional.

Fenómeno permanente Todo objeto que no se desintegra momento a momento.

Flexibilidad física Objeto tangible, flexible y ligero que se desarrolla en el interior de nuestro cuerpo cuando por medio de la meditación generamos un aire de energía puro que impregna todo el cuerpo.

Flexibilidad mental Docilidad de la mente inducida por una concentración virtuosa. Véanse *Comprensión de la mente*, *El camino gozoso de buena fortuna* y *La luz clara del gozo*.

Ganden *Tushita* en sánscrito, *Tierra Gozosa* en español. La tierra pura de Buda Maitreya. Atisha y Yhe Tsongkhapa visitaron esta tierra pura al morir. *Ganden* es también el nombre de la doctrina que Yhe Tsongkhapa reveló y del monasterio que fundó en el Tíbet. Véanse *Gema del corazón* y *Gran tesoro de méritos*.

Guía Espiritual *Guru* en sánscrito, *Lama* en tibetano. Maestro que nos guía por el camino espiritual. Véanse *El camino gozoso de buena fortuna*, *Gema del corazón* y *Gran tesoro de méritos*.

Guru Raíz Nuestro Guía Espiritual principal, de quien recibimos las iniciaciones, instrucciones y transmisiones orales de nuestra práctica esencial. Véanse *El camino gozoso de buena fortuna* y *Gran tesoro de méritos*.

Investigación Factor mental que analiza un objeto para lograr una comprensión de su naturaleza burda. Véase *Comprensión de la mente*.

Kadampa Seguidor de la Tradición kadampa, transmitida por Atisha y su discípulo Dromtompa. Antes de la aparición de Yhe Tsongkhapa se la conocía como *antigua tradición kadampa*, y después, como *nueva tradición kadampa*.

Liberación Emancipación completa del samsara y de sus causas, las perturbaciones mentales. Véase *El camino gozoso de buena fortuna*.

Madhyamika Una de las dos escuelas principales de la filosofía mahayana. Buda enseñó la visión madhyamika en los *Sutras de la perfección de la sabiduría* durante el segundo giro de la Rueda del Dharma y, más tarde, Nagaryhuna y sus seguidores la esclarecieron. Hay dos escuelas madhyamikas: la escuela madhyamika-svatántrika y la madhyamika-prasanguika. Esta última presenta la visión última de Buda. Véase *Océano de néctar*.

Mantra secreto Término sinónimo de *tantra*. Las enseñanzas del mantra secreto se diferencian de las del sutra en que contienen métodos para el adiestramiento de la mente con los que se trae el resultado futuro o Budeidad al camino presente. El mantra secreto es el camino supremo hacia la iluminación total. El término *mantra* indica que contiene instrucciones especiales que Buda reveló para proteger la mente de apariencias y concepciones ordinarias. El practicante del mantra secreto se protege de ellas pensando que su cuerpo, sus disfrutes y sus acciones son los de un Buda. El término *secreto* indica que los yogas del tantra han de realizarse en privado y que solo los que han recibido una iniciación tántrica pueden practicarlos. Véanse *Caminos y planos tántricos*, *Esencia del vajrayana*, *Gran tesoro de méritos*, *Guía del Paraíso de las Dakinis* y *La luz clara del gozo*.

Manyhugosha Véase MANYHUSHRI.

Manyhushri Personificación de la sabiduría de todos los Budas. En tiempos de Buda Shakyamuni se manifestó como uno de sus discípulos Bodhisatvas. Véanse *Gema del corazón* y *Gran tesoro de méritos*.

Mara Devaputra Véase DEMONIO.

Mente Aquello que es claridad y conoce. La mente es claridad porque carece de forma, y conoce porque posee la capacidad de percibir objetos. Véanse *Comprensión de la mente* y *La luz clara del gozo*.

Mente primaria Término sinónimo de *consciencia*. Conocedor que aprehende principalmente la mera entidad de un objeto. Hay seis clases de mentes primarias: visual, auditiva, olfativa, gustativa, corporal y mental. Cada momento de la mente está compuesto por una mente primaria y varios factores mentales. Estos dos forman una misma entidad, pero tienen diferentes funciones. Véase *Comprensión de la mente*.

Método Los caminos espirituales que hacen madurar nuestro linaje de Buda. Ejemplos de ellos son el adiestramiento en las mentes de renuncia, compasión y bodhichita.

Nagaryhuna Gran erudito budista indio y maestro de meditación que renovó las instrucciones mahayanas en el siglo I d. de C. impartiendo las enseñanzas de los *Sutras de la perfección de la sabiduría*. Véase *Océano de néctar*.

GLOSARIO DE TÉRMINOS

Naropa Mahasidha budista indio. Véase *Guía del Paraíso de las Dakinis*.

Naturaleza convencional Véase NATURALEZA ÚLTIMA.

Naturaleza última Todos los fenómenos tienen dos naturalezas: una convencional y otra última. La naturaleza convencional de una mesa, por ejemplo, es la mesa propiamente dicha, su forma, color y demás características. Su naturaleza última es su carencia de existencia inherente. La naturaleza convencional de un fenómeno es una verdad convencional, y su naturaleza última, una verdad última. Véanse *Corazón de la sabiduría* y *Océano de néctar*.

Nirvana Véase LIBERACIÓN.

Obstrucciones a la liberación Obstáculos que impiden el logro de la liberación. Todas las perturbaciones mentales, como la ignorancia, el apego, el odio, y sus semillas, constituyen las obstrucciones a la liberación. También se denominan *obstrucciones de las perturbaciones mentales*. Véase *El camino gozoso de buena fortuna*.

Obstrucciones a la omnisciencia Las impresiones de las perturbaciones mentales, que impiden el conocimiento simultáneo y directo de todos los fenómenos, por lo que solo los Budas las han eliminado. Véase *El camino gozoso de buena fortuna*.

Ocho grandes hijos Los ocho discípulos mahayanas principales de Buda Shakyamuni: Akashagarbha, Avalokiteshavara, Ksitigarbha, Maitreya, Manyhushri, Samantabhadra, Sarvanivaranaviskambini y Vajrapani. En tiempos de Buda aparecieron bajo el aspecto de Bodhisatvas y mostraron con su ejemplo la manera correcta de practicar el camino mahayana y de ayudar a difundir las enseñanzas de Buda por el beneficio de todos los seres.

Ofrecimiento del mandala Ofrenda del universo entero visualizado como una Tierra Pura y de los seres que en él habitan como seres puros. Véanse *El camino gozoso de buena fortuna*, *Gran tesoro de méritos* y *Guía del Paraíso de las Dakinis*.

Orgullo Factor mental que siente arrogancia al considerar y exagerar nuestras buenas cualidades o posesiones. Véanse *Comprensión de la mente* y *El camino gozoso de buena fortuna*.

Oyente Una de las dos clases de practicante hinayana. Tanto los Oyentes como los Conquistadores Solitarios son hinayanas, pero se diferencian en su motivación, conducta, méritos y sabiduría. Desde el punto de vista de estas cualidades, los Conquistadores Solitarios son superiores a los Oyentes. Estos últimos pueden ser de ocho clases según el grado de perturbaciones mentales que hayan abandonado: El que se Acerca al Estado del que ha Entrado en la Corriente, El que Permanece en el Estado del que ha Entrado en la Corriente, El que se Acerca al Estado del que Regresa Una Vez, El que Permanece en el Estado del que Regresa Una Vez, El que se Acerca al Estado del que Nunca Regresa, El que Permanece en el Estado del que Nunca Regresa, El que se Acerca al Estado del Destructor del Enemigo y El que Permanece en el Estado del Destructor del Enemigo. El que ha Entrado en la Corriente está en el camino de la visión y no renace nunca más en uno de los tres reinos inferiores; El que Regresa Una Vez vuelve al reino del deseo solo una vez más; y El que Nunca Regresa no vuelve nunca más al reino del deseo. Véase *Océano de néctar*.

Perceptor directo *Ngon sum* en tibetano. Conocedor que aprehende un objeto manifiesto. Según las escuelas budistas inferiores es necesariamente no conceptual, pero los madhyamika-prasanguikas consideran que los momentos subsiguientes de un conocedor inferencial, que son mentes conceptuales, son también perceptores directos. Véase *Comprensión de la mente*.

Persona El yo designado sobre cualquiera de los cuatro o cinco agregados de un ser. Véanse *Comprensión de la mente* y *Océano de néctar*.

Perturbaciones mentales adquiridas intelectualmente Engaños que surgen como resultado de utilizar razonamientos o principios incorrectos. Véanse *Comprensión de la mente* y *El camino gozoso de buena fortuna*.

Perturbaciones mentales innatas Perturbación mental que no es el producto de conjeturas intelectuales, sino que surge de manera espontánea. Véanse *Comprensión de la mente* y *El camino gozoso de buena fortuna*.

Poder sensorial Poder interno situado en el centro de los órganos físicos sensoriales, cuya función es producir directamente una percepción sensorial. Hay cinco poderes sensoriales, uno para cada una de las cinco percepciones sensoriales –la visual, la auditiva, etc.–. Véase *Comprensión de la mente*.

Prasanguika Véase MADHYAMIKA.

Rueda del Dharma Buda impartió sus enseñanzas en tres etapas que se conocen como *los tres giros de la rueda del Dharma*. Durante el primer giro enseñó las cuatro nobles verdades, en el segundo reveló los *Sutras de la perfección de la sabiduría*, en los que expuso la visión madhyamika-prasanguika, y en el tercero dio instrucciones sobre la visión chitamatra. Buda impartió estas enseñanzas adaptándose a las inclinaciones y capacidades de sus discípulos. La visión última de Buda es la que reveló en su segundo giro de la rueda del Dharma. El Dharma es a menudo comparado con la rueda preciosa, una de las posesiones de un monarca chakravatin. Esta rueda transporta al rey a través de largas distancias en poco tiempo, y se dice que allí donde viaja la rueda, gobierna el rey. De manera similar, cuando Buda reveló el camino a la iluminación, se dice que giró la Rueda del Dharma, y allí donde llegan estas instrucciones, las mentes descontroladas quedan subyugadas.

Sangha Según la tradición del *vinaya*, una comunidad de al menos cuatro monjes o monjas con la ordenación completa. En general, los practicantes que han recibido una ordenación monástica o los seglares que han recibido los votos del Bodhisatva o los tántricos.

Sentido del honor Factor mental cuya función es impedir que cometamos acciones indebidas por razones que atañen a uno mismo. Véase *Comprensión de la mente*.

Señor de la Muerte Aunque el mara de la muerte sin control no es un ser sintiente, se suele personificar como el Señor de la Muerte o *Yama* en sánscrito. El Señor de la Muerte aparece en el diagrama de la Rueda de la Vida agarrando la rueda entres sus garras y dientes. Véase DEMONIO. Véanse *El camino gozoso de buena fortuna* y *Océano de néctar*.

Ser Superior *Arya* en sánscrito. Ser que posee una realización directa de la vacuidad. Hay Seres Superiores hinayanas y mahayanas.

Siete ramas Prácticas especiales para purificar las acciones perjudiciales y acumular méritos. Las siete ramas son: postraciones, ofrendas, confesión, regocijo en la virtud, ruego a los Budas y Guías Espirituales para que permanezcan junto a nosotros, súplica a los Budas y Guías Espirituales para que giren la Rueda del Dharma y dedicación. Se conocen también como los *siete miembros* porque mantienen el cuerpo principal de nuestra práctica, las meditaciones sobre los caminos del sutra y del tantra. Véanse *El camino gozoso de buena fortuna* y *Gran tesoro de méritos*.

Sugata Término sánscrito que significa 'Ser que ha Pasado al Estado de Gozo'. Es un epíteto de Buda.

Sukhavati Término sánscrito que significa 'Tierra Gozosa'. Tierra pura de Buda Amitabha.

Sutra Las enseñanzas de Buda que pueden practicarse sin necesidad de haber recibido una iniciación tántrica. Incluyen las instrucciones que Buda enseñó durante los tres giros de la rueda del Dharma.

Sutras de la perfección de la sabiduría Sutras que Buda enseñó durante el segundo Giro de la Rueda del Dharma. En ellos revela su visión acerca de la naturaleza última de todos los fenómenos –la vacuidad de existencia inherente–. Véanse *Corazón de la sabiduría* y *Océano de néctar*.

Svatántrica Véase MADHYAMIKA.

Tantra Véase MANTRA SECRETO.

Tantra del yoga supremo Instrucción vajrayana que contiene el método para transformar la experiencia del gozo ordinario en el camino espiritual. Véanse *Gran tesoro de méritos*, *Guía del Paraíso de las Dakinis* y *La luz clara del gozo*.

Tathagata Palabra sánscrita que significa 'Ser que ha Pasado al Más Allá'. Es un epíteto de Buda.

Tierra pura Reino puro donde no existe la verdad del sufrimiento. Existen numerosas tierras puras. Por ejemplo, Tushita es la tierra pura de Buda Maitreya, Sukhavati, la de Buda Amitabha, y la Tierra de las Dakinis o *Keajra* en sánscrito, la de Buda Vajrayoguini. Véanse *Gema del corazón* y *Guía del Paraíso de las Dakinis*.

Tres adiestramientos superiores El adiestramiento en la disciplina moral, la concentración y la sabiduría motivado por la renuncia o la bodhichita.

Vajra En general, esta palabra sánscrita significa 'indestructible como un diamante y poderoso como un rayo'. En el contexto del mantra secreto, significa 'la indivisibilidad del método y la sabiduría'. Es también el nombre que se le da a uno de los objetos rituales que se utiliza en prácticas del tantra.

Vajrapani Personificación del poder de todos los Budas. Aparece con un aspecto colérico para mostrar su capacidad de eliminar los obstáculos externos, internos y secretos. En tiempos de Buda Shakyamuni se manifestó bajo el aspecto de uno de sus discípulos Bodhisatvas.

Vajrayoguini Deidad femenina perteneciente al tantra del yoga supremo de la Madre que personifica el gozo y la vacuidad inseparables. Su naturaleza es la misma que la de Heruka. Véase *Guía del Paraíso de las Dakinis*.

Verdad de la cesación La naturaleza última de la mente que se ha liberado de cualquier obstrucción por medio de la verdad del camino. Véanse *Corazón de la sabiduría* y *El camino gozoso de buena fortuna*.

Verdad del camino Un sendero espiritual basado en la sabiduría que realiza la vacuidad de manera directa. Véanse *Corazón de la sabiduría* y *El camino gozoso de buena fortuna*.

Verdad del origen Acción o perturbación mental que es la causa principal de la verdad del sufrimiento. Véanse *Corazón de la sabiduría* y *El camino gozoso de buena fortuna*.

Verdad del sufrimiento Un objeto contaminado producido por las perturbaciones mentales y el karma. Véanse *Corazón de la sabiduría* y *El camino gozoso de buena fortuna*.

GLOSARIO DE TÉRMINOS

Visión superior Sabiduría especial que percibe su objeto con claridad y es mantenida por la permanencia apacible y la flexibilidad especial inducida por la investigación. Véase *El camino gozoso de buena fortuna*.

Votos Promesas de abstenerse de cometer determinadas acciones perjudiciales. Hay tres clases de votos: los del pratimoksha o de liberación individual, los del Bodhisatva y los tántricos. Véanse *Caminos y planos tántricos*, *El voto del Bodhisatva* y *Guía del Paraíso de las Dakinis*.

Yhe Tsongkhapa (1357-1419) Emanación de Manyhushri, el Buda de la Sabiduría. Tal y como fue predicho por Buda Shakyamuni, se manifestó como un monje en el Tíbet en el siglo XIV, donde mostró cómo practicar correctamente el Dharma en tiempos de degeneración, gracias a lo cual la doctrina budista recuperó su pureza. Posteriormente su tradición se conoció como la *tradición ganden* o *guelug*. Véanse *Gema del corazón* y *Gran tesoro de méritos*.

Yidam Véase DEIDAD.

Yogui o yoguini Palabra sánscrita que se utiliza, por lo general, para referirse a aquel que ha alcanzado la unión de la permanencia apacible y la visión superior.

Lecturas recomendadas

GUESHE KELSANG GYATSO

Gueshe Kelsang Gyatso, ilustre erudito y Guía Espiritual totalmente cualificado, es autor de un amplio número de obras de gran renombre y fundador de numerosos centros de budismo en varios países del mundo.

Gueshe Kelsang unifica con destreza excepcional la antigua sabiduría de la doctrina budista, tal y como se practicó es su tierra natal, el Tíbet, con los intereses y las preocupaciones del mundo occidental, donde vive desde 1977.

Sus obras pueden clasificarse en tres series:

1. Budismo básico.
2. Estudios filosóficos.
3. Prácticas de meditación.

BUDISMO BÁSICO

En los libros de esta serie se introducen los conceptos fundamentales en los que se basa el budismo, presentados de una manera accesible y fácil de entender.

ESTUDIOS FILOSÓFICOS

En los libros de esta serie se tratan con profundidad cuestiones clave tales como el estudio de la mente, la naturaleza última de la realidad y el significado de la iluminación.

PRÁCTICAS DE MEDITACIÓN

En los libros de esta serie se presentan métodos y técnicas muy eficaces para desarrollar el potencial humano en toda su plenitud.

Títulos disponibles

Caminos y planos tántricos (Prácticas de meditación)

Cómo entrar en el camino vajrayana, recorrerlo y perfeccionarlo
- Relación entre el sutra y el tantra
- Las cuatro clases de tantras
- Cómo alcanzar la iluminación mediante la práctica del tantra del yoga supremo

Compasión universal (Budismo básico)

Instrucciones prácticas para desarrollar las actitudes altruistas que constituyen una fuente inagotable de verdadera felicidad.

- Muestra, paso a paso, el modo de desarrollar la verdadera mente de compasión universal –la determinación de liberar a todos los seres sintientes del sufrimiento–
- Expone con claridad y detalle cómo transformar todas las situaciones que podemos encontrar en la vida –incluso las más adversas– en oportunidades para el desarrollo personal

Comprensión de la mente (Estudios filosóficos)

Exposición clara sobre la naturaleza y las funciones de la mente. En la obra se combina una profunda exploración filosófica con su aplicación psicológica.

- ¿Qué es la mente y cómo funciona?
- Las mentes que conducen a la felicidad y las que conducen al sufrimiento
- Aplicación del conocimiento de la mente a la vida cotidiana

Corazón de la sabiduría (Estudios filosóficos)

Comentario de uno de los Sutras más conocidos de Buda, el *Sutra del corazón*, que presenta una lúcida explicación de lo que es la vacuidad, la naturaleza última de la realidad, según la filosofía budista.

- Muestra cómo lograr con facilidad un entendimiento inicial de la vacuidad, y la manera de utilizarlo para superar los obstáculos que impiden nuestra felicidad temporal y última

«Libros tan buenos como este son difíciles de encontrar.»
The Middle Way

LECTURAS RECOMENDADAS

El camino gozoso de buena fortuna (Budismo básico)

El sendero budista hacia la iluminación

- Esencia de todas las enseñanzas de Buda
- Presentación estructurada del camino completo hacia la iluminación
- Métodos eficaces para transformar y trascender el sufrimiento y las adversidades de la vida diaria, y lograr la paz interior y felicidad duraderas

«De valor incalculable.» SHAP World Religions in Education

El voto del Bodhisatva (Prácticas de meditación)

Una clara introducción a la esencia del budismo mahayana –el compromiso de alcanzar la iluminación para poder beneficiar a todos los seres–.

- Guía práctica del modo de vida de un Bodhisatva
- Los votos del Bodhisatva y las seis perfecciones
- Compañero esencial para los practicantes de budhismo mahayana

Esencia del Vajrayana (Prácticas de meditación)

Comentario a la práctica del tantra del yoga supremo del mandala corporal de Heruka.

- La primera exposición completa en español de la práctica del tantra del yoga supremo del mandala corporal de Heruka
- Métodos para trascender las aflicciones
- El camino para alcanzar el gozo supremo de la iluminación total

Gema del corazón (Prácticas de meditación)

La manera correcta de confiar en el Guía Espiritual –la raíz del camino– y el modo de ampararnos en la protección de Buda.

- Cómo cultivar la paz interior
- Generación de la mente compasiva
- El modo de aprender a protegernos de las dificultades
- Cómo disipar la oscuridad de la duda y la confusión
- La manera de encender la luz interior de la sabiduría
- El despertar de la fuerza espiritual

Guía del Paraíso de las Dakinis (Prácticas de meditación)

El primer comentario completo editado en lengua occidental de la profunda práctica tántrica de Vajrayoguini, el Buda femenino de la sabiduría.

«Su mera lectura es un gran gozo.» Tibet Journal

Introducción al budismo (Budismo básico)

Presentación de conceptos básicos del budismo, como la meditación, el karma y la reencarnación, mostrando su relevancia en la sociedad contemporánea.

- ¿Quién es Buda?
- La naturaleza de la mente
- Las vidas pasadas y futuras
- Por qué meditar y cómo hacerlo
- El camino hacia la iluminación
- El modo de vida budista
- ¿Qué es la liberación?
- El karma

Manual de meditación (Budismo básico)

Esta pequeña obra explica paso a paso y con claridad el arte de la meditación y el método para aplicarlo en la vida diaria.

- Apropiado tanto para principiantes como para meditadores avanzados
- Introduce una explicación clara y práctica acerca de la meditación, sus fundamentos y funciones
- Contiene veintiuna meditaciones que, en conjunto, constituyen el camino completo hacia la iluminación y pueden practicarse por separado o como parte de un ciclo

«Este libro ilumina.» The New Humanity

Ocho pasos hacia la felicidad (Prácticas de meditación)

Comentario al texto *Adiestramiento de la mente en ocho estrofas*, de Gueshe Langri Tangpa, que revela profundos y prácticos métodos para descubrir la fuente de la felicidad en nuestro interior.

- Comentario inspirador a una de las enseñanzas budistas más populares
- Instrucciones prácticas para transformar las dificultades de la vida diaria en valiosas experiencias espirituales
- Consejos esenciales para despertar el potencial de amor, compasión y sabiduría infinitos

LECTURAS RECOMENDADAS

Transforma tu vida (Budismo básico)

Consejos prácticos para transformar nuestra mente y nuestra vida, desarrollar por completo el potencial humano y encontrar paz y felicidad duraderas

- ¿Cuál es el significado de la existencia humana?
- Cómo encontrar la fuente de la felicidad
- Métodos para resolver los problemas diarios
- Cómo alcanzar la meta última

En proceso de traducción

El voto del Bodhisatva (Prácticas de meditación)

Una clara introducción a la esencia del budismo mahayana –el compromiso de alcanzar la iluminación para poder beneficiar a todos los seres–.

Gran tesoro de méritos (Prácticas de meditación)

Profundos consejos acerca de la práctica de confiar en el Guía Espiritual y la manera de avanzar por los senderos del sutra y del tantra.

La luz clara del gozo (Prácticas de meditación)

Extraordinaria presentación de las prácticas más avanzadas del budismo tántrico.

Océano de néctar (Estudios filosóficos)

Obra de gran calibre en la que se combina una profunda investigación acerca de la realidad última junto con consejos útiles sobre cómo integrar el budismo en la vida diaria. Constituye uno de los textos más importantes dentro del budismo mahayana.

Una vida llena de significado, una muerte gozosa (Prácticas de meditación)

Profunda práctica para transferir la consciencia durante el proceso de la muerte.

TESORO DE CONTEMPLACIÓN

CATÁLOGO DE SADHANAS

Gueshe Kelsang ha supervisado personalmente la traducción de una colección esencial de sadhanas (oraciones y prácticas).

1. *Asamblea de buena fortuna* Práctica del tsog del mandala corporal de Heruka.
2. *Ceremonia del refugio mahayana* y *Ceremonia del voto del Bodhisatva* Ceremonias rituales para acumular méritos para el beneficio de todos los seres.
3. *Cientos de Deidades de la Tierra Gozosa* El yoga del Guru Yhe Tsongkhapa.
4. *Confesión del Bodhisatva* Práctica de purificación del *Sutra mahayana de los tres cúmulos superiores*.
5. *El camino rápido al gran gozo* Sadhana para realizar la autogeneración como Vajrayoguini.
6. *El melodioso tambor que vence en todas las direcciones* El ritual extenso de cumplimiento y renovación de nuestro compromiso con el Protector del Dharma, el gran rey Doryhe Shugden, junto con Mahakala, Kalarupa, Kalindevi y otros Protectores del Dharma.
7. *El modo de vida kadampa* Prácticas esenciales de la tradición kadampa: *Consejos de corazón de Atisha* y *Los tres aspectos principales del camino*, de Yhe Tsongkhapa.
8. *El yoga de Buda Amitayus* Método especial para lograr longevidad e incrementar méritos y sabiduría.
9. *Esencia de buena fortuna* Oraciones de las seis prácticas preparatorias para la meditación de las etapas del camino hacia la iluminación.
10. *Esencia del vajrayana* Sadhana del mandala corporal de Heruka según el sistema del Mahasidha Ghantapa.
11. *Gema del corazón* Yoga del Guru Yhe Tsongkhapa en combinación con la sadhana abreviada del Protector Doryhe Shugden.
12. *Joya preliminar para el retiro del mandala corporal de Heruka*
13. *La fiesta del gran gozo* Sadhana para realizar la autoiniciación como Vajrayoguini.
14. *La gema que colma todos los deseos* Práctica del yoga del Guru Yhe Tsongkhapa en combinación con la sadhana del Protector Doryhe Shugden.
15. *La gran liberación de la Madre* Prácticas preliminares para la meditación del Mahamudra en combinación con la práctica de Vajrayoguini.
16. *La gran liberación del Padre* Prácticas preliminares para la meditación del Mahamudra en combinación con la práctica de Heruka.

LECTURAS RECOMENDADAS

17. *La Gran Madre de la Compasión* Sadhana de Arya Tara.
18. *La Gran Madre de la Sabiduría* Método para eliminar obstáculos e interferencias con la recitación del *Sutra de la esencia de la Sabiduría*.
19. *La joya preliminar* Preliminares concisas para el retiro de Vajrayoguini.
20. *Liberación del dolor* Alabanzas y súplicas a las veintiuna Taras.
21. *Meditación y recitación del Vajrasatva Solitario* Práctica de purificación.
22. *Ofrenda al Guía Espiritual* Una práctica del tantra del yoga supremo en combinación con el yoga del Guru Yhe Tsongkhapa.
23. *Oraciones para la larga vida del venerable Gueshe Kelsang Gyatso Rimpoché.*
24. *Oraciones para meditar* Preparación especial para la meditación.
25. *Práctica concisa de Buda Amitayus.*
26. *Preliminares para el retiro de Vajrayoguini.*
27. *Rey del Dharma* Método para realizar la autogeneración como Yhe Tsongkhapa.
28. *Sadhana de Avalokiteshvara* Oraciones y súplicas al Buda de la compasión.
29. *Sadhana de Samayavajra*
30. *Sadhana del Guru de la Medicina* Oraciones a la asamblea de los siete Budas de la medicina.
31. *Sadhana de la esencia concisa del mandala corporal de Heruka*
32. *Sadhana de la ofrenda de fuego de Vajradaka* Práctica para purificar las faltas e impurezas
33. *Sadhana de la ofrenda de fuego de Vajrayoguini.*
34. *Sadhana de la ofrenda de fuego del mandala corporal de Heruka*
35. *Tesoro de méritos* Sadhana del venerable Manyhushri.
36. *Una vida pura* Práctica para recibir y mantener los ocho preceptos mahayanas.
37. *Unión de No Más Aprendizaje* Sadhana de la autoiniciación del mandala corporal de Heruka.
38. *Yoga de la Dakini* Seis sesiones del Yoga del Guru Vajrayoguini.
39. *Yoga del Héroe Vajra* Seis sesiones del Yoga del Guru Heruka
40. *Gota de esencia de néctar* Ritual especial de ayuno y práctica de purificación con Buda Avalokiteshvara de once rostros.
41. *El camino hacia la tierra pura* Sadhana para el adiestramiento en la transferencia de consciencia.
42. *El yoga de Tara Blanca, el Buda de Larga Vida*

TESORO DE CONTEMPLACIÓN

*Los libros y sadhanas de Gueshe Kelsang Gyatso
pueden adquirirse por medio de:*

Editorial Tharpa
C/ Molinero nº 10, bajo
11150 Vejer de la Frontera (Cádiz)
Tel.: 95 6451528
E-mail: tharpa@teleline.es
Web: http://www.tharpa-es.com

Programas de estudio de budismo kadampa

El budismo *kadampa* es una escuela de budismo *mahayana* fundada por el gran maestro indio Atisha (982-1054). Sus seguidores se conocen con el nombre de *budistas kadampas*. *Ka* significa 'palabra' y se refiere a las enseñanzas de Buda, y *dam*, a las enseñanzas especiales del Lamrim, las etapas del camino hacia la iluminación, que Atisha enseñó. Los budistas kadampas integran su conocimiento de todas las enseñanzas de Buda en su práctica del Lamrim, y esta en su vida diaria, y de este modo las utilizan para transformar sus actividades en el camino hacia la iluminación. Los maestros kadampas eran famosos por ser grandes eruditos y practicantes espirituales puros y sinceros.

El linaje de estas enseñanzas, tanto la transmisión de sus escrituras como sus bendiciones, fue transmitido de maestro a discípulo, difundiéndose por gran parte del continente asiático, y en las últimas décadas por diversos países del mundo occidental. Las enseñanzas de Buda reciben el nombre de *Dharma*, y se dice que son como una rueda que gira y se traslada de un lugar a otro según las condiciones e inclinaciones kármicas de sus habitantes. La presentación externa del budismo sigue adaptándose a las diversas culturas y sociedades, pero su verdadera esencia permanece intacta y se transmite a través de un linaje ininterrumpido de practicantes realizados.

El budismo kadampa fue introducido en occidente por el venerable Gueshe Kelsang Gyatso en 1977. Desde entonces, este maestro budista ha trabajado sin descanso para difundir este precioso Dharma por todo el mundo, ha impartido enseñanzas, escrito profundos libros y comentarios, y fundado la Nueva Tradición Kadampa (NKT), que ya cuenta con más de trescientos cincuenta centros de budismo en diversos países. En cada centro se ofrecen programas de estudio sobre psicología y filosofía budista, instrucciones para la meditación y retiros para practicantes de todos los niveles. En ellos se enseña principalmente cómo integrar las enseñanzas de Buda en la vida diaria, y de esta manera resolver nuestros problemas, aprender a ser felices y ayudar a que todos los seres disfruten de paz y felicidad.

El budismo kadampa de la NTK es una tradición budista independiente que no está vinculada a ninguna organización social o partido político. Es una asociación de centros y practicantes budistas que se inspiran en el ejemplo de los maestros kadampas de antaño y en sus enseñanzas, tal y como las presenta el venerable Gueshe Kelsang Gyatso Rimpoché.

Hay tres razones por las que debemos estudiar y practicar las enseñanzas de Buda: para adquirir sabiduría, para cultivar un buen corazón y para mantener paz mental. Si no nos esforzamos por adquirir sabiduría, no conoceremos la verdad última, la verdadera naturaleza de la realidad. Aunque deseamos ser felices, ofuscados por la ignorancia cometemos todo tipo de acciones perjudiciales que constituyen la causa principal de nuestro sufrimiento. Si no tenemos un buen corazón, nuestra motivación egoísta destruirá nuestras buenas relaciones y la armonía con los demás. No encontraremos paz interior ni verdadera felicidad. Sin paz interior, la paz externa es imposible. Sin paz mental no podemos felices aunque estemos rodeados de las mejores condiciones externas. En cambio, cuando disfrutamos de paz mental, somos felices aunque las circunstancias que nos rodeen sean adversas. Por lo tanto, es evidente que debemos cultivar estas cualidades para ser felices.

Gueshe Kelsang Gyatso, o *Gueshe-la*, como lo llaman afectuosamente sus estudiantes, ha diseñado tres programas espirituales especiales para el estudio estructurado y la práctica del budismo kadampa adaptados a la sociedad actual: el Programa general (PG), el Programa Fundamental de Budismo (PF) y el Programa de Adiestramiento de Maestros Budistas (PAMB).

PROGRAMA GENERAL

El Programa General ofrece una introducción básica a la visión, meditación y acción budistas, y es ideal para principiantes. Incluye también enseñanzas y prácticas avanzadas, tanto de sutra como de tantra.

PROGRAMA FUNDAMENTAL

El Programa Fundamental de Budismo va dirigido a aquellos que prefieren profundizar en su adiestramiento espiritual y consiste en el estudio de los cinco textos siguientes:

1. *El camino gozoso de buena fortuna*: Comentario al conocido texto de Lamrim *Etapas del camino hacia la iluminación*, de Atisha.
2. *Compasión universal* Comentario al *Adiestramiento en siete puntos*, del Bodhisatva Chekaua.
3. *Corazón de la sabiduría*, comentario al *Sutra del corazón*.
4. *Tesoro de contemplación*, comentario a la *Guía de las obras del Bodhisatva*, del venerable Shantideva.
5. *Comprensión de la mente*, exposición clara sobre la naturaleza y las funciones de la mente según los textos de los eruditos budistas Dharmakirti y Dignaga.

PROGRAMAS DE ESTUDIO

El estudio de estas obras nos aporta numerosos beneficios, que resumimos a continuación:

1) *El camino gozoso de buena fortuna*: Nos enseña a poner en práctica todas las enseñanzas de Buda, tanto de sutra como de tantra. Al estudiarlo progresamos con facilidad y completamos las etapas del camino hacia la felicidad suprema de la iluminación. Desde un punto de vista práctico, puede decirse que el Lamrim constituye el tronco principal de las enseñanzas de Buda, mientras que sus otras instrucciones son como las ramas.

2) *Compasión universal*: Esta obra nos enseña a integrar las enseñanzas de Buda en nuestra vida y a resolver con facilidad nuestros problemas diarios.

3) *Corazón de la sabiduría*: Nos muestra cómo alcanzar la realización de la naturaleza última de la realidad, con la que podemos eliminar la mente ignorante de aferramiento propio, la raíz de todo nuestro sufrimiento.

4) *Tesoro de contemplación*: Con esta preciosa obra aprendemos a transformar nuestras actividades diarias en el camino y modo de vida del Bodhisatva, llenando nuestra vida de significado.

5) *Comprensión de la mente*: En este texto se expone la relación entre nuestra mente y los objetos externos. Si comprendemos que los objetos dependen de la mente subjetiva, podemos cambiar la manera en que los percibimos transformando nuestra mente. Poco a poco adquiriremos la habilidad de controlar nuestra mente y podremos resolver todos nuestros problemas.

PROGRAMA DE ADIESTRAMIENTO DE MAESTROS BUDISTAS

El Programa de Adiestramiento de Maestros Budistas atiende a las necesidades de los que desean convertirse en instructores de Dharma. En este programa se estudian doce textos de sutra y de tantra, incluidos los cinco mencionados, y además los participantes deben mantener determinadas pautas de comportamiento y modo de vida, y completar varios retiros de meditación.

Todos los centros de budismo kadampa están abiertos al público. Cada año celebramos festivales en los Estados Unidos y en Europa, incluidos dos en Inglaterra, a los que acuden personas de todo el mundo para recibir enseñanzas e iniciaciones y disfrutar de vacaciones espirituales. Puede visitarnos cuando lo desee.
Si desea más información, puede dirigirse a:

EN ESPAÑA:

Barcelona: Centre Budista Mahakaruna
C/ Girona 83, 3°-2ª
08009 Barcelona
Tel.: 93-4876917
E-mail: info@meditarabcn.org
Página web: http://www.meditarabcn.org

Castellón: Centro Budista Naropa
C/ Alcanar, 5 altillo
12004 Castellón
Tel.: 96-4227969
E-mail: ximobuil@correo.cop.es
Página web: http://www.naropa.org

Madrid: Centro Budista Vajrayana
Avenida Europa 15, bloque 2, 1ºD
Madrid 28224 (Pozuelo de Alarcón)
Tel: 91-351 19 89
E-mail: vajramad@teleline.es
Página web: http://www.vajrayanamadrid.com

Menorca: Instituto Dharma
Apartado 57,
07760 Ciutadella de Menorca
Tel.: 971-480078
E-mail: dharma@menorca.infotelecom.es

Sevilla: Centro Budista Mahamudra
C/ Doña María Coronel 32, 3ºD
41003 Sevilla
Tel.: 95-4564266,
Fax: 95-4213643
E-mail: mahamudra@arrakis.es

Tenerife: Centro Budista Aryadeva
Avd. Calvo Sotelo, 20 1° izd.
38205 La Laguna, Tenerife
Tel.: 922-630795

PROGRAMAS DE ESTUDIO

EN MÉXICO:

Centro Budista Dharmachakra
Ernestina Arraizar nº17
Colonia del Valle, México D.F., CP 03100
Tel.: (01-55) 5687-6101,
Fax: (01-55) 5687-6131
E-mail: info@kadampa.org.mx
Página web: http://www.kadampa.org.mx

EN EL REINO UNIDO:

Oficina de la NTK en el Reino Unido
Conishead Priory
Ulverston, Cumbria LA12 9QQ, Inglaterra
Tel./Fax: 44 + (0) 1229 588333
E-mail: kadampa@dircon.co.uk
Página web: http://www.kadampa.org

EN LOS ESTADOS UNIDOS:

Oficina de la NTK en los Estados Unidos
Kadampa Meditation Center
47 Sweeney Road
P.O. Box 447
Glen Spey, NY 12737
USA
Tel.: 845-856-9000
Fax: 845-856-2110
Email: kadampacenter@aol.com
Página web: http://www.kadampacenter.org

Índice analítico

La letra g indica que el término aparece en el glosario

Abhidharma 9
absorción sin discernimiento 323
acciones perjudiciales 6, 21, 121,
   145, 148, 149, 150, 156-159,
   222, 277, 340, 371
   abandonar las 116-120
   confesión de las 63-81
   gravedad de las 68-69
   las diez 86
   purificar las 23, 45-81
acciones y sus efectos (véase
   karma) 28, 64, 68, 117, 125,
   187, 191, 221, 324, 332-333
   factores para su efecto
   completo 156-159
actividades mundanas 214-215,
   234-237, 238-239
acumulación de méritos y
   sabiduría 215, 218, 319, g
aferramiento propio 84, 128,
   129, 131, 135, 178-179, 217,
   220, 298-299, 324, 335, 336,
   370, 371, 373
   innato 326-328
   adquirido intelectualmente
   88, 329-332
agregados 300-301, 326-327, 334,
   g
Akashagarbha (véase ocho
   grandes hijos) 74, 379
alabanza 39-43, 197-198, 163,
   199, 200, 368
Amitabha 222, g
amor 26, 72, 98, 203-205, 334
   afectivo 25, 32

análisis g
analogía de la tortuga 120
Ananda 76
animales 13, 21, 379
ansia 322-323
apariencia dual 296, 297
apariencias 187
apego 58, 65, 71, 78, 82, 127-128,
   130, 144, 196-197, 200, 215,
   225-226, 339, 345, 368
   a la vida mundana 234
   a nuestro cuerpo 160-162
   al cuerpo de los demás
   244-249
   oponentes del 235-238
aplicación 263-265
Arjat 43, 69, 76, 77, 84, 113, 280,
   309, 314, 320, g
Arya g
Aryadeva 304
arrepentimiento, poder del
   63-73, 75, 199
arrogancia 286
Asanga 24, 36, 251, 257
Ashoka 48
asiento de meditación 254-255
aspiración 164, 262
   poder de la 219, 220-222
Atisha 19, 24, 62, 163, 166, 193,
   252, 253, 277, 304, g
autoconocedores 311-314, 346
Avalokiteshvara (véase ocho
   grandes hijos) 46, 49, 51, 74,
   276, g
avaricia 82

bardo (véase estado intermedio)
Ben Gungyel 134, 229
Bende Paltse g 385
bendición g
bienestar definitivo 85
Bodh Gaya 56
bodhichita 5-7, 99-106, 334, 373
   adiestramiento en la 24-34
   aspirante 24, 35-36
   beneficios de la 16-23, 36-43
   cómo evitar que degenere 107-136
   comprometida 24, 35, 36, 100, 102
   por qué no debe abandonarse 111-116
Bodhisatva 3, 18, 99-101, 319
   alabanza al 39-43
   caminos del 88
   planos del 115-116
   Superior 52, 53, 56, 60, 63, 73, 87, 88, 90, 218, 324
Brahma 18, 38, 140, 143, 267
Buda 8, 9, 10, 11, 14, 18, 73, 82, 83, 89, 103, 196, 203, 205, 206
   bendiciones de 17, 91
   cuatro cualidades de 34
   no tiene mente conceptual 318, 319
   ofrendas a 46-53
Buda Shakyamuni 18, 24, 30, 36, 37, 42, 48, 54, 56, 72, 75-77, 85, 94, 97, 109, 113, 116, 117, 120, 129, 155, 169, 202, 204, 205, 209, 221, 225, 226, 230, 320-321, 323, 371
   una de sus vidas previas 37, 42, 139-140, 152, 204
Budapalita 304, 360
Budeidad (véase iluminación) 5, 8, 11, 15, 19, 34, 41, 42, 43, 50, 59, 60, 89, 95, 198, 293, 323, 335, 382
budista g

cambiarse uno mismo por los demás 5, 24, 33, 205, 215, 275-293
   por medio del pensamiento 283-288
   por medio de acciones 288-293
camino de la acumulación 87
camino de la meditación 59, 88
camino de la preparación 87
camino de la visión 59, 60, 87-88
campo supremo, de beneficio y de sufrimiento 164
causa 359-360, 365-367
   sustancial y circunstancial 80-81, 354, 361-362, g
causar desunión con la palabra 109, 158, 277
celos 58, 82, 84, 149, 163, 197, 198, 199, 284-285
Chakravatin, rey 206
Chandra, rey 140
Chandragomin 33
Chandrakirti 33, 277, 304, 360, 363, g
charvaka 351-352
chismorrear 109, 153, 158, 214, 277
chitamatra 297, 298, 301, 302, 303, 304, 323
   refutación de 310-319
clarividencia 23, 52, 72, 76, 102, 152, 166, 252, 260, 272, 381
cinco objetos de deseo 225-226
codicia 109, 149, 158, 277
cojín de meditación 254
compasión (véase gran compasión) 20, 26, 38, 41, 49, 60, 72, 92, 93, 98, 152, 155, 162, 183, 188-189, 196, 204, 205, 271, 334, 335-336, 372
Compendio de adiestramientos 4, 171
concentración (véase permanencia apacible) 7, 59, 86, 87, 105, 143, 144, 146, 231-292

ÍNDICE ANALÍTICO

conducta sexual incorrecta 109, 157, 277
confesión 63-81
conocedor válido 311, 334, 348, 360, g
directo 305, g
Conquistador Solitario 36, 383, g
consciencia 143, 343-344, g
carencia de existencia
  verdadera de la 346-347
  continuo de la 28
  mental 144, 346-347
  sensorial 347
consideración por los demás g
contacto 343, 344
creencia perturbadora 129-130
creencias erróneas 14, 67-68, 82, 89, 109, 117, 129, 159, 277
cuatro elementos 353
cuatro maneras de reunir discípulos 116, g
cuatro maras g
cuatro noble verdades 49, 320, g
  del sufrimiento g
  del origen g
  de la cesación g
  del camino g
cuatro poderes 219-227, 230
  de la aspiración 219, 220-222
  de la perseverancia 219, 222-225
  del gozo 219, 225-226
  de la relajación 219, 226-227
cuatro poderes oponentes 6, 63-81
  del arrepentimiento 63-73, 75, 199
  de la dependencia 73-74
  de la fuerza oponente 75-76
  de la promesa 79-81
cuerpo
  emplazamiento cercano de retentiva sobre el 336-339
  impuro 19, 244-249, 306

Cuerpo de Deleite 90
Cuerpo de Emanación 90, g
Cuerpo de la Entidad (véase Cuerpo de la Naturaleza)
Cuerpo de la Naturaleza 89
Cuerpo de la Verdad 11, 89, 90, g
Cuerpos de Buda 89-90, g
cuerpo vajra 90

dedicación 12, 90-93, 375-384
  definición 377
Deidad 1, 102, 105, g
demonio g
dependencia, poder de la 73-74
desánimo 208, 215-218
deseo de competir 285-286
designación 271, 297, 303, 305, 308, 349, 363
  bases de 315, 334, 337-338, 347-348
destreza 41, 162-165
Destructor del Enemigo (véase Arjat) 77, g
Dharma 10, 11, 13, 14, 15, 40, 41, 42, 56, 61, 65, 68, 72, 73, 84, 105, 109, 118-120, 123, 128, 129, 155-156, 200, 201, 377
  definición 122
  dificultad en practicar el 371
Dharmakaya g
Dharmashribhadra 385
Dharmodgata 94-97
dieciséis aspectos de las cuatro nobles verdades 322, g
diez direcciones g
diez dones 13, 14-15
dios 13, 370, 372, g
Diosas de las ofrendas 51-52
discernimiento 302
disciplina moral 7, 13, 86, 87, 137-172, 293
  cómo mantener la 149-170
  de la abstención 149-159

437

de acumular virtudes 159-165
de beneficiar a los seres
    sintientes 165-170
distracciones 201, 233, 256, 257
dormir 169
dos obstrucciones g
dos verdades 295-319, 348-351
    definición 296-297
    diferencias entre las 295-296
    diferentes presentaciones de
        las 297-304
    unión de las 295
Drukpa Kunlek 209
duda perturbadora 129
dudas 129, g

ecuanimidad 25-27
efectos 359-360, 361-362
    tres clases de 69
*El camino principal hacia la
    iluminación* 36
El que ha Entrado en la
    Corriente 77, g
El que Nunca Regresa 77, g
El que Regresa Una Vez 77, g
emplazamiento cercano de
    retentiva 336-348
    sobre el cuerpo 336-339
    sobre las sensaciones 340-346
    sobre la mente 346-347
    sobre los fenómenos 347-348
enfermedades 378, 380
escuelas de filosofía budista
    298, 302-303, 323, g
Esencia de excelentes enseñanzas
    301
esfuerzo 7, 96, 143, 208-230, 262
    clases de 210
    cómo practicar el 218-229
    oponentes del 210-218
espíritus ávidos 13, 21, 379
estado intermedio 321
estimación propia 38, 49, 83, 94,
    122, 139, 269, 273, 274-292
    abandonar la 278-279

desventajas de la 279-281
estimar a los demás 266, 267,
    269, 271, 273, 274, 275-278
    ventajas de 279-281
excitación mental 146, 261-262,
    263, 264
existencia autosuficiente y
    sustancial 299-301, 322
existencia falsa 344, 360-361
existencia inherente/verdadera
    129-130, 179, 185-186, 271,
    296-304, 310, 314, 315, 316,
    320, 321-351, 358, 360-361,
    363, 365, 367-368
*Exposición clara de los sistemas
    filosóficos titulada 'Hermoso
    ornamento de la montaña de la
    doctrina de Buda'* 301-302
extremos del apego y del miedo
    324

factor mental 146, 147, 148, 149,
    210, 292, g
factores productores 302
falta de aplicación 262, 264-265
familiaridad 182, 217, 275, 287
    completa 260
fe 12, 41, 42, 54, 55, 58, 103, 147,
    149, 165, 198, 262, 319
felicidad 10, 17-18, 20, 27, 80,
    81, 84, 85, 101-105, 354
fenómenos
    activados por otros 325
    emplazamiento cercano de
        retentiva sobre los 347-348
    impermanentes g
    permanentes g
    vacuidad de la entidad
        propia de los 327, 336-367
flexibilidad 263
    física g
    mental g
forma 302
fuerza oponente, poder de la
    75-76

ÍNDICE ANALÍTICO

Ganden g
gema que colma todos los deseos 20
generosidad 7, 13, 20, 40, 80, 86, 93-99, 141-142, 151, 164, 165, 167-168, 201, 202, 203, 217, 290, 293
gozo, poder del 219, 225-226
gran compasión 32-33, 37, 40, 58, 72, 94, 151, 168, 218, 324, 373, 379, 382
Gueshe Chekhaua 277
Guía de las obras del Bodhisatva 1, 3, 5, 8, 9, 11, 385
Guía del camino medio 277
Guía Espiritual 41, 53, 55, 56, 64, 129, 148, 170-171, 229, 337, 370, 372, 381, g
Gungtang Yhampel 85, 118
Guru Raíz g

Hijos de los Budas 46
hinayana 37, 169, 252
escrituras 321
filosofía 298, 320-322
homenaje 8-9, 10-11, 53, 82, 241
hundimiento mental 146, 261-262, 263-264

ignorancia 34, 58, 59, 64, 65, 68, 82, 84, 128-129, 372
dos clases de 322
igualarse uno mismo con los demás 215, 266-274
significado de 266-267
meditación en sí 267-272
iluminación (véase Budeidad) 5, 6, 7, 15, 23, 59, 60, 87-88, 127, 201, 202, 203, 205, 206, 208, 216, 218, 231, 373, 377
ilusiones creadas por un mago 304, 306, 308-309, 316, 317, 363-364
impermanencia 212, 230, 233, 241, 264, 306-307

Indra 18, 38, 95, 96, 267
infierno 13, 21, 37, 38, 42, 67, 69, 71, 72, 73, 78, 120, 121, 125, 191, 213, 222, 378-379
intención superior 33
investigación g
Ishvara 140, 352-355, 361

Joya de Buda 58-60
Joya de la Sangha 60
Joya del Dharma 46, 60

Kachen Yeshe Gyaltsen 41, 240-241
kadampa 277, 279, 375, g
Kailash, monte 56
karma (véase acciones y sus efectos) 37, 67-69, 121, 141, 192, 199, 372
Kashyapa 321
Khedrubyhe 301
Ksitigarbha (véase ocho grandes hijos) 74, 379
Kushinagar 56

Lam Chung 75-77
Las cien mil canciones de Milarepa 52
Las treinta y siete prácticas de todos los Bodhisatvas 274
liberación (véase nirvana) 15, 36, 49, 60, 69, 76, 85-86, 226, 293, 319, 372, 377, g
causa de la 293-295, 304-325
Loden Sherab 386
Los planos del Bodhisatva 36
Lumbini 56

madhyamika (véanse prasanguika; svatántrica) 296-298, 305, 360-361, 363, g
madres
aprecio de la bondad de las 31
corresponder a la bondad de las 32

los demás son nuestras 25,
   26, 27-31
mahayana 24, 40, 41, 43, 74, 91,
   101, 114, 122
   camino 34, 37, 59-60, 87-88,
      385
   escrituras 320-321
   maestro 89
Maitreya (véase ocho grandes
   hijos) 22, 24, 55, 74, 251, 257,
   379
Maitribala 42
malicia 67, 109, 159, 277
mantra secreto (véase tantra) g
Manyhugosha 9, 46, 52, 379,
   383, g
Manyhushri 1, 3, 24, 51, 74, 385,
   g
mara Devaputra 371, g
Marpa 50, 54, 209, 256
matar 68, 109, 157, 277, 278
Mayadevi 380
meditación 115, 228, 254-265
   analítica 30, 105-106, 221
   de emplazamiento 30-31,
      105-106, 221
   en la respiración 256
mente (véase vigilancia mental)
   28-29, 142, 155-156, 177, 179,
   180, g
   base de todo 302-303
   emplazamiento cercano de
      retentiva sobre la 346-347
   omnisciente 90, 112, 113, 148
   origen de todo 140-142
   primaria g
mentir 109, 151-152, 277
méritos 6, 21, 23, 36, 37, 38, 39,
   40, 45, 48, 49, 54, 55, 56, 59,
   65, 68, 82, 83-99, 128, 143,
   147, 152, 164, 168, 192, 193,
   195, 201, 203, 218, 319, 375,
   377, 378, 383
   dedicación de los 12, 90-93,
      375-384

método 293, 295, g
Milarepa 43, 50, 52-53, 115, 144,
   209, 240, 241
Mondrol Chodak 123-124
monjes/as 145, 382
Monte Meru 47, 131, 155, 252
motivación 58, 149, 215, 375-377
muerte 28, 30, 64-65, 70-72, 74,
   78, 79, 103, 118-119, 123-125,
   195, 212-213, 229, 241-242, 373
muestra de veneración 10-11

Nagaryhuna 171, 304, 360, 363,
   g
naiyayika 332, 352-355
Nalanda 3
Naropa 54, g
naturaleza convencional 295, g
naturaleza última 76, 295, g
nirvana (véase liberación) 5, 49,
   113, 280, 319, 322, 323, 324,
   348, 349, 367-368, 383, g
   natural 309, 347, 349, 367
nueve permanencias mentales
   257-261

objeto de negación 298-300, 326
objetos externos 310, 315
obstrucciones 5, 30, 41, 316
   a la liberación 59, 60, 104,
      324, g
   a la omnisciencia 59, 60,
      84-85, 88, 104, 293, 324, g
ocho grandes hijos 379, g
ocho libertades 13-14
ocho preocupaciones mundanas
   369
odio 26, 42, 58, 65, 67, 69, 78,
   82, 114, 128, 139, 142,
   173-180, 188-207, 345, 377,
   causa no independiente del
      185-187
   depende de causas 184-185
   faltas del 173-178
   por qué abandonarlo 187

ÍNDICE ANALÍTICO

ofrecimiento del mandala 48, g
ofrendas 46-53, 63, 82, 204, 205, 319
olvido 261
oración 7, 22, 52, 60, 90, 92-93, 96, 170
orgullo 54, 82, 128, 163, 224, 381, g
Oyente 36, 218, 383, g

paciencia 7, 142, 173-207
  beneficios de la 178, 206-207
  de aceptar voluntariamente el sufrimiento 180-183
  de pensar definitivamente sobre el dharma 183-188
  de no vengarse 188-206
  meditar sobre la 173-178
Padampa Sangye 52-53
Padmapani 379
Padmasambhava 115
palabras ofensivas 109, 158, 194, 277
partículas atómicas 343, 355
percepción directa 296, 297, 305, 320, 350, 352, g
pereza 208-219, 261
  clases de 211-218
  oponentes contra la 262-263
permanencia apacible 106, 115, 128, 143, 227, 231-292
  beneficios de la 231-233
  cómo eliminar los oponentes de la 233-251
  cómo cultivar la 251-265
  seis condiciones 253-257
  cinco obstáculos 261-262
  ocho oponentes contra los cinco obstáculos 262-265
  aplicación de la 265-292
perseverancia, poder de la 219, 222-225
persona g
  carencia de existencia verdadera de la 339

vacuidad de la entidad propia de la 299-301, 325-336
perturbaciones mentales 11, 42, 58, 63, 64, 68, 78, 82, 84-85, 114, 143, 144, 149, 150, 183, 187, 189, 191, 197, 198, 221, 224, 228, 231
  abandonar las 126-136
  adquiridas intelectualmente 59, 326, 329, g
  faltas de las 126-132
  impresiones de las 59, 84-85, 88, 89
  innatas 59, 326, g
  seis raíz 127-130
Pitaka (véanse sutra; tripitaka) 9
poder sensorial 343, g
poderes sobrenaturales 3, 4, 23, 52-53, 102, 381
postraciones 10, 53-56, 63, 82, 385-386
postura de meditación 255-256
prácticas preliminares 46-62
prasanguika 297, 298, 303, 304-325, 329-336, 341-342, 344-345, 348-355, 358-361, 365-367, g
Prasenayhit, rey 85, 86
preceptos de la bodhichita aspirante 35
preciosa existencia humana 12-16, 79, 118, 122-125, 152, 155, 167, 200, 207, 214, 220, 230, 370, 371
  causas de la 13
  principio general 185-186, 330-331, 355-359, 361
  producción 351-363
  a partir de una causa permanente distinta 352-355
  a partir del principio general 355-361
  a partir de uno mismo y a partir de otros 362-363

con existencia inherente 365-367
inherente de los fenómenos existentes e inexistentes 364-368
sin causa 351-352, 361-362
promesa, poder de la 79-81
proponentes de los objetos funcionales 304-309, 322-323
Purchok Yhampa Rimpoché 41, 55
purificación 6, 45-81, 170

Ratna Padmachandra 272
rayo vajra 351-363
recta conducta 107-136, 292
refugio 10, 11, 43, 56-62, 63, 74, 170
regocijo 82, 83-88, 94, 101, 163, 197, 198, 286
reino de los dioses 37, 143
reinos inferiores 21, 57, 58, 65, 67, 86, 112-113, 120-122, 199, 201, 224, 226, 370, 371, 373, 378-379
relación dependiente 185, 350, 363-364
relajación, poder de la 219, 226-227
renacimiento 13, 14, 19, 30, 67, 189
afortunado 85, 370
renuncia 38, 87, 127, 181, 183, 201, 217, 231, 239, 252, 260, 372, 385
resultado temporal 85
retentiva mental 137, 139, 145-172, 179, 215, 227-229, 263
emplazamiento cercano de 336-348
Rinchen Zsangpo 385
Rishi Kapila 355, 359
robar 109, 157, 277
rueda del Dharma 42, 48-49, 56, 82, 88-89, 116, 306, 318, 320, 321, 323, g

sabiduría 7, 12, 41, 135, 143, 146, 215, 293-374
perfección de la 95, 96, 97, 143
que realiza la vacuidad 128, 135, 143, 147, 217, 325
Sadaprarudita 94-97
Samantabhadra (véase ocho grandes hijos) 51, 52, 73, 379
samkhya 185-186, 187, 329-332, 355-360, 362
samsara 11, 15, 18, 20, 40, 42, 58, 87, 102, 104, 116, 127, 130, 180, 181, 183, 212, 322, 337, 340, 345, 356
desventajas del 369-373
es igual que el nirvana 367-368
sufrimientos del 20, 38, 49, 78, 86, 117, 122, 324
Sangha 10, 11, 382, g
Sarnath 42, 56
Sarvajnadeva 385
Sarvanivaranaviskambini (véase ocho grandes hijos) 74, 379
sautrántika 297, 298, 302, 303, 304, 323
seis perfecciones 7, 35, 99, 100, 107, 111, 116, 141-143, 295, 305, 375, 383
sensación 302, 340-346
emplazamiento cercano de retentiva sobre la 340-346
sentido del honor g
Señor de la Muerte 64-65, g
ser humano (véase preciosa existencia humana) 21, 381
Ser Superior 51, 52, 53, 59, 383, g
seres sintientes 17, 163, 203-205, 334, 335, 362, 367, 381, 382
bondad de los 206
sufrimiento de los 373
Serlingpa 19, 24
serpiente 73, 223, 228, 278, 327, 328, 334, 335

ÍNDICE ANALÍTICO

Shakyamati 385
Shankadeva 4
Shantideva 1-4, 10, 11, 12, 24,
  33, 171, 297, 298, 304, 318,
  332, 355, 365, 375, 384, 385
Shariputra 113
Shri Sambhava 171
siete causas y efecto 5, 24-34, 99
siete ramas 82-93, 99, g
silogismo 363, 367
soledad 236-237, 239-243
Sudhana 22
sueño 303
sufrimiento (véase samsara,
  sufrimientos del)
  aceptar el 179-183
  campo de 164
  causa del 66-69, 71, 81, 130,
    188, 191, 354
  de los demás 32-33, 34, 38, 39
  liberar a los demás del 33,
    34, 103, 133, 293, 378-380
Sugata (véase Buda) 10, 11, 18,
  100, 378, g
Sukhavati 222, 378, g
Sumatikirti 386
Supushpachandra 272
sutra g
Sutra de Akashagarbha 171
Sutra de la guirnalda de flores 222
Sutra de la perfección de la
  sabiduría 94, 320, 321, g
Sutra de los métodos diestros 166
Sutra de los tres cúmulos
  superiores 170
Sutra del descenso a Lanka 312
Sutra del ramo de tallos 22, 54,
  171
Sutra nube de joyas 140
Sutra que aclara el pensamiento
  321
Sutra Ratnachudapariprcha 312
Sutra rogado por Subahu 36
Sutra Varadhvajapariprcha 222
Sutranta 9

svatántrika 297, 303, 323, g
tantra 43, 102-103, g
tantra del yoga supremo 385, g
Tathagata (véase Buda) 46, 51,
  205, 215, 272, 316, g
Thogme Zsangpo 274
tierra pura 222, 378, g
traductores 8-9, 385-386
Tratado fundamental del camino
  medio titulado 'Sabiduría' 360
tres adiestramientos superiores
  86-87, 321, g
  disciplina moral 9, 87
  concentración 9, 87
  sabiduría 9, 87
tres grandes metas 15
Tres Joyas 10, 11, 48, 54, 58-59,
  60, 61-62, 64, 73, 74, 164, 203
tres niveles 122, 377
tres sabidurías 147
Tripitaka 8-9, 321

universo 47-48
ushnisha 55

vacuidad 49, 76, 84, 87, 90, 94,
  96, 97, 128, 135, 143, 217,
  293, 295, 297, 298, 304, 317,
  319, 322
  de la entidad propia de las
    personas 299-301, 325-336
  de la entidad propia de los
    fenómenos 327, 336-367
  de la mente 346-347
  de la sensación 340-346
  de las personas 299-301,
    325-336, 339
  de los fenómenos 336-368
  del cuerpo 336-339
  razonamientos lógicos que
    establecen la 325-368
vaibhashika 297, 298, 302, 303,
  304, 321, 323
Vairochana 256

vaisheshika 187, 332, 352-355
vajra g
Vajrapani 74, g
Vajrayoguini 1, g
Varanasi 306
verdad convencional 295,
  296-297, 306-307, 348-349, 361
verdad última 295, 296-297, 348,
  361
vidas futuras 362, 370, 381
vidas pasadas 23, 28-30, 67, 362,
  381
vigilancia mental 137-172, 215,
  227-229, 258, 263
Vinaya 9
virtud 6, 12, 16-21, 39, 53, 72,
  80, 149, 192, 193, 198, 199,
  221-222, 229, 230, 277, 371
  loca 227
  meditación en la 120-125

practicar la 162-165
regocijo en la 83-88
visión superior 59, 87, 128,
  293-374, g
visualización 47-48, 146
votos (véase votos del
  Bodhisatva) 62, 109-110, 382,
  g
votos del Bodhisatva 7, 35-36,
  99-101
  mantener los 116-136

Yhangkya 302
Yhe Tsongkhapa 36, 49, 55, 296,
  301, 304, g
yidam g
yo 129, 185-186, 268-269,
  298-303, 326-336, 353, 355-357
yogui 297-298, 305, 307, 342,
  385, g